Mehr Spaß
an
Englisch

Redewendungen
ohne Mühe

Die Methode für jeden Tag

Mehr Spaß
an
Englisch

Redewendungen
ohne Mühe

von
Anthony Bulger

Deutsche Übersetzung und Bearbeitung von
Susanne Gagneur

Zeichnungen von J.-L. Goussé

**Postfach 47
52388 Nörvenich
Deutschland**

ISBN 3-89625-019-1

INHALT

INHALT

V

VORWORT

„Mehr Spaß an Englisch" richtet sich an alle, die bereits über gute Englischkenntnisse verfügen, mit den Grundlagen von Aussprache und Grammatik vertraut sind und einen kurzweiligen und vergnüglichen Ausflug in die Welt der englischen Redewendungen unternehmen möchten. Auf dieser Reise werden Sie gleichzeitig auf entspannte Weise Ihr Leseverständnis verbessern und Ihre Wortschatzkenntnisse auffrischen und festigen.

Im Vergleich zu den zahlreichen Nachschlagewerken für Redewendungen, nicht zuletzt Wörterbüchern, liegt der Vorteil dieses Buches klar auf der Hand: In „Mehr Spaß an Englisch" präsentieren wir Ihnen 630 moderne und zeitgemäße Redewendungen, nach Themen bzw. Schlüsselwörtern geordnet und in Beispielsätze eingebettet, die die Anwendungsweise der Idiome auf anschauliche Weise demonstrieren. Darüber hinaus erklären wir für die meisten Redewendungen nicht nur den Ursprung bzw. ihre Entstehungsgeschichte, sondern präsentieren neben Synonymen und Antonymen auch viele ergänzende Informationen rund um das jeweilige Idiom.

Die englische Sprache ist – zum einen wegen ihrer lateinischen und angelsächsischen Wurzeln, zum zweiten aufgrund ihrer Kolonialgeschichte und zum dritten wegen ihrer Rolle als Weltsprache – überaus reich an Redewendungen, die uns in allen Lebensbereichen begegnen. Sie sind neben der „formellen" Sprache eine wichtige Facette des Alltagsenglisch und tragen wesentlich dazu bei, die Kommunikation zwischen den Menschen lebendig und variantenreich zu machen.

Die Redewendungen, die Sie in diesem Buch kennenlernen, können in verschiedene Kategorien eingeteilt werden:
- ▶ Redewendungen, die keinerlei wörtlichen Sinn haben: **for donkey's years** (Kapitel 11, Satz 1);
- ▶ Redewendungen, die einen wörtlichen Sinn *und* einen metaphorischen Inhalt haben: **to cook the books** (Kapitel 11, Serendipity und Kapitel 29, Satz 14);
- ▶ Redewendungen, die einen Bezug zu Kultur und Historie haben: **to send someone to Coventry** (Kapitel 45, Satz 14);
- ▶ Sprichwörter und Redensarten, von denen häufig nur der Anfang genannt wird: **There's many a slip...** (Kapitel 45, Satz 5);
- ▶ Formelhafte Wendungen, die je nach Situation und beteiligten Personen variiert werden können: **Any friend of X is a/no friend of mine**;

▶ Zu guter Letzt gibt es noch die sog. **phrasal verbs** (Partikelverben), also Verben, die Verbindungen mit einer Vielzahl von Partikeln und Adverbien eingehen können, wodurch sich die Grundbedeutung des Verbs jeweils erheblich ändert (Kapitel 13, Serendipity). Beschrieben wurde dieses Phänomen erstmalig vom englischen Lexikologen Dr. Samuel Johnson (1709-1784) im *Dictionary of the English Language* (1755).

AUFBAU DER KAPITEL

A. Kapitelüberschrift und Beispielsätze

Jedes Kapitel befaßt sich mit einem bestimmten Themenbereich bzw. mit einem bestimmten Wortfeld der englischen Sprache, der bzw. das nach der Kapitelüberschrift in einem kurzen Absatz erläutert wird. Jede Kapitelüberschrift ist eine Redewendung, ein Sprichwort, ein idiomatischer Ausdruck oder ein Zitat. Diese illustrieren sozusagen den „Hintergrund" für die 14 Beispielsätze jedes Kapitels.

Jeder Beispielsatz steht auf einer Art „Karteikarte" und ist in großer Schrift geschrieben, denn Sie sollen ihn zuerst lesen, bevor Sie die Übersetzung und die Erklärungen ansehen. Bei den Beispielsätzen handelt es sich meistens um gewöhnliche Aussagen, wie man sie von einem Briten hören oder in einer Zeitung o.ä. lesen könnte, manchmal auch um kurze Dialoge.

B. Vereinfachte Lautschrift

Bei fast allen englischen Beispielsätzen finden Sie für die Wörter, die schwierig auszusprechen sind, deren Aussprache nicht eindeutig ist oder die spontan häufig falsch ausgesprochen werden, eine vereinfachte Lautschrift. Sie ist kursiv gedruckt und in eckige Klammern eingeschlossen. Diese speziell für deutsche Muttersprachler entwickelte Lautschrift gibt die Aussprache so wieder, wie Sie sie bei einem englischen Muttersprachler hören. Erläuterungen dazu, wie Sie die Lautschrift lesen, finden Sie am Ende dieser Einleitung.

C. Wortschatz

Hier werden die wichtigsten Wörter des jeweiligen Beispielsatzes auf Englisch erklärt. Auch ein verständliches Synonym für die vorgestellte Redewendung finden Sie in diesem Absatz; außerdem wird die wörtliche Bedeutung der einzelnen Wörter erklärt, aus denen sich die Redewendung zusammensetzt.

Wir benutzen in diesem Absatz einfache Definitionen oder Synonyme. Lexikalische und orthographische Unterschiede zwischen britischem und amerikanischem Englisch sind mit GB (British English) und US (American English) gekennzeichnet.

D. Übersetzung Ⓓ

Zu jedem Beispielsatz wird die deutsche Übersetzung angegeben. Beachten Sie, daß diese Übersetzung relativ frei gehalten ist, zum einen aus stilistischen Gründen, zum anderen deshalb, weil Sie schon so viel Englisch verstehen, daß Sie nur noch in seltenen Fällen eine wörtliche Übersetzung benötigen.

Unterscheidet sich die englische Satzkonstruktion erheblich von der deutschen oder ist eine wörtliche Übersetzung für das korrekte Verständnis des Satzes unerläßlich, wird diese in runden Klammern angegeben.

Außerdem finden Sie manchmal in der deutschen Übersetzung eckige Klammern. Diese schließen Satzteile ein, die im Englischen nicht vorhanden sind, im Deutschen jedoch aus Gründen des Verständnisses oder der Syntax erforderlich sind.

E. Erläuterungen zur Redewendung ▯

In diesem Absatz finden Sie ausführliche Informationen über die jeweilige Redewendung. In vielen Fällen wird erklärt, wo die Wendung ihren Ursprung hatte, welche Veränderungen sie ggf. im Laufe der Zeit durchlaufen hat und welche anderen Wendungen von ihr abgeleitet sind. Weiterhin enthält dieser Absatz Hinweise auf:

▶ **Synonyme** (gleichbedeutende Wendungen), gekennzeichnet durch das Symbol =;
▶ **sinnverwandte Redewendungen**, gekennzeichnet durch das Symbol ≈;
▶ **Antonyme** (inhaltlich entgegengesetzte Wendungen), gekennzeichnet durch das Symbol ≠;
▶ **Wendungen**, die auf den ersten Blick ähnlich sind, jedoch eine **andere Bedeutung** haben, gekennzeichnet durch „! Nicht zu verwechseln mit ...";
▶ **Informationen zu weiteren Ausdrücken** im Beispielsatz, gekennzeichnet durch einen Stern (*).

Viele dieser Synonyme, Antonyme usw. werden in den meisten Fällen noch durch ein Beispiel illustriert, damit Sie sehen, wie das entsprechende Idiom in einen Kontext eingebunden werden kann.

Sie finden außerdem an sehr vielen Stellen Verweise auf andere Kapitel, in denen Wendungen vorkommen, die zu der besprochenen Wendung in irgendeinem Bezug stehen. Diese Verweise sind durch einen Pfeil und die Angabe „Kapitel XYZ, [Satz] XYZ", beides eingeschlossen in eckige Klammern, gekennzeichnet.

F. Serendipity

Den Abschluß jedes Kapitels bildet ein mit **Serendipity** überschriebener Absatz, der noch einmal zusätzliche, sprachlich interessante Informationen enthält, die zum jeweiligen Thema des Kapitels in Bezug stehen.

Das **Serendipity**-Prinzip beschreibt eine zufällige Beobachtung von etwas, das zunächst nicht das ursprüngliche Ziel einer Untersuchung war, das sich aber bei einer genaueren Analyse als neue und überraschende Entdeckung erweist. (Bekannte Beispiele für Serendipity sind z.B. die Entdeckungen der Röntgen-Strahlung, des Penicillins oder des Sekundenklebers.) Der Ausdruck wurde erstmals von dem englischen Autor **Horace Walpole** (1717-1797) in einem Brief verwendet. Er erläutert darin, daß er diesen Begriff in Anlehnung an ein persisches Märchen mit dem englischen Titel *The Three Princes of Serendip* geprägt habe, in welchem die drei Prinzen viele dieser unerwarteten Entdeckungen machen. Serendip ist die alte persische Bezeichnung für Ceylon, das heutige Sri Lanka.

G. Illustrationen

Beachten Sie schließlich auch unsere Illustrationen, die unserem Motto „Mehr Spaß an Sprachen" folgen. Jede Karikatur dreht sich um einen Satz aus dem jeweiligen Kapitel. Vielleicht helfen Ihnen diese, sich bestimmte Wendungen oder Ausdrücke besser zu merken, weil Sie sie mit einem Bild bzw. einer Situation verbinden können.

H. Index der Redewendungen

Den Abschluß des Buches bildet ein umfangreicher alphabetischer Index, in dem nicht nur die 630 Redewendungen aus unseren Beispielsätzen, sondern sämtliche Redewendungen aus dem gesamten Buch vorkommen, d.h. auch die Ausdrücke, die als Synonyme, verwandte Wendungen, Antonyme und ergänzende Wendungen auftauchen.

Um Ihnen im Index das Auffinden einer bestimmten Wendung zu erleichtern, sind die meisten Wendungen unter mehreren Stichwörtern (Verb, Nomen, Adjektiv) aufgeführt.

HINWEISE ZUR VERWENDUNG DIESES BUCHES

Was Ihre Vorgehensweise beim Durcharbeiten dieses Buches angeht, so haben Sie im Grunde mehrere Möglichkeiten: Sie können das Buch chronologisch von vorne bis hinten durcharbeiten und sich beispielsweise, je nach verfügbarer Zeit und Lernziel, jeden Tag mit zwei oder drei Redewendungen beschäftigen.

Sie können sich aber auch ganz frei und je nach Interesse, Vorliebe und angestrebtem Pensum einzelne Kapitel oder Sätze heraussuchen und so mit dem Buch arbeiten.

Alternativ können Sie das Buch auch als eine Art Nachschlagewerk verwenden, indem Sie sich aus dem Index am Ende des Buches gezielt bestimmte Redewendungen heraussuchen und diese dann im angegebenen Kapitel an der entsprechenden Stelle nachschlagen.

Beachten Sie bitte trotzdem, daß die Informationen in den einzelnen Kapiteln teilweise aufeinander aufbauen.

Was Sie auch nie vergessen sollten, ist, daß bei aller Disziplin der Spaß nicht auf der Strecke bleiben sollte. Vermeiden Sie unangemessene Lernbemühungen, und lernen Sie vor allem niemals auswendig! Gehen Sie entspannt an die Texte heran, und lesen Sie nur so viel, wie Sie sich im Moment merken können, ohne sich zu überfordern. Eine gute Idee ist es auch, sich verschiedenfarbige Karteikarten anzulegen und auf der einen Seite die englische Redewendung, auf der anderen Seite die deutsche Entsprechung zu notieren. Von diesen Karten können Sie auch unterwegs immer einige dabeihaben und bei sich bietender Gelegenheit einen Blick darauf werfen.

Um den größtmöglichen Nutzen aus diesem Buch zu ziehen und beim Durchlesen der verschiedenen Kapitel Ihr Leseverständnis und Ihre Wortschatzkenntnisse zu schulen und zu verbessern, empfehlen wir Ihnen, nach dem Lesen eines Beispielsatzes zunächst einmal zu versuchen, den Text zu verstehen, ohne sofort auf die Übersetzung zu sehen.

Haben Sie sich für ein Kapitel entschieden, gehen Sie am besten folgendermaßen vor:

1. Lesen Sie den Beispielsatz zunächst mehrmals laut. Sollten Unsicherheiten oder Zweifel bezüglich der Aussprache bestimmter Wörter bestehen, können Sie sich mit der vereinfachten Lautschrift behelfen (wie Sie sie lesen, wird unter „*DIE VEREINFACHTE LAUTSCHRIFT*" beschrieben).

2. Versuchen Sie zunächst einmal, den Text ohne Hilfe zu verstehen. Der Sinn unbekannter Wörter läßt sich oft aus dem Kontext erschließen.

3. Lesen Sie anschließend die Wortschatzerläuterungen. Sie sind einsprachig verfaßt, d.h. Wörter und Wendungen werden in Form einer englischen Definition oder eines Synonyms erklärt. Die Wortschatzerläuterungen bieten Ihnen nebenbei die Möglichkeit, Ihre Vokabelkenntnisse aufzufrischen und zu erweitern.

4. Lesen Sie dann den Beispielsatz erneut, und versuchen Sie festzustellen, ob Sie ihn nun besser verstehen und ob Sie ihn sich merken können, ohne ins Buch zu sehen.

5. Erst jetzt sollten Sie zur Kontrolle die deutsche Übersetzung lesen und mit dem englischen Text vergleichen.

6. Lesen Sie nun die Erklärungen zur Redewendung, zu ihrer Etymologie, zu eventuellen Synonymen, Antonymen und sinnverwandten Wendungen sowie die ergänzenden Informationen.

7. Zur Abrundung des Gelesenen können Sie nun auch die Stellen lesen, auf die mit dem Pfeil verwiesen wird.

8. Wenn Sie ein Kapitel abgeschlossen haben, lesen Sie es noch einmal komplett durch. Hierbei können Sie versuchen, selbständig jeden Beispielsatz bzw. jede Redewendung, ausgehend von der deutschen Übersetzung, auf Englisch zu formulieren.

DIE VEREINFACHTE LAUTSCHRIFT

Die meisten der im Buch verwendeten Buchstaben der vereinfachten Lautschrift sind so zu lesen, wie Sie es vom Deutschen her gewöhnt sind. Für bestimmte Laute des Englischen, die im Deutschen nicht existieren, werden besondere Zeichen oder Zeichenkombinationen verwendet, die für Deutsche leicht nachzuvollziehen sind und die im folgenden erläutert werden.

Die einzelnen Silben der Wörter sind durch Bindestriche voneinander getrennt; die Vokale betonter Silben sind fett gedruckt. Ein Doppelpunkt (:) hinter einem Vokal bedeutet, daß dieser lang gesprochen wird.

Wichtig beim Lesen der Lautschrift ist, daß Sie sie Buchstabe für Buchstabe lesen (Ausnahme: das „th"; siehe Absatz „Besonderheiten" unten).

A. Vokale

Lautschriftzeichen	Aussprachebeschreibung	Englisches Beispiel
ai	wie in „M<u>ai</u>s"	**high** [*hai*]
ei	e + i (NICHT wie in „<u>Ei</u>"!)	**pay** [*pei*]
O/O:	mit geöffneter Mundhöhle gesprochenes o wie z. B. in „P<u>o</u>st", aber länger	**bought** [*bO:t*]
oi	o + i	**coin** [*koin*]
ou	o + u	**most** [*moußt*]
ö	kurzes ö bzw. unbetontes e wie der Auslaut von „Katz<u>e</u>", „Wies<u>e</u>" usw.	**greatest** [*grei-tößt*]
Ö/Ö:	mit geöffneter Mundhöhle gesprochenes ö wie z.B. in einem gedehnt gesprochenen „kööööstlich"	**first** [*fÖ:(r)ßt*]

XIII

B. Konsonanten

Manche Laute gibt es in einer stimmhaften und einer stimmlosen
Variante. Bei der stimmhaften Variante schwingen die Stimmbänder mit, bei der stimmlosen wird der Laut einzig durch Luftausstoß
und ohne Beteiligung der Stimmbänder erzeugt.

Lautschrift-zeichen	Aussprache-beschreibung	Englisches Beispiel
dĵ	d + stimmhaftes sch wie in „Dschungel"	**join** [*dĵoin*]
ĵ	stimmhaftes sch wie in „Garage"	**measure** [*mä-ĵö(r)*]
(r)	am hohen Gaumen erzeugtes r (s. Absatz „Besonderheiten")	**smart** [*ßma:(r)t*]
s	stimmhaftes s wie in „Hase"	**poison** [*poi-sön*]
ß	stimmloses s wie in „Maske"	**case** [*keiß*]
fß	stimmloses th (s. Absatz „Besonderheiten")	**Cathy** [*kä-fßi*]
fs	stimmhaftes th (s. Absatz „Besonderheiten")	**the** [*fsö*]
u (im Anlaut)	mit gespitzten Lippen gesprochenes u	**word** [*uÖ:(r)d*]

Besonderheiten

1. Das englische „r"

Das **r** wird im britischen Englisch nach einem Konsonanten immer
gesprochen. Es wird erzeugt, indem die Zungenränder breit gegen
die Backenzähne gedrückt werden und die Zungenspitze stark
nach oben gebogen wird; hierdurch wird der Laut weit oben am
Gaumen erzeugt. Nach einem Vokal wird es oft verschluckt, d.h.
nicht gesprochen. Geht dem **r** ein langer Vokal voraus, wirkt es
auf diesen verlängernd. Im Wortauslaut wird das **r** meistens gar
nicht artikuliert.

Sprecher des amerikanischen Englisch neigen hingegen dazu, das **r** in der Wortmitte und am Wortende zu sprechen, ebenfalls weit oben am Gaumen. Da dieser Laut also unterschiedlich gesprochen wird, haben wir ihn in der Lautschrift in Klammern gesetzt: *(r)*.

2. „th"

Die Aussprache des englischen „th" (sprich: *ti-eitsch*) stellt viele Lerner anfangs vor Schwierigkeiten. Die Erzeugung dieses Lautes bedarf der Übung. Es hat sich bewährt, von einem „f" auszugehen und dann die Zunge – wie beim Lispeln – zwischen die Zähne zu schieben. Unsere Lautschriftzeichen sind [*fß*] für das stimmlose bzw. [*fs*] für das stimmhafte „th".

Beachten Sie noch: In Fällen wie z.B. bei **dwarfs** [*duO:(r)f-ß*] (Kapitel 36, Satz 14) ist das Zeichen [*ß*] durch einen Bindestrich vom [*f*] getrennt, um deutlich zu machen, daß das [*ß*] hier das Plural-s darstellt und nicht zusammen mit [*f*] zu lesen ist.

Ziehen Sie diese Liste der Laute vor allem in der ersten Zeit immer wieder heran, um sich mit der verwendeten Phonetik vertraut zu machen.

Verwendete Symbole

 Vereinfachte Lautschrift

 Einsprachige Wortschatzerklärungen

 Deutsche Übersetzung des Beispielsatzes

📖 Erläuterungen zur Redewendung
  = Synonym (gleichbedeutende Wendung)
  ≈ Sinnverwandte Redewendung
  ≠ Antonym (inhaltlich entgegengesetzte Wendung)
  ! Nicht zu verwechseln mit ...: Wendungen, die auf
    den ersten Blick ähnlich sind, jedoch eine andere
    Bedeutung haben
  * Informationen zu weiteren Ausdrücken
  ➡ Verweis auf eine andere Textstelle

Verwendete Abkürzungen

o.s.:	oneself	**s.o.**:	someone
s.b.:	somebody	**s.th.**:	something

To have and have not ist der Titel eines 1937 erschienenen Romans von Ernest Hemingway (deutscher Titel „Haben und nicht haben"). Nicht nur **to have** kann „haben" heißen, sondern auch **to hold**, und so beginnen wir unseren Kurs mit einem Kapitel rund um das Verb **to hold**. Vor allem durch die Verbindung von **to hold** mit unterschiedlichen Partikeln bzw. Suffixen ergeben sich sehr interessante Bedeutungen.

> When the dinghy capsized, the two boys **held onto** the wreckage **like grim death** until they were rescued.
>
> 1

 dinghy [*ding-gi*]; **capsized** [*käp-ßaisd*]; **wreckage** [*rä-ködj*]; **grim** [*grim*]; **death** [*däfß*]; **rescued** [*räß-kju:d*].

 dinghy: small boat for three or four persons, often made of rubber, used for pleasure or for sailing to land from a larger boat.
capsized: turned upside down or onto its side in the water.
wreckage: parts of a vehicle or building that remain after it has been severely damaged.
grim: causing worry; unfriendly; not enjoyable.
held onto ... like grim death: held ... very tightly.
rescued: saved from a dangerous situation.

 „Als das Dingi kenterte, klammerten sich die beiden Jungen verzweifelt (wie grimmiger Tod) an das Wrack, bis sie gerettet wurden."

 to hold onto/hang on s.th. like grim death „sich verzweifelt/in Todesangst an etw. festklammern" kann im physischen wie auch im übertragenen Sinne verwendet werden.

grim hat eine Vielzahl von Konnotationen („streng, furchterregend, grauenvoll, ..."). Wir erkennen es auch im althochdeutschen „grim" und im heutigen „grimmig" wieder. Der Ausdruck **grim death** stammt aus Shakespeares „Der Widerspenstigen Zähmung", und lange nannte man den Tod im Volksmund **Mr Grim**. Man spricht auch von **grim reality** „harte Realität" und von **grim truth** „bittere Wahrheit".

KAPITEL 1

Hold your horses! We haven't finished the main course and you already want dessert. 2

main [*mein*]; **course** [*kO:(r)ß*]; **dessert** [*di-ßÖ:(r)t*].

Hold your horses!: Wait!
main course: the part of the meal that comes after the starter(s).
dessert: sweet food that you eat after the main part of a meal.

„Jetzt aber mal langsam (haltet eure Pferde)! Wir sind noch nicht mit dem Hauptgang fertig, und ihr wollt schon [den] Nachtisch."

Hold your horses! „Moment mal!, Jetzt mal langsam!" ist unveränderlich und wird immer im Imperativ (Befehlsform) benutzt.

≈ **Hold on!**

That argument **does not hold water**. The new government will have to raise taxes whatever it decides. 3

argument [*a:(r)-gju-mönt*]; **government** [*ga-wö(r)-mönt*]; **raise** [*reis*]; **taxes** [*täk-ßis*].

argument: reason or set of reasons that you use for persuading other people to support your views, opinions etc.
does not hold water: is not sound/valid.
government: the people who control a country, region or town and make decisions about its laws and taxes.
taxes: an amount of money you have to pay to the government that it uses to provide public services and pay for government institutions.

„Dieses Argument ist nicht stichhaltig (hält nicht Wasser). Die neue Regierung wird die Steuern erhöhen müssen, egal, was sie entscheidet."

to hold water „stichhaltig sein, hieb- und stichfest sein". Wenn etwas „Wasser hält", ist es wasserdicht (**a watertight container** „ein wasserdichter Behälter"). **Watertight** beschreibt auch etwas, das solide und unanfechtbar ist: **His alibi** [*ä-lö-bai*] **is watertight so he can't be the murderer.** „Er hat ein wasserdichtes Alibi; also kann er nicht der Mörder sein."

≈ **to hold up: His story will never hold up in court** [*kO:(r)t*]. „Seine Geschichte wird sich vor Gericht niemals als stichhaltig erweisen."

≠ **to be full of holes: That argument is full of holes.** „Dieses Argument ist überhaupt nicht stichhaltig (voller Löcher)".

The speaker **held forth** for two hours, by which time most of the audience was asleep. 4

---

speaker [*ßpi:-kö(r)*]; **forth** [*fO:(r)fß*]; **audience** [*O:-di-önß*]; **asleep** [*ö-ßli:p*].

speaker: s.o. who gives a speech or talks about a subject to a group.
held forth: continued to speak.
audience: group of people who have come to a place to see or hear a film, performance, speech etc.
asleep: sleeping; not awake.

„Der Sprecher redete zwei Stunden lang ununterbrochen, bis der größte Teil des Publikums eingeschlafen war."

to hold forth on s.th. „sich über etw. in langen Reden ergehen, sich über etw. sehr ausführlich auslassen" ist meistens abwertend gemeint. **He held forth on his favourite subject at great length.** „Er sprach lang und breit über sein Lieblingsthema." **forth** (und nicht **fourth** „vierter, -e, -es"!) ist ein veralteter Ausdruck für **forward** „vorwärts, weiter, nach vorne".

≈ **to hold the floor** „das Wort führen; die Diskussion beherrschen; die Debatte bestimmen" kommt aus der Theatersprache, in der **the floor** das „Parkett", d.h. den vorderen Teil des Zuschauerraums zu ebener Erde bezeichnet. Die Wendung wurde ursprünglich auf Schauspieler angewandt, die in der Lage waren, das Publikum in diesen Reihen zu fesseln. Heute bezeichnet **the floor** im britischen Englisch auch den Plenarsaal des Parlaments: **the floor of the House**.

Demgegenüber heißt der „3. Rang" im Theater, also die billigsten Plätze, **the gallery**, und **playing to the gallery** „für die Galerie spielen" sagt man, wenn jemand, um sich beliebt zu machen, nur das ausspricht, was die Leute gerne hören möchten, und dabei auch nicht vor Übertreibung zurückschreckt.

Enjoy your holiday. And don't worry, Mark will **hold the fort** while you're away. 5

Enjoy [*in-dʒoi*]; **worry** [*uÖ-ri*]; **fort** [*fO:(r)t*].

hold the fort: look after or do s.th. for s.o. while they are busy doing s.th. else.

„Genieß deinen Urlaub. Und mach dir keine Sorgen, Mark wird die Stellung halten, während du weg bist."

to hold the fort for s.o. „für jmdn. die Stellung halten" stammt aus dem nordamerikanischen Bürgerkrieg (1861-1865); es war der Auftrag von General Sherman an einen seiner Offiziere, die Stellung in einem Fort zu halten.

Hold the fort ist auch ein englisch-amerikanisches Arbeiterkampflied, das um ca. 1870 herum entstand. Der deutsche Titel lautet „Brüder seht die rote Fahne".

≈ **to take care of things** „auf etw. achtgeben, aufpassen": **Mark will take care of things while you're away**.

I'm afraid she's on the other line. Will you **hold?** 6

afraid [*ö-freid*].

I'm afraid: Unfortunately.
hold: (= **hold the line**) stay on the telephone.

„Leider spricht (ist) sie [gerade] auf der anderen Leitung. Bleiben Sie dran (werden Sie halten)?"

Mit **Will you hold (the line)?** bitten Sie eine Person, am Telefon zu bleiben und nicht aufzulegen. Man hört auch **I'll put you on hold**. Verkündet der Anrufer selber, daß er am Telefon bleibt, so sagt er **I'll hold**. **On hold** drückt immer aus, daß etwas „auf Eis gelegt" wird: **The project has been put on hold for two years** [➡ Kapitel 22, 2].

THE MINISTER WAS LEFT HOLDING THE BABY.

> Don't worry about Simon. He can **hold his own** in an argument.
> 7

🔔 **Simon** [ßai-mön]; **own** [oun].

💡 **Don't worry**: Don't feel anxious.
hold his own: be as good as other more experienced or stronger people.

💬 „Mach dir keine Sorgen um Simon. Er kann sich in einem Streit[gespräch] [gut] behaupten."

📖 Wie bei vielen idiomatischen Wendungen fehlt auch hier ein Wort, denn der komplette Ausdruck, der ursprünglich aus der Boxsprache kommt, heißt **to hold one's own corner**, wobei **corner** die Ecke im Boxring meint.

≈ **to give a good account** [ö-kount] **of o.s.** „seinen Mann stehen, seine Sache gut machen" [➡ Kapitel 44, 5].

> This is the fifth company he's worked for this year. He just can't **hold down a job**. 8

 company [*kam-pö-ni*]; **year** [*ji:-ö(r)*].

 company: organization that provides services or makes or sells goods for money.
hold down a job: keep a job.

 „Das ist die fünfte Firma, in der (für die) er dieses Jahr gearbeitet hat. Er kann sich einfach in keiner Stellung halten."

 to hold down bedeutet „unter Mühe/nur mit großer Anstrengung etw. (beibe)halten": **She needs money desperately, so she's trying to hold down three jobs at the same time.** „Sie braucht dringend (verzweifelt) Geld, daher bemüht sie sich, drei Jobs gleichzeitig auszuüben (zu halten)."

> The government has been able **to hold** inflation **in check** for the past eighteen months. 9

 inflation [*in-flei-schön*]; **check** [*tschäk*].

 to hold in check: to control s.o. or s.th. that might cause damage or harm.
inflation: economic process in which prices increase so that money becomes less valuable.

 „Die Regierung konnte die Inflation in den vergangenen 18 Monaten unter Kontrolle (in Schach) halten."

 Check ist neben **chess** ein Begriff für „Schach"; daher könnte **to hold/keep in check** seinen Ursprung im Schachspiel haben. Auch im militärischen Kontext spricht man davon, daß jemand „in Schach gehalten", d.h. seine Aktionsfreiheit eingeschränkt wird: **Russian troops were kept in check by Chechen** [*tschetschen*] **fighters.** „Russische Truppen wurden von tschetschenischen Kämpfern in Schach gehalten."

> The two aides denied any involvement in the affair and the minister was **left holding the baby**.
>
> 10

🔔 **aides** [*eids*]; **denied** [*di-naid*]; **involvement** [*in-wOlw-mönt*]; **affair** [*ö-fä:(r)*].

💡 **aides**: persons whose job is to help another person in their work.
denied: said that it was not true.
involvement: the act of taking part in an activity, event, or situation.
affair: s.th. that happens, especially s.th. shocking, in public or political life.
was left holding the baby: had to bear the consequences of the affair.

💬 „Die beiden Assistenten leugneten jegliche Beteiligung an der Affäre, und der Minister mußte die Sache ausbaden (wurde gelassen haltend das Baby)."

📖 **to leave s.o. holding the baby** „jmdn. eine Sache ausbaden lassen"; **to be left holding/carrying the baby** „der Dumme sein" könnte sich auf das Kinderspiel beziehen, bei dem ein Gegenstand so schnell wie möglich unter den Mitspielern weitergereicht wird; verloren hat derjenige, bei dem sich der Gegenstand am Ende einer Runde befindet.

≈ **to pass the buck**: **Afraid to take responsibility, he passed the buck to his manager.** „Aus Angst davor, die Verantwortung übernehmen zu müssen, ließ er seinen Geschäftsführer die Sache ausbaden" [➡ Kapitel 23, 14].

= **to carry the can** (**can** „Kanne, Kanister, Konservendose"): **Mike had to carry the can for their mistakes.** „Mike mußte ihre Fehler für sie ausbaden." Grundlage dieses Ausdrucks ist ein Brauch beim Militär, bei dem dienstältere Soldaten einen neuen, unerfahrenen Rekruten zum Bierholen schicken; dieser holt das Bier in einer Art Kanister und trägt auch die Verantwortung dafür, daß er nichts davon vergießt.

> I called five times, but I still can't **get hold of her**.   11

🔔 **called** [*kO:ld*].

💡 **I ... can't get hold of her**: I can't reach her on the phone.

💬 „Ich habe fünfmal angerufen, aber ich kann sie immer noch nicht erreichen."

📖 **to get hold of s.b.** „jmdn. am Telefon erreichen"; **to get hold of s.th.** „etw. bekommen, auftreiben, ergattern": **I've managed to get hold of some rather good wine.** „Ich habe es geschafft, einen ziemlich guten Wein zu ergattern." Das Nomen **hold** bedeutet „Griff".

! Nicht zu verwechseln mit **Get hold of yourself!** „Fassen Sie sich!".

Man kann die Wendung auch mit dem unbestimmten Artikel verwenden: **to have/get a hold on/over s.b.** [➡ Satz 12].

> Ever since she discovered my secret, she's **had a hold on me**.   12

🔔 **since** [*ßinß*]; **discovered** [*diß-ka-wö(r)d*]; **secret** [*ßi:-kröt*].

💡 **discovered**: found out.
secret: piece of information that is known by only a small number of people, and is deliberately not told to other people.
she's had a hold on me: she has an influence on me.

💬 „Seit sie mein Geheimnis entdeckt hat, hat sie mich in der Hand (hat einen Griff auf mich gehabt)."

📖 **to have/get a hold on/over s.b.** „jmdn. in der Hand haben, Einfluß auf jmdn. haben". Aus dem Kampfsport stammt **(with) no holds barred** [*ba(r)d*], wörtlich „(mit) keinem Griff gesperrt", dessen Sinn „alle Mittel sind erlaubt" oder auch „uneingeschränkt, hemmungslos" ist: **You can say anything you like, no holds barred.** „Sie können uneingeschränkt alles sagen, was Sie wollen."

I didn't want to visit the factory, but my boss **held a gun to my head**. He said he'd sack me if I didn't go.

13

visit [*wi-sit*]; factory [*fäk-tö-ri*]; gun [*gan*]; sack [*ßäk*].

factory: a building or group of buildings where large quantities of goods are produced using machines.
held a gun to my head: forced me to do s.th. by threatening to do s.th. bad to me.
sack: give notice; fire.

„Ich wollte die Fabrik nicht besichtigen, aber mein Chef hat mir die Pistole auf die Brust gesetzt (ein Gewehr an meinen Kopf gehalten). Er sagte, er würde mich feuern, wenn ich nicht hingehe."

to hold a gun to s.o.'s head stammt aus dem amerikanischen Sprachgebrauch. Es bedeutet, daß jemand zu einer bestimmten Handlungsweise gezwungen wird und keine Alternative hat. Es kann auch mit **to have** benutzt werden: **I didn't want to do it, but I had a gun to my head**.

! Nicht zu verwechseln mit **to be gunning for s.o.** „jmdn. auf dem Kieker haben, es auf jmdn. abgesehen haben", das ebenfalls aus der Sprache der Waffenkunde stammt. Der Ausdruck wird fast immer in der Verlaufsform des Präsens oder Perfekt benutzt: **Watch out! He's read your e-mail and now he's gunning for you.** „Paß auf! Er hat deine E-Mail gelesen, und jetzt hat er dich auf dem Kieker."

– Today's rock bands **can't hold a candle** to the bands of the 60s. – Every generation says the same thing.

14

candle [*kän-döl*]; 60s [*ßikß-ti:s*]; generation [*djä-nö-**rei**-schön*].

candle: stick of wax with a string in it that you burn to give light.
can't hold a candle: are not at all as good, beautiful, impressive etc. as s.o. or s.th. else.
the 60s: the years between 1960 and 1970.

KAPITEL 1

🔦 **generation**: group of people in society who are born and live around the same time.

💬 – „Die heutigen Rockgruppen können den Gruppen der 60er Jahre nicht das Wasser reichen (können nicht eine Kerze halten). – Jede Generation sagt das gleiche."

📖 Der ursprüngliche Ausdruck, **not fit to hold a candle**, stammt aus der Theatersprache und drückt äußerste Geringschätzung aus. Er besagt, daß ein Schauspieler noch nicht einmal dazu taugt, für einen anderen die Bühne zu beleuchten.

≈ In der Umgangssprache sagt man eher: **to be no match for**: **Today's rock bands are no match for those of the 60s.** „Die heutigen Rockgruppen können sich nicht mit den Gruppen der 60er Jahre messen/können es nicht mit den Gruppen der 60er Jahre aufnehmen."

SERENDIPITY

Das Verb **to hold** kommt auch in Verbindung mit Körperteilen vor; viele dieser Ausdrücke existieren auch, zumindest ähnlich, im Deutschen: **to hold one's tongue** „seine Zunge [im Zaum] halten, schweigen": **I was on the verge (verge** [*wÖ:(r)dʃ*] „Rasensaum") **of making a sarcastic** [*ßa:(r)-käß-tik*] **remark, but I decided to hold my tongue.** „Ich wollte gerade eine sarkastische Bemerkung machen, aber ich beschloß zu schweigen." Eine etwas formellere Variante hierfür ist das oft in Hochzeitszeremonien verwendete **Speak now or forever hold your peace!** „So soll er jetzt sprechen oder für immer schweigen (Frieden halten)!".

Analog zu „sich [vor Lachen] den Bauch halten" benutzt der Brite **to hold one's belly**, und auch **to hold one's breath** kennen wir im Deutschen: „den Atem anhalten". Und riecht es irgendwo schlecht, und man muß sich „die Nase zuhalten", so sagt der Brite **to hold one's nose**. Sie sehen: Viele englische Idiome haben deutsche „Verwandte"; das macht es mitunter leichter, sie sich zu merken.

Bei unserem Titel handelt es sich um den Refrain eines bekannten schottischen Volkslieds, **The Bonny Banks of Loch Lomond**. Im Mittelpunkt dieses Kapitels stehen die Adjektive **high** und **low**.

> When my business collapsed, I was **left high and dry** without a penny to my name. 1

🔔 **business** [*bis-nöß*]; **collapsed** [*kö-läpßd*].

💡 **business**: the work of buying or selling products or services for money.
collapsed: stopped operating.
I was left high and dry: I was put in a very difficult and unpleasant situation which I could not escape from.

Ⓓ „Als mein Geschäft zugrunde ging (zusammenbrach), saß ich (wurde ich gelassen) ohne einen Cent in der Tasche (Pfennig zu meinem Namen) auf dem Trockenen (hoch und trocken)."

📖 **to leave s.o./to be left high and dry** wurde ursprünglich von Seeleuten für ein Boot verwendet, das bei Ebbe auf Grund läuft (**high**) und kein Wasser mehr unter dem Kiel hat (**dry**). Im übertragenen Sinne meint man damit, daß jemand buchstäblich „auf dem Trockenen sitzt" bzw. einer unangenehmen und zumindest vorübergehend aussichtslosen Situation ausgeliefert ist.

> Don't get **on your high horse**! I'm not criticising you, I was just making a suggestion. 2

🔔 **criticising** [*kri-ti-ßai-sing*]; **suggestion** [*ßö-dſäß-tschön*].

💡 **Don't get on your high horse**: Don't behave as if you know more or better than anyone else.
criticising: saying what you think is wrong or bad.
suggestion: idea or plan that you offer for s.o. to consider.

Ⓓ „Jetzt komm mal von deinem hohen Roß herunter (steig nicht auf dein hohes Pferd)! Ich kritisiere dich nicht, ich habe lediglich einen Vorschlag gemacht."

KAPITEL 2

to get/to be on one's high horse „auf dem hohen Roß sitzen/ sich aufs hohe Roß setzen" stammt aus der Zeit, als die Adeligen von ihrem Pferd aus herablassend auf das „niedere Volk" hinabsahen.

> Maria drank wine all afternoon and was **as high as a kite** by six o'clock.
>
> 3

kite [*kait*].

kite: toy made of paper and wooden bars that flies in the air while you hold it by a long string.
as high as a kite: completely drunk.

„Maria hat den ganzen Nachmittag Wein getrunken und war um sechs Uhr sternhagelvoll (hoch wie ein Drachen)."

to be high as a kite kommt von **to be high**, einem Ausdruck für „euphorisch", der hier in Verbindung mit Alkohol verwendet wird, ursprünglich aber in Bezug auf Drogen benutzt wurde: „angeturnt, berauscht, bekifft": **He was high on cocaine** [*kö-kein*]. „Er war im Kokainrausch".

> The footsie closed at **an all-time high** of 6000 on Friday.
>
> 4

footsie [*fut-ßi*].

footsie: spoken version of Financial Times „FTSE index" at the London stock exchange.
closed: had a particular value at the end of a day's buying and selling on a stock exchange.
all-time: absolute.

„Der Footsie schloß am Freitag mit einem historischen (all-Zeit) Höchststand von 6.000 [Zählern]."

Anstelle von **all-time high** „historischer Höchststand" kann man auch **a record** [*rä-köd*] **high** sagen.

≠ **all-time low** (oder **a record low**) „ein historischer Tiefstand".

In der Wirtschaft spricht man auch von **peak and trough** [*pi:k änd trOf*] „Höchststand und Talsohle". Das Englische hat, flexibel wie es ist, hieraus auch Verben gemacht: **The index peaked at 3600.** „Der Index erreichte mit 3.600 [Zählern] seinen Höchststand". Oder: **The recession troughed** [*trafd*] **in 1992.** „Die Rezession erreichte 1992 die Talsohle".

* Footsie ist hier der Name eines Aktienindexes. Merken Sie sich jedoch auch **to play footsie with s.b.** „mit jmdm. – in der Regel unter einem Tisch – durch Berühren der Füße anbandeln („füßeln").

MARIA WAS HIGH AS A KITE BY SIX O'CLOCK.

We're **running low on** sugar. You'd better get some the next time you go shopping. 5

🔔 **low** [*lou*]; **sugar** [*schu-gö(r)*].

💡 **running low on sugar**: having almost no more sugar left.

💬 „Wir haben fast keinen Zucker mehr. Am besten holst du welchen, wenn du das nächste Mal einkaufen gehst."

📖 **to run low on s.th.** „von etw. fast nichts mehr haben; etw. ist fast ausgegangen".

= **to run short of s.th.**

Ist von einer bestimmten Sache wirklich nichts mehr da, sagt man **to run out of**: **Damn! We've run out of petrol** oder **We're out of petrol.** „Verdammt! Wir haben kein Benzin mehr."

> After falling steadily for eight months, capital
> expenditure is now **at a low ebb**.   6

🔔 **steadily** [*ßtä-di-li*]; **capital** [*kä-pi-töl*]; **expenditure** [*ikß-pän-di-tschö(r)*].

💡 **steadily**: slowly and gradually continuing.
capital expenditure: money that a company spends on things such as equipment and buildings that it needs to operate as a business.
ebb: (or **ebb tide**) the process in which the sea level on a coast becomes lower.
at a low ebb: in a very small, weak, or unsuccessful state.

💬 „Nachdem die Investitionsausgaben acht Monate lang stetig zurückgegangen sind, sind sie nun auf dem Tiefpunkt angelangt."

📖 Auch dieser Ausdruck stammt aus der Seemannssprache: **ebb tide** meint die „Ebbe" am Meer. **to be at**/**to reach a low ebb** bezeichnet im übertragenen Sinne den Tiefpunkt einer Entwicklung, aber auch die „Ebbe" im Portemonnaie. In Bezug auf eine Person sagt man **Her spirits were at a low ebb.** „Sie war niedergeschlagen." Das Verb **to ebb** (**away**) bedeutet „zurückgehen, schwinden": **His strengths ebbed away after the accident.** „Nach dem Unfall ließen seine Kräfte immer mehr nach."

> Our company hires only **high-fliers**. Do you
> fit that description?   7

🔔 **high-fliers** [*hai-flai-ö(r)s*]; **fit** [*fit*]; **description** [*diß-krip-tschön*].

💡 **hires**: employs.
high-flier: s.o. who has achieved a lot and is determined to continue being successful.
fit: be suitable or right for s.th.

💬 „Unsere Firma stellt nur ehrgeizige Leute (Hoch-Flieger) ein. Paßt diese Beschreibung zu Ihnen?"

📖 Ein **high-flier** (oder **high-flyer**) aus der Pilotensprache ist ein „Senkrechtstarter, As, Crack", jemand, der besonders ehrgeizig und in seiner Sparte überdurchschnittlich kompetent ist (ähnlich dem deutschen „Überflieger"). Es ist auch der abwertende Ausdruck für einen „Ehrgeizling". **To be a high-flier** bedeutet „hoch hinaus wollen". Das Adjektiv lautet **high-flying**: **My brother is one of those high-flying advertising executives you read about in the papers.** „Mein Bruder ist einer von diesen ehrgeizigen Führungskräften aus der Werbebranche, über die man in den Zeitungen liest."

= Synonyme sind **whiz(z) kid** [*uis kid*] „Senkrechtstarter" und das aus dem Deutschen entlehnte **wunderkind** [*wan-dö(r)-kind/wun-dö(r)-kind*].

> When David gets out of the meeting, he'll **give us the low-down**. 8

 low-down [*lou-daon*].

 low-down: important or interesting information you need to know about s.o. or s.th.

(D) „Sobald David aus der Besprechung kommt, wird er uns über die Fakten informieren."

Bei **to give s.o. the low-down** (oder **lowdown** „Fakten, Informationen") liegt die Betonung auf der ersten Silbe.

≈ Etwas veraltet ist **to give s.o. the gen** [*djän*] **on s.th.**; **gen** steht kurz für **general information** „Informationen von allgemeinem Interesse".

! Nicht zu verwechseln mit **to play a low-down trick** (**low-down** mit Betonung auf beiden Silben) aus der Boxsprache: „einen Tiefschlag/Schlag unter die Gürtellinie versetzen".

> Where the hell have you been? I've been **hunting high and low** for you. 9

hell [*häl*]; **hunting** [*han-ting*].

hell: in some religions, the place where bad people are sent to suffer for ever when they die.
hunting: trying to find.
high and low: everywhere.

„Wo zur Hölle bist du gewesen? Ich habe dich überall gesucht (dich hoch und tief gejagt)."

to hunt/look high and low for s.o./s.th. „jmdn./etw. überall suchen"; **the hell** drückt zusätzlich die Ungeduld des Sprechers aus.

= **all over:** I've been hunting all over for you.

She's been **feeling low** ever since she failed her finals.   **10**

---

low [*lou*]; **failed** [*feild*]; **finals** [*fai-nöls*].

feeling low: feeling depressed.
she failed: she was unsuccessful in achieving a satisfactory level.
finals: the last set of examinations that students take before they finish a class at a school or university.

„Sie ist niedergeschlagen, seit sie bei den Abschlußprüfungen durchgefallen ist."

to feel low „niedergeschlagen/deprimiert sein" kann auch in Verbindung mit **spirits** verwendet werden: **to be in low spirits** „niedergeschlagen sein".

= Ebenso kann man sagen: **He/She's feeling down** oder **down in the dumps** „Er/sie ist niedergeschlagen/deprimiert" (**dump** „Müllablageplatz") [➡ Kapitel 5, 11].

Ein weiterer Ausdruck, den Sie vielleicht kennen, ist **to feel blue** oder **to have the blues.** Der Ursprung von **blue** bzw. **blues** liegt im 18. Jh., als man damit die Auswirkungen von Trinkgelagen beschrieb: **to have a fit of the blue devils,** sinngemäß „von den blauen Teufeln umgehauen werden". So wurde **the blue devils** bzw. **the blues** zu einem Synonym für „Depression, trübe Stimmung".

Heutzutage benutzt man neben sehr umgangssprachlichen Ausdrücken wie **I feel gutted** [*ga-tid*] „sich ausgebrannt/fix und fertig fühlen" vor allem **I feel down** bzw. aktivisch **to get s.o. down:** **Work is getting me down at the moment.** „Die Arbeit macht mich im Moment total fertig".

> After robbing the train, the three men **lay low** until the hue and cry hat died down. **11**

🔔 **hue** [*hju:*]; **died** [*daid*].

💡 **lay low**: kept hidden.
hue and cry: a lot of complaints and protests from the public about s.th.
had died down: had become less violent or loud.

💬 „Nachdem sie den Zug ausgeraubt hatten, tauchten die drei Männer unter, bis die allgemeine Aufregung sich gelegt hatte."

📖 **to lie low** „sich verstecken, sich ruhig verhalten" (**to lie** ist ein unregelmäßiges Verb: **to lie**, **lay**, **lain**!).

! Nicht zu verwechseln mit **to be laid low**, das normalerweise in Verbindung mit einer Krankheit benutzt wird: **He was laid low by the flu for a week.** „Er lag (wurde heruntergelegt) eine Woche lang mit Grippe im Bett."

hue in **hue and cry** kommt vom französischen *huer* „pfeifen, (aus)buhen". Es kann auch mit **to raise** oder **to provoke** verwendet werden: **The Council's decision raised/provoked a hue and cry.** „Die Entscheidung des Rates löste einen allgemeinen Aufruhr aus."

He's twenty-one. It's **high time** he started to earn a living. **12**

high [*hai*]; earn [*Ö:(r)n*].

high time: time when s.th. should be done at once.
earn a living: work to get money in order to pay what he needs.

„Er ist 21 [Jahre alt]. Es wird höchste Zeit (ist hohe Zeit), daß er beginnt, seinen Lebensunterhalt zu verdienen."

High time wird immer mit **it** + einer Form von **to be** benutzt: **It's high time the party leaders started listening to their members.** „Es ist höchste Zeit, daß die Parteiführung damit beginnt, der Basis (ihren Mitgliedern) zuzuhören."

≈ **It's about time** ist etwas weniger kategorisch: „Es wird langsam Zeit, ...".

There's a cabinet reshuffle on the cards, and at least two ministers will **be for the high jump**. **13**

cabinet [*kä-bi-nöf*]; reshuffle [*ri-schafl*]; jump [*djamp*].

cabinet: a group of advisers chosen by the leader of a government.
reshuffle: the process of changing the jobs or responsibilities of the people in a particular group or organization.
on the cards: likely or possible.
be for the high jump: going to be punished because they have done s.th. bad. Here: due to lose their post.

„Es wird eine Kabinettsumbildung geben (auf den Karten), und mindestens zwei Minister werden [wohl] ihren Hut nehmen müssen (für den Hochsprung sein)."

to be for the high jump „sein blaues Wunder erleben" kommt aus dem Hindernislauf, wo **high jump** ein relativ hohes Hindernis ist. Der Ausdruck wird als Metapher dafür verwendet, daß eine Person einen Posten bzw. eine Position verliert oder sich in

18

Zukunft auf negative Konsequenzen einstellen muß: **If he finds out, you'll be for the high jump.** „Wenn er [das] herausfindet, kannst du dich auf was gefaßt machen/bist du erledigt."

> We'll finish the job on time, **come hell or high water**.
> 14

🔔 **finish** [*fi-nisch*].

💡 **high water**: high tide.
come hell or high water: come what may.

💬 „Wir werden die Arbeit rechtzeitig beenden, egal, was passieren wird (komme Hölle oder Hochwasser)."

📖 **hell or high water** („Hölle oder Hochwasser") stammt von Viehtreibern, von denen man sagte, sie trieben ihre Herden **,through high water at every river and continuous hell between'**. Wendungen wie **come hell or high water** und das gleichbedeutende **come what may** „komme, was mag" oder **come rain or shine** (wörtl. „Komme Regen oder Sonnenschein") stehen immer am Satzende. Wir kennen schon mehrere Fälle, in denen **hell** verstärkenden Charakter hat. Viele Wendungen (**hell and Maria**, **hell and red niggers**) kommen aus dem Amerikanischen, wo der Tatbestand der Gotteslästerung zu Beginn des 20. Jhs. abgeschafft wurde, während er in Großbritannien und Deutschland weiterbestand.

High water kann auch eine positive Bedeutung haben: **Being appointed managing director was the high-water mark of his career** [*kö-rï:(r)*]. „Seine Ernennung zum geschäftsführenden Direktor war der Höhepunkt seiner Karriere" (**high-water mark** „Hochwassermarke").

SERENDIPITY

Im allgemeinen hat das Adjektiv **high** eine positive Konnotation; es drückt eine Überlegenheit gegenüber dem Normalen aus. Beispielsweise ist der **high table** der „Dozententisch" an einem College, **high-class** bezeichnet hochwertige bzw. Luxus-Erzeugnisse, und **high days** sind Tage, an denen man besondere Anlässe feiert. Auch in die Welt der Technik hat **high** Ein-

gang gefunden: **high technology/hi-tech** „Hochtechnologie",
high fidelity/hi-fi „hohe Klangtreue".

High hat wiederum nichts zu tun mit der Grußfloskel **Hi!**, die ihrerseits von **Hiya!** [*hai-ja*], der Kurzform von **How are you?**,
stammt.

To hijack (oder **to highjack**) bedeutet „entführen": **Terrorists
hijacked** (**highjacked**) **the plane and forced it to fly to
Munich** [*mju-nik*]. „Terroristen entführten das Flugzeug und
zwangen es, nach München zu fliegen." Es gibt mindestens
zwei Erklärungen für den Ursprung dieses Verbs: Die erste:
Bootleggers waren Schmuggler, die während der Prohibition
in den USA 1919-1933 in ihren kniehohen Stulpenstiefeln, **high
jackboots** genannt, Alkohol transportierten. Versuchte jemand,
sie aus dem Hinterhalt zu überfallen, ihnen die Stiefel auszuziehen und den Alkohol zu stehlen, riefen die Angreifer: **We highjacked the booze!** „Wir haben den Fusel gestohlen!"
Erklärung Nummer zwei: Während der Prohibition in den USA
1919-1933 überfielen oft Gangster die LKW, die illegal Whisky
transportierten. Sobald das Führerhaus des ersten Wagens gestürmt war, riefen die Gauner: **Stick 'em up high, Jack!** „Nimm
schön die Hände hoch, Junge!" Im Englischen ist es üblich –
vielleicht als Ausgleich dafür, daß es als Anredeform nur das
you gibt – nach einer Aufforderung z.B. einen Namen zu ergänzen, und **Jack** ist ein Diminutiv von **John**, einem der häufigsten
englischen Namen.

Im Jargon der jungen Amerikaner gibt es noch den Ausdruck
to slap high five oder einfacher **to high-five s.o.**; gemeint ist
ein freundschaftlicher Handschlag mit der geöffneten erhobenen Hand.

3 HEARTS AND MINDS

Unser Titel ist Teil eines berühmten Zitats von Franklin D. Roosevelt, der seinen Erfolg mit seiner Fähigkeit erklärte, **to put
into words what is in the hearts and minds of the American people**.

Wir beschäftigen uns hier mit Wendungen, in denen Herz und
Verstand eine Rolle spielen (die ja bekanntlich oft im Widerstreit
miteinander stehen ...).

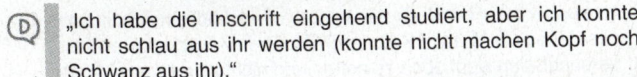

> I studied the inscription closely, but I couldn't
> **make head nor tail of it**. 1

 studied [ßta-did]; **inscription** [in-ßkrip-tschön]; **tail** [teil].

 inscription: words cut on a stone, e.g. a monument, or stamp-
ed on a coin or medal.
closely: thoroughly, intensively.
tail: movable part at the end of the body of a bird, animal, fish
or reptile.
couldn't make head nor tail of it: couldn't understand it.

Ⓓ „Ich habe die Inschrift eingehend studiert, aber ich konnte
nicht schlau aus ihr werden (konnte nicht machen Kopf noch
Schwanz aus ihr)."

📖 **to make head nor tail of s.th.** (oder **... head or tail...**) „aus etw.
nicht schlau werden, sich auf etw. keinen Reim machen kön-
nen" wird in Situationen benutzt, in denen man etwas inhaltlich,
von der Logik her oder auch rein akustisch nicht versteht. Das
Spiel „Kopf oder Zahl?", bei dem eine Münze geworfen wird,
heißt **Heads or tails?** (Plural!).

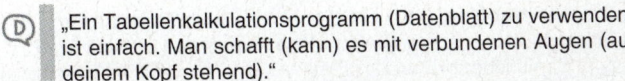

> Using a spreadsheet is easy. You can do it
> **standing on your head**. 2

 spreadsheet [ßpräd-schi:t].

 spreadsheet: in computing a table on the screen in which you
can do arithmetical operations.
do it standing on your head: do it without any difficulty.

Ⓓ „Ein Tabellenkalkulationsprogramm (Datenblatt) zu verwenden,
ist einfach. Man schafft (kann) es mit verbundenen Augen (auf
deinem Kopf stehend)."

📖 **to do s.th. standing on one's head** drückt aus, daß etwas kinderleicht ist, daß man etwas sozusagen „mit links" machen kann
[➡ Kapitel 26].

KAPITEL 3

He's earning a pittance, but they somehow manage **to keep their heads above water**. 3

🔔 **earning** [*Ö:(r)-ning*]; **pittance** [*pi-tönß*]; **above** [*ö-baf*].

💡 **a pittance**: low, insufficient payment for work.
keep their heads above water: manage to live even though your are not earning much money.

💬 „Er verdient einen Hungerlohn, aber sie schaffen es irgendwie, sich (ihre Köpfe) über Wasser zu halten."

📖 **to keep one's head above water** versinnbildlicht das finanzielle „Überleben". Das Bild der Person, die in einem Gewässer versucht, den Kopf oben zu halten und nicht zu ertrinken, finden wir auch noch in anderen Ausdrücken, z.B. in **to keep afloat**: **The new shareholders pumped money into the company in an effort to keep it afloat** [*ö-flout*]. „Die neuen Aktionäre pumpten Geld in die Firma, um sie am Laufen (über Wasser) zu halten." Gelingt der besagte Versuch der Aktionäre nicht, so verwendet man **to go under** „untergehen": ... **but they failed and it went under**.

* **a pittance** geht auf das Wort *pietas* „Pflichtgefühl" zurück und bezeichnete ein Almosen, das jedoch meistens sehr dürftig war und gerade das Überleben sicherte, weshalb der Begriff heute für einen „Hungerlohn" steht.

I tried to get into Stephen Hawking's book, but it **went over my head**. 4

🔔 **Stephen** [*ßti:-wön*]; **Hawking** [*hO:-king*].

💡 **Stephen Hawking**: (* 8.1.1942) one of the world's leading theoretical physicists and professor of mathematics at the University of Cambridge.
it went over my head: it was too difficult for me to understand.

💬 „Ich habe versucht, in Stephen Hawkings Buch reinzukommen, aber es überstieg meinen Horizont (ging über meinen Kopf)."

to go over one's head „den Horizont übersteigen; zu hoch für jmdn. sein" kann durch Einfügen von **right** oder **way** verstärkt werden: **The lecture went right/way over his head.** „Die Vorlesung überstieg völlig seinen Horizont."

* to get/be into s.th. „in etw. einsteigen, sich mit etw. befassen" entstammt dem 60er-Jahre-Jargon der Jugendlichen und wird auch gerne ohne Verb benutzt: **He's into Trip-hop.** „Er ist [voll] beim Trip-hop eingestiegen."

Here, let me help you. **Two heads are better than one**.
    5

Two heads are better than one: If we work together, we will be more successful.

„Komm, laß mich dir helfen. Gemeinsam geht's besser (zwei Köpfe sind besser als einer)."

Two heads are better than one ist sehr gebräuchlich und drückt aus, daß man sich zu zweit bei der Bewältigung einer Aufgabe leichter tut.

= **Let's put our heads together.** „Laß uns zusammen daran arbeiten (unsere Köpfe zusammenstecken)."

If you can **keep your head** when all about you are losing theirs and blaming it on you... you'll be a man my son!
    6

---

losing [*lu:-sing*]; **blaming** [*blei-ming*].

keep your head: keep calm.
blaming it on you: making you responsible.

„Wenn du einen [kühlen] Kopf behalten kannst, wenn alle anderen um dich herum durcheinander sind (ihren verlieren) und dir die Schuld dafür geben ... dann bist du ein [echter] Mann, mein Sohn!"

Anstelle von **to keep one's head** kann man auch – genau wie im Deutschen – **to keep a cool head** sagen. Hieraus ist möglicherweise auch das weithin bekannte **Keep cool!** „Reg dich ab!" entstanden [➡ Kapitel 9, 3].

IF YOU KEEP YOUR HEAD WHEN ALL ABOUT YOU ARE LOSING THEIRS...

> The crisis **came to a head** when the Palestinian delegate stormed out of the meeting. **7**

crisis [*krai-ßiß*]; **Palestinian** [*pä-liß-tin-jön*]; **delegate** [*dä-li-göt*]; **stormed** [*ßtO:(r)md*].

crisis: time of extreme difficulty.
came to a head: culminated.
delegate: elected representative sent to a conference or convention.
stormed out of: ran out of.

„Die Krise spitzte sich zu (kam zu einem Kopf), als der palästinensische Delegierte aus der Versammlung stürmte."

to come to a head beschreibt den Höhepunkt einer Entwicklung in Bezug auf eine Krise, ein Problem u.ä.

> The two women sat down and **had a heart-to-heart**, which helped to clear the air. **8**

women [*ui-mön*]; **heart-to-heart** [*hart-tu-hart*]; **air** [*ä:(r)*].

💡 **heart-to-heart**: very private conversation between two people, usually concerning their personal feelings.

💬 „Die beiden Frauen setzten sich und hatten eine [offene und ehrliche] Aussprache (ein Herz-zu-Herz), die half, die Situation (Luft) zu klären."

📖 **to have a heart-to-heart (talk)** sagt man, wenn zwei Personen in einem offenen und vertraulichen Gespräch über die Dinge sprechen, die sie „auf dem Herzen" haben.

! Nicht zu verwechseln mit **to pour** [*pO:(r)*] **one's heart out to s.o.**, womit gemeint ist, daß eine Person einer anderen „ihr Herz ausschüttet", d.h. von ihren Sorgen und ihrem Kummer berichtet, während die andere vorwiegend zuhört.

> Although she denied it, he knew in his **heart of hearts** that she was preparing to leave him. 9

🔔 **Although** [*O:l-fsou*]; **denied** [*di-naid*]; **leave** [*li:w*].

💡 **denied**: said that it was not true.
in his heart of hearts: deep inside.
to leave: to end a relationship or go away for ever.

💬 „Obwohl sie es leugnete, wußte er tief in seinem Herzen (in seinem Herz von Herzen), daß sie vorhatte (vorbereitete), ihn zu verlassen."

📖 **in one's heart of hearts** stammt aus dem Stück „Hamlet" von Shakespeare; dort lautet es allerdings **heart of heart**; das **s** ist mit der Zeit in der Umgangssprache ergänzt worden.

Wir kennen im Deutschen noch die Wendung „aus tiefstem Herzen" als Umschreibung für „tief bewegt, sehr herzlich", die im Englischen mit **from the bottom of one's heart** wiedergegeben wird.

> It **breaks my heart** to see him so depressed. I wish he'd cheer up. 10

🔔 **breaks** [*breikß*]; **depressed** [*di-präßt*]; **cheer** [*tschi:-ö(r)*].

25

breaks my heart: makes me very sad.
depressed: very unhappy.
cheer up: become less sad.

 „Es bricht mir das Herz, ihn so deprimiert zu sehen. Ich wünschte (wünsche), es würde ihm besser gehen (er würde sich aufheitern)."

to break s.o.'s heart wird oft unpersönlich benutzt: **When she left it broke his heart.** „Als sie ging, brach ihm das das Herz." Die Wendung kann auch substantivisch (**Heartbreak Hotel** von Elvis-Presley) und adjektivisch (**heartbroken** „todunglücklich, untröstlich") verwendet werden.

! Nicht zu verwechseln mit unserem „herzzerreißend; es bricht einem das Herz"; es lautet auf Englisch **heartbreaking**: **It's heartbreaking to lose a pet.** „Es bricht einem das Herz, wenn man ein Haustier verliert."

WHEN SHE LEFT, IT BROKE HIS HEART.

My **heart sank** when I heard the news.
That's the third order we've lost to our
competitors this year.

11

 sank [*Bänk*]; **heard** [*hÖ:(r)d*]; **third** [*fßÖ:(r)d*]; **competitors** [*köm-pä-ti-tö(r)s*].

 My heart sank: I suddenly felt worried, sad or disappointed.
order: request for a product to be made or to be delivered.
competitors: rival companies that offer the same products or services.

26

„Ich fühlte mich niedergeschlagen (mein Herz sank), als ich die Nachricht hörte. Das ist der dritte Auftrag, den wir dieses Jahr an die Konkurrenz (unsere Mitbewerber) verloren haben."

Früher drückte **to have one's heart sinking** aus, daß der Sprecher vor etwas Angst hatte; heute meint es eher Mutlosigkeit, Resignation und Hoffnungslosigkeit. Die Wendung existiert in mehreren Varianten: **With a sinking heart, I read the letter.** „Bedrückt las ich den Brief." **When I saw her handwriting, I got that sinking feeling.** „Als ich ihre Handschrift sah, überkam mich ein Gefühl der Niedergeschlagenheit." Noch drastischer ist: **My heart** (oder **spirits**) **sank into my boots**, das allerdings *nicht* mit unserem „Mein Herz sank mir in die Hose" zu verwechseln ist, denn dies drückt Angst, meistens in Verbindung mit Erschrecken, aus.

You mean you only have six weeks holiday in your new job? You poor thing. **My heart bleeds for you!**   12

---

bleeds [*bli:ds*].

My heart bleeds for you: Ironically for „I feel sympathy for you".

„Du meinst, du hast bei deiner neuen Stelle nur sechs Wochen Urlaub? Du Armer/Arme (armes Ding). Das bricht mir aber das Herz (mein Herz blutet für dich)!"

My hearts bleeds for you (mit Nachdruck auf **bleeds**) drückte ursprünglich echte Anteilnahme aus. Heute ist es fast immer ironisch gemeint; man will damit sagen, daß man in Wirklichkeit keinerlei Mitleid mit der anderen Person empfindet.

Will man dagegen wahres Mitleid ausdrücken, so benutzt man **My heart goes out to you**. Eine Person, die übertriebene Sympathie und Fürsorge für sozial und finanziell Schlechtgestellte zeigt, wird spöttisch **a bleeding heart** „mitfühlende Seele" genannt.

I really admire the way she says exactly what she thinks. She's a woman **after my own heart**. 13

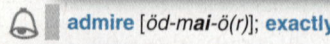 admire [*öd-**mai**-ö(r)*]; **exactly** [*ig-**säkt**-li*].

admire: have a feeling of great respect.
after my own heart: who has the same opinions as you on a particular subject.

„Ich bewundere wirklich (die Art), wie sie [immer] genau das sagt, was sie denkt. Sie ist eine Frau nach meinem Geschmack (meinem eigenen Herzen)."

Mit **a person after one's own heart** bezeichnet man eine Person, deren Art, Einstellungen und Verhaltensweisen man mag, vielleicht, weil sie einem selbst („dem eigenen Herzen") ähnlich ist. Meistens bezieht der Sprecher diese Aussage auf sich selbst, man kann aber z.B. auch sagen: **Peter is someone after Mary's own heart**. [➡ Kapitel 12, 5].

He just can't hide his emotions. He **wears his heart on his sleeve**. 14

hide [*haid*]; **emotions** [*i-**mou**-schöns*]; **wears** [*uä:(r)s*]; **sleeve** [*ßli:w*].

emotions: a feeling that you experience, for example love, fear, or anger.
sleeve: the part of a piece of clothing that covers your arm.
He wears his heart on his sleeve: He always makes his feelings obvious to people.

„Er kann seine Gefühle einfach nicht verbergen. Er trägt sein Herz auf der Zunge (seinem Ärmel)."

Trägt jemand sein „Herz auf der Zunge" bzw. **on the sleeve**, so zeigt er seine Gefühle meistens offen. Dies kann durchaus positiv sein, es kann aber auch Kritik auslösen: **I hate people who wear their heart on their sleeve and who cry at the slightest** [*ßlai-tößt*] **upset**. „Ich hasse Leute, die ihr Herz auf der Zunge tragen und bei der kleinsten Aufregung heulen."

Der Ausdruck stammt aus einer Zeit, in der es üblich war, daß ein verliebter Mann das Taschentuch seiner Angebeteten an der Ärmelmanschette trug und auf diese Weise die Geheimnisse seines Herzens preisgab.

SERENDIPITY

Um ein Ereignis zu beschreiben, bei dem Ihnen „warm ums Herz" wird, sagen Sie: **It warms my heart.** Auch das Adjektiv **heart-warming** ist gebräuchlich: **„The City of Joy" is a heart-warming book.** „'The City of Joy' ist ein herzerwärmendes Buch." Mit **to warm** können Sie ausdrücken, daß Sie für eine Person Sympathie empfinden: **My heart warms to him.** „Er ist mir sympathisch." Und **warm-hearted** ist das Attribut für jemanden, der „herzlich, warmherzig" ist.

Es gibt in diesem Zusammenhang noch eine andere interessante Wendung: **It warms the cockles of my heart. Cockle** bedeutet „Herzmuschel" und kommt vom lateinischen *cochleoe cordis* „Herzkammer": **It warms the cockles of my heart to see you enjoying yourself so much.** „Es wird mir ganz warm ums Herz, wenn ich sehe, daß du dich so gut amüsierst."

BODY LANGUAGE (1)   4

Idiomatische Wendungen, in denen Körperteile vorkommen, gibt es im Englischen in Hülle und Fülle. Es ist daher angebracht, diesen Wendungen zwei Kapitel zu widmen. Sie werden sehen, daß die Körperteile, die in der deutschen Übersetzung vorkommen, manchmal andere sind als im Englischen.

> After six months of negotiation, the plan finally **got the thumbs-up.**   1

negotiation [*ni-gou-schjei-sch(ö)n/ni-gou-ßjei-sch(ö)n*]; **thumbs-up** [*fßams-ap*].

negotiation: formal discussions in which people or groups try to reach an agreement, especially in a business or political situation.
got the thumbs-up: was accepted.

29

„Nach sechsmonatigen Verhandlungen erhielt der Plan schließlich grünes Licht (die Daumen-aufwärts)."

to get/**give the thumbs-up** versinnbildlicht die Faust mit nach
oben zeigendem Daumen als Zeichen dafür, daß man etwas ak-
zeptiert, gut findet, befürwortet. Diese Geste hat ihren Ursprung
in den Gladiatorenkämpfen in den Arenen des antiken Rom, wobei hier nicht genau geklärt ist, welche Daumenhaltung des Publikums genau das Todesurteil bzw. die Begnadigung für den
Gladiator symbolisierte.

≠ **to get**/**give the thumbs-down** „abgelehnt werden/ablehnen"
[➡ Kapitel 15, 12].

! Nicht zu verwechseln mit dem weit weniger eleganten **to give
s.o. the finger** für die Geste, mit der man bei Wut oder Verärgerung einer anderen Person die Faust mit ausgestrecktem Mittelfinger zeigt. Ein Alternativausdruck für diese Geste ist **to give**/
flip s.o. the bird.

– I'm taking my driving test next week. – I'll
keep my fingers crossed for you.   2

crossed [krOßt].

driving test: official test that you must pass before you can
drive a car alone.
I'll keep my fingers crossed: I'll hope that things will happen in
the way you want them to.

– „Ich mache nächste Woche meine Führerscheinprüfung. – Ich
werde dir die Daumen drücken (meine Finger für dich gekreuzt
halten)."

Sprache und Gestik liegen oft nah beieinander. Die Geste, bei
der der Mittelfinger kreuzweise über den Zeigefinger gelegt
wird, soll Unglück verhindern. Grundlage dieser Geste ist womöglich der Aberglaube, demzufolge das Kreuzzeichen das
Böse abwendet. Die Wendung kann ohne Objekt benutzt werden: **I'll keep my fingers crossed**. Der Ausdruck kann auch
eine Aufforderung sein: **Keep your fingers crossed** (**for me**)!
„Drück mir die Daumen!/Wünsch mir Glück!".

– Did you really go to Oxford? – No, I was just **pulling your leg**.   3

🔔 **Oxford** [*Oklß-föd*].

💡 **pulling your leg**: telling you s.th. that is not true.

💬 – „Bist du wirklich nach Oxford gefahren? – Nein, ich habe dich nur auf den Arm genommen (dein Bein gezogen)."

📖 Während der Brite in **to pull s.o.'s leg** die Beine bemüht, wird der andere bei uns „auf den Arm genommen". Hieraus ist auch ein Substantiv hervorgegangen: **a leg-pull** „Jux, Spaß": **It was just a leg-pull**. Ganz so amüsant ist der Ursprung der Wendung jedoch nicht: Früher pflegten Diebe ihre Opfer, meistens reiche Leute, zu überfallen, indem sie ihnen aus dem Hinterhalt heraus ein Bein stellten, um sie auf diese Weise zu Fall zu bringen und auszurauben.

I WAS TONGUE-TIED.

They arrived two hours late! I had to sit there and **twiddle my thumbs**.   4

🔔 **twiddle** [*tui-d(ö)l*].

💡 **twiddle my thumbs**: do nothing and feel impatient.

💬 „Sie kamen zwei Stunden zu spät! Ich mußte da sitzen und Däumchen drehen."

to twiddle „herumdrehen/herumfummeln an; zwirbeln": **He twiddled with the volume control.** „Er drehte am Lautstärkeregler herum."

! Nicht zu verwechseln mit dem Substantiv **twaddle** [*tuO-döl*] „Gewäsch, Blödsinn": **Don't listen to him. He talks a lot of twaddle.** „Hör nicht auf ihn. Er redet jede Menge Blödsinn."

The journalist covering the trial had **his tongue** firmly **in his cheek**.   5

---

journalist [*dЁÖ:(r)-nö-lißt*]; **covering** [*ka-wö-ring*]; **trial** [*trai-öl*]; **tongue** [*tang*]; **cheek** [*tschi:k*].

journalist: s.o. whose job is to report the news for a newspaper, magazine, radio programme, or television programme.
covering: giving a report or description of an event on television or radio or in a newspaper.
trial: process of examining a case in a court of law.
had his tongue in his cheek: intended to be humorous and did not mean it seriously.

„Der Journalist, der über die Verhandlung berichtete, war äußerst ironisch (hatte seine Zunge fest in seiner Wange)."

tongue in cheek geht darauf zurück, daß man früher die Zungenspitze in die linke Wange steckte, um seinem Gesprächspartner zu signalisieren, daß man von seinen wundersamen Geschichten kein Wort glaubt. Auch heute macht man dies teilweise noch und tippt außerdem mit dem Zeigefinger auf die ausgebeulte Wange. Heute verwendet man **tongue in cheek** (bzw. das Adjektiv **tongue-in-cheek**) in allen Situationen, in denen man etwas nicht ernst meint oder eine gewisse Ironie ausdrücken will: **I suspect her tongue was in her cheek when she invited me.** „Ich habe den Verdacht, daß sie mich auf den Arm nehmen wollte, als sie mich einlud."

I had so much to tell him, but when we finally met I **was tongue-tied**.   6

---

tongue-tied [*tang-taid*].

☼ **tongue-tied**: unable to speak because you are nervous or embarrassed.

Ⓓ „Ich hatte ihm so viel zu erzählen, aber als ich ihn schließlich traf, brachte ich kein Wort hervor (war ich zungen-gebunden)."

📖 Ist man **tongue-tied** „sprachlos; schüchtern, gehemmt", so hat man das Gefühl, als sei die Zunge buchstäblich festgebunden (**tied**). Der Ausdruck verlangt das Verb **to be** und ist immer intransitiv, d.h. man kann nicht die Zunge einer anderen Person festbinden. (Alkohol wiederum löst ja bekanntlich die Zunge, auch bei den Briten: **Drinking loosens** [*lu:-söns*] **tongues** ...)

Ist jemand **tongue-tied**, so kann man auch sagen: **The cat's got his tongue.** „Er hat seine Zunge verschluckt" (wörtl. „Die Katze hat seine Zunge geholt"), oder man kann ihn fragen: **Has the cat got your tongue?** „Hast du deine Zunge verschluckt?".

Since she became Brad Pitt's press secretary, she's been **rubbing shoulders** with the rich and famous. 7

🔔 **secretary** [*ßä-krö-tri*]; **rubbing** [*ra-bing*]; **shoulders** [*schouldö(r)s*]; **famous** [*fei-möß*].

☼ **press secretary**: s.o. whose job is to give official information from a particular person or organization to journalists.
rubbing shoulders: meeting and talking to prominent people.

Ⓓ „Seit sie Brad Pitts Pressesekretärin (geworden) ist, verkehrt sie (reibt sie Schultern) mit den Reichen und Berühmten."

📖 **to rub shoulders** (oder **elbows** ([*äl-bous*] „Ellenbogen") **with s.o.** bedeutet, daß man engen Kontakt mit einer prominenten Person hat. Normalerweise folgt auf die Wendung eine Sammelbezeichnung wie z.B. **... with people like ...** .

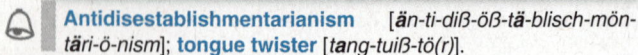

> What's this word: ANTIDISESTABLISHMEN-
> TARIANISM? What **a tongue twister**! 8

🔔 **Antidisestablishmentarianism** [**än**-ti-diß-öß-tä-blisch-mön-
täri-ö-nism]; **tongue twister** [**tang**-tuiß-tö(r)].

💡 **distestablishment**: taking away the official status of an institution or organization, for example the church.
Antidisestablishmentarianism: a counter-movement against
the separation of the church and the state.
tongue twister: a word or phrase that is difficult so say because
it contains many difficult sounds.

💬 „Was ist das für ein Wort: Antidisestablishmentarianism? Was
für ein Zungenbrecher!"

📖 In **tongue twister** steckt **to twist** „verdrehen, verbiegen". Ver-
suchen Sie es mal mit dem folgenden Zungenbrecher; sprechen
Sie mehrmals schnell hintereinander: **Red lorry, yellow lorry**
„Roter Laster, gelber Laster".

> My father and I get on very well, but we don't
> always **see eye-to-eye** on politics. 9

🔔 **eye-to-eye** [**ai**-tu-**ai**].

💡 **get on very well**: have a good relationship.
we don't ... see eye-to-eye: we don't agree.

💬 „Mein Vater und ich verstehen uns gut, aber wenn es um Politik geht (über Politik), sind wir nicht immer einer Meinung (wir
sehen nicht Auge-zu-Auge)."

📖 **to see eye-to-eye with s.o.** „mit jmdm. einer Meinung sein,
mit jmdm. übereinstimmen". Das Thema, um das es dabei
geht, wird mit **on** angeschlossen: **We see eye-to-eye on most
things.** „Wir sind bei den meisten Dingen einer Meinung."

! Nicht zu verwechseln mit dem Adjektiv **eyeball-to-eyeball**
„Auge in Auge" (**eyeball** „Augapfel"): Es wird hauptsächlich in
der Journalistensprache verwendet und bezeichnet eine Situation, in der sich zwei Gegner vor einem Kampf mit einem wüten-

den oder drohenden Blick gegenseitig fixieren: **The disagreement over Korea turned into an eyeball-to-eyeball conflict between the US and China.** „Die Meinungsverschiedenheiten über Korea verwandelten sich in einen Konflikt, bei dem sich die USA und China Auge in Auge gegenüberstanden." Es gibt auch **to eyeball** „jmdn. fixieren; jmdm. Auge in Auge gegenüberstehen". Dies stammt aus dem Amerikanischen und hat seinen Ursprung in der Kuba-Krise von 1962, als David Dean Rusk, von 1961 bis 1969 Außenminister der Vereinigten Staaten, ihn im Verlauf einer Pressekonferenz benutzte.

> That documentary about homelessness in London was **a real eye-opener**. 10

documentary [dO-kju-**män**-tö-ri]; **homelessness** [**hou**m-löß-nöß]; **real** [ri-öl]; **eye-opener** [**ai**-ou-pö-nö(r)].

documentary: film or television programme that deals with real people and events.
homelessness: situation of people who do not have a place to live.
eye-opener: situation that shows you surprising things you did not know before.

„Diese Dokumentation über Obdachlosigkeit in London hat [den Menschen] wirklich die Augen geöffnet (war ein echter Augen-Öffner)."

eye-opener ist nicht nur ein Substantiv, es kann auch verbal benutzt werden (**It opened my eyes to the problem.** „Das hat mir die Augen für das Problem geöffnet.") oder Adjektiv sein (**an eye-opening documentary**).

! Nicht zu verwechseln mit **to do s.th. with one's eyes** (**wide**) **open**. Es bedeutet, daß man sich darüber bewußt ist, daß eine bestimmte Situation Probleme mit sich bringen kann und man sich trotzdem auf sie einläßt. **I went into this job with my eyes open.** „Ich habe diese Stelle im Bewußtsein dessen, was mich erwartet, angetreten."

* Die Amerikaner benutzten früher **eye-opener** scherzhaft für den ersten alkoholischen Drink des Tages nach einer durchzechten Nacht.

> You know a lot about the Internet. Let me **pick your brains**. 11

 brains [*breins*].

 Let me pick your brains: Let me ask you some questions about what you know.

 „Du weißt viel über das Internet. Laß mich dich ein bißchen ausfragen (dein Gehirn abernten)."

 to pick s.b.'s brains (**to pick** „(ab)ernten, (ab)pflücken; auswählen") wird benutzt, wenn Sie vom Wissen und den Kenntnissen einer anderen Person profitieren, indem Sie ihr Fragen stellen. Beachten Sie, daß die Übersetzung von „Gehirn" im physischen Sinne **brain** ist, **brains** jedoch benutzt wird, wenn man den „Verstand", die „Intelligenz" meint: **Use your brains!** „Benutz deinen Verstand!".

> The Mini was **the brainchild** of Sir Alec Issigonis. 12

 brainchild [*brein-tschaild*]; **Issigonis** [*i-ßi-gou-niß*].

 brainchild: a clever system, organization or plan that s.o. thinks of and develops.

Ⓓ „Der Mini was das Geistesprodukt von Sir Alec Issigonis."

📖 **to be the brainchild of s.o.** wird im Deutschen auch gerne anders herum wiedergegeben: „XYZ war der geistige Vater von ...". **Brainchild** bezeichnet ein Produkt, eine Idee, ein Konzept o.ä., das von einer Person ersonnen und umgesetzt wird.

! Nicht zu verwechseln mit **brainwave** (wörtl. „Hirnstromwelle"), „geniale Idee, Geistesblitz": **Nobody knew what to do, then suddenly Jim had a brainwave: they should check the batteries.** „Niemand wußte, was zu tun war, dann hatte Jim plötzlich einen Einfall: Sie sollten die Batterien überprüfen."

* Der berühmte **Austin Mini**, ein von Sir Alex Issigonis konzipierter Kleinwagen, wurde der Welt erstmals 1959 präsentiert. Zusammen mit dem Minirock wurde er in Großbritannien zu einem Symbol für die 60er Jahre, die man auch **the Swinging Sixties** nannte (wobei **swinging** hier vor allem „hemmungslos" meint).

When her brother arrived with six friends, things started **to get out of hand**.　13

🔔 **brother** [*bra-fsö(r)*]; **friends** [*fränds*].

💡 **to get out of hand**: to get out of control.

Ⓓ „Als ihr Bruder mit sechs Freunden eintraf, gerieten die Dinge außer Kontrolle (aus der Hand)."

📖 **to get out of hand** benutzt man, wenn eine Situation nicht mehr unter Kontrolle gehalten werden kann.

≠ **in hand**: **The situation is in hand.** „Die Situation ist unter Kontrolle".

! Nicht zu verwechseln mit **The situation is out of my hands** (Plural!). Hiermit meinen Sie, daß Sie keinen Einfluß mehr auf eine Situation haben, weil man Ihnen die Verantwortung entzogen hat [➡ Kapitel 15, 11].

KAPITEL 4

> I learned German at school, and I like to read a book occasionally, just **to keep my hand in**. 14

 occasionally [ö-*kei*-jö-nö-li].

 occasionally: from time to time.
to keep my hand in: to practice so that I am still able to do it well.

 „Ich habe Deutsch in der Schule gelernt, und ich lese hin und wieder gerne mal ein Buch [auf Deutsch], nur, um in Übung zu bleiben (um meine Hand drin zu behalten)."

 Man benutzt **to keep one's hand in** in Bezug auf eine erworbene Fertigkeit (Sportart, Musikinstrument, Sprache), die man beibehalten bzw. pflegen möchte. Lernt man etwas Neues, in das man sich erst hineinfinden muß, so spricht man von **to get one's hand in**: **After a couple of games, you'll soon get your hand in.** „Nach ein paar Spielen wirst du dich schnell zurechtfinden."

Handelt es sich um Sportarten oder Tätigkeiten, bei denen Augenmaß gefragt ist, kann man den Ausdruck mit **eye** variieren. Ein Journalist, der ein Tennis-Match kommentiert, könnte z.B. sagen: **Martina's lost three games so far; she hasn't got her eye in yet.** „Martina hat schon drei Spiele verloren; sie hat sich noch nicht richtig eingespielt."

SERENDIPITY

Eine interessante Variante des Englischen lernen Sie kennen, wenn Sie auf Personen aus dem Londoner **East End**, **Cockneys** genannt, treffen, die den sog. **rhyming slang** [*rai*-ming ßläng] oder auch **cockney** [*kOk*-ni] sprechen. Der Mechanismus beim **rhyming slang** ist an sich sehr einfach: Normale Wörter werden durch andere Wörter ersetzt, die sich auf sie reimen. Man verwendet z.B. anstelle von **pocket** das Wort **rocket**. Oft werden auch noch andere Wörter ergänzt; so könnte man anstelle von **in my pocket** z.B. **in my sky rocket** hören. Oder **stairs** wird durch **apples and pears** [*pä:(r)s*] ersetzt. Ein weiteres Beispiel? Gut: **dog and bone** anstelle von **phone**. Natürlich ist es für den nicht eingeweihten Ausländer nahezu unmöglich, einer Unterhaltung unter Cockneys zu folgen.

Auch das amerikanische Englisch kennt viele Slang-Ausdrücke. Liebhaber von Woody Allen werden öfter gehört haben, wie er von seinem **shrink**, d.h. von seinem Psychoanalytiker, spricht: Sehen wir uns an, was hier passiert ist: Ein Psychoanalytiker ist jemand, der versucht, das, was sich im Kopf seines Patienten abspielt, zu erklären, also in gewisser Hinsicht den Kopf zu „reduzieren". Anfangs hat man daher zu einem Psychoanalytiker **headshrinker** gesagt, salopp „Seelenklempner". Mit der Zeit ist **head** weggefallen und **shrinker** übriggeblieben, was im weiteren Verlauf zu **shrink** mutierte.

Ein anderes Wort für etwas Unerlaubtes, Unzulässiges ist **bootleg**: **a bootleg recording of Jimi Hendrix** „eine Raubkopie von Jimi Hendrix". **Bootleggers** waren Schmuggler, die während der Prohibition in den USA 1919-1933 in ihren kniehohen Stulpenstiefeln, **bootlegs** genannt, Alkohol schmuggelten [➡ Kapitel 2, Serendipity].

BODY LANGUAGE (II) 5

> I wasn't surprised when I found out that Alex was involved. He has **a finger in every pie**. 1

surprised [*ßö(r)-praisd*]; **Alex** [*ä-läkß*]; **involved** [*in-wOlwd*]; **pie** [*pai*].

surprised: astonished.
involved: affected by or included in an activity, an event or a situation.
pie: food that consists of meat, vegetables, or fruit cooked inside a case of pastry or below a layer of it.
has a finger in every pie: is involved in a lot of different things.

Ⓓ „Ich war nicht überrascht, als ich herausfand, daß Alex darin verwickelt war. Er hat überall seine Finger drin (einen Finger in jeder Pastete)."

📖 **to have a finger in every pie** „überall mitmischen, überall die Finger drin haben" ist meistens abwertend gemeint. Eine Variante ist **to have a finger in several pies**; **finger** bleibt immer im Singular. Früher sagte man **to have a hand in every pie**.

KAPITEL 5

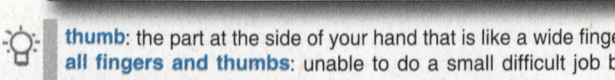

> She's never been very good with her hands.
> She's **all fingers and thumbs**.   2

thumb: the part at the side of your hand that is like a wide finger.
all fingers and thumbs: unable to do a small difficult job because you cannot control your fingers well enough.

„Sie ist niemals sehr geschickt (gut mit ihren Händen) gewesen. Sie hat zwei linke Hände (ist alles Finger und Daumen)."

To be all fingers and thumbs „ungeschickt sein" stammt ursprünglich von **my/his/her fingers are all thumbs** „meine/seine/ihre Finger sind alle Daumen" ab.

Läßt jemand aus Ungeschicklichkeit etwas fallen, so können Sie ihn mit **Butterfingers!** (wörtlich „Butterfinger!"), sinngemäß „Tollpatsch!", beschimpfen.

> They **worked their fingers to the bone**
> for ten years to make a success of the
> restaurant.   3

bone [*boun*]; **success** [*ßök-ßäß*].

worked their fingers to the bone: worked very hard, especially doing s.th. that involves a lot of physical effort.

„Sie haben sich zehn Jahre lang krummgeschuftet (haben ihre Finger bis zum Knochen abgearbeitet), damit das Restaurant ein Erfolg wird."

to work one's fingers to the bone bedeutet, daß jemand buchstäblich so hart für etwas arbeitet, daß an den Fingern nur noch die Knochen übrigbleiben.

≈ Ein Alternativausdruck ist **They slaved for ten years ...** (von **slave** „Sklave").

= **to keep one's nose to the grindstone** [*graind-ßtoun*], wörtlich „die Nase auf dem Schleifstein halten", drückt ebenfalls aus, daß jemand schwer arbeitet. Ein kleiner Bedeutungsunterschied zwischen den beiden Wendungen besteht darin, daß bei letzterer die Person selbst sich die Verpflichtung zur harten Arbeit auferlegt: **Many new immigrants are so determined to succeed in the USA that they keep their noses to the grindstone 24 hours a day.** „Viele der neuen Einwanderer sind so entschlossen, in den USA erfolgreich zu werden, daß sie rund um die Uhr hart arbeiten."

THEY WORKED THEIR FINGERS TO THE BONE FOR TEN YEARS.

The two muggers attacked her in broad daylight and no one **lifted a finger** to help. 4

muggers [*ma-gö(r)s*]; **attacked** [*ö-täkd*]; **broad** [*brO:d*].

mugger: s.o. who attacks people in public places and steals their money, jewellery, or other possessions.
in broad daylight: during the day, when it can easily be seen.
no one lifted a finger: no one did anything to help.

„Die beiden Straßenräuber griffen sie am hellichten Tag an, und niemand rührte (erhob) [auch nur] einen Finger, um ihr zu helfen."

Auch ohne den Zusatz **to help** bedeutet **to lift a finger** „zu Hilfe kommen, helfen". Verstärkend kann **little** hinzugesetzt werden: **He wouldn't lift a little finger to help.** „Er würde nicht mal den kleinen Finger rühren, um zu helfen."

! Nicht zu verwechseln mit **to lay a finger (on s.o.)** „jmdm. ein Härchen krümmen, jmdn. verletzen": **He says I hit him, but I never laid a finger on him.** „Er sagt, ich hätte ihn geschlagen, aber ich habe ihm nie ein Härchen gekrümmt."

≠ Will man ausdrücken, daß man einer Person helfen bzw. „zur Hand gehen" möchte, so sagt man: **Let me give you a hand.**

41

> He's crazy about his daughter – and she can
> **twist** him **around her little finger**.   5

 crazy [*krei-si*]; **daughter** [*dO:-tö(r)*]; **twist** [*tuißt*].

 crazy about: very much in love with.
twist him around her little finger: make him do everything she wants because he loves her so much.

 „Er ist verrückt nach seiner Tochter – und sie kann ihn um den kleinen Finger wickeln."

📖 **to twist s.o. around one's little finger** kennen wir form- und bedeutungsgleich aus dem Deutschen: Wenn Sie jemanden „um den kleinen Finger wickeln", so können Sie ihn dazu veranlassen, bereitwillig alles zu tun, was Sie möchten.

≈ **He's like putty** [*pa-ti*] **in her hands.** „Er ist wie Wachs (Kitt) in ihren Händen" gibt in etwa die gleiche Idee wieder [➡ Kapitel 9, 12].

Wendet man Druck oder Überzeugungskraft an, um jemanden dazu zu bringen, etwas Bestimmtes zu tun, verwendet man **to twist s.o.'s arm**, wörtlich „jmdm. den Arm verdrehen", wobei dies immer im übertragenen Sinne verwendet wird: **I really didn't want to go to Bali for two weeks, but she twisted my arm.** „Ich hatte wirklich keine Lust, zwei Wochen nach Bali zu fahren, aber sie hat mich dazu überredet." Das Englische kennt hierzu auch das Substantiv **arm-twisting: I had to do a little arm-twisting, but I got what I wanted.** „Ich mußte etwas Überredungskunst aufwenden, aber dann habe ich bekommen, was ich wollte." [➡ Kapitel 28].

> A corporate sponsor agreed to **foot the bill**
> for the exhibition.   6

 corporate [*kO(r)-pö-röt*]; **sponsor** [*ßpOn-ßö(r)*]; **exhibition** [*äk-ßi-bi-schön*].

 corporate: relating to large companies, or to a particular large company.
sponsor: person or business that pays money to support an event, programme etc. as a way to advertise their products or services.

foot the bill: pay for s.th. that is expensive or that s.o. else should be paying for.
exhibition: a public show where art or other interesting things are put so that people can go and look at them.

„Eine Sponsorenfirma willigte ein, die Rechnung für die Ausstellung zu bezahlen."

Mit **to foot the bill** war früher die Addition der Zahlen auf einer Rechung und das Eintragen des Ergebnisses gemeint. Man forderte dann den Kunden höflich auf, die Rechnung zu überprüfen, was dann auch die Bezahlung nach sich zog.

In dem Fall, in dem der Bezahlende nur ungern oder eher widerwillig bezahlt, benutzt man den wenig appetitlichen Ausdruck **to cough** [kaf] **up** „ausspucken": **They finally coughed up the money they owed us.** „Sie haben schließlich das Geld, das sie uns schuldeten, ausgespuckt."

He **started off on the wrong foot** when he criticised her taste in music.   7

wrong [rOng]; **criticised** [kri-ti-ßaisd]; **taste** [teißt].

started off on the wrong foot: immediately established a bad relationship.
criticised: said what he thought was wrong or bad.
taste: type of thing you like, for example in art, music, or clothes.

„Er hat es sich von Anfang an mit ihr verscherzt, als er ihren Musikgeschmack kritisierte."

to start out/off on the wrong foot „etwas schlecht beginnen" oder aber „es sich von Anfang an mit jmdm. verscherzen"; mit **foot** ist hier klassischerweise der linke Fuß gemeint. Warum? Weil schon bei den Römern die linke Körperseite diejenige war, die das Böse und Unheilvolle anzog, wohingegen die rechte Körperseite die „gute Seite" war.

Auch dem Briten passiert es, daß er morgens „mit dem linken Fuß aufsteht", d.h. seinen Tag schlecht beginnt und deshalb den ganzen Tag über unleidlich ist; man sagt dann **to get out of bed on the wrong side**.

43

KAPITEL 5

! Nicht zu verwechseln mit **to put a foot wrong**, das fast immer in der verneinten Form verwendet wird: **He hasn't put a foot wrong since he was released on bail** [*beil*]. „Er hat sich nichts zu Schulden kommen lassen, seit er gegen Kaution freigelassen wurde."

! Nicht zu verwechseln mit **to wrong-foot s.o.** bzw. **to catch s.o. on the wrong foot**: „jmdn. auf dem falschen Fuß erwischen", was ausdrückt, daß man eine andere Person zu einem ungeeigneten Zeitpunkt anspricht oder durch eine unerwartete Aktion in eine unangenehme oder schwierige Lage bringt [➡ Kapitel 32, 3].

***** Wo wir bei den Füßen sind: In Nordirland ist ein **left-footer** die Bezeichnung für einen Katholiken. Die Spaten, die diese in Ulster zum Torfstechen benutzten, waren unten so beschaffen, daß sie ihn mit dem linken Fuß in die Erde treten mußten, während die Spaten der Protestanten so konstruiert waren, daß sie den rechten Fuß benutzten.

You really put **your foot in it** when you
introduced Cathy as Mike's wife. They're not
even engaged!

8

 introduced [*in-trö-dju:ßd*]; **engaged** [*ön-geidjd*].

 put your foot in it: accidentally said s.th. that is embarrassing or that upsets or annoys s.o.
introduced: presented.
They're not even engaged: They have not formally agreed to get married.

„Du bist wirklich ins Fettnäpfchen getreten (deinen Fuß hinein-gestellt), als du Cathy als Mikes Ehefrau vorgestellt hast. Sie sind nicht einmal verlobt!"

In **to put one's foot in it** steht **it** für **mouth**; die vollständige Wendung lautet **to put one's foot in one's mouth**. **Foot** steht immer im Singular.

The government has really **shot itself in the foot** with this new poll tax.   9

---

shot [*schOt*]; **poll** [*poul*]; **tax** [*täkß*].

shot itself in the foot: said or did s.th. stupid that caused trouble.
poll tax: amount of money collected as a tax from every adult citizen of a particular country.

„Die Regierung hat sich mit dieser neuen Kopfsteuer wirklich ins eigene Fleisch geschnitten (sich selbst in den Fuß geschossen)."

Mit der Wendung **to shoot o.s. in the foot** wird eine Handlung beschrieben, mit der sich der Handelnde selbst Schaden zufügt.

He's one of the privileged elite. He was **born with a silver spoon in his mouth**.   10

---

privileged [*pri-wi-lödjd*]; **elite** [*ei-li:t*]; **silver** [*ßil-wö(r)*].

privileged: having advantages and opportunities that other people do not have, because you have a lot of money or a high social status.
elite: small group of people who have a lot of power or advantages.

„Er gehört zur privilegierten Elite. Er wurde mit einem silbernen Löffel im Mund geboren."

to be born with a silver spoon in one's mouth „mit einem silbernen Löffel im Mund geboren werden, Kind reicher Eltern sein": Grundlage dieses Ausdrucks ist der Brauch, bei dem in wohlhabenden Familien Paten oder Patinnen einem Neugebo-renen einen oder mehrere silberne Löffel schenken.

What's the matter? You really look **down in the mouth**. 11

What's the matter: What's the problem?
down in the mouth: unhappy.

„Was ist los? Du siehst ganz (wirklich) deprimiert aus."

to be/look down in the mouth „unglücklich, deprimiert, niedergeschlagen sein/aussehen". Zeigen nicht die Mundwinkel, wenn man deprimiert ist, wirklich ein bißchen nach unten?

! Nicht zu verwechseln mit **to be down-at-heel** „in schlechtem Zustand, heruntergekommen, verwahrlost sein" (**heel** „Ferse"): **He must try to dress better, he really looks down-at-heel.** „Er muß versuchen, sich besser zu kleiden, er sieht wirklich heruntergekommen aus."

≈ **down in the dumps** „niedergeschlagen, „down" sein" [➡ Kapitel 2, 10]. Die Hauptbedeutung von **to dump** ist „abladen, kippen, fallen lassen, werfen"; **dump** impliziert immer eine Bewegung nach unten. So ist **a rubbish dump** eine „Müllkippe", und wenn Sie eine schmutzige und verwahrloste Wohnung betreten, können Sie sagen: **What a dump!**.

Two days before the election, the candidates were still **neck-and-neck** in the polls. 12

election [*i-läk-tschön*]; **candidates** [*kän-di-dötß/kän-di-deitß*].

candidate: s.o. competing in an election, for a job, or for a prize.
neck-and-neck: involved in a close race, competition etc.
in the polls: when a lot of people are asked their opinion about s.th., usually by a company paid by a political party.

„Zwei Tage vor der Wahl waren die Kandidaten in den Umfragen noch immer Kopf an Kopf (Nacken-und-Nacken)."

neck-and-neck stammt aus dem Pferderennsport; mit **neck** ist hier der Hals des Pferdes gemeint. Ein „Kopf-an-Kopf-Rennen" ist **a neck-and-neck race**. Gewinnt jemand ein Rennen nur knapp vor dem Gegner, so sagt man **to win by a neck** (oder auch **by a head**) „um Kopflänge gewinnen".

≈ Alternativ kann man sagen **to be on an equal footing** „gleich auf sein, auf dem gleichen Niveau/der gleichen Stufe stehen":
The two candidates are on an equal footing.

I'd better finish the report quickly or I'll have my boss **breathing down my neck**. 13

quickly [*kuik-li*]; breathing [*bri:-fsing*].

breathing down my neck: watching closely what I am doing, in a way that annoys me.

„Ich mache den Bericht besser schnell fertig, sonst sitzt mir mein Chef im Nacken (mein Chef bläst mir den Nacken hinunter)."

Die Wendung **to have s.o. breathing down (the back of) one's neck** vermittelt sehr gut das Bild der Person, die hinter einem steht und einem kritisch und ungeduldig auf die Finger sieht.

≈ **to have s.o. at one's heels** „jmd. ist einem auf den Fersen":
I can't stand it when someone is at my heels all day. „Ich kann es nicht ertragen, wenn jemand mir den ganzen Tag auf den Fersen ist." Ist jemand Ihnen auf den Fersen, der Sie ununterbrochen nervt, so würden Sie sagen: **He's on my back all the time** [➡ Satz 14, Anmerkung].

Andy really **got my back up** with his thoughtless remark. 14

thoughtless [*fßO:t-löß*].

got my back up: annoyed me so that it made things difficult for me.
thoughtless: not thinking about what other people want or need.
remark: a few words that give the facts or your opinion about s.th.

„Andy hat mich mit dieser rücksichtslosen Bemerkung wirklich wütend gemacht."

KAPITEL 5

Ein Alternativausdruck zu **to get s.o.'s back up** „jmdm. auf die Nerven gehen, jmdn. aufregen" ist **to get/be on s.o.'s back:** **He's on my back all the time, telling me I'm doing everything wrong.** „Er geht mir die ganze Zeit auf die Nerven und sagt mir, daß ich alles falsch mache" [➡ Kapitel 11, 7]. **Get off my back!** „Laß mich in Ruhe!"

SERENDIPITY

Es gibt einen typisch englischen Ausdruck, der eine nationale Verhaltensweise beschreibt: **to keep a stiff upper lip** „Haltung bewahren, sich nicht erschüttern lassen" (wörtl. „eine steife Oberlippe behalten"), was bedeutet, daß man niemals seine Gefühle zeigt, egal, ob es einem gut oder schlecht geht. Besonders in Kriegsfilmen hört man diese Wendung häufig: **The enemy outnumber us by eighty to one. – Never mind. Let's keep a stiff upper lip and sell our lives dearly.** „Der Feind ist uns achtzigfach überlegen. – Egal. Lassen Sie uns Haltung bewahren und unser Leben teuer verkaufen." Oder: **He was shot in the leg, but he kept a stiff upper lip and never complained.** „Er wurde ins Bein geschossen, aber er bewahrte Haltung und beschwerte sich nie."

Ein kleiner Vergleich mit dem amerikanischen Englisch zeigt die Unterscheide zwischen den beiden Kulturen: **I was going to complain, but I decided to bite the bullet and let him have his say.** „Ich wollte mich gerade beschweren, aber ich beschloß, die Zähne zusammenzubeißen (in die Kugel zu beißen) und ihn reden zu lassen." Die Erklärung zu dieser Wendung liegt möglicherweise darin, daß man in früheren Zeiten, als man noch keine Narkose kannte, bei Operationen dem Patienten etwas Hartes zwischen die Zähne legte, auf das er beißen und so nicht nur die Schmerzensschreie unterdrücken, sondern auch sichergehen konnte, daß er sich nicht auf die Zunge biß.

6 IT'S YOUR ROUND

In diesem Kapitel können Sie sehen, daß die Wörter **round** „rund" und **square** „rechteckig" in manchen Redewendungen ganz andere Bedeutungen annehmen.

> I'll buy dinner and you pay for the drinks. That way, we'll **be all square**. 1

 square [*ßkuä:(r)*].

 square: a shape with four straight sides of equal length and four corners.
be (all) square: in a game when both teams or players have the same number of points.

 „Ich kaufe das Abendessen, und du bezahlst (für) die Getränke. Dann sind wir quitt (alle rechteckig)."

 to be (all) square (with s.o.) „mit jmdm. quitt sein". **Square** finden wir auch in anderen Wendungen: **You pay now and we'll square up later.** „Du bezahlst jetzt, und wir rechnen später ab." **They squared their accounts at the end of the month.** „Sie rechneten (ihre Konten) am Ende des Monats ab/beglichen ihre Konten ..."

> It's about time you **squared up to** him. He's gone a bit too far! 2

 gone [*gOn*].

 squared up to him: started to deal with him in a brave and determined way.

 „Es wird langsam Zeit, daß du ihm [entschlossen] entgegentrittst. Er ist etwas zu weit gegangen."

 to square up to s.o. kommt aus der Boxsprache, wobei sich **square** („Quadrat") auf den Boxring bezieht: **They squared up to each other.** „Sie standen sich kampfbereit gegenüber."

> They should never have made him personnel manager. He's **like a square peg in a round hole** in that job. 3

 personnel [*pÖ(r)-ßö-näl*]; **peg** [*päg*]; **hole** [*houl*].

personnel manager: chief of a department in an organization that is responsible for looking after and keeping records of all the people working there.

peg: 1. wooden or plastic object for fastening wet clothes on a line; 2. kind of hook fixed to a wall for hanging things on; 3. object used for fastening things together.

like a square peg in a round hole: s.o. or s.th. that does not suit the position or situation they are in.

Ⓓ „Sie hätten ihn niemals zum Personalchef machen sollen. Er ist in dieser Position völlig fehl am Platze (wie ein rechteckiger Stift in einem runden Loch)."

📖 **to be like a square peg in a round hole** beschreibt jemanden, der in einer bestimmten Position oder Situation fehl am Platze ist bzw. sich dort unwohl fühlt.

≈ Man kann auch **to be like a fish out of water**, sinngemäß „wie ein Fisch auf dem Trockenen", sagen [➡ Kapitel 10, 7].

! Nicht zu verwechseln mit **to take/bring s.b. down a peg (or two)** „jmdm. einen Dämpfer aufsetzen".

Once I've had **a square meal** and a good night's sleep, I'll feel like new.

4

meal [*mi:l*].

a square meal: a reasonable meal.

„Sobald ich eine ordentliche Mahlzeit gegessen und eine Nacht geschlafen (den Schlaf einer guten Nacht) habe, fühle ich mich wie neu[geboren]."

Wo liegt der Ursprung von **a square meal**? Früher war die Verpflegung auf den britischen Kriegsschiffen sehr dürftig; sie bestand oft nur aus Wasser und Brot. Die dritte Mahlzeit des Tages jedoch bestand aus Fleisch, und dieses wurde auf einem quadratischen Tablett serviert. Diese Form erwies sich aus den unterschiedlichsten Gründen praktischer anderen Formen gegenüber.

> Vote for Wilson and get a **square deal**. 5

Vote [*wout*]; **deal** [*di:l*].

Vote for: Choose.
square deal: fair deal.

„Wählen Sie (für) Wilson, und Sie machen ein gutes Geschäft."

Ursprung dieser Wendung ist **A Square Deal**, ein Programm mit Wirtschafts- und Sozialreformen von Präsident Theodore Roosevelt 1903. Als 30 Jahre später Franklin Roosevelt, ein entfernter Cousin von Theodore, Präsident wurde, begründete dieser wiederum **the New Deal**, wirtschaftspolitische Maßnahmen zur Bekämpfung der Wirtschaftskrise und zur Durchführung wirtschaftlicher und sozialer Reformen.

Hier impliziert **square** Aufrichtigkeit und Ehrlichkeit. In den USA gibt es einen verwandten Ausdruck: **a round deal**. Er stammt aus dem Poker (**to deal the cards** „die Karten ausgeben"). Wer die Karten in die Runde ausgibt, tut dies im Uhrzeigersinn, ohne jemanden zu übergehen, ohne zu pfuschen, ohne Karten im Ärmel verschwinden zu lassen usw.

> Trying to spend less on research and development while keeping pace with the competition is like trying **to square the circle**. 6

research [*ri-ßÖ:(r)tsch*]; **development** [*di-wä-lOp-mönt*]; **pace** [*peiß*]; **competition** [*kOm-pö-ti-schön*]; **circle** [*ßÖ:(r)kl*].

KAPITEL 6

to spend: to invest.
research: the detailed study in order to discover new facts, especially in a university or scientific institution.
development: change, growth, or improvement over a period of time.
keeping pace: developing or progressing at the same rate as s.th. else.
competition: rival companies that offer the same products or services.
to square the circle: to attempt the impossible.

„Der Versuch, weniger in Forschung und Entwicklung zu investieren und gleichzeitig mit der Konkurrenz Schritt zu halten, ist wie der Versuch, die Quadratur des Kreises zu schaffen (den Kreis rechteckig zu machen)."

Während das Englische diese Idee verbal ausdrückt (**to square the circle**), verwenden wir im Deutschen die Wendung substantivisch: „die Quadratur des Kreises schaffen".

There was no skulduggery involved: we won the contract **fair and square**. 7

---

skulduggery [*ßkal-da-gö-ri*].

skulduggery: (or **skullduggery**) secret activities intended to trick or cheat people.
fair and square: in a way that is clear and fair so that no one can complain or disagree.

„Es gab keine Betrügerei: Wir haben den Vertrag auf ehrliche Weise bekommen."

In **fair and square** verstärkt **fair** noch einmal die bereits durch **square** implizierte Ehrlichkeit und Offenheit. (Streng genommen hätten hier die Adverbien **fairly** und **squarely** stehen sollen.) Eine weitere Bedeutung von **fair and square** ist „offen, direkt": **I told him fair and square what I thought of him.** „Ich sagte ihm ganz direkt, was ich von ihm hielt."

* **skulduggery** (oder **skullduggery**) bedeutet „Hinterlist, Intrige, Betrügerei, Gemeinheit".

52

> If you want to get to know him better, why not **invite him round** for dinner? 8

💡 **invite him round**: invite him to our house.

Ⓓ „Wenn du ihn besser kennenlernen möchtest, warum lädst du ihn nicht zu uns zum Abendessen ein?"

📖 Mit **to invite/have s.o. round** meint man, daß man eine Person zu sich bzw. zu sich nach Hause einlädt. **Can you come round to my office tomorrow morning?** „Kannst du morgen früh zu mir ins Büro kommen?" Lädt man jemanden nicht zu sich, sondern z.B. ins Restaurant ein, so sagt man **to invite s.o. out**.

> I haven't **got round to** thinking about the holidays yet. 9

💡 **haven't got round to**: haven't had the time to.

Ⓓ „Ich bin noch nicht dazu gekommen, über die Ferien nachzudenken."

📖 **to get round to** (**doing s.th.**) „die Zeit (oder Gelegenheit) finden, etwas zu tun". Oft hört man auch **I'll get round to it one day!** „Irgendwann/Eines Tages werde ich es schaffen!"

! Nicht zu verwechseln mit **to get s.b. round** oder **to get/bring s.b. round** „jmdn. überzeugen/überreden" [➡ Kapitel 28,12].

> They **rounded off** the meal with cheese and port. 10

🔔 **cheese** [*tschi:s*].

💡 **rounded off**: ended.

Ⓓ „Sie rundeten die Mahlzeit mit Käse und Port[wein] ab."

📖 **to round off** „abrunden" meint zunächst „abrunden" im Sinne von „etw. beenden", meistens auf eine angenehme Art. Es wird

53

aber auch im praktischen Sinne benutzt: **Use a sharp knife to round off the edges.** „Nimm ein scharfes Messer, um die Kanten abzurunden."

Meint man „abrunden" im mathematischen Sinne, so verwendet man **to round off** oder **down: Well, that comes to 172, so let's round it off/down to 170.** „Gut, das macht 172, runden wir es also auf 170 ab" [➡ Satz 12].

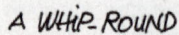

A WHIP-ROUND

I could never become a primary-school teacher. I'd **go round the bend**. 11

---

primary-school [*prai-mö-ri-ßku:l*].

bend: 1. curve in a road, a river etc; 2. movement in which you bend your body.
go round the bend: become crazy.

„Ich könnte niemals Grundschullehrer werden. Ich würde durchdrehen."

bend „Beuge, Beugung" bezieht sich hier auf die kurvenförmige Einfahrt vor psychiatrischen Kliniken im viktorianischen Zeitalter, im Unterschied zu den meist geraden Einfahrten vor den Krankenhäusern, in denen die Angehörigen der Oberschicht behandelt wurden.

Von jemandem, der „spinnt, verrückt ist", sagt man **to be round the bend**. Die Formulierung für „Du machst mich verrückt!" lautet **You're driving me round the bend!** oder im amerikanischen Englisch **You're driving me nuts!** [*natß*].

≈ Eine etwas vulgärere Variante ist **round the twist** „wahnsinnig, verrückt, durchgedreht".

After the shooting, the police **rounded up** five suspects. **12**

shooting [*schu:-ting*]; **suspects** [*ßaß-päktß*].

shooting: an occasion when one or several persons are attacked by a person with a gun.
rounded up: arrested.
suspect: s.o. who the police believe may have committed a crime.

„Nach der Schießerei verhaftete die Polizei fünf Verdächtige."

Während **to round up** in einem juristischen Zusammenhang häufig für „verhaften" benutzt wird, bedeutet es auch „zusammentreiben (Vieh), beschaffen, auftreiben" oder „zusammenrufen, versammeln": **I rounded up a few friends to give me a hand.** „Ich rief einige Freunde zusammen, damit sie mir helfen". Vielleicht kennen Sie aus *Casablanca*: „Round up the usual suspects!"?

! Nicht zu verwechseln mit **to round off** (mathematisch „runden"), das Sie aus Satz 10 kennen. Für „aufrunden" kann man auch **to round up** und für „abrunden" **to round off/down** benutzen: **That's £12.10p. Let's round it down to £12.** „Das macht 12 Pfund und 10 Pence. Runden wir es ab auf 12 Pfund."

We're hopelessly lost! We've been **going round in circles** for hours. **13**

hopelessly [*houp-löß-li*]; **circles** [*ßÖ:(r)-köls*].

💡 **going round in circles**: doing s.th. for a long time without achieving any results because you always return to the same problem that you cannot solve; here: walking or driving the same way again and again and always returning to the same point.

🗨 „Wir haben uns hoffnungslos verfahren! Wir fahren seit Stunden im Kreis herum."

📖 **to go (a)round in circles** kann im wörtlichen wie auch im übertragenen Sinne verwendet werden: **The argument went round in circles and finally got nowhere.** „Die Diskussion drehte sich im Kreis und führte schließlich nirgendwohin." Noch stärker ist **round and round in circles**.

We **passed the hat round** to buy a going-away present for Lydia.　　14

🔔 **present** [*prä-sönt*]; **Lydia** [*li-di-ö*].

💡 **passed the hat round**: collected money.

🗨 „Wir ließen den Hut rumgehen, um ein Abschiedsgeschenk für Lydia zu kaufen."

📖 **to pass the hat round** stammt noch aus der Zeit, als Spenden mit Hilfe eines Hutes gesammelt wurden, der unter den Spendern herumgereicht wurde.

≈ **to have/hold a whip-round for s.b.** „für jmdn. sammeln". Hier hat **whip** nichts mit der Bedeutung „Peitsche" zu tun, sondern basiert auf **to whip** „flitzen, sausen, schnellen".

SERENDIPITY

What you lose on the roundabouts, you gain on the swings. „Was man auf der einen Seite (auf den Karussells) verliert, gewinnt man auf der anderen Seite (auf den Schaukeln)" ist eine andere Ausdrucksweise für unser profanes „So ist das Leben!". Die Wendung geht auf den Betreiber eines Jahrmarktes zurück, der bei den Schiffschaukeln relativ niedrige Preise nahm, dafür jedoch die Karten für das Karussell überteuert verkaufte.

In diesem Kapitel haben Sie das Wort **square** in verschiedenen Bedeutungsvariationen von „ordentlich, korrekt, richtig, ehrlich, aufrichtig" kennengelernt. Aber Achtung: Für Jazzmusiker ist **a square** ein „alter Spießer", der nur die traditionelle Musik mit Vierviertelrhythmus mag.

ONCE UPON A TIME... 7

Mit **Once upon a time ...** beginnen klassischerweise englische Märchen. Im Mittelpunkt dieses Kapitels stehen Redewendungen mit **once** und **one**.

> — Do you ever hear from your ex-wife? —
> **Once in a blue moon**. 1

🔔 **hear** [*hi:-ö(r)*]; **ex-wife** [*äkß-uaif*]; **once** [*uanß*].

💡 **ex-wife**: woman a man was married to before they got divorced.
Once in a blue moon: Very rarely.

Ⓓ — „Hörst du ab und zu [noch was] von deiner Ex-Frau? – Nur alle Jubeljahre mal (einmal während eines blauen Mondes)."

📖 **Once in a blue moon** ist die Beschreibung dafür, daß etwas nur extrem selten bzw. eigentlich sogar nie stattfindet, denn wann ist der Mond schon blau? Möchte man ausdrücken, daß etwas zwar selten, aber doch hin und wieder passiert, so sagt man **once in a while** „gelegentlich".

≈ **Once in a month of Sundays**, wörtlich „einmal in einem Monat voller Sonntage" hat etwa die gleiche Bedeutung, nämlich: „nie".

> I'll never do business with that firm again.
> **Once bitten, twice shy**. 2

🔔 **firm** [*fÖ:(r)m*]; **bitten** [*bi-t(ö)n*], **twice** [*tuaiß*]; **shy** [*schai*].

business: the work of buying or selling products or services for money.
firm: company.
Once bitten, twice shy: Used for saying that s.o. will be careful about doing s.th. again because they have made a bad experience with it before.

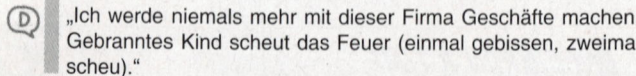 „Ich werde niemals mehr mit dieser Firma Geschäfte machen. Gebranntes Kind scheut das Feuer (einmal gebissen, zweimal scheu)."

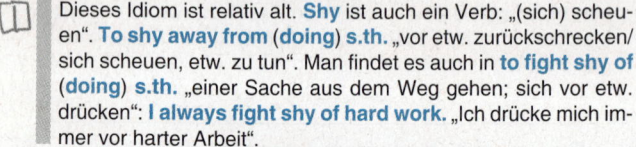 Dieses Idiom ist relativ alt. **Shy** ist auch ein Verb: „(sich) scheuen". **To shy away from** (**doing**) **s.th.** „vor etw. zurückschrecken/ sich scheuen, etw. zu tun". Man findet es auch in **to fight shy of** (**doing**) **s.th.** „einer Sache aus dem Weg gehen; sich vor etw. drücken": **I always fight shy of hard work.** „Ich drücke mich immer vor harter Arbeit".

As the customers filed into the club, the bouncers **gave them the once-over**. 3

 filed [*faild*]; **bouncers** [*baon-ßö(r)s*].

 filed: walked in a line.
bouncers: s.o. whose job is to make certain that no one causes trouble in a bar or club, for example by not allowing particular people to come in.
gave them the once-over: looked at or examined them very quickly in order to see what they are like.

(D) „Während die Gäste nacheinander in den Club gingen, nahmen die Türsteher sie kurz in Augenschein."

(book) **to give s.o./s.th. the once-over** drückt aus, daß man eine Person oder Sache auf die Schnelle überprüft. Man kann auch **quick** ergänzen, obwohl sich hierdurch eine Redundanz ergibt: **Give this a quick once-over before you sign it.** „Guck dir das mal schnell an, bevor du es unterschreibst."

Don't ask questions. You're supposed to obey orders **at once**!

4

(bell) **supposed** [ßö-*pousd*]; **obey** [ö-*bei*].

(bulb) **You're supposed to**: You're expected to.
to obey: to do what a person or law says you must do.
at once: immediately.

(D) „Stell keine Fragen. Du solltest Anordnungen sofort befolgen!"

(book) **at once** bedeutet nicht nur „sofort, unmittelbar", sondern auch „auf einmal, gleichzeitig": **I waited 15 minutes for a bus and then three came along at once.** „Ich habe 15 Minuten lang auf einen Bus gewartet, und dann kamen drei auf einmal."

Eine weitere Wendung mit **once** ist **all at once**: „mit einem Mal, plötzlich": **There was a long silence, and then all at once came a clap of thunder.** „Es war lange still, und dann plötzlich kam ein Donnerschlag."

Wait until we know whether the minority shareholders are interested. If not, we can buy up their shares **at one fell swoop**.

5

(bell) **minority** [*mai-nO-rö-ti*]; **shareholders** [*schä:(r)-houl-dö(r)s*]; **swoop** [*ßwu:p*].

(bulb) **minority**: a small number of people or things that are part of a larger group but different in some way from most of the group.
share: one of the equal parts of a company that you can buy as a way of investing money.

shareholders: people who hold shares in a company.
swoop: a quick and sudden movement downwards through the air, especially in order to attack or catch s.o. or s.th.
at one fell swoop: with a sudden action or on one single occasion.

„Warte, bis wir wissen, ob die Minderheitsaktionäre interessiert sind. Falls nicht, können wir ihre Aktien auf einen Schlag (in einem fürchterlichen Sturzflug) kaufen."

At one fell swoop stammt aus Shakespeares 'Macbeth'; es ist etwas stärker als **at once**. **Swoop** bezeichnet den „Sturzflug" eines Raubvogels, der seine Beute fängt. Das Verb **to swoop** bedeutet „herabstürzen, sich auf jmdn. stürzen, zuschlagen" oder „eine Razzia durchführen": **Police swooped on a house in Berkshire early this morning and arrested four people.** „Die Polizei führte heute am frühen Morgen eine Razzia in Berkshire durch und nahm vier Personen fest."

* fell meinte in früheren Zeiten „wild, grimmig; vernichtend" und geht in dieser Bedeutung eine passende Verbindung mit **swoop** ein. Man findet es heute noch in Wörtern wie **felon** [*fä-lön*] „Schwerverbrecher" oder **felony** „Kapitalverbrechen". Heute impliziert **at one fell swoop** immer eine schnelle Bewegung; die Idee der Gewalttätigkeit ist jedoch daraus verschwunden.

– Shall we have **one for the road**? – No
thanks, I'm driving.   6

---

road [*roud*].

one for the road: an alcoholic drink that you have quickly before you leave a place.

– „Noch einen [Drink] für unterwegs? – Nein danke, ich muß [noch] fahren."

One for the road ist ein scherzhafter Ausdruck für den letzten Drink kurz vor der Abreise [➡ Kapitel 8, 4]. Daß man kurz vor dem Autofahren natürlich nicht noch Alkohol trinken sollte, ist hinlänglich bekannt. Bis vor kurzem dachte man noch, man könne bis zu acht Bier trinken, ohne betrunken zu werden, woher die Wendung **He's had one over the eight** kommt: „Er hat

📖 einen über den Durst getrunken", d.h. die Person hat genau ein Bier mehr getrunken als die „erlaubten" acht. Eine weitere Variante ist das ebenfalls scherzhafte **to have one too many** „einen zu viel [getrunken] haben."

> The Conservative candidate lost his deposit.
> **That's one in the eye** for the government! **7**

🔔 **Conservative** [*kOn-ßÖ:(r)-wö-tif*]; **candidate** [*kän-di-döt/kän-di-deit*]; **deposit** [*di-pO-sit*].

🔅 **Conservative [Party]**: a political party in the UK that supports right-wing ideas and politics.
candidate: one of the people competing in an election.
lost his deposit: got very few votes.
That's one in the eye: That spoils s.o.'s plans or is a disappointment for them.

💬 „Der Kandidat der Konservativen hat seine Kaution verloren. Das ist ein Schlag ins Kontor (einer in das Auge) für die Regierung!"

📖 **That's one in the eye** drückt in der Regel Schadenfreude über das Scheitern einer anderen Person oder Personengruppe aus.

! Nicht zu verwechseln mit **It's better than a poke in the eye with a sharp stick** (poke „Stoß"). „Es ist besser als nichts", was besagt, daß Sie mit etwas einigermaßen zufrieden sind, sich aber trotzdem ein besseres Ergebnis gewünscht hätten.

***** In Großbritannien zahlt ein Politiker, der sich als Kandidat für eine Wahl aufstellen läßt, eine bestimmte Summe, ein sog. **deposit**, das er zurückerhält, wenn er bei der Wahl mehr als 15% der Stimmen auf sich vereint. Im anderen Fall verliert er sein **deposit**, d.h. er erhält es nicht zurück.

> I'm **not one for** lying on the beach. I prefer to visit a museum. **8**

🔔 **lying** [*lai-ing*]; **beach** [*bi:tsch*], **prefer** [*pri-fÖ:(r)*]; **museum** [*mju-si-öm*].

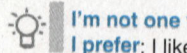

I'm not one for: I don't like.
I prefer: I like better.

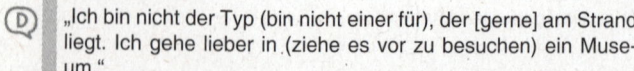

„Ich bin nicht der Typ (bin nicht einer für), der [gerne] am Strand liegt. Ich gehe lieber in (ziehe es vor zu besuchen) ein Museum."

to be one for drückt aus, daß man an einer bestimmten Sache oder Aktivität Gefallen findet. Es kann durch **great** verstärkt und auch im Plural verwendet werden: **They're great ones for the opera.** „Sie sind große Opernliebhaber." Folgt auf **to be one for** ein Verb, so steht dieses im Gerundium (Endung **-ing**).

Sagt man dagegen z.B. **He _is_ a one!** mit Nachdruck auf **is**, so betont man die Persönlichkeit, den Charakter, die Art einer Person: **He's always in trouble with the police. Yes, he _is_ a one!** „Er hat ständig Ärger mit der Polizei. Ja, das _ist_ einer!".

> On this issue, I'm **at one with** my Right
> Honourable Colleague.   9

issue [*i-schu*]; **Honourable** [*O-nö-rö-bl*]; **Colleague** [*kO-li:g*].

issue: subject.
I'm at one with: I agree with.
honourable: morally good and deserving respect. When written with a capital **H**: used for talking to judges or some politicians, for example members of parliament.
colleague: s.o. who works in the same organization or department as you. When written with a capital **C**: used for talking to judges or some politicians, for example members of parliament.

„In dieser Frage stimme ich mit meinem sehr ehrenwerten Kollegen überein."

to be at one with „einer Meinung sein mit, übereinstimmen mit" ist eine sehr formelle Variante von **to agree with**.

! Nicht zu verwechseln mit dem sehr formellen **as one**: **The MP's got to their feet as one.** „Die Parlamentsabgeordneten erhoben sich geschlossen (wie eins)."

* In unserem Beispiel ist der Sprecher Parlamentsabgeordneter: **My Right Honourable Colleague** ist die formelle Anrede für die Mitglieder des britischen Unterhauses. Wenn Sie einmal die Gelegenheit haben, einer Debatte im Unterhaus beizuwohnen, so werden Sie auch den Ausruf **Hear, hear!** hören, mit dem die Abgeordneten ihrer Zustimmung zu einer Aussage Ausdruck verleihen, sinngemäß „Bravo! Richtig!".

> I bought a motorbike, so he bought a car. He always tries **to go one up on me**.　　**10**

🔔 **bought** [*bO:f*]; **motorbike** [*mou-tö(r)-baik*]; **tries** [*trais*].

💡 **motorbike**: a road vehicle that has two wheels and an engine and looks like a large heavy bicycle.
to go one up on me: to get an advantage over me by being better than me.

💬 „Ich habe ein Motorrad gekauft, also hat er ein Auto gekauft. Er versucht immer, mir eine Nasenlänge voraus zu sein."

📖 Anstelle von **to be/get/go one up on s.o.** „jmdm. eine Nasenlänge voraus sein, jmdn. übertrumpfen" hört man auch **to go one better than s.o.**: **She'll always try to go one better than her sister.** „Sie wird immer versuchen, ihre Schwester zu übertrumpfen."

Hierauf basiert auch **one-upmanship**, die „Kunst, anderen immer eine Nasenlänge voraus zu sein". So könnte man den zweiten Satz unseres Beispiels auch folgendermaßen formulieren: **That's typical for his one-upmanship**. Diesen Ausdruck verdanken wir dem britischen Humoristen Stephen Potter, der u.a. auch den Begriff **gamesmanship** „Gerissenheit/Gewieftheit beim Spiel" prägte.

≈ **to outdo s.o.** [➡ Kapitel 40, 10].

> The talks with management have broken down, so it's **back to square one**.　　**11**

🔔 **talks** [*tO:kß*].

talks: negotiations.
have broken down: were terminated because they were no longer successful.
back to square one: in the same situation you were in before you started to do s.th. with no progress made.

„Die Gespräche mit der Unternehmensleitung sind gescheitert, also sind wir wieder bei Null angekommen (es ist zurück zu Feld/Quadrat eins)."

back to square one „wieder von vorne beginnen" kennen wir von verschiedenen Brettspielen, bei denen man nach einem „Rausschmiß" wieder beim ersten Feld beginnen muß.

= **back to the drawing-board** (wörtl. „zurück zum Zeichenbrett") [➡ Kapitel 16, 10].

Beachten Sie das Fehlen des bestimmten Artikels **the** vor **management**. Dies ist üblich, wenn vom Management eines Unternehmens die Rede ist. Früher wurden die Tarifpartner in der Industrie als **management and unions** (**unions** „Gewerkschaften") oder auch **both sides of industry** bezeichnet; heute heißen sie **social partners**.

> You mean you entrusted your life savings to a total stranger? **There's one born every minute!** 12

entrusted [*in-traß-tid*]; **total** [*tou-töl*]; **stranger** [*ßtrein-djö(r)*]; **minute** [*mi-nit*].

entrusted: gave.
savings: money you have saved in a bank or invested so you can use it later.
stranger: s.o. you do not know.
There's one born every minute!: You've been very stupid; you have been tricked into doing s.th.

„Du meinst, du hast deine gesamten (Lebens-)Ersparnisse einem völlig Fremden anvertraut? So dumm kann doch wohl keiner sein (jede Minute wird einer geboren)!"

There's one born every minute! ist eine Abwandlung von **There's a sucker born ever minute!** (**sucker** „Trottel"), einem Zitat von David Hannum, der P.T. Barnum (1819-1891), Gründer des gleichnamigen Zirkus, beschuldigte, nur ein Imitat des sog. **Cardiff Giant**, eines versteinerten Riesen, als Zirkusattraktion auszustellen.

* Der Slang-Ausdruck **sucker** „Trottel, Dummkopf" (**to suck** „saugen, lutschen") geht auf die Zeit am Ende des 18. Jh.'s zurück, als es im Westen der USA den **sucker fish** gab, der im Frühjahr die Flüsse hinauf- und im Herbst hinabschwamm und der einfach zu fangen war. Seitdem ist **sucker** die Bezeichnung für eine Person, die leicht hereinzulegen bzw. hinters Licht zu führen ist (**to sucker s.o.**) [➡ Kapitel 29].

Sucker kommt auch in **to be a sucker for** „eine Schwäche haben für" vor: **She's a sucker for chocolate-chip ice cream.** „Sie hat eine Schwäche für Eis mit Schokoraspeln."

> Marge left her husband because he wanted a lover, a maid and a secretary **all rolled into one**. 13

🔔 **Marge** [*ma(r)dj*]; **lover** [*la-wö(r)*]; **maid** [*meid*].

💡 **maid**: a woman whose job is to clean rooms, serve meals, wash clothes etc. in a house.
all rolled into one: all at the same time.

💬 „Marge hat ihren Mann verlassen, weil er alles (gerollt) in einer Person haben wollte: eine Liebhaberin, ein Dienstmädchen und eine Sekretärin."

📖 **All rolled (up) into one** oder **all in one** wird einer Aufzählung nachgestellt, um auszudrücken, daß das Satzsubjekt all den genannten Dingen zusammen entspricht.

≈ **all bundled into one**. **Bundle** heißt „Bündel, Packen, Bund", wird aber z.B. auch für Computer benutzt, auf denen ein umfassendes Paket von Hard- und Softwarekomponenten installiert ist: **The new Shishi portable is bundled with a spreadsheet and a wordprocessor.** „Auf dem neuen Shishi-Laptop sind ein Tabellenkalkulations- und ein Textverarbeitungsprogramm installiert."

> There is a theory that learning disabilities are
> inherited. I, **for one**, don't agree. **14**

theory [*fßi-ö-ri*]; **disabilities** [*diß-ö-bi-lö-ti:s*]; **inherited** [*in-hä-ri-tid*].

theory: one or more ideas that explain how or why s.th. happens.
disability: condition in which s.o. is not able to use a part of their body or brain properly.
inherited: passed to a person through their genes.
for one: used for emphasizing that s.o. is thinking or behaving in a particular way, even if other people are not.

"Es gibt eine Theorie, nach der Lernbehinderungen ererbt sind. Ich für meinen Teil (für eins) stimme damit nicht überein."

Diese idiomatische Wendung, die stets einem Namen oder Pronomen folgt, betont eine Aussage und suggeriert, daß die ausgedrückte Meinung von der anderer Personen abweicht. **I for one do not like the idea of trying to sell second-rate goods.** "Ich für meinen Teil mag es (die Idee) nicht, wenn man versucht, zweitklassige Produkte zu verkaufen."

SERENDIPITY

One wird oft mit ganz banalen Wörtern kombiniert, um daraus einen bildhaften Ausdruck entstehen zu lassen. Einige Beispiele:

You have a one-track mind! "Du hast immer nur eins im Kopf!", wörtlich "Du hast einen einspurigen Verstand!"

a one-night stand beschreibt ein sexuelles Abenteuer, das nur eine Nacht dauert.

a one-armed bandit, analog zu unserem "einarmigen Banditen", meint eine Glücksspielmaschine, die meistens auf der rechten Seite einen Hebel hat, über den sie ausschließlich bedient wird.

a one-horse town ist "ein verschlafenes Nest", also ein Ort, in dem es nur ein Pferd gibt.

a one-horse race beschreibt einen Wettbewerb, bei dem der Gewinner schon im Vorfeld feststeht.

a one-stop service/shopping ist die Bezeichnung für ein Geschäft, das viele Dienstleistungen oder Produkte unter einem Dach anbietet.

Bei einer **one-man band** wird die Musik von nur einer einzigen Person gespielt: „Einmannkapelle". Und dann gibt es natürlich auch noch die **one-man show**, die „Einmann-Show/-betrieb".

Das unpersönliche Pronomen **one** dagegen wird sehr selten in der idiomatischen Sprache verwendet, dafür umso häufiger in der formellen Sprache. Daher ist es sehr schwierig, unser deutsches „man" in der britischen Umgangssprache wiederzugeben. Hier sind drei Tricks, mit denen man das Problem umgehen kann:

▶ Personalisierung: „man" wird durch **we, he** usw. ersetzt: **How were we to know?** „Wie hätte man das wissen können?". **You've got to admit that he plays a mean guitar.** „Man muß zugeben, daß er super Gitarre spielt." Diese Lösung funktioniert nur, wenn es eine Person gibt, die dem Pronomen entspricht.

▶ Passiv: Diese Lösung ist oft sehr effizient, jedoch bevorzugt das Englische das Aktiv: **Despite the bright light, a red glow could be made out in the distance.** „Trotz des hellen Lichts konnte man in der Entfernung einen roten Lichtschein ausmachen."

▶ Substantivierung: Das Verb wird in ein Substantiv oder Gerundium umgewandelt: **Reading Shakespeare for the first time ...** „Wenn man Shakespeare zum ersten Mal liest, ...". **In attempting to assess Miles Davis's influence on modern jazz...** „Bei dem Versuch, den Einfluß von Miles Davis auf den modernen Jazz zu bewerten, ..."

Seien Sie sensibel für diese Mechanismen, und Sie werden sehr schnell feststellen, daß man **one** vermeiden kann (**that it is possible to avoid using one**).

Every dog has his (its) day ist der Ausdruck dafür, daß jeder irgendwann im Leben auch mal Glück hat, was wir etwas anders ausdrücken: „Auch ein blindes Huhn findet mal ein Korn." In diesem Kapitel dreht sich alles um die Begriffe **night** und **day**.

> His kiss-and-tell autobiography was an **overnight sensation**. **1**

autobiography [*O:-tou-bai-O-grö-fi*]; **overnight** [*ou-wö(r)-nait*]; **sensation** [*ßän-ßei-schön*].

kiss-and-tell: talking publicly about your relationship with a famous person, in order to earn money.
autobiography: book about your life that you write yourself.
overnight: in a very short time.
sensation: event that causes a lot of excitement and interest.

„Seine indiskrete Autobiographie wurde innerhalb kürzester Zeit (über Nacht) zu einer Sensation."

overnight kann „nachts, über Nacht" bedeuten oder wie hier „in sehr kurzer Zeit". Es kann Adjektiv (**overnight train** „Nachtzug") und Adverb sein (**We travelled overnight.** „Wir reisten nachts.") Ein Autor, der einmal zum durchschlagenden Erfolg eines seiner Bücher befragt wurde, sagte: **It took me twenty years to become an overnight success**...

* Unser Beispiel beschäftigt sich mit einem Phänomen, für das die Angelsachsen einen Begriff erfunden haben: **kiss-and-tell** (wörtlich „küssen-und-erzählen"). Gemeint ist der besonders von der Boulevardpresse (**tabloid** [*tä-bloid*] **press**) betriebene **cheque-book journalism** „Scheckbuchjournalismus": Enge Vertraute oder auch Liebhaber/innen berühmter Persönlichkeiten stellen diese – selbstverständlich gegen gute Bezahlung – in indiskreter Weise durch hemmungslose Enthüllungen in den Zeitungen oder in Büchern (**kiss-and-tell memoirs** [*me-mo-a:(r)s*]) vor der breiten Öffentlichkeit bloß.

> She never goes to bed before two in the morning. She's a real **night bird**.   2

 bird [*bÖ:(r)d*].

 night bird: s.o. who likes to be awake and active at night.

 „Sie geht niemals vor zwei [Uhr] morgens ins Bett. Sie ist eine echte Nachteule (Nachtvogel)."

Anstelle von **night bird** kann man auch, analog zum Deutschen, **night owl** [*aol*] „Nachteule" sagen. Die Eule ist auch das Emblem der großen Tageszeitung **The Herald Tribune**, was zwei Erklärungen zuläßt: 1. die Zeitung schläft nie; 2. die Eule ist das Symbol für Weisheit.

≠ **early bird** „Frühaufsteher, „Lerche"".

! Bird ist in der Slang-Sprache auch eine abwertende Bezeichnung für ein „Mädchen", aber **a night bird** kann sich auf beide Geschlechter beziehen.

> When the ship docked, the crew went out for **a night on the tiles**.   3

 docked [*dOkd*]; **crew** [*kru:*]; **tiles** [*tails*].

 docked: arrived in the enclosed area in the port where ships stay while goods are taken on or off, passengers get on or off, or repairs are done.
crew: the people who work on a ship, aircraft etc.
tile: a flat piece of baked clay or stone that is used for covering a roof.
went out for a night on the tiles: left to spend the evening enjoying themselves and coming back very late.

 „Als das Schiff anlegte, ging die Besatzung aus, um einen draufzumachen (für eine Nacht auf den Dachziegeln)."

 In **a night on the tiles** ist **tiles** eine Anspielung auf Katzen, die oft nachts über die Dächer laufen.

= Man sagt ebenfalls **a night on the town**.

KAPITEL 8

≈ **to paint the town red** „auf die Pauke hauen, einen draufmachen" kommt aus dem amerikanischen Englisch. Früher geschah es oft, daß Cowboys sich nach einer ausgiebigen Zechtour durch die Stadt auf zweifelhafte Weise mit ihren Revolvern „amüsierten". Denjenigen, die sie daran hindern wollten, drohten sie, die Stadt mit dem Blut ihrer Opfer rot anzumalen. Heute hat der Ausdruck nicht mehr diesen Aspekt der Brutalität und bezeichnet nur noch ein Trinkgelage.

– Will you **have a nightcap** before you go to bed? – No thanks, I had enough to drink.   4

nightcap [*nait-käp*]; **enough** [*i-naf*].

nightcap/night cap: 1. a hat that people wore in bed in the past; 2. an alcoholic drink that you have just before you go to bed.

– „Möchtest du einen Schlummertrunk (Nachtmütze), bevor du ins Bett gehst? – Nein danke, ich habe genug getrunken."

Ein **nightcap** ist zum einen eine Nachtmütze, wie sie früher häufig im Bett getragen wurde, zum anderen ein „Schlummertrunk", also ein alkoholisches Getränk vor dem Schlafengehen.

≈ **stirrup cup** (**stirrup** [*ßti-röp*] „Steigbügel") ist relativ veraltet; es handelt sich um eine Art Abschiedsgetränk, das einem Reiter angeboten wurde, der bereits aufgesessen war und sich kurz vor der Abreise befand [➡ Kapitel 7, 6].

– Where's Jean? – She's **on nights** this week because they're short-staffed at the hospital.   5

Jean [*dʒi:n*]; **short-staffed** [*schO(r)t-ßtafd*].

on nights: working on the night shift.
short-staffed: without enough workers.

– „Wo ist Jean? – Sie hat diese Woche Nachtschicht (ist auf Nächten), weil sie im Krankenhaus zu wenig Personal haben."

She's on nights ist die Verkürzung von **She's working nights.** „Sie hat Nachtschicht." Bei Fabriken oder Unternehmen, die mehrere Arbeitsschichten (**shift work**) fahren, sagt man **working on the night shift**. Das Amerikanische, das stets sehr bildhaft ist, benutzt den Begriff **graveyard shift** (wörtl. „Friedhofsschicht").

≠ **to work days**: **I'm on days this month.** „Ich habe diesen Monat Tagschicht."

A NIGHT ON THE TILES

I have to be up at the crack of dawn, so I'd better **get an early night**.   6

---

crack [*kräk*] **dawn** [*dO:n*].

at the crack of dawn: extremely early in the morning.
get an early night: go to bed very early.

ⓓ „Ich muß [morgen] in aller Herrgottsfrühe (beim Krachen der Morgendämmerung) aufstehen, daher gehe ich besser früh schlafen (bekomme eine frühe Nacht)."

to have/get an early night „früh schlafen gehen".

≠ **to have/get a late night** „spät schlafen gehen": **I had late nights all week, that's why I'm so tired.** „Ich bin die ganze Woche spät ins Bett gegangen, daher bin ich so müde." Es gibt auch das Adjektiv **late-night** „Nacht-/Spät-": **late-night news** „Spätnachrichten"; **late-night film** „Spätfilm". Eine vergleichbare Adjektivform von **early night** existiert nicht.

> Look! It's already eleven o'clock. Let's **call it a night**. 7

 eleven [*i-lä-wön*].

Let's call it a night: Let's stop doing a particular job or activity.

"Sieh nur! Es ist schon elf Uhr. Laß uns Schluß machen (es eine Nacht nennen)."

= Dieser Ausdruck ist sehr variabel, denn Sie können – mit der gleichen Bedeutung – auch sagen **Let's call it a day!**

≠ Jemand, der nicht schlafen gehen, sondern „die Nacht durchmachen, die Nacht zum Tag machen" möchte, würde sagen: **Let's make a night of it!**: **They decided to make a night of it and went on to another bar.** „Sie beschlossen, die Nacht durchzumachen und zogen weiter zur nächsten Bar."

> He caught up with the man who had snatched his wife's purse and **beat the living daylights out of him**. 8

 caught [*kO:t*]; **snatched** [*ßnätschd*]; **purse** [*pÖ:(r)ß*]; **beat** [*bi:t*].

caught up with: went faster and reached.
snatched: quickly stealed.
purse: 1. small bag for carrying money (GB); 2. a woman's handbag (US).
beat the living daylights out of him: hit him very hard many times and injured him seriously.

"Er holte den Mann ein, der das Portemonnaie/die Handtasche seiner Frau geklaut hatte und verprügelte ihn nach Strich und Faden (schlug die lebenden Tageslichter aus ihm)."

 Der Ursprung von **to beat/knock the (living) daylights out of s.o.** ist eventuell in der Boxsprache zu suchen, wo die „Augen" des Gegners als **daylights** bezeichnet werden.

! Nicht zu verwechseln mit **to scare the (living) daylights out of s.o.** „jmdn. zu Tode erschrecken": **Knock before you come**

72

into a room! You scared the (living) daylights out of me!
„Klopf an, bevor du einen Raum betrittst! Du hast mich zu Tode
erschreckt!" [➡ Kapitel 17, 9].

BEAT THE LIVING DAYLIGHTS OUT OF HIM.

I'm afraid the car's **seen better days**, but I
can't afford a new one.

9

 afraid [ö-f**rei**d]; **afford** [ö-f**O**:(r)d].

 has seen better days: is in a bad condition.
can't afford: do not have enough money to buy.

 „Ich fürchte, der Wagen hat bessere Tage gesehen, aber ich
kann mir keinen neuen leisten."

 to have seen better days „bessere Tage gesehen haben" bedeutet, daß etwas in einem schlechten Zustand bzw. relativ ab-
genutzt ist. Ist etwas völlig kaputt und gar nicht mehr funktions-
tüchtig, so sagt man: **to have had its day** „ausgedient haben":
It used to work perfectly but I'm afraid it's had its day. „Es
funktionierte perfekt, aber ich fürchte, nun hat es ausgedient".
Das Hilfsverb **have/has** wird hier immer zusammengezogen.

He just can't hit the ball properly this morning. He's certainly **having an off day**.

10

 properly [pr**O**-pö(r)-li]; **certainly** [ß**Ö**:(r)-tön-li].

☀️ **properly**: in a manner that is suitable for the purpose or situation.
an off day: a bad day.

💬 „Er kriegt heute morgen keinen einzigen Ball (kann den Ball nicht richtig schlagen). Er hat bestimmt einen schlechten Tag."

📖 **to have an off day** „einen schlechten Tag haben".

≈ Die gleiche Idee wird durch **not to be on the ball** ausge-drückt, was allerdings meistens positiv benutzt wird: **to be on the ball** „voll dabei sein, auf Zack sein". Ebenso können Sie sa-gen: **It's** (**just**) **not my**/**his**/**her... day**, wörtlich „Es ist (einfach) nicht mein/sein/ihr ... Tag [heute]".

! Nicht zu verwechseln mit **to have a day off** „einen freien Tag/Urlaubstag haben": **Wednesday's my day off.** „Mittwoch ist mein freier Tag".

He practises **day in, day out** but he still
can't get it right.   11

🔔 **practises** [*präk-ti-ßis*].

☀️ **practises**: repeats an activity regularly so that he becomes better at it.
day in, day out: every day for a long time, especially in a way that is unpleasant or boring.

💬 „Er übt tagein, tagaus, aber er schafft es immer noch nicht."

📖 ≈ **day after day** „Tag für Tag". Diese Wendung und **day in, day out** beziehen sich auf eine sich täglich wiederholende und mei-stens unangenehme oder auch langweilige Tätigkeit.

! Nicht zu verwechseln mit **day by day** „täglich, Tag für Tag", das einen langsam und in kleinen Schritten verlaufenden Fort-schritt beschreibt: **She's much better now and getting strong-er day by day.** „Es geht ihr nun viel besser, und sie wird täglich kräftiger." **From day to day** „jeden Tag, täglich" wiederum wird verwendet, wenn sich die beschriebene Situation täglich ändert: **He seems to change his opinion from day to day.** „Er scheint seine Meinung täglich zu ändern."

> – I'm going to be rich and famous. – **That'll be the day!** 12

 famous [*fei*-mößß].

 That'll be the day!: I don't think that this will happen.

ⅅ – „Ich werde reich und berühmt sein. – Das glaube ich kaum (das wird der Tag sein)!"

📖 Das ironisch gemeinte **That'll be the day!** (auch der Titel eines berühmten Liedes von Buddy Holly) wird verwendet, wenn man nicht an den Eintritt eines angekündigten Ereignisses glaubt. Die Fortsetzung könnte lauten **... when pigs fly** „wenn Schweine fliegen", mit anderen Worten: „niemals". Und mit **And pigs will fly!** können Sie ausdrücken: „Das wird niemals geschehen!" Eine diabolischere Variante ist **when hell freezes over**, wörtl. „wenn die Hölle überfriert" [➡ Kapitel 11, 8].

> – Tickets for the concert cost forty pounds a piece! – **That's daylight robbery**! 13

 concert [*kOn*-ßö(r)t]; **piece** [*pi*:ß]; **robbery** [*rO*-bö-ri].

 That's daylight robbery: That's much too expensive.

ⅅ – „Die Karten für das Konzert kosten 40 Pfund das Stück! – Das ist Wucher (Tageslicht Raub)!"

📖 Noch stärker wird der Ausdruck, wenn man **sheer** „rein" ergänzt: **That's sheer daylight robbery**.

≈ **rip-off prices** [➡ Kapitel 29, 7].

> She was delighted with her birthday cards, but the e-mail from her brother really **made her day**. 14

 delighted [di-*lai*-tid]; **e-mail** [*i*-meil].

made her day: made her feel very happy.

 „Sie freute sich sehr über ihre Geburtstagskarten, aber die E-Mail von ihrem Bruder machte sie überglücklich (machte ihren Tag)."

 to make s.o.'s day (**very happy**) „jmdm. einen besonders schönen Tag bescheren, jmdn. überglücklich machen" läßt sich auch ironisch benutzen, um auszudrücken, daß jemand einen sehr schlechten Tag hat [➡ Satz 10]: **First, the car wouldn't start. Then I got shouted at by the boss. Now a tax bill. That really made my day!** „Zuerst ist das Auto nicht angesprungen. Dann hat mich mein Chef angeschrieen. Nun ein Steuerbescheid. Das ist wirklich ein toller Tag!" [➡ Kapitel 11, 14].

SERENDIPITY

Während die Römer für die Zeitmessung die Tage benutzten, richteten sich die Bretonen nach den Nächten. Dies wird immer noch durch Begriffe wie **fortnight** (= **fourteen nights**) „14 Tage" belegt. (In den USA benutzt man **two weeks**.) **Sevennight** – oder auch **s'en nights** – war in alten Zeiten der Ausdruck für „eine Woche".

Zu guter Letzt: Die „Sommerzeit", also die Umstellung der Uhrzeit in den Monaten März bis Oktober, heißt **daylight saving time**.

---

9 SHALL I COMPARE THEE...

Shall I compare thee ... ist der Beginn eines Zitats aus Shakespeares Sonett Nr. 18. Wie das Zitat weitergeht, erfahren Sie im nächsten Kapitel.

Wenn es in der Sprache einen Bereich gibt, der überaus reich an Redewendungen ist, dann sind es die Vergleiche; sie sind in fast allen Sprachen beliebt. Da das Englische hier eine große Vielfalt bietet, widmen wir den Vergleichen zwei Kapitel. Im ersten der beiden finden Sie Vergleiche nach dem Modell **as** + Adjektiv + **as** + Nomen, wobei das erste **as** in der Umgangssprache oft weggelassen wird: **clear as crystal**, **mad as a hatter** usw.

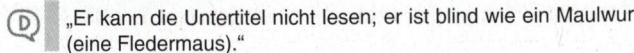

He can't read the subtitles; he's **as blind as a bat**. 1

 subtitles [ßab-tai-töls]; blind [blaind]; bat [bät].

subtitles: a translation of what people are saying in a foreign language film or television programme that appears at the bottom of the screen.
bat: a small animal that flies at night and looks like a mouse with large wings.

(D) „Er kann die Untertitel nicht lesen; er ist blind wie ein Maulwurf (eine Fledermaus)."

In Großbritannien sind die Fledermäuse blind, bei uns sind es die Maulwürfe.

bat kommt in zahlreichen Wendungen vor. Etwas veraltet ist: **He's got bats in the belfry** [bäl-fri] „Er hat einen Dachschaden/ ist nicht ganz richtig im Kopf" (wörtl. „Er hat Fledermäuse im Glockenturm"). Heute hört man eher **He's bats** (oder **batty**). „Er ist bekloppt/übergeschnappt". **Like a bat out of hell** „wie der Teufel": **He jumped in the car and took off like a bat out of hell.** „Er sprang ins Auto und fuhr los wie der Teufel." Eine etwas mildere Variante hierfür finden Sie in [➡ Kapitel 10, 13].

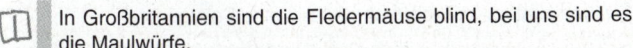

It's no good trying to change her mind – she's **as stubborn as a mule**. 2

 stubborn [ßta-bö(r)n]; mule [mju:l].

 stubborn: not willing to change her ideas or consider anyone else's reasons or arguments.
mule: an animal that has a horse as its mother and a donkey as its father.

(D) „Es hat keinen Sinn, zu versuchen, sie umzustimmen – sie ist störrisch wie ein Maulesel."

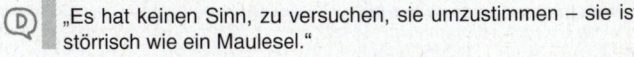

Die Variante **as stubborn as a donkey** gibt es auch, aber sie ist eher selten. Noch drastischer wird der Vergleich, wenn man **pig-headed** („schweineköpfig") benutzt: **He won't change his mind; he's pig-headed.** „... er hat einen Kopf wie ein Schwein".

> Even though the organizer was under intense pressure, he remained **as cool as a cucumber**. 3

 organiser [*O(r)-gö-nai-sö(r)*]; **intense** [*in-tänß*]; **pressure** [*prä-schö(r)*]; **remained** [*ri-meind*]; **cucumber** [*kju:-kam-bö(r)*].

 intense: extreme.
pressure: a worried feeling that you get when you have to deal with a difficult or complicated situation.
cucumber: a long thin vegetable, usually eaten raw in salads, that has a dark green skin and is white or light green inside.

 „Obwohl der Organisator unter enormem Druck stand, behielt er einen kühlen Kopf (blieb er kühl wie eine Salatgurke)."

 cool meint hier weniger die Frische des Gemüses; der Ausdruck lebt vielmehr von der Aneinanderreihung der drei **c**. **Cool** steht hier für „kühl, besonnen" und findet sich auch in Wendungen wie **to stay/play it cool** „ruhig bleiben, die Ruhe bewahren" oder **to lose one's cool** „die Ruhe verlieren" wieder. Seit einigen Jahren ist **cool** vor allem unter Jugendlichen ein Synonym für „angesagt, in, beliebt".

> She stormed in here **as bold as brass** and demanded to see the managing director. 4

 bold [*bould*]; **brass** [*braß*].

 stormed in: rushed in.
bold: confident and not afraid of people.
brass: a shiny yellow metal that is used for making musical instruments and objects such as door handles. It is a mixture of copper and zinc. Here: Brass Crosby.
(as) bold as brass: showing a lot of confidence, especially in a way that people think is rude or shocking.

 „Sie stürmte kühn (so mutig wie Messing/Brass) hier herein und verlangte den geschäftsführenden Direktor zu sprechen."

 brass hat hier nichts mit „Messing" zu tun. Es ist eine Anspielung auf eine historische Persönlichkeit, **Brass Crosby**, einen

Bürgermeister von London im 18. Jh., der den Mut besaß, einen Gefangenen gegen den Widerstand der Öffentlichkeit freizulassen. Auf der Grundlage von **brass** ist das Adjektiv **brazen** [*brei-sön*] „dreist, schamlos" entstanden: **He's a brazen(-faced) liar.** „Er ist ein schamloser Lügner."

SHE'S AS COOL AS A CUCUMBER.

> Sarah contracted malaria on a trip to India and was **as weak as a kitten** for months afterwards.
>
> 5

 contracted [*kOn-träk-tid*]; **malaria** [*mö-lä-ri-ö*]; **weak** [*ui:k*]; **kitten** [*ki-tön*].

 contracted: became infected with.
trip: voyage.
weak: lacking physical strength or energy.
kitten: a young cat.

Ⓓ „Sarah erkrankte auf einer Reise nach Indien an Malaria und war danach monatelang schlapp (schwach wie ein Kätzchen)."

 Anstelle von (**as**) **weak as a kitten** kann man auch (**as**) **weak as a baby** sagen.

 ! Nicht zu verwechseln mit dem Adjektiv **kittenish** in Bezug auf eine Frau; damit meint man, daß sie „kokett" und auf einen Flirt aus ist: **She used to charm all the men with her kittenish behaviour.** „Sie bezauberte alle Männer mit ihrem koketten Verhalten."

> He was breathalysed by the police on the way home from the pub. But you know Peter: he was **as sober as a judge**! 6

 breathalysed [*brä-fßö-laisd*]; **sober** [*ßou-bö(r)*]; **judge** [*djadj*].

 He was breathalysed: He was asked to blow into a special bag that measures the amount of alcohol in his breath.
pub: a place where people go to drink alcohol, especially in the UK and Ireland.
sober: not drunk.

 „Die Polizei ließ ihn auf dem Heimweg von der Kneipe ins Röhrchen pusten. Aber du kennst Peter: Er war stocknüchtern (nüchtern wie ein Richter)!"

 Offensichtlich haben die britischen Richter eine Menge gute Eigenschaften, denn man sagt auch **as solemn** [*ßO-löm*] (oder **as serious**) **as a judge** „so ernsthaft wie ein Richter". Wäre Peters Alkotest positiv ausgefallen, wäre er **as drunk as a lord** „so betrunken wie ein [hoher] Herr", denn zu früherer Zeit hatten nur die „hohen Herren" genügend Geld, um Alkohol zu trinken. Ebenso gebräuchlich ist **as drunk as a skunk** „betrunken wie ein Stinktier".

> The parcel was enormous, but when I picked it up, it was **as light as a feather**. 7

 parcel [*pa(r)-ßöl*]; **enormous** [*i-nO(r)-möß*]; **light** [*lait*]; **feather** [*fä-fsö(r)*].

 parcel: s.th. wrapped in paper or in a large envelope to be sent by post.
enormous: very large in size or quantity.
light: not weighing much.
feather: one of the narrow tubes with thin soft hairs on each side that cover a bird's body.

 „Das Päckchen war riesig groß, aber als ich es aufhob, war es federleicht (leicht wie eine Feder)."

as light as a feather „federleicht". Meint man „leicht" in Verbindung mit einer Mahlzeit oder mit der sog. „leichten Küche", so benutzt man **as light as air**: **The chocolate mousse at Di Marco's is as light as air.** „Das Mousse au chocolat bei Di Marco ist so leicht wie Luft."

≈ Poetisch, aber wenig verwendet, ist **as light as thistledown** [*fßisl-daon*] „leicht wie Distelwolle".

Sicherlich haben Sie auch bemerkt, daß in der Nahrungsmittelindustrie der Trend dahin geht, anstelle von **light** die Schreibweise **lite** anzuwenden (so wie die Amerikaner **tonite** aus **tonight** gemacht haben!).

> – He's new to the job. – It shows: he's **as keen as mustard**.   8

keen [*ki:n*]; **mustard** [*maß-tö(r)d*].

keen: enthusiastic.
mustard: a yellow substance with a hot taste made from the seeds of a plant.

– „Er ist neu in dem Job. – Das sieht man: Er ist mit Feuereifer dabei (ehrgeizig wie Senf)."

keen hat eine Vielzahl von Bedeutungen; meistens benutzt man es für „begeistert, leidenschaftlich, ehrgeizig": **a keen cook** „ein leidenschaftlicher Koch". **He's keen on football.** „Er begeistert sich für Fußball." Es kann auch „scharf, beißend, schneidend" heißen: **The knife has a keen edge.** „Das Messer hat eine scharfe Schneide." **Matt is keen on Diane.** „Matt ist scharf auf Diane".

> You can't get a straight answer out of him. He's **as slippery as an eel**.   9

slippery [*ßli-pö-ri*]; **eel** [*i:l*].

a straight answer: an honest and true answer.
slippery: clever but dishonest so that you cannot trust him.
eel: a long thin fish that looks like a snake and can be eaten.

KAPITEL 9

(D) „Man kann keine eindeutige Antwort von ihm bekommen. Er ist aalglatt (glitschig wie ein Aal)."

(📖) **slippery** „glitschig, schlüpfrig", in Bezug auf Personen „aalglatt, wendig" hat immer eine negative Konnotation. Es beschreibt immer eine Person, die sich freundlich, aber listig durch alle Situationen hindurchwindet, die nicht „greifbar" ist. Jemand, der übertrieben freundlich ist („schleimig"), dabei aber unehrlich und hinterlistig ist, wird als **greasy** bezeichnet: **I don't trust him an inch; he's too greasy.** „Ich traue ihm nicht über den Weg; er ist zu schleimig."

≈ Auch **oily** [*oi-li*] „schmierig, schleimig" kann in dieser Bedeutung verwendet werden: **Uriah Heep is one of the oiliest characters in fiction.** „Uriah Heep ist einer der schmierigsten Charaktere in der Dichtung." (Man findet ihn in *David Copperfield* von Charles Dickens.)

They've been in training for the pentathlon for months and they're **as fit as fleas**. 10

(🔔) **pentathlon** [*pön-täfß-lön*]; **fleas** [*fli:s*].

(💡) **pentathlon**: a sports event that consists of five different sports.
flea: a small jumping insect that lives on animals and bites them.
as fit as fleas: in a very good physical condition.

(D) „Sie trainieren seit Monaten für den Fünfkampf, und sie sind superfit (fit wie Flöhe)."

(📖) **as fit as a flea/as fleas** lebt (wie auch Satz 3 dieses Kapitels) von der sog. Alliteration, d.h. der Wiederholung des Anfangsbuchstabens f; der Sinn steht eher im Hintergrund. Man hört auch oft **as fit as a fiddle** [*fi-döl*] „fit wie eine Fidel".

Of course he's guilty. It's **as plain as a pikestaff**. 11

(🔔) **guilty** [*gil-ti*]; **plain** [*plein*]; **pikestaff** [*paik-ßtaf*].

he's guilty: he has committed the crime.
It's as plain as pikestaff: It's very obvious.

„Natürlich ist er schuldig. Das ist so klar wie Kloßbrühe/ sonnenklar."

Auch bei diesem Beispiel, das sich der Alliteration bedient, ist der Sinn eher nebensächlich. **Pikestaff** kommt von **packstaff**, das einen Stock bezeichnet, an dem Straßenhändler früher ihre Ware (**pack**) festzurrten; **plain** hieß „einfach, schlicht".

≈ **as plain as the nose on your face** hat in etwa die gleiche Bedeutung.

plain bedeutet in unserem Beispiel „klar, eindeutig", es kann aber auch „normal, gewöhnlich, nichts besonderes" heißen: **She's a plain Jane.** „Sie ist ziemlich gewöhnlich". Dann ist da noch **plain-vanilla** mit der Bedeutung „Standard-, Normal-": **This is the plain-vanilla version of the program.** „Das ist die Standardversion des [Computer-]Programms". (Obwohl im britischen Englisch die Schreibweise **programme** gilt, schreibt man bei einem Computerprogramm **program**.)

AS SOBER AS A JUDGE

You won't be able to get round him. He's **as hard as nails**.

12

able [*eibl*]; **nails** [*neils*].

KAPITEL 9

83

-🔆- **to get (a)round him**: to persuade s.o. to do s.th., especially by being nice to them.
nail: a thin pointed piece of metal that you use to fix one thing to another by hitting it with a hammer.
as hard as nails: not affected by emotions such as sadness or sympathy.

Ⓓ „Er läßt sich nicht so leicht erweichen. Er ist knallhart (hart wie Nägel)."

📖 **(as) hard as nails** „ein zäher Brocken, ein harter Knochen, zäh wie eine Schuhsohle" kann auch physisch gemeint sein, wenn man sagen will, daß jemand im körperlichen Sinne stark und kräftig bzw. „hart wie Stahl" ist.

≠ Das Antonym haben Sie schon kennengelernt: **as soft as putty** „weich wie Wachs" [➡ Kapitel 5, 5].

As long as he has a good book and a glass of whisky, he's **as happy as a sandboy**. 13

🔔 **whisky** [*uiß-ki*]; **sandboy** [*ßänd-boi*].

-🔆- **sandboy**: s.o. who collects sand from the beach without paying for it and then sells it to other people.
as happy as a sandboy: extremely happy.

Ⓓ „Solange er ein gutes Buch und ein Glas Whisky hat, ist er überglücklich."

📖 Ein **sandboy** ist jemand, der am Strand Sand aufsammelt, um ihn dann für teures Geld weiterzuverkaufen, was ihn natürlich nicht nur reich, sondern auch überaus glücklich macht. Unser „Sandmann", der den Kindern abends Sand in die Augen streut, damit sie einschlafen, heißt im Englischen **sandman**.

≈ **as happy as a lark**, wörtlich „so fröhlich wie eine Lerche"; **as happy as the day is long**, wörtlich „so fröhlich wie der Tag lang ist". Wenn Sie sich über etwas ganz besonders freuen, so können Sie sagen: **I'm as happy as Punch** [*pansch*]. „Ich freue mich wie ein Schneekönig." [➡ Kapitel 10, 11].

84

> I understood everything. His explanations
> were **as clear as crystal**.

🔔 **crystal** [*kriß-töl*].

💡 **crystal**: a piece of a substance that has a regular shape with many sides and is formed when the substance becomes solid.
as clear as crystal: very evident.

🗩 „Ich habe alles verstanden. Seine Erklärungen waren kristall-klar."

📖 Eine Variante wäre **His explanations were crystal-clear**. Sind die Erklärungen dagegen unklar und nicht verständlich, würden Sie sagen: **His explanations were as clear as mud** [*mad*], wörtlich „so klar wie Schlamm", mit anderen Worten: alles andere als klar.

! Nicht zu verwechseln mit **as clear as a bell** (**bell** „Glocke"), das sich auf eine gute Akustik bezieht: **The line is excellent, I can hear you as clear as a bell.** „Die Verbindung ist hervorragend; ich höre dich klar und deutlich."

SERENDIPITY

The professor is absolutely brilliant, but he's as mad as a hatter! „Der Professor ist ein absolutes Genie, aber er ist total verrückt (verrückt wie ein Hutmacher)!" Dieser Ausspruch bezieht sich auf den verrückten **Mad Hatter**, eine Figur aus *Alice in Wonderland* von Lewis Carroll (1832-1898). **Mad Hatter** war ein reicher Hutmacher im 17. Jh., der seinen Besitz unter den Armen verteilte und sich dann zurückzog, um als Einsiedler zu leben. Der Ausspruch wird auch damit in Verbindung gebracht, daß man früher dachte, daß die bei der Filzhutherstellung benutzten chemischen Produkte krank machten.

Ein weiterer verrückter Charakter von Carroll ist **the March Hare** (wörtlich „Märzhase"), das als Synonym für **as mad as a hatter** verwendet wird [➡ Kapitel 11, 13].

Vergleicht man zwei unterschiedliche Dinge miteinander, so sagt man **to compare with** (**Sales rose by 10% compared with 2% last year**). Vergleicht man jedoch zwei ähnliche Dinge, verwendet man **to** (**You could compare Balzac to Dickens**).

Dieses Kapitel beschäftigt sich mit Vergleichen, die mit **like** formuliert werden.

> The news that the safe haven had fallen
> **spread like wildfire** among the population.   1

 safe haven [ßeif hei-wön]; **spread** [ßpräd]; **wildfire** [uaild-fai-ö(r)]; **among** [ö-mang]; **population** [pO-pju-lei-schön].

 safe haven: protection given by a country to s.o. from another country who is in danger because of a war or other serious problems in their own country.
had fallen: existed no longer.
wildfire: a fire that starts in an area of countryside and spreads very quickly.
spread like wildfire: a lot of people hear about it within a short period of time.
population: all the people who live in a particular area.

 „Die Nachricht, daß es keinen Zufluchtsort mehr gab, verbreitete sich wie ein Lauffeuer unter der Bevölkerung."

 wildfire „Lauffeuer" wird fast immer mit **to spread** und einem Nomen wie **news** oder **rumour** „Gerücht" oder aber in Verbindung mit einer ansteckenden Krankheit verwendet: **Dysentery** [di-ßön-tri] **spread like wildfire through the crowded slums.** „Die Ruhr verbreitete sich wie ein Lauffeuer in den überfüllten Slums."

> We were worried that the kids would fight,
> but they're **getting along like a house on fire**.   2

 worried [uÖ-rid]; **fight** [fait].

-🔆- **We were worried**: We felt nervous.
they're getting along like a house on fire: they became good friends very quickly and have a lot to talk to each other about.

Ⓓ „Wir hatten Sorge, daß die Kinder sich zanken (kämpfen) würden, aber sie kamen prima (wie ein Haus in Flammen) miteinander aus."

📖 **to get along** (**with s.o.**) **like a house on fire** drückt aus, daß jemand in kürzester Zeit ein gutes Verhältnis zu einer anderen Person aufbaut, eben in der kurzen Zeit, in der in früheren Zeiten die strohgedeckten Holzhäuser Feuer fingen und abbrannten.

≈ **to get on famously with s.o.**: **I get on famously with her new husband.** „Ich komme unheimlich gut (berühmt) mit ihrem neuen Ehemann aus."

– Didn't you hear the storm last night? – No, I **slept like a log**.   3

🔔 **slept** [*ßläpf*].

-🔆- **log**: a thick piece of wood cut from a tree.

Ⓓ – „Hast du den Sturm letzte Nacht nicht gehört? – Nein, ich habe geschlafen wie ein Stein (Holzklotz)."

📖 **to sleep like a log**: Alternativ können Sie auch **to sleep like a top**, wörtlich „schlafen wie ein Kreisel", sagen, was wahrscheinlich darauf anspielt, daß ein Kreisel, wenn er sich nicht bewegt, immer auf der Seite liegt ...

She looks like butter wouldn't melt in her mouth, but she **swears like a trooper**.   4

🔔 **melt** [*mält*]; **swears** [*ßuä:(r)s*]; **trooper** [*tru:-pö(r)*].

-🔆- **She looks like butter wouldn't melt in her mouth**: Although she looks as if she were not capable of doing bad things, she is in fact capable of doing them.

☀ **swears**: uses words that are deliberately offensive, for example because she is angry with s.o.
trooper: s.o. of low rank in the army who fights on a horse or in an armoured vehicle.

Ⓓ „Sie sieht aus, als könne sie kein Wässerchen trüben (als ob Butter nicht in ihrem Mund schmelzen würde), aber sie flucht wie ein Kutscher (einfacher Soldat)."

📖 **to swear** bedeutet „fluchen", aber auch „schwören". In dieser Bedeutung geht es auch Verbindungen mit Adverbien ein: **to swear blind** „hoch und heilig versichern; jeden Eid schwören": **They swore blind that they hadn't used the car while we were away.** „Sie versicherten hoch und heilig/schworen jeden Eid, daß sie den Wagen während unserer Abwesenheit nicht benutzt hatten."

* to look like butter wouldn't melt in s.o.'s mouth beschreibt eine Person, die unschuldig aussieht und der man nichts Böses zutraut, die jedoch im Grunde ihres Wesens ganz anders sein kann ...

> When the doctor found out I still smoked forty a day, he came down on me **like a ton of bricks**!
>
> 5

🔔 **smoked** [ßmoukd]; **ton** [tOn].

☀ **brick**: a block used for building walls and other structures.
he came down on me like a ton of bricks: he criticized me very severely.

Ⓓ „Als der Arzt herausfand, daß ich immer noch 40 [Zigaretten] pro Tag rauche, stauchte er mich unheimlich zusammen (kam herunter auf mich wie eine Tonne Ziegelsteine)!"

📖 **to come down on s.o. like a ton of bricks** bezieht sich sowohl auf eine Kritik bzw. eine Rüge als auch auf eine Strafe: **When the boss found out, he came down on them like a ton of bricks and laid them off for a week.** „Als der Chef davon erfuhr, hielt er ihnen eine schlimme Standpauke und suspendierte sie eine Woche lang von der Arbeit."

≈ Etwas kürzer und weniger bildhaft ist **to come down heavily on s.o.**.

* Der Arzt hätte auch zu seinem Patienten sagen können: **You smoke like a chimney!** „Sie rauchen wie ein Schlot (Schornstein)!"

We thought he wouldn't like living in a big city, but he's **taken to it like a duck to water**. 6

thought [fƷO:t]; **duck** [dak].

he's taken to it like a duck to water: he got used to it, as if he has been doing it for a very long time.

„Wir dachten, daß er nicht gerne in einer großen Stadt leben würde, aber jetzt fühlt er sich wie ein Fisch im Wasser (ist dahin genommen wie eine Ente zum Wasser)."

like a duck to water drückt aus, daß etwas anfangs Ungewohntes für jemanden ganz normal geworden ist und er sich damit nun wohl fühlt.

! Nicht zu verwechseln mit **like water off a duck's back**: **He won't listen to reason; it's like water off a duck's back.** „Er hört nicht auf vernünftige Ratschläge; es perlt alles an ihm ab."

I hate going to parties. I always **feel like a fish out of water**. 7

hate [heit].

feel like a fish out of water: feel uneasy in a situation that one knows nothing about or is not used to.

„Ich hasse es, auf Partys zu gehen. Ich komme mir immer fehl am Platze vor (fühle mich wie ein Fisch außerhalb des Wassers)."

to feel like a fish out of water benutzt man, wenn man sich in einer Situation oder an einem Ort unwohl fühlt oder das Gefühl hat, dort nicht hinzupassen.

= **I feel totally out of place** und **I feel like a square peg in a round hole** [➡ Kapitel 6, 3] sind Synonyme.

> Mr Hall just found out that he's been passed over for promotion. He's **been like a bear with a sore head** all morning. **8**

 promotion [*prö-m**ou**-schön*]; **bear** [*b**ä**-ö(r)*]; **sore** [*ßO:(r)*].

 he's been passed over: he has not been given a better job; instead s.o. who is younger or has less experience has been chosen.
promotion: a move to a higher level in a company, institution or sport.
like a bear with a sore head: in a bad mood, getting annoyed very easily.

„Herr Hall hat soeben herausgefunden, daß er bei der Beförderung übergangen wurde. Er ist den ganzen Morgen ein richtiger Miesepeter gewesen (war wie ein Bär mit einem wunden Kopf)."

a bear with a sore head vermittelt das Bild eines schlecht gelaunten, verärgerten Menschen.

= **He's been in a vile** [*wail*] **mood/temper all morning.** „Seine Stimmung war den ganzen Morgen schlecht." (**vile** „abscheulich, schrecklich; gemein, widerwärtig").

> I can't even remember my PIN number! I've **got a memory like a sieve**. **9**

 sieve [*ßiw*].

 I've got a memory like a sieve: I'm not able to remember things well.

„Ich kann mir nicht einmal meine PIN-Nummer merken! Ich habe ein Gedächtnis wie ein Sieb."

to have a memory like a sieve: Auch die Briten vergleichen ein schlechtes Gedächtnis mit einem Sieb, durch das das meiste hindurchfällt.

≠ **to have a memory like an elephant** „ein Gedächtnis wie ein Elefant haben".

* **PIN** steht für **Personal Identification Number** und ist ein Code, mit dem sich z.B. der Besitzer einer Scheckkarte, eines Handys usw. identifizieren kann.

HE'S LIKE A BEAR
WiTH A SORE HEAD.

Whatever you do, don't start talking politics with him. It's **like waving a red rag at a bull**. 10

waving [*uei-wing*]; **rag** [*räg*].

rag: a piece of old cloth used for cleaning or wiping s.th.
It's like waving a red rag at a bull: It's a subject which he hates and which he does not like to talk about.

„Was immer du auch tust, fang nicht an, mit ihm über Politik zu reden. Das ist für ihn wie ein rotes Tuch (als ob man ein rotes Tuch zu einem Stier schwenkt)."

Eine Kurzform dieser Wendung lautet **it's like a red rag to a bull**. Wie im Deutschen wird dieser Ausdruck benutzt, wenn es um ein Thema geht, das bei einer anderen Person Verärgerung und Aufregung verursacht.

Ein weiterer Ausdruck mit **bull** lautet **like a bull in a china shop** „wie ein Elefant im Porzellanladen": **He's so clumsy, he's like a bull in a china shop.** „Er ist so ungeschickt, er ist wie ein Elefant im Porzellanladen."

KAPITEL 10

I think Paula must have got her pay rise.
She's **like a dog with two tails**. 11

🔔 **Paula** [*pO:-lö*]; **pay** [*pei*]; **rise** [*rais*]; **tails** [*teils*].

💡 **pay rise**: an increase in your salary.
She's like a dog with two tails: She's extremely happy.

💬 „Paula muß ihre Gehaltserhöhung bekommen haben. Sie freut sich wie ein Schneekönig (ist wie ein Hund mit zwei Schwänzen)."

📖 **to be like a dog with two tails**: Wenn ein Hund sich freut, wedelt er mit dem Schwanz. Wie muß er sich erst freuen, wenn er mit zwei Schwänzen wedelt ... [➡ Kapitel 9, 13].

≈ **She's as pleased as Punch**. **Punch** oder **Mr Punch** entspricht unserem „Kasperle"; im Englischen ist der Ausdruck jedoch nicht abwertend gemeint. **Punch** ist ebenfalls der Name eines humoristischen Magazins, das seit ca. 100 Jahren in Großbritannien existiert.

They invited twenty small kids to the party.
It's like Bedlam in there! 12

🔔 **Bedlam** [*bäd-löm*].

💡 **Bedlam**: name of an old psychiatric hospital in the UK.
It's like Bedlam in there!: It's a noisy and confusing place or situation.

💬 „Sie haben 20 kleine Kinder zu der Party eingeladen. Dort geht es zu wie im Irrenhaus!"

📖 **Bedlam** ist die Verkürzung von **Bethlehem**, einer im 18. Jh. gegründeten psychiatrischen Klinik, und der Ausdruck für ein „heilloses Durcheinander", eine „chaotische Situation".

≈ Man könnte auch **It's like a madhouse in there!** sagen. Eine weitere Variante ist **It's like a three-ring circus**, wörtlich „ein Zirkus mit drei Arenen".

> If he offered me the chance to go to Rome,
> I'd **be off like a shot**! 13

🔔 **chance** [*tscha:nß*]; **Rome** [*roum*]; **shot** [*sch0t*].

💡 **chance**: an opportunity to do s.th.
like a shot: immediately and very quickly.

💬 „Wenn er mir die Gelegenheit geben würde, nach Rom zu gehen, wäre ich in Windeseile (wie ein Schuß) weg!"

📖 **to go/be off like a shot** „wie der Blitz, in Windeseile, in Null
Komma Nix".

≈ Sie können ebenfalls **like a flash** (**flash** „Blitz") sagen. Eine
weitere Variante ist: **I'd be off before you could say Jack Robinson.** „Ich wäre schneller weg, als du Jack Robinson sagen
kannst." Über den Ursprung dieser Wendung ist man geteilter
Meinung: Die einen sagen, es sei der Name eines zwielichti-
gen Politikers im 18. Jh. gewesen; die anderen sagen, Jack Robinson sei ein Scherzbold gewesen, der an Türen klopfte und
schnell davonlief, so daß niemand mehr an der Tür war, wenn
die Bewohner öffneten. Wie dem auch sei, die Wendung bedeutet, daß man etwas sehr schnell, sozusagen „im Handumdrehen" tut.

≈ **like a bat out of hell** [➡ Kapitel 9, 1].

> They've been **working like crazy** all
> week putting the finishing touches to the
> presentation. 14

🔔 **crazy** [*krei-si*]; **touches** [*tat-schis*].

💡 **working like crazy**: working very hard.
finishing touches: s.th. you add or do to make s.th. complete.
presentation: a formal talk in which you describe or explain
s.th. to a group of people.

💬 „Sie haben die ganze Woche wie verrückt daran gearbeitet, ihrer Präsentation den letzten Schliff zu geben."

KAPITEL 10

Hier handelt es sich nicht direkt um einen Vergleich, sondern um einen emphatischen Ausdruck, der auch durch **working like mad** ersetzt werden kann.

≈ **He's been working like Billy-o**. Mit dieser Variante wird auf eine berühmte Lokomotive im Jahr 1813 Bezug genommen: **Puffing Billy**. Diese Lokomotive stieß, wenn sie mit voller Kraft lief, sehr viel Dampf aus, weshalb sie als Vergleich für eine Person dient, die sich durch sehr harte Arbeit erschöpft: **puffing like Billy-o**.

SERENDIPITY

Ein interessanter Ausdruck kann den Vergleich zweier sehr unterschiedlicher Dinge illustrieren: **I knew they wouldn't get together, they're like chalk and cheese.** „Ich wußte, daß sie sich nicht verstehen würden; sie sind so verschieden wie Tag und Nacht (Kreide und Käse)." Warum werden hier Kreide und Käse verglichen? Zunächst einmal aus den Ihnen bereits bekannten Gründen der Euphonie, also des Wohlklangs durch die Wiederholung der beiden **ch**. Zum zweiten, weil es hier um zwei äußerlich fast gleich aussehende Dinge geht, die jedoch einen ganz unterschiedlichen Wert haben.

Wir wollen unser Kapitel mit einem Vergleich abschließen, der in den 70er Jahren von der Frauenbewegung proklamiert wurde, um zu untermauern, daß Frauen sehr gut ohne Männer zurechtkommen: **A woman without a man is like a fish without a bicycle.** „Eine Frau ohne Mann ist wie ein Fisch ohne Fahrrad."

11 ANIMAL FARM

Animal Farm von George Orwell (1903-1950) ist einer der großen politischen Romane des 20. Jahrhunderts. Er ist eine Satire auf die kommunistische Revolution in Sowjetrußland und prangert alle Formen der Diktatur im Allgemeinen und den Stalinismus im Besonderen an.

Nicht nur in **Animal Farm** sind sämtliche Protagonisten Tiere, sondern auch in diesem Kapitel.

> It was wonderful meeting James again after all this time. I **hadn't seen him for donkey's years**.   1

 donkey's [*dang-ki:s*].

 donkey: a grey or brown animal similar to a horse, but smaller and with long ears.
for donkey's years: for an extremely long time.

 „Es war wundervoll, James nach so langer Zeit wiederzutreffen. Ich hatte ihn seit Ewigkeiten (seit Esels Jahren) nicht gesehen."

📖 Der Ursprung dieser Wendung könnte zum einen sein, daß Esel eine hohe Lebenserwartung haben, er könnte aber auch darin liegen, daß die Wendung aus **as long as the donkey's ears** entstand, denn Esel haben lange Ohren ...

≈ Die Wendung hat eine Entwicklung durchlaufen, bei der **yonks** [*jongkß*] entstand: **I haven't seen them for yonks.** „Ich habe sie seit Ewigkeiten nicht gesehen." Eine weitere Wendung mit **donkey**, bei der es um eine lange Zeitdauer geht, lautet: **He/She can talk the hind** [*haind*] **leg off a donkey.** „Er/Sie kann den lieben langen Tag reden".

> The only cure for a hangover is **a hair of the dog that bit you**.   2

 cure [*kju:(r)*]; **hangover** [*häng-ou-wö(r)*]; **bit** [*bit*].

 cure: a medicine or treatment that makes an ill person become healthy.
hangover: the feeling of being tired and sick because you have drunk too much alcohol or taken too many drugs.
a hair of the dog that bit you: an alcoholic drink that makes you feel better when you drank too much alcohol the night before.

 „Das einzige Mittel gegen einen Kater ist ein Glas Alkohol (ein Haar des Hundes, der dich gebissen hat)."

a hair of the dog that bit you: Einem alten Glauben der Römer zufolge sollte man nach einem Hundebiß ein angebranntes Haar des Hundes auf die Wunde legen, um sie zu kurieren – nach dem Motto: *similia similibus curantura* „Gleiches mit Gleichem heilen". Analog dazu sagt man heute, daß man einen Kater am besten mit einem alkoholischen Getränk vertreibt. In der Umgangssprache wird **that bit you** oft weggelassen: **You need a hair of the dog**. Und wo wir gerade beim Thema sind: Wenn Sie sagen möchten: „Du trinkst wie ein Loch", dann heißt dies **You drink like a fish**.

YOU NEED A HAIR OF THE DOG.

The Germans have just bought another British company. The country's **going to the dogs**.

3

Germans [*djÖ:(r)-möns*]; **bought** [*bO:t*].

is going to the dogs: is no longer as good as it was in the past.

„Die Deutschen haben gerade wieder eine britische Firma aufgekauft. Das Land geht vor die Hunde."

Mit **to go to the dogs** (immer Plural) wird die Verschlechterung eines Zustands beschrieben. Der Ausdruck ist etwas veraltet, aber immer noch gebräuchlich, ebenso wie das gleichbedeutende **to go to pot** (pot „Topf").

≈ **to go down the drain** (drain „Abflußrohr") oder die amerikanische Variante **to go down the tubes** [*tju:bs*] [➡ Kapitel 16, 5].

> He hates it when other people enjoy them-
> selves. He's a real **dog in the manger**.   4

🔔 **enjoy** [*in-dʒoi*]; **manger** [*mein-dʒö(r)*].

💡 **enjoy themselves**: get pleasure from an event or experience.
manger: a long low open container that horses or cows eat from.
a dog in the manger: s.o. who does not want or need s.th., but
will not let other people have it.

💬 „Er haßt es, wenn andere sich amüsieren. Er ist wirklich miß-
günstig (ein echter Hund im Futtertrog)."

📖 **A dog in the manger** (vom franz. *mangeoire* „Futtertrog") ist
eine Person, die anderen nichts gönnt. Der Ursprung dieser
Wendung liegt in der Fabel von Äsop, in der ein Hund im Futtertrog liegt und das Pferd daran hindert, die darin befindliche
Gerste zu fressen, diese selbst aber auch nicht frißt. Man benutzt auch das Adjektiv: **a dog-in-the-manger attitude** „ein
mißgünstiges Verhalten".

≈ In Verwandtschaft hierzu steht der „Spielverderber": **a spoil-
sport** [*ßpoil-ßpO(r)t*].

> I tried to keep it a secret but I finally **let the
> cat out of the bag**.   5

🔔 **secret** [*ßi-kröt*]; **finally** [*fai-nö-li*].

💡 **secret**: a piece of information that is known by only a small
number of people, and is deliberately not told to other people.
let the cat out of the bag: tell s.o. s.th. that was intended to
be secret.

💬 „Ich habe versucht, es geheim zu halten, aber schließlich habe
ich die Katze aus dem Sack (aus der Tasche) gelassen."

📖 **to let the cat out of the bag** entstand zu einer Zeit, als es vorkam, daß unehrliche Händler auf Märkten anstelle des vom
Kunden gewünschten jungen Schweins eine Katze in den Sack
steckten. Der Kunde bemerkte den Betrug erst zu Hause, wenn
die Katze aus dem Sack sprang.

≈ Ein anderes Tier finden wir in dem verwandten Ausdruck **to buy a pig in a poke** „die Katze im Sack kaufen" (wörtl. „ein Schwein im Beutel kaufen"): **I should have asked to drive the car before I paid him the money. I've bought a pig in a poke.** „Ich hätte verlangen sollen, den Wagen zu fahren, bevor ich ihm das Geld bezahlte. Ich habe die Katze im Sack gekauft."

> They told me a **cock-and-bull story** about their car breaking down. I don't believe a word of it.
>
> 6

 cock-and-bull [*kOk-änd-bul*].

 cock: an adult male chicken.
bull: an adult male cow.
cock-and-bull story: a story that is silly and difficult to believe.
breaking down: stopping to work.

 „Sie haben mir [irgend]eine phantastische Geschichte (Hahn-und-Stier Geschichte) erzählt, daß ihr Auto zusammengebrochen sei. Ich glaube nicht ein einziges Wort davon."

 Die genaue Entstehung von **cock-and-bull story** ist nicht ganz geklärt. Man erzählte sich die Geschichte, daß es an einer Kutschenstation zwischen London und Birmingham früher zwei sich gegenüberliegende Gasthöfe gab, das **Cock Inn** und das **Bull Inn**. Das, was sich die Gäste, die dort fröhlich zechten, über die Straße hinweg zuriefen, wurde später zu den **cock-and-bull stories** „Lügengeschichten, Ammenmärchen, Jägerlatein".

≈ Erzählt man Ihnen etwas, das Sie nur schwer glauben können, können Sie sagen: **I find that hard to swallow** „Ich kann das kaum glauben" (wörtl. „schlucken"). Ein anderer Ausdruck für eine „unglaubwürdige Geschichte" ist **a tall story** [➡ Kapitel 29, 9].

> It really **gets my goat** when he plays loud music at two in the morning.
>
> 7

 goat [*gout*].

goat: an animal similar to a sheep, but with longer legs and a thinner coat.
it ... gets my goat: it annoys me.

„Es regt mich wirklich auf (bekommt meine Ziege), wenn er um zwei [Uhr] morgens laute Musik spielt."

to get s.o.'s goat „jmdn. aufregen" geht darauf zurück, daß man in der Pferdezucht einem nervösen Vollblutpferd oft zur Beruhigung eine Ziege hinzugesellte. Entfernt man die Ziege, hat das zur Folge, daß das Pferd gereizt und nervös wird und womöglich ein Rennen verliert.

You can argue **until the cows come home**, but I won't change my mind.   8

---

argue [*a(r)-gju:*]; **mind** [*maind*].

argue: to give reasons why you believe that s.th. is right or true.
until the cows come home: for a very long time.
change my mind: change my opinion about s.th.

„Du kannst diskutieren, bis du schwarz wirst (bis die Kühe nach Hause kommen), aber ich werde meine Meinung nicht ändern."

until the cows come home spielt auf die Zeitdauer an, die Kühe brauchen, um von der Weide in den Stall zurückzulaufen.

≠ Während sich diese Wendung darauf bezieht, daß etwas lange dauert, haben Sie auch schon Ausdrücke kennengelernt, die das Gegenteil, nämlich „niemals", ausdrücken: **when pigs fly** und **when hell freezes over** [➡ Kapitel 8, 12].

The robbers left a trail of false clues and succeeded in **making a monkey out of** the detective that the jeweller had hired.   9

trail [*treil*]; **clues** [*klu:s*]; **succeeded** [*ßök-ßi:-did*]; **monkey** [*mang-ki*]; **detective** [*di-täk-tif*]; **jeweller** [*dju-ö-lö(r)*]; **hired** [*hai-öd*].

trail: a series of marks or objects left by s.o. or s.th. that shows they have been there.

clues: objects or facts that s.o. discovers that help them solve a crime or mystery.

monkey: an animal that looks very similar to humans and that climbs trees and uses its hands the same way as people do.

making a monkey out of: making s.o. seem stupid.

detective: s.o. who is paid by another person to find out information.

jeweller: s.o. who makes, repairs or sells jewellery and other objects made of valuable metal and stones.

„Die Räuber hinterließen eine Spur falscher Hinweise und schafften es, den Detektiv, den der Juwelier engagiert hatte, zum Gespött (einen Affen aus dem Detektiv) zu machen."

to make a monkey out of s.o. „jmdn. zum Gespött machen/ jmdn. lächerlich machen" kann auch im Plural verwendet werden: **He made monkeys out of us**.

Dies ist einer der seltenen englischen Ausdrücke, bei denen dem „Affen" die Eigenschaft „Dummheit" zugeschrieben wird. Demgegenüber wird in den meisten Fällen jemand, der „schlau, gerissen, durchtrieben" bzw. ein „Schlingel" ist, als **monkey** bezeichnet: **smart/clever as a barrel-full of monkeys** (wörtl. „schlau wie ein Faß voller Affen"). **Monkey business** (u.a. der Titel eines Films mit den Marx Brothers) ist das Wort für „krumme Touren", aber auch „Unfug". **To be up to one's monkey-tricks** bedeutet „etwas aushecken".

He's so **cocksure**! He thinks he's **the cat's whiskers**!

10

---

cocksure [*kOk-schu:(r)*]; **whiskers** [*uiß-kö(r)s*].

cocksure: very confident in an annoying way.
he's the cat's whiskers: he's better than everyone else.

„Er ist so selbstsicher! Er denkt, er sei der Größte (sei die Schnurrhaare der Katze)."

In diesem Beispiel haben wir gleich zwei Idiome mit Tieren: **to be cocksure** (wörtl. „hahnsicher") bedeutet „todsicher/

selbstsicher sein; selbstgerecht sein", und **to be the cat's whiskers**, alternativ auch **to be the cat's pyjamas** [*pi-dja:-mas*] (wörtl. „der Schlafanzug der Katze"), kommt aus den USA und steht für etwas Großartiges und ganz Außergewöhnliches („sich für den Kaiser von China halten").

We might as well **go the whole hog** and treat ourselves to a bottle of champagne. 11

🔔 **hog** [*hOg*]; **treat** [*tri:f*]; **bottle** [*bO-töl*]; **champagne** [*schäm-pein*].

🔆 **hog**: male pig whose sex organs have been removed.
go the whole hog: do s.th. in a very thorough or enthusiastic way.
treat ourselves to: drink.

Ⓓ „Wir könnten ebenso gut ganze Sache machen (das ganze Schwein gehen) und uns eine Flasche Champagner gönnen."

📖 Der Ursprung von **to go the whole hog** „ganze Sachen machen, aufs Ganze gehen, sich nicht mit Kleinigkeiten aufhalten" ist unklar. **Hog** ist in der Bauernsprache ein „kastriertes Schwein" und bezeichnet auch eine derbe, ungepflegte Person, die keine Manieren hat. **To hog** bedeutet „beanspruchen, belegen".

Aus den USA kommt ein Ausdruck mit ähnlicher Bedeutung: **to blow the whole wad** [*uOd*] (**to blow**, Slangausdruck für „(Geld) ausgeben", **wad** „Bündel, Stoß, Stapel"): **We blew the whole wad on a weekend in Vegas.** „Wir haben unser ganzes Geld an einem Wochenende in Las Vegas auf den Kopf gehauen."

101

> One of the criticisms of proportional representation is that it results in **the tail wagging the dog**. 12

 criticisms [*kri-ti-ßisms*]; **proportional** [*prö-pO:(r)-schö-nöl*]; **representation** [*rä-pri-sän-tei-schön*]; **results** [*ri-saltß*]; **wagging** [*uä-ging*].

 criticisms: comments that show that you think s.th. is wrong or bad.
proportional representation: a system of voting in which the number of representatives in government from each political party is based on the number of votes each party receives.
results in: causes or produces s.th.
wag: a dog wags its tail by moving it from one side to the other several times.
the tail wagging the dog: used for saying that a situation is stupid because s.th. important is being decided or controlled by s.th. less important

ⒹⒹ „Einer der Kritikpunkte des Verhältniswahlsystems ist, daß letztendlich der Schwanz [mit] dem Hund wedelt."

📖 Der Normalfall ist: **The dog wags its tail.** „Der Hund wedelt [mit] dem Schwanz". Das Gegenteil, **the tail wagging the dog** wird benutzt, wenn die Macht von den einflußreichen Persönlichkeiten auf die weniger Einflußreichen übergeht. **The students are telling the teachers what to do: the tail is wagging the dog.** „Die Studenten sagen den Lehrkräften, was zu tun ist: Da wedelt der Schwanz mit dem Hund."

> Don't stand there **grinning like a Cheshire cat**; come and give us a hand. 13

 Cheshire [*tschä-schö(r)/tschä-schiö(r)*].

 grinning: smiling showing your teeth.
like a Cheshire cat: with a big or silly smile.
give us a hand: help us.

Ⓓ „Steh nicht da und grins wie ein Honigkuchenpferd; komm und hilf uns."

Diesen Ausdruck verdanken wir ebenfalls Lewis Carroll [➡ Kapitel 9, Serendipity], der sich in ‚Alice im Wunderland' (1865) eine Katze mit unbeweglichem Lächeln ausdachte; die Katze läuft davon – das Lächeln bleibt. Unter den zahlreichen Erklärungen, warum eine **Cheshire cat** grinst, ist wohl die plausibelste, daß die Katze in einer Grafschaft lebt, die für ihre Käseproduktion bekannt ist und es deshalb dort niemals einen Mangel an Milch geben wird.

= **to grin from ear to ear** kennen wir analog im Deutschen: „von einem Ohr zum anderen grinsen".

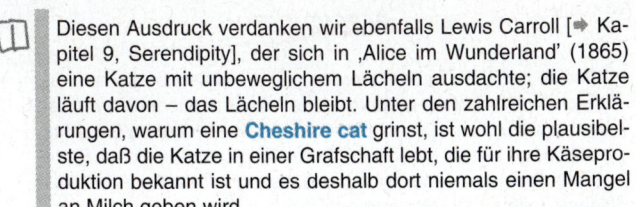

First, I get my tax bill; then my car breaks down; now, I get a parking ticket! **That's the straw that breaks the camel's back**.　　14

straw [ßtrO:]; **camel** [kä-möl].

tax bill: a written statement showing how much money you have to pay to the government that it uses to provide public services and pay for government institutions.
parking ticket: an official document put on your car telling you that you have broken a rule about parking and must pay a fine.
straw: the yellow stems of dried crops such as wheat.
the straw that breaks the camel's back: the last of a series of events that causes an angry or violent reaction.

„Zuerst bekomme ich meinen Steuerbescheid; dann bleibt mein Wagen liegen; und nun kriege ich noch ein (Park-)Knöllchen! Das ist der Tropfen, der das Faß zum Überlaufen bringt (der Strohhalm, der den Rücken des Kamels bricht)."

Der vollständige Ausdruck lautet **the *last* straw that breaks the camel's back**, man verkürzt meistens zu **That's the last straw**. Der Ausdruck stammt aus Charles Dickens ‚Dombey and Son' (1848) und ist eine Variante des älteren **the last feather that breaks the horse's back**.

In Kapitel 8, Satz 14 haben Sie einen Ausdruck kennengelernt, der, ironisch eingesetzt, eine ähnliche Bedeutung haben kann. Sehen Sie mal nach.

KAPITEL 11

Wie Sie gesehen haben, werden einige englische Idiome wortgleich im Deutschen wiedergegeben, andere wiederum werden anders übersetzt. Wir präsentieren hier unter diesem Gesichtspunkt noch einmal eine kleine Sammlung gebräuchlicher Redewendungen, bei denen sich die Unterschiede teils auf Lexikalisches, teils auf die Struktur beziehen:

Let sleeping dogs lie. „Weck keine schlafenden Hunde."
in the lion's mouth „in der Höhle des Löwen";
poor as a church mouse „arm wie eine Kirchenmaus";
You can't teach an old dog new tricks. „Was Hänschen nicht lernt, lernt Hans nimmermehr."
to lead a dog's life „ein Hundeleben führen";
You lucky dog! „Du Glückspilz!"
Barking dogs seldom bite. „Hunde, die bellen, beißen nicht."
to slink off like a whipped dog „sich wie ein begossener Pudel davonschleichen";
to see which way the cat jumps „sehen, wie der Hase läuft";
It's raining cats and dogs. „Es gießt in Strömen/aus Eimern."
as sound as a bell „gesund wie ein Fisch im Wasser";
to put a spoke in the wheels „Knüppel zwischen die Beine werfen"/„Sand ins Getriebe streuen";
to fall between two stools „zwischen zwei Stühlen sitzen";
to sell like hot cakes „weggehen wie warme Semmel";
to be at the end of one's tether [*tä-fsö(r)*] „am Ende seiner Kraft sein";
from out of the blue „aus heiterem Himmel";
to cook the books „die Bücher frisieren";
Prevention is better than a cure. „Vorbeugen ist besser als Heilen."
Easier said than done. „Leichter gesagt als getan."

12   CAN'T BUY ME LOVE

Can't buy me love ist ein Lied der legendären Beatles. Woody Allen wandelte den Titel ab in **Money can't buy you love, but it improves your bargaining position.** „Mit Geld kann man keine Liebe kaufen, aber es verschafft einem eine bessere Verhandlungsposition."
Wir beschäftigen uns in diesem Kapitel mit Wendungen, die Bewunderung, Zuneigung und Liebe ausdrücken.

> Michael's only been working at the school for two months, and already **they think the world of him**.
>
> 1

 world [*uÖ:(r)ld*].

 they think the world of him: they like him very much.

 „Michael ist erst seit zwei Monaten an der Schule, und sie halten schon sehr große Stücke auf ihn (denken die Welt von ihm)."

 to think the world of s.o. drückt aus, daß man jemanden sehr mag und schätzt; es verbindet Sympathie mit Bewunderung.

 **= to think a lot of s.o.**

Oft wird **world** im Sinne von „sehr, viel" benutzt, z.B.: **There's a world of difference between Ben and his sister.** „Es gibt einen Riesenunterschied zwischen Ben und seiner Schwester." Oder: **It will do us a/the world of good to get away for a while.** „Es wird uns unheimlich gut tun, mal für eine Weile rauszukommen." [➡ Kapitel 18, 1].

> He can't sing very well and he's a terrible dancer, but the audiences think **he's the best thing since sliced bread**.
>
> 2

 dancer [*dän-ßö(r)*]; **audiences** [*O:-di-ön-ßis*]; **sliced** [*ßlaißd*].

 the best thing since sliced bread: s.o. or s.th. that you think is excellent and very useful or helpful.

 „Er kann nicht sehr gut singen, und er ist ein schrecklicher Tänzer, aber das Publikum findet, er ist das Größte (seit geschnittenem Brot)."

 the best thing since sliced bread haben wir analog ins Deutsche übernommen (auch wenn man sich vielleicht fragt, warum geschnittenes Brot *die* Erfindung des Jahrhunderts ist ...).

= He thinks the sun shines out of his bottom/arse. „Er findet, daß die Sonne aus seinem Hinterteil/Arsch herausscheint."

> Is there anything in the shop that **takes your fancy**? 3

🔔 **fancy** [*fän-ßi*].

💡 **fancy**: a feeling of wanting or liking s.th.
that takes your fancy: that you like.

💬 „Gibt es irgendwas in diesem Geschäft, das dir gefällt?"

📖 **to take/catch/tickle s.o.'s fancy** „gefallen, ansprechen; Lust machen auf, reizen". **Fancy**, eine Verkürzung von **fantasy**, kann mit „Lust, Laune" wiedergegeben werden und taucht – auch als Verb – in zahlreichen Redewendungen auf: **Do you fancy a cup of tea?** „Hättest du Lust auf eine Tasse Tee?". **She really fancies him.** „Er gefällt ihr wirklich." **Just as the fancy takes me.** „Nach Lust und Laune." **A passing fancy** „eine vorübergehende Laune".

> As a rule, I hate comedies, but I must admit **I've got a soft spot** for the "Carry on" films. 4

🔔 **rule** [*ru:l*]; **comedies** [*kO-mö-di:s*]; **admit** [*öd-mit*].

💡 **As a rule**: Usually.
comedies: a type of entertainment intended to make people laugh.
admit: agree that s.th. is true, especially when you are unhappy, sorry, or surprised about it.
I've got a soft spot: I like s.th. a lot, even if they do not deserve it.
„Carry On" films: a very successful series of humorous films made in the UK during the 1960s and 1970s. The same actors appear in each film and each film includes silly situations and a lot of jokes about sex.

💬 „Normalerweise hasse ich Komödien, aber ich muß zugeben, daß ich eine Schwäche (einen weichen Punkt) für die „Carry-on"-Filme habe."

📖 **to have a soft spot for s.th.** „eine Schwäche/ein Faible für etwas haben". **Soft** hat außer „weich, sanft; nachgiebig" noch wei-

106

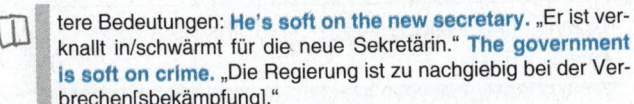

tere Bedeutungen: **He's soft on the new secretary.** „Er ist ver-
knallt in/schwärmt für die neue Sekretärin." **The government
is soft on crime.** „Die Regierung ist zu nachgiebig bei der Verbrechen[sbekämpfung]."

* Bei den **"Carry on" films** handelt sich um eine Serie absur-
der Filme, deren Titel alle mit **Carry On...** begannen; es wirkten
immer die gleichen Komiker mit. Noch heute hat die Serie, die
unter dem Titel „Ist ja irre ..." ins Deutsche synchronisiert wurde, Kultstatus.

> A man who hates dogs and children is **a
> man after my own heart**.   5

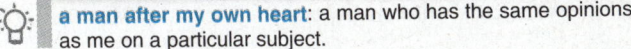

a man after my own heart: a man who has the same opinions
as me on a particular subject.

„Ein Mann, der Hunde und Kinder haßt, gefällt mir (ist ein Mann
nach meinem eigenen Herzen)."

Diese Wendung haben Sie schon in Kapitel 3, Satz 13 kennengelernt. Der Ausdruck wird normalerweise in der 1. Person Singular verwendet, kann aber auch konjugiert und in den Plural
gesetzt werden: **She was a woman after their own hearts.**
„Sie war eine Frau, die ihnen gefiel."

! Etwas anders ist der Sinn von **close to s.o.'s heart**: „etwas
liegt jmdm. am Herzen, etwas ist jmdm. wichtig": **Animal rights
is an issue that is close to her heart.** „Die Rechte der Tiere
sind ein Thema, das ihr am Herzen liegt."

THE BEE'S KNEES

KAPITEL 12

> **Do you like Woody Allen? – I think he's the bee's knees.** 6

🔔 **Woody** [*wu-di*]; **Allen** [*ä-lön*]; **bee's knees** [*bi:s ni:s*].

💡 **he's the bee's knees**: he's the best.

🗣 „Magst du Woody Allen? – Ich finde, er ist der Größte."

📖 **to think s.o. is the bee's knees** drückt aus, daß man jemanden (oder sich selbst) für außergewöhnlich hält: **She thinks she's the bee's knees**. **The bee's knees** ist die Stelle, an der sich bei der Biene die Beutel für den Nektar befinden: das Beste an der Biene!

= **to be the cat's whiskers/pyjamas** [➡ Kapitel 11, Satz 10].

> **Mark and Deborah met at a party and fell head over heels. They were married two weeks later.** 7

🔔 **Deborah** [*dä-bö-ra:*]; **heels** [*hi:ls*].

💡 **heel**: the back part of your foot, below your ankle.
fell head over heels: fell in love at once and loved each other very much.

🗣 „Mark und Deborah trafen sich auf einer Party und haben sich bis über beide Ohren (Kopf über Fersen) ineinander verliebt. Zwei Wochen später waren sie verheiratet."

📖 **to fall head over heels** ist eine Verkürzung von **to fall head over heels in love** „sich unsterblich ineinander verlieben". Man kann auch sagen: **She's head over heels in love with him.** „Sie ist unsterblich in ihn verliebt."

= **to be/fall madly in love.**

! Nicht zu verwechseln mit **to go head over heels** „sich überschlagen, einen Purzelbaum machen".

After his divorce, David swore he would remain single, but Margaret came along and **swept him off his feet**. 8

 divorce [*di-wO:(r)ß*]; **swore** [*ßuO:(r)*]; **swept** [*ßuäpt*].

 divorce: the legal action that ends the marriage.
swore: (past tense of **to swear**) made a promise to do s.th.
single: person living alone without a partner.
swept him off his feet: had a strong effect on him so that they quickly became attracted to one another.

 „Nach seiner Scheidung schwor David, daß er Single bleiben würde, aber dann kam Margaret und eroberte sein Herz im Sturm (fegte ihn von seinen Füßen)."

 to sweep s.o. off their feet „jmds. Herz im Sturm erobern". Die Grundbedeutung von **to sweep** ist „fegen, kehren; hinwegfegen, überrollen". **Fifty houses were swept away by the flood.** „50 Häuser wurden von der Flut hinweggefegt."

The editorialists **gave** the Home Secretary **full marks** for his handling of the hostage crisis. 9

 editorialists [*ä-di-tO-ri-ö-lißtß*]; **handling** [*händ-ling*]; **hostage** [*houß-tödſ*]; **crisis** [*krai-ßiß*].

 editorialist: person who writes a newspaper article in which he gives his opinion on an issue in the news.
gave ... full marks: appreciated very much.
Home Secretary: (Short form for **Secretary of State for the Home Office**.) In the UK, the person who is in charge of the Home Office which is responsible for justice and the police. It also controls who is allowed into the country.
handling: the way s.o. deals with a particular situation, problem, or person.
hostage: a person who is the prisoner of s.o. who threatens to kill them if they do not get what they want.
crisis: an urgent, difficult, or dangerous situation.

 „Die Leitartikler zollten dem Innenminister höchste Anerkennung für seine Handlungsweise bei dem Geiseldrama."

to give s.o. full/top marks bedeutet „jmdm. die höchste Note für eine Leistung geben" und im übertragenen Sinne, daß man das Verdienst einer Person anerkennt bzw. ihm dafür Lob ausspricht. In dieser Bedeutung wird **marks** immer im Plural verwendet; will man jedoch das Gegenteil ausdrücken, so benutzt man den Singular: **black mark** „Makel", aber auch „schlechte Note; Malus".

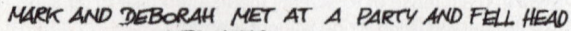

She fell in love with a GI during the war. He went back to the States, and she's **carried a torch for him** ever since.   10

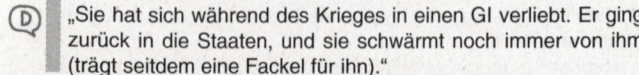

GI [ʤiː aɪ]; **States** [βteitß]; **torch** [tO(r)tsch].

GI: (short form for **government issue**) a US soldier in uniform, especially one who is not an officer.
the States: the USA.
she's carried a torch for him: she is still in love with him though he does not love her.

„Sie hat sich während des Krieges in einen GI verliebt. Er ging zurück in die Staaten, und sie schwärmt noch immer von ihm (trägt seitdem eine Fackel für ihn)."

to carry a torch for s.o. ist eine schöne Allegorie: die Flamme der Liebe, die brennt, leider jedoch wird die Liebe nicht erwidert. Daher auch **a torch song**, ein „bluesartiger, sentimentaler Song über eine nicht erwiderte Liebe".

Auch im Deutschen sprechen wir von der oder dem Angebeteten als „Flamme", und das englische **old flame** ist eine „alte Liebe" bzw. der oder die „Verflossene".

* Die Abkürzung **GI** steht für **government issue** „Regierungsangelegenheit". Es bezog sich anfangs auf die von den US-Soldaten während ihrer Einsätze verwendeten Instrumente und Materialien. Erst später wurde **GI** zu einer Bezeichnung für die Soldaten selbst.

I find rugby players really exciting. They **turn me on**.   11

🔔 **rugby** [*rag-bi*]; **exciting** [*ik-ßai-ting*].

💡 **rugby**: a game played by two teams with a ball shaped like an egg. **They turn me on**: They make me feel attracted or excited.

Ⓓ „Ich finde Rugby-Spieler wirklich aufregend. Sie machen mich an."

📖 **to turn s.o. on** verstehen die Briten nicht im gleichen Maße wie wir im sexuellen Sinne („Sie törnt mich an"), sondern sie meinen damit, daß jemand eine andere Person interessant findet und sich von ihr angezogen fühlt. Man kennt auch **to turn s.o. on to s.th.** „jmdn. für etwas begeistern/interessieren": **I was turned on to Buddhism when I was in India.** „Ich habe angefangen, mich für Buddhismus zu interessieren, als ich in Indien war." Das, was einen „anmacht, reizt", nennt der Brite **a turn-on**.

≠ Wenn etwas Sie absolut nicht interessiert oder anzieht, sozusagen „abturnt", dann können Sie sagen: **That turns me off!**

He really dotes on his youngest daughter: she's **the apple of his eye**.   12

🔔 **dotes** [*doutß*]; **youngest** [*jang-gößt*]; **daughter** [*dO:-tö(r)*].

💡 **He ... dotes on**: He loves her very much.
she's the apple of his eye: she's the person whom he loves most of all and is very proud of.

111

„Er liebt seine jüngste Tochter wirklich abgöttisch. Sie ist sein Augenstern (Augapfel)."

 to be the apple of s.o.'s eye „der Augenstern/allergrößte Schatz/Liebling sein" stammt aus der Bibel (5. Buch Moses) und bezog sich ursprünglich auf die Pupille, von der man dachte, sie sei kugelförmig wie ein Apfel.

> After living together for ten years, Mike and Lisa finally decided **to tie the knot**. 13

 tie [*tai*]; **knot** [*nOt*].

 to tie the knot: to get married.

 „Nachdem sie zehn Jahre lang zusammen gelebt hatten, haben Mike und Lisa schließlich beschlossen, den Bund fürs Leben zu schließen (den Knoten zu binden)."

 to tie the knot versinnbildlicht den Knoten, der die Eheleute miteinander verbindet. In einigen Kulturen werden die Ärmel der Brautleute miteinander verknotet, in anderen wird ein Band um die übereinandergelegten Hände gebunden.

Unter den zahlreichen Redewendungen für „heiraten, sich vermählen" sind u.a.: **to get spliced** [*ßplaißt*] (**to splice** „verspleißen, zusammenfügen"); **to get hitched** (**to hitch** „anspannen (Tier)"); **to go up the aisle** [*ail*] („den [Kirchen-]Gang entlanggehen").

! Vorsicht! Wenn jemand zu Ihnen sagt: **Get knotted!**, so bedeutet dies „Rutsch mir den Buckel runter!" [➡ Kapitel 33, Serendipity].

> The agency called around twenty hotels, but we couldn't find a room **for love or money**. 14

 agency [*ei-djön-ßi*]; **hotels** [*hö-täls/hou-täls*].

 (**not**) **for love** (**n**)**or money**: used for emphasizing that s.th. is not available or possible, or that you will not do it.

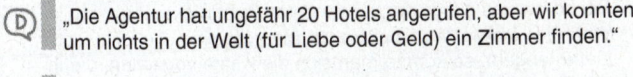

„Die Agentur hat ungefähr 20 Hotels angerufen, aber wir konnten um nichts in der Welt (für Liebe oder Geld) ein Zimmer finden."

(not) for love (n)or money folgt immer einem negativen Verb und drückt aus, daß etwas um keinen Preis der Welt bzw. unter gar keinen Umständen möglich oder denkbar ist, buchstäblich weder für Liebe noch für Geld: **I wouldn't work in a bank for love nor money.** „Ich würde um keinen Preis der Welt in einer Bank arbeiten."

SERENDIPITY

How do I love thee? Let me count the ways... ... sagte schon Shakespeare. Wie alle Sprachen kennt auch das Englische Redewendungen, die sich um Leidenschaft und Liebe drehen. Wir wollen hier auf einige der Interessantesten eingehen:

Die „junge aufkeimende Liebe" nennt man **puppy love** (**puppy** „Welpe") oder **calf** [ka:f] **love** (**calf** „Kalb"); beide Begriffe sind eine Anspielung auf die Jugend. Später, wenn man etwas älter ist und sich in jemanden „verguckt" hat, ist man **starry-eyed** [*ßta:-ri-aid*], man hat „Sterne in den Augen" oder **love-struck**, „von der Liebe getroffen". Wird die ersehnte Liebe nicht erwidert, so ist man **love-sick** „man hat Liebeskummer". Sind die Herzen der Liebenden erst einmal erobert, werden die beiden zu **love-birds** „Turteltauben" oder **true-love knots** „Liebhaber/in".

Die Geschichte einer großen Liebe könnte z.B. so lauten:
At first, Stephen was worried that Nicole's affection was merely *cupboard love*, but it turned out to be *the real thing*. He *popped the question* and she said Yes. But neither of them had much money, so when they got married, they were doomed *to love in a cottage*. But at least it was a real love match.

... was man folgendermaßen übersetzen könnte:
„Zunächst war Stephen besorgt, daß Nicoles Zuneigung nur geheuchelt (Küchenschrankliebe) war, aber dann stellte sich heraus, daß es die große Liebe (das echte Ding) war. Er fragte sie, ob ihn heiraten wolle (stellte die Frage), und sie sagte „Ja". Aber keiner von ihnen hatte viel Geld, so mußten sie, als sie heirateten, zunächst von Luft und Liebe leben (waren zur Liebe in einer Hütte verdammt). Aber wenigstens war es eine echte Liebesheirat.

KAPITEL 12

113

Sehen wir uns einige der verwendeten Ausdrücke näher an:
Was die Herkunft von **cupboard love** für eine „heuchlerische
Liebe" angeht, so könnte man sich die Katze vorstellen, die ihrem Besitzer schnurrend um die Beine streicht, nur damit dieser das Katzenfutter aus dem Schrank holt. **To pop the question** ist der Ausdruck für „einen Heiratsantrag machen", und **the
real thing** meint die „große, wirkliche Liebe". **Love in a cottage**
ist eine Anspielung darauf, daß junge Paare oft wenig Geld haben und daher nur in einer „Hütte" leben können. Man kann hier
auch sagen: **They lived off love alone**. Und **match** in **love
match** bedeutet hier „Heirat" oder auch „Partie": **make a good
match** „eine gute Partie machen", d.h. einen Ehepartner finden,
der erfolgreich, wohlhabend und gutaussehend ist.

13   *THE BEST OF BRITISH LUCK!*

Die Herkunft vieler englischer Wörter liegt nicht nur in den lateinischen Sprachen, sondern auch in den germanischen. Ein
Beispiel hierfür sind **chance** (lateinisch) und **luck** (mittelhoch-
deutsch), mit dem wir uns hier beschäftigen wollen. **Chance**
heißt in erster Linie „Zufall", wird aber meistens im Sinne von
„Gelegenheit, Chance, Aussichten" benutzt. **Luck** dagegen bedeutet „Glück". Wir werden auch einige Ausdrücke kennenlernen, mit denen Sie ein Risiko ausdrücken können.

Mit dem ironischen **The best of British luck!** wünscht man jemandem Glück für ein schwieriges Unterfangen, bei dem man
jedoch selbst nicht eingebunden werden möchte, frei nach dem
Motto: „Versuch dein Glück, aber halt mich da raus!". Dagegen
ist **It's the luck of the Irish** eine ernstgemeinte Aussage, denn
die Iren stehen in dem Ruf, vom Glück begünstigt zu sein.

It will probably cost around £8,000 to
develop, but **we'd better be on the safe
side** and budget £8,500.

 probably [*prO-böb-li*]; **safe** [*ßeif*]; **budget** [*bad-jöt*].

114

we'd better be on the safe side: we'd better behave very carefully.
budget: plan to invest.

„Es wird ungefähr 8.000 Pfund kosten, es zu entwickeln, aber es ist besser, auf der sicheren Seite zu sein und 8.500 Pfund einzuplanen."

on the safe side meint, daß man bei etwas vorsichtig und großzügig plant, um sich böse Überraschungen zu ersparen. Es wird auch gerne an Aussagen angehängt; in diesem Fall geht ihm oft **just** voran: **We'd better budget ten thousand, just to be on the safe side.** „Wir planen besser 10.000 ein, nur um auf der sicheren Seite zu sein."

= **to play it safe** „auf Nummer Sicher gehen": **It will probably cost around £8,000 to develop, but we'd better play it safe and ask for £9,000, just in case they say no.**

Merken Sie sich auch: **Better safe than sorry!** „Vorsicht ist besser als Nachsicht!"

> Even though they had not been introduced, she **chanced her arm** and asked him for a job. 2

chanced [*tscha:nßd*].

chanced her arm: decided to try to do s.th. even though she may not succeed.

„Obwohl sie einander nicht vorgestellt worden waren, versuchte sie ihr Glück und fragte ihn nach einer Arbeitsstelle."

Über den Ursprung von **to chance your arm/luck** „ein Risiko eingehen" kursieren zwei Theorien: Es kommt aus dem Boxsport und bedeutet „einen riskanten Schlag versuchen". Oder es stammt aus der Militärsprache, wo ein Soldat, z.B. bei einer Regelverletzung, die Tresse an seinem Uniformärmel riskiert.

≈ **to take a chance**.

KAPITEL 13

> Are you coming out for a drink? – **The chance would be a fine thing**! I've got far too much work. **3**

💡 **The chance would be a fine thing**: What I would like to happen is extremely unlikely.

Ⓓ „Kommst du mit auf einen Drink? – Schön wär's (Die Gelegenheit wäre ein feines Ding)! Ich habe viel zu viel Arbeit."

📖 Mit **The chance would be a fine thing!** (Verkürzung von **It would be a fine thing to have the chance**) können Sie auf ironische Weise ausdrücken, daß Sie etwas gerne tun würden, aber leider keine Gelegenheit dazu haben. Ebenfalls wäre möglich: **You're joking!** „Du machst wohl Witze!"

= Ein Synonym ist **Fat chance!/Fat chance of that!**: **Are you coming out for a drink? – Fat chance!**

Fine wird auch sehr häufig ironisch gebraucht. Denken Sie nur an Stan Laurel und Oliver Hardy, wo es heißt: **Another fine mess you've got us into!**, sinngemäß: „Da hast du uns ja mal wieder einen schönen Schlamassel eingebrockt!"

> I didn't know whether they were back from holiday, but I stopped by **on the off-chance**. **4**

🔔 **whether** [*uä-fsö(r)*]; **off-chance** [*Of-tscha:nß*].

💡 **on the off-chance**: in the hope that s.th. will happen or succeed, although it seems unlikely.

Ⓓ „Ich wußte nicht, ob sie aus dem Urlaub zurück waren, aber ich habe auf gut Glück [bei ihnen] vorbeigeschaut."

📖 Sie verwenden **on the off-chance**, wenn Sie etwas „auf gut Glück" oder „in einer vagen Hoffnung" machen.

= Der Ausdruck ist synonym mit **just in case** „nur für den Fall, daß ...": **I stopped by just in case they were there**.

I've applied for a job with *The Independent*, but I'm sure I **don't have a dog's chance**. 5

🔔 **applied** [*ö-pl**ai**d*]; **Independent** [*in-di-p**ä**n-dönt*].

💡 **applied for a job**: made an official request for a job.
I don't have a dog's chance: It will be absolutely impossible.

💬 „Ich habe mich um eine Stelle bei [der Zeitung] *The Independent* beworben, aber ich bin sicher, daß ich nicht die geringste Chance habe."

📖 In früheren Zeiten waren Hunde gesellschaftlich noch nicht so anerkannt wie heute und hatten eher ein schweres Leben. In **not to have a dog's chance** sind sie absolut chancenlos. Es taucht immer in der negativen Form auf und wird in verschiedenen drolligen Varianten konjugiert. Folgt ihm ein Verb, fügt man of + -ing hinzu: **I don't have a dog's chance of getting the job**.

= Man hört auch das gleichbedeutende **You haven't got a ghost of a chance** (**ghost** „Geist") oder **You haven't got a hope in hell** (hier hat **hope** die gleiche Bedeutung wie **chance**) „Du hast nicht die geringste Chance." [➡ Kapitel 36, 4].

It's a good job we filled up with petrol back there. There isn't another service station for eighty miles. 6

🔔 **petrol** [*pä-tröl*]; **service** [*ßÖ:(r)-wiß*], **station** [*ßtei-schön*].

💡 **It's a good job**: Luckily.
filled up: made the tank full.
petrol: a liquid used as fuel for cars and other vehicles.
service station: a business that sells petrol, oil and other things for vehicles.

💬 „Wie gut (es war eine gute Arbeit), daß wir dort (mit Benzin) vollgetankt haben. Es gibt die nächsten 130 Kilometer (80 Meilen) keine Tankstelle."

It's a good job „Es ist gut/wie gut, daß ..." ist ein Synonym für **luckily** „glücklicherweise, zum Glück". **Job** kann durch **thing** ersetzt werden, und es gibt keine negative Form des Ausdrucks: **It's a good thing we bought dollars when we did; the exchange rate has gone up.** „Wie gut, daß wir neulich Dollars gekauft haben; der Wechselkurs ist gestiegen."

Die Wendung kann auch als Ausruf benutzt werden: **We bought dollars last week. – A good thing, too!** „Wir haben letzte Woche Dollars gekauft. – Ja, das war gut!"

I'm not asking you to **risk your neck** for me.
I just want you to help me.
                                                                   7

🔔 **risk** [*rißk*]; **neck** [*näck*].

💡 **to risk your neck for me**: to do s.th. very dangerous, especially s.th. that could injure or kill you.

Ⓓ „Ich bitte dich nicht darum, deinen Hals für mich zu riskieren. Ich möchte nur, daß du mir hilfst."

📖 **to risk one's life**/**neck** „sein Leben/seinen Hals/Kopf und Kragen riskieren, sein Leben aufs Spiel setzen".

Man kann auch „seinen Hals retten"; in diesem Fall sagt der Brite: **to save one's neck**. Sie können **neck** durch **skin** „Haut" ersetzen, aber dieser Ausdruck ist eher selten.

= Ein Synonym ist **to risk live and limb**, wörtl. „Leben und Gliedmaßen riskieren".

Andere Ausdrücke mit **neck** haben Sie bereits in Kapitel 5 kennengelernt. Eine weitere Wendung mit **neck**, die analog im Deutschen existiert, ist **breakneck** „halsbrecherisch", das fast immer in Verbindung mit **speed** oder **hurry** benutzt wird: **They drove through the housing estate at breakneck speed.** „Sie fuhren mit halsbrecherischer Geschwindigkeit durch die Wohnsiedlung."

> The budget deficit is growing but no one is willing **to stick his neck out** and make unpopular decisions.
>
> 8

deficit [*dä-fi-ßit*]; **unpopular** [*an-pO-pju-lö(r)*].

deficit: the amount by which s.th. is less than you need or should have.
to stick his neck out: to do s.th. dangerous.
unpopular: disliked by many people.

„Das Haushaltsdefizit wächst, aber niemand ist bereit, ein Risiko einzugehen und unpopuläre Entscheidungen zu treffen."

Anstelle von **to stick one's neck out** hört man auch oft **to put one's neck on the line**. Beide bedeuten, daß man ein Risiko eingeht, wobei dieses Risiko meistens darin besteht, daß man Gefahr läuft, sich dadurch lächerlich zu machen.

Und wenn man sich zu weit hinauswagt und sich in etwas verstricken läßt, dann „steckt man bis zum Hals darin": **I only wanted to help, and now I'm up to my neck in problems.** „Ich wollte nur helfen, und jetzt stecke ich bis zum Hals in Problemen."

> I should have realised that I was taking a risk, but **fools rush in**...
>
> 9

fools [*fu:ls*]; **rush** [*rasch*].

fools rush in: used for saying that people who are not sensible do things without thinking carefully about what may happen as a result.

 „Es hätte mir klar sein müssen, daß ich ein Risiko einging, aber hinterher ist man immer schlauer ...".

 Der komplette Ausdruck lautet **Fools rush in where angels fear to tread** [*träd*] (wörtl. „Dummköpfe rennen dort hinein, wo Engel nicht hinzutreten wagen") und stammt aus Alexander Pope's „An Essay on Criticism" (1711). Der Ausdruck wird in der vollständigen Form oder aber wie in unserem Beispiel verwendet.

Ausdrücke mit **fool** „Dummkopf, Idiot" oder **foolish** „dumm, idiotisch" sind zahlreich, z.B. **a fool's paradise** „Wolkenkuckucksheim, Traumwelt", **a fool's errand** [*ä-rönd*] „nutzloses Unterfangen" und auch **a fool's gold** „Eisenkies, Katzengold, Narrengold" (ein Mineral, das lange fälschlicherweise für Gold gehalten wurde).

Weitere Sprichwörter mit **fool** sind: **There's no fool like an old fool.** „Alter schützt vor Torheit nicht". **A fool and his money are soon parted.** „Ein Dummkopf und sein Geld werden schnell getrennt." **He was fool enough to think that she loved him.** „Er war dumm genug, zu glauben, daß sie ihn liebte." **All Fool's Day** ist der „1. April" und **April Fool's joke** der „Aprilscherz".

He knew he was **taking a gamble** by supporting the challenger, but he did not care. 10

 gamble [*gämbl*]; **supporting** [*ßö-pO:(r)-ting*]; **challenger** [*tschä-lön-dschö(r)*].

 taking a gamble: taking a risk.
supporting: approving of an idea or a person or organization and help them to be successful.
challenger: s.o. who invites you to compete or fight against him.

 „Er wußte, daß er ein Risiko einging, wenn er den Herausforderer unterstützte, aber es war ihm egal."

Gamble „Glückspiel" stammt von **game** „Spiel" ab: **Gambling was legalised first in Nevada and then in New Jersey.** „Das Glücksspiel wurde zuerst in Nevada und dann in New Jersey legalisiert." Im übertragenen Sinne wird **gamble** verwendet, um ein „Wagnis, Risiko" auszudrücken; **to gamble** kann „spekulieren auf" heißen: **She gambled on fine weather for the picnic.** „Sie spekulierte auf gutes Wetter für das Picknick." Und geht ihre Hoffnung in Erfüllung, kann man sagen: **... and the gamble paid off.** „... und das Wagnis hat sich ausgezahlt."

They are **playing for high stakes**: if the product fails, they'll be ruined.   11

stakes [*ßteikß*]; **fails** [*feils*]; **ruined** [*ru-ind*].

playing for high stakes: risk a lot that could be won or lost.
fails: is not successful.
they'll be ruined: they will lose all their money.

„Sie pokern hoch (spielen für hohe Einsätze); wenn das Produkt abgelehnt wird, sind sie ruiniert."

Ebenfalls aus dem Bereich der Glücks- oder Geldspiele kommen die Begriffe **stakes** und **odds.** Ursprünglich ist **a stake** ein Pfahl, an dem die Jäger den lebenden Köder befestigten, um die Beute anzulocken; dieser Köder war **at the stake**; er „stand auf dem Spiel". Heute sagt man **at stake**: **Our reputation is at stake with this new product.** „Mit diesem neuen Produkt steht unser Ruf auf dem Spiel." Daher sagt man auch **to play for high stakes** „um einen hohen Einsatz spielen". Die Wendung wird auch unpersönlich verwendet: **A lot is at stake.** „Es steht viel auf dem Spiel".

Nun zu **odds** „Gewinnquote; Aussicht, Chance": Unter den zahlreichen Wendungen mit **odds** sollten Sie sich die folgende merken: **against all/the odds**: **Against all/the odds, she pursued** [*pÖ:(r)-ßju:d*] **her plans to become a concert pianist.** „Allen Widrigkeiten zum Trotz verfolgte sie ihr Ziel weiter, Konzertpianistin zu werden."

With that airline, you never know if you'll be on time or four hours late. It's **the luck of the draw**. 12

airline [*ä:(r)-lain*]; **draw** [*drO:*].

airline: a company that owns aircraft and takes people or goods by plane from one place to another.
It's the luck of the draw: You have limited control over what life brings you.

„Bei dieser Fluggesellschaft weißt du nie, ob du rechtzeitig ankommst oder mit vier Stunden Verspätung (spät). Es ist [reine] Glücksache (das Glück der Ziehung)."

It's the luck of the draw: **draw** bedeutet „Ziehung, Auslosung, Tombola", mit anderen Worten: Ob man einen Gewinn zieht, ist reine Glücksache.

≈ **to take potluck** „sich überraschen lassen; etwas aufs Geratewohl/auf gut Glück versuchen": **I've never heard of any of these travel agencies** [*ei-dʒön-ßi:s*]. **We'll have to take potluck.** „Ich habe von keinem dieser Reiseanbieter je etwas gehört. Wir werden uns einfach auf gut Glück etwas heraussuchen müssen." Oder: **You're welcome to come to dinner, but you'll have to take potluck.** „Du kannst gerne zum Abendessen kommen, aber du mußt nehmen, was auf den Tisch kommt." Daher stammt auch **potluck dinner**, ein Essen, zu dem jeder Gast etwas beisteuert.

Since the recession began, the streets are full of people who are **down on their luck**. 13

Since [*ßinß*]; **recession** [*ri-ßä-schön*].

recession: a period when trade and industry are not successful and there is a lot of unemployment.
down on their luck: having a long period of difficulty finding work and earning money.

„Seit Beginn der Rezession sind die Straßen voll von Menschen, die eine schwere Zeit durchmachen (sind hinunter auf ihrem Glück)."

to be down on one's luck „eine schwere Zeit/eine Pechsträhne haben" kann sich allgemein auf eine schwierige Situation oder aber auf eine finanzielle Notsituation beziehen: **He's been down on his luck ever since he lost his job.** „Er macht eine schwierige Zeit durch, seit er seine Arbeit verloren hat."

! to be down and out drückt etwas anderes aus: „abgerissen, heruntergekommen sein"; ein **down-and-out** ist ein „Obdachloser". Ebenfalls hat **to be out of luck** nichts mit unserem Beispielsatz zu tun; es bedeutet einfach „kein Glück haben": **I'm afraid you're out of luck; she left five minutes ago.** „Ich fürchte, Sie haben kein Glück; sie ist vor fünf Minuten gegangen."

He's been posted to Paris, **the lucky devil**. I have to stay here at head office. 14

posted [*pouß-tid*]; **devil** [*dä-wöl*]; **head** [*häd*]; **office** [*O-fiß*].

posted: sent to another country or place to work there.
lucky devil: form of address for s.o. who has a lot of luck.
head office: the main office of an organization or company.

„Er ist nach Paris versetzt worden, der Glückspilz (glücklicher Teufel). Ich muß hier in der Zentrale bleiben."

Spricht man einen „Glückspilz" direkt an, so sagt man **You lucky devil** oder **You lucky dog** oder **You lucky thing**. Auch der Plural ist möglich: **They're going to Paris, the lucky things.** Sehr umgangssprachlich und mit Vorsicht zu genießen ist der Ausdruck **You lucky sod** denn **sod** ist eine Verkürzung von **sodomite** „Sodomit".

≠ Will man sein Mitgefühl gegenüber einer Person ausdrücken, die kein Glück hat, so sagt man **Hard luck!** oder **Tough luck!**, sinngemäß „Schade, Pech gehabt!" und man wünscht **Better luck next time!**

SERENDIPITY

Die Entwicklung des Englischen wurde erheblich geprägt durch den Einmarsch der Normannen im Jahr 1066. Hieraus ergab sich ein soziolinguistisches Phänomen: Ein Vokabelschatz mit

Wörtern lateinischen Ursprungs und ein anderer mit Wörtern angelsächsischen Ursprungs stehen sich gegenüber. Die erste Kategorie gilt als „eleganter" bzw. „intellektueller" als die zweite, die überdies mehr von Gefühlen geprägt ist.

Um die Rolle dieses doppelten Vokabulars zu verstehen, genügt ein Blick auf die Tafel, an der die normannischen Herren speisten: Sie aßen Fleisch, das die französischstämmigen Bezeichnungen **beef**, **veal** und **pork** trug. Die angelsächsischen Bauern nannten die entsprechenden Tiere **ox**, **calf** und **swine**. Die Herren saßen auf einem luxuriösen **chair**, die Bauern dagegen auf einem einfachen **stool** „Hocker".

Die Sprache der Angelsachsen war lange Zeit durch Schlichtheit geprägt, die Normannen brachten sprachliche Nuancen mit: So kannten die Angelsachsen das Wort **king**, die Normannen führten **sovereign** [ßOw-rin] „Souverän", **royal** [rO-jöl] „Angehöriger der königlichen Familie" und **regal** [ri:-göl] „königlich, majestätisch" ein. Dem Verb **to ask** stellten die Normannen **to question** und **to interrogate** gegenüber. Darüber hinaus betraf der französische Einfluß nur eine bestimmte Elite. Während die Namen der alten Berufe angelsächsisch sind (**baker**, **saddler** „Sattler", **weaver** [ui:-wö(r)] „Weber"), haben die angeseheneren Berufe franko-lateinische Ursprünge: **draper** „Textilkaufmann", **painter** „Maler" und **tailor** „Schneider".

Diese Unterscheidung ist in der modernen Sprache noch sehr präsent (Führungskräfte erhalten ein **salary**, Arbeiter ein **wage**). Und jeder Journalist oder Werbefachmann lernt, daß die angelsächsischen Wörter wegen ihrer Direktheit vorzuziehen sind.

Auch bei den Verben gibt es ein angelsächsisches und ein lateinisches Pendant. Angelsächsischen Ursprungs sind die sog. **phrasal verbs**, die sich aus Verb + Suffix zusammensetzen, z.B. **to go up** „hinaufsteigen" (lateinisches Synonym **to ascend**) oder **to put up** „beherbergen, bei sich aufnehmen" (lat. Synonym **to accomodate** [ö-kO-mö-deit]) oder **to give up** „aufgeben", synonym zu **to abandon** [ö-bän-dön].

Ziel dieses Buches ist nicht, Ihnen alle **phrasal verbs** zu präsentieren, aber Sie sollten wissen, daß diese Verben ein wichtiger Schlüssel zum idiomatischen Englisch sind.

Der Titel dieses Kapitels kommt aus der Theatersprache. Er drückt aus, daß man die Leistung eines Schauspielers oder Sängers anerkennend lobt und daß es überaus schwer sein würde, diese Leistung zu überbieten.

Redewendungen rund um Probleme und Schwierigkeiten sind der Schwerpunkt dieses Kapitels.

> The employment minister **has his work cut out**: he wants to create a million new jobs in the next three years.
>
> 1

million [*mil-jön*].

employment minister: minister responsible for jobs and work in a country.
has his work cut out: has a difficult job to do.

„Der Minister für Arbeit hat eine schwierige Aufgabe vor sich (hat seine Arbeit ausgeschnitten): Er möchte in den nächsten drei Jahren eine Million neue Arbeitsstellen schaffen."

to have one's work cut out „viel Arbeit haben, sich ranhalten müssen" basiert auf **to cut out**, womit das Zuschneiden von Stoffen bei einem Schneider gemeint ist. Die ausgeschnittenen Stoffteile werden aufgeschichtet und dann von den Nähern zusammengenäht. Von diesen sagt man also: **They have their work cut out**. Die Wendung impliziert auch, daß es schwierig ist, die anfallende Arbeit zu bewältigen.

≈ **to have a lot on his/her plate** „viel um die Ohren haben": **You'll have to excuse him; he's got a lot on his plate at the moment.** „Du mußt ihn entschuldigen; er hat im Moment viel um die Ohren."

> The new owners want to stay open round the clock seven days a week: they're **biting off more than they can chew**.　2

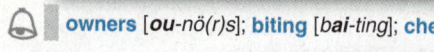 **owners** [***ou**-nö(r)s*]; **biting** [***bai**-ting*]; **chew** [*tschu:*].

round the clock: 24 hours each day.
they're biting off more than they can chew: they're trying to do too much or s.th. that is too hard for them.

„Die neuen Besitzer wollen sieben Tage die Woche rund um die Uhr öffnen (geöffnet bleiben): Sie werden sich damit übernehmen (beißen mehr ab als sie kauen können)."

to bite off more than one can chew „sich übernehmen, sich zu viel zumuten" beschreibt eine Situation, in der jemand sich mehr aufbürdet als er verkraften kann.

! Achtung: Nicht zu verwechseln mit **s.b.'s eyes are bigger than their belly/stomach** „Die Augen sind größer als der Magen"; es wird verwendet, wenn jemand sich mehr auf seinen Teller häuft als er essen kann.

> The customer wants us to deliver everything by the end of next week. – That's **a tall order**.　3

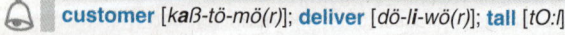 **customer** [*kaß-tö-mö(r)*]; **deliver** [*dö-**li**-wö(r)*]; **tall** [*tO:l*].

deliver: take to a certain place.
That's a tall order: That's a very difficult thing he expects us to do.

„Der Kunde möchte, daß wir alles Ende nächster Woche liefern. – Das ist ziemlich viel verlangt (eine große Bestellung)."

a tall order hat nichts mit einer „Bestellung" zu tun, sondern beschreibt eine schwierige Aufgabe.

! Achtung: Nicht zu verwechseln mit **a tall story** „eine unglaubwürdige Geschichte" [➡ Kapitel 11, 6 und Kapitel 29, 9].

They're going to have **a devil of a job** finding a restaurant open at midnight!   4

🔔 **devil** [*dä-wöl*]; **midnight** [*mid-nait*].

💡 **a devil of a job**: a difficult or unpleasant job.
midnight: 12 o'clock in the night.

💬 „Es wird verteufelt schwierig für sie werden, ein Restaurant zu finden, das um Mitternacht geöffnet hat!"

📖 **a devil of** „verteufelt, verdammt": Naturgemäß steht der Teufel immer für etwas Negatives; man könnte auch das etwas veraltete **the devil's own job** oder **a hell of a job** benutzen. Ein weiteres Beispiel: **I had a devil of a time trying to fix the car.** „Es war verdammt schwer für mich, den Wagen zu reparieren."

In diesem Kontext können Sie sich auch **between the devil and the deep blue sea** merken, was „in der Zwickmühle" bedeutet und eine schwierige Situation beschreibt, in der man die Wahl zwischen zwei gleich schlechten Alternativen hat.

If she won't listen to your advice, then let her **learn the hard way**.   5

🔔 **listen** [*li-ßön*]; **advice** [*öd-waiß*].

💡 **learn the hard way**: learn how to do s.th. by trying to do it and making a lot of mistakes.

💬 „Wenn sie nicht auf deinen Ratschlag hören will, dann muß sie durch schlechte Erfahrungen lernen."

📖 **to learn/find out the hard way** beschreibt, daß man durch seine eigenen Erfahrungen lernt – und diese sind manchmal schmerzhaft: **Jim and Dave learned the hard way that you should never leave valuables in a car.** „Jim und Dave haben die schmerzhafte Erfahrung gemacht, daß man niemals Wertsachen im Auto lassen soll."

The price includes both maintenance and training: you'd **be hard put to it** to find a better deal.

6

🔔 **price** [*praiß*]; **includes** [*in-klu:ds*]; **maintenance** [*mein-tö-nönß*]; **deal** [*di:l*].

💡 **you'd be hard put to it**: you will have a lot of difficulties.

💬 „Der Preis schließt sowohl die Wartung als auch die Schulung ein: Du wirst es schwer haben, ein besseres Geschäft zu machen (finden)."

📖 Das umgangssprachliche **to be hard put to do s.th.** sagt aus, daß man etwas nur unter sehr großen Schwierigkeiten erreichen kann.

= to be hard pressed to do s.th.

Anstelle von **to it** kann auch eine Verb-Objekt-Verbindung benutzt werden: **She was hard put to think of a good excuse.** „Sie hatte große Schwierigkeiten, eine gute Entschuldigung zu finden."

! Nicht zu verwechseln mit **to be hard up** „abgebrannt/pleite sein".

You seem **to be making heavy weather** of the job. All you have to do is answer the telephone.

7

🔔 **heavy** [*hä-wi*]; **weather** [*uä-fsö(r)*]; **answer** [*a:n-ßö(r)*].

💡 **to be making heavy weather**: to complicate things which are less important as they seem.

💬 „Mit scheint, du komplizierst die Dinge unnötig, was diese Arbeit angeht. Alles, was du tun mußt, ist, das Telefon zu beantworten."

📖 **to make heavy weather of s.th.** hat seinen Ursprung in der Seemannssprache, in der **heavy weather** „schwere See", d.h. stürmisches Wetter und hohen Seegang, beschreibt. Die Wendung meint, daß jemand „unnötig großen Wirbel um etwas macht".

 = **to make hard work of: He's really making hard work of teaching Mary to drive.** „Er müht sich wirklich auf sehr komplizierte Weise ab, Mary das Fahren beizubringen."

= **to make a meal of: You're making a meal of a simple job.** „Du machst viel Aufhebens/eine große Sache aus einer einfachen Arbeit."

I tried to read Kirkegaard in the original, but I found it heavy going.   8

🔔 original [*O-ri-dʒi-nöl*].

💡 **original:** a document, book etc in the language it was written in, not the translated version.
heavy going: difficult to achieve or understand.

Ⓓ „Ich habe versucht, Kirkegaard im Original zu lesen, aber ich fand es sehr schwierig (fand es schwer gehend)."

📖 **heavy going** ist die Beschreibung für eine Pferderennbahn, deren Untergrund so schwer ist, daß die Pferde nur langsam und mühsam vorankommen. Die Wendung wird daher für Handlungen angewandt, die nur sehr langsam voranschreiten, wie in unserem Beispiel die Lektüre eines dänischen Philosophen im Original ...

heavy going bezieht sich immer auf unbelebte Sachen, wohingegen **easy-going** eine Person beschreibt, die „gelassen, unbekümmert, locker" ist: **She's a kind, easy-going person.**

IT'S A TOUGH NUT TO CRACK

> Achieving a balance between full employ-
> ment and environmental protection is
> **a tough nut to crack**. 9

Achieving [*ö-tschi:-wing*]; **balance** [*bä-lönß*]; **environmental** [*än-wai-rön-män-töl*]; **protection** [*prou-täk-tschön*]; **tough** [*taf*].

Achieving: Succeeding to accomplish what is planned.
balance: a situation in which different aspects or features exist in the correct relationship to each other.
full employment: a situation on the labour market in which the unemployment figure is under 3%.
environmental protection: the process of keeping the natural world intact and unspoiled.
a tough nut to crack: a very difficult task.

„Eine Balance zwischen Vollbeschäftigung und Umweltschutz zu erreichen, ist eine sehr schwierige Aufgabe (eine harte Nuß zu knacken)."

a tough (oder **hard**) **nut to crack** beschreibt zum einen ein Problem, das nur schwer zu lösen ist, aber – ohne **to crack** – auch eine „schwierige Person": **The landlord is trying to get him to move out, but old Sean's** [*schO:ns*] **a tough nut.** „Der Vermieter versucht, zu erreichen, daß er auszieht, aber der alte Sean ist eine harte Nuß."

> Following the recent wave of terrorist
> attacks, the Home Secretary is **in the hot
> seat**. 10

recent [*ri-ßönt*]; **wave** [*ueiw*]; **seat** [*ßi:t*].

recent: happening or starting a short time ago.
wave: a sudden increase in a particular type of activity, especially one that is unpleasant or not welcome.
in the hot seat: in a difficult position in which you are responsible for decisions and problems that may make many people angry.

„Nach der neusten Welle terroristischer Angriffe sitzt der Innenminister auf dem heißen Stuhl."

to be in the hot seat bedeutet, daß sich eine Person in einer Position befindet, in der sie dem „Feuer" von allen Seiten ausgesetzt ist und schwerwiegende Entscheidungen treffen muß. Ursprung dieses Ausdrucks ist der **electric chair** „elektrische Stuhl".

hot hat nicht nur die Bedeutung „heiß", sondern bezeichnet oft auch etwas Aktuelles, Wichtiges. So war die **hot line** z.B. während des Kalten Krieges die ständige Telefonleitung zwischen dem Weißen Haus und dem Kreml. **Hot** bedeutet auch „modern, angesagt": **Sky-surfing is really hot in Southern California.** „Sky-Surfen ist in Süd-Kalifornien total angesagt." Der „Krisenherd", an dem politische Konflikte oder Kriege stattfinden, wird durch **hotspot** ausgedrückt. **Hotspot** ist außerdem eine Zone mit hoher Radioaktivität.

> The producer **got into hot water** over his decision to show the banned film.   **11**

producer [*prö-dju:-ßö(r)*]; **banned** [*bänd*].

producer: s.o. whose job is to organise the work and money involved in making a film, play, television programme etc.
got into hot water: got in trouble because of s.th. he has done.
banned: to say officially that people must not do, sell, or use s.th.

„Der Produzent hat sich mit der Entscheidung, den verbotenen Film zu zeigen, [ganz schön] in die Nesseln (in heißes Wasser) gesetzt."

to get into/to be in hot water „in die Nesseln setzen, in Teufels Küche kommen" beschreibt eine Situation, in der eine Person aufgrund einer bestimmten Meinung oder Verhaltensweise Schwierigkeiten bekommt.

= **to be in the soup** ist eine äquivalente Wendung.

> Because of a lack of funds, many non-governmental organizations now find themselves **in desperate straits**.   **12**

funds [*fands*]; **desperate** [*däß-pö-röt*]; **straits** [*ßtreitß*].

lack: a situation in which you do not have enough of s.th. you need.
funds: money.
non-governmental organization: an organization which is not part of a government, but may work with government departments, for example in dealing with people's health or the environment.
strait: a narrow area of water that joins two larger areas of water.
in desperate straits: in a very difficult situation, especially one involving a lack of money.

Ⓓ „Aufgrund von Geldmangel befinden sich viele Nicht-Regierungsorganisationen nun in einer katastrophalen Situation (in verzweifelter Enge)."

📖 **strait** bezeichnet eine „Wasserstraße" bzw. eine „Meerenge" und findet sich hauptsächlich in geographischen Namen, z.B. **the Strait of Gibraltar** „Meerenge von Gibraltar". Das Wort kommt auch in **straitjacket** „Zwangsjacke" vor. Im Plural, **straits**, und in Verbindung mit Personen, bezieht sich der Begriff immer auf eine finanzielle Notlage, einen „Engpaß", wie wir auch im Deutschen sagen. Häufig gehen mit **straits** Adjektive wie **desperate**, **difficult** oder **dire** [*dai-ö(r)*] „entsetzlich, furchtbar" einher.

≈ In der Wendung **in straitened circumstances** „in einer finanziell angespannten Lage" ist **strait** ein Adjektiv.

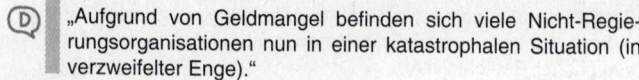

Since the Arts Council cut our grant, we have been **feeling the pinch**. 13

 Council [*kaon-ßöl*]; **grant** [*grant*]; **pinch** [*pinsch*].

 Arts Council: a government organization in the UK that gives money to theatres, museums, art galleries etc.
cut: reduced.
grant: an amount of money that the government or an organization gives you for a specific purpose and does not ask you to pay back.
we have been feeling the pinch: we have less money than we need.

Ⓓ „Seit der Arts Council uns die Zuschüsse gekürzt hat, sind wir knapp bei Kasse (fühlen wir den Kniff)."

to feel the pinch bedeutet, daß jemand in einer „finanziell angespannten Lage, knapp bei Kasse" ist (pinch „Kniff"). Die Wendung wird normalerweise in der Verlaufsform benutzt: We used to have two salaries, but since my wife stopped working we've been feeling the pinch. „Vorher hatten wir zwei Gehälter, aber seit meine Frau nicht mehr arbeitet, geht es uns finanziell schlecht".

Verwandt ist die Wendung mit at a pinch „zur Not, wenn es [unbedingt] sein muß": Use rice wine or sherry in this recipe; vinegar will do at a pinch. „Nimm bei diesem Rezept Reiswein oder Sherry, zur Not tut's auch Essig." In diesem Kontext können Sie sich auch merken: if it comes to a/the pinch „wenn es zum Äußersten/Schlimmsten kommt".

Die Grundbedeutung von pinch, „Kniff", findet sich auch in der Wendung That's where the shoe pinches „Da drückt also der Schuh/Da liegt also der Hase im Pfeffer" wieder.

* Der Arts Council England (ACE) ist eine nationale Organisation, die staatliche Fördermittel für Projekte in den Bereichen Kunst und Kultur vergibt.

> It's a terrible bind to go and visit him in prison every month, but after all, he *is* my brother. 14

 bind [baind]; prison [pri-sön].

 It's a ... bind: It's annoying.

 „Es ist schrecklich unangenehm, ihn jeden Monat im Gefängnis zu besuchen, aber schließlich ist er mein Bruder."

 a bind geht zurück auf to bind „binden, fesseln" und bezeichnet eine lästige und unangenehme Tätigkeit. In dieses Feld gehört auch to be in a bind „in einer schwierigen Situation sein/ in der Klemme sitzen": I'm in a terrible bind: I've just got my gas bill and I don't have a bean [➡ Kapitel 19, 3] till the end of the month. „Ich bin in einer schwierigen Lage: Ich habe gerade meine Gasabrechnung bekommen, und ich habe bis zum Ende des Monats keinen Cent [übrig]."

* Die Finanzwelt kennt den Ausdruck **a bond** für eine „Obligation", d.h. ein Leistungsversprechen zwischen dem Emittenten und dem Investor. Die Devise der Londoner Börse lautet **Dictum pactum meum**, auf Englisch **My word is my bond** „Ich bin durch mein Wort gebunden."

A KETTLE OF FISH

SERENDIPITY

Es kommt häufig vor, daß zwei oder mehr Ausdrücke ein und dasselbe Phänomen beschreiben; seltener jedoch haben wir es mit der Situation zu tun, in der ein Ausdruck mehrere unterschiedliche Bedeutungen haben kann: Dies ist der Fall bei dem aus Schottland stammenden **a kettle** [*kätl*] **of fish**.

Ursprünglich handelte es sich dabei um ein Picknick am Flußufer. Man fing Wildfische und kochte diese in einem großen Topf: **kettle**. Der Ausdruck **a kettle of fish** steht zum einen für diese Art des Picknicks, zum anderen auch für das dort zubereitete Essen.

Heute bezeichnet **kettle** einen Wasserkessel, und in einer Restaurant- oder Großküche ist **a fish-kettle** eine Fischpfanne.

Da die Schotten in dem Ruf stehen, gerne zu feiern und verglichen mit ihren englischen Nachbarn weniger „organisiert" zu sein, beschreibt **a kettle of fish** heute in der idiomatischen Sprache auch „eine schöne Bescherung" bzw. „ein heilloses Durcheinander", oft ergänzt durch Adjektive wie **pretty** oder **fine: This is a pretty/fine kettle of fish: We've invited David and Jean on the same night and they hate each other.** „Das

134

ist ja eine schöne Bescherung: Wir haben David und Jean am gleichen Abend eingeladen, und sie können sich nicht ausstehen." Oder: **a different/another kettle of fish** „eine völlig/ganz andere Sache": **Oh, you've invited Iris as well? That's a totally different kettle of fish!** „Oh, du hast Iris auch eingeladen? Na, das ändert natürlich alles!"

HATE WEEK

Hate week stammt aus dem berühmten Roman „1984" von George Orwell, in dem die Regierung Hassperioden anordnet, die mal zwei Minuten (**a Two Minute Hate**), mal eine ganze Woche (**Hate Week**) dauern.

In diesem Kapitel lernen Sie Wendungen kennen, mit denen Abneigung, Antipathie und Hass ausgedrückt werden; Sie sollten diese Wendungen nur mit äußerster Vorsicht benutzen, und nur dann, wenn Sie sich über ihre Bedeutung voll und ganz im klaren sind!

> He's such a hypocrite! I really **can't stomach** him.
>
> 1

 hypocrite [*hi-pö-krit*]; **stomach** [*ßtO-mök*].

 hypocrite: a person who claims to have certain moral principles or beliefs but behaves in a way that shows they are not sincere.
I really can't stomach him: I really cannot bear him.

Ⓓ „Er ist so ein Heuchler! Ich kann ihn wirklich nicht ausstehen."

 Die Grundbedeutung von **to stomach** ist „verdauen". Wenn Sie daher sagen **I can't stomach him/her**, so meinen Sie, daß Sie die betreffende Person wirklich nicht ertragen („verdauen") können.

 Das Nomen **stomach** bedeutet „Magen", wird aber auch – vorwiegend in negativen Konstruktionen – für „Mut, Entschlossenheit, Kühnheit" gebraucht: **They have no stomach for direct confrontation.** „Sie haben nicht den Mut für eine direkte Konfrontation."

KAPITEL 15

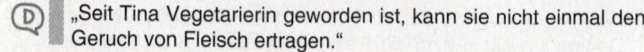

Ever since Tina became a vegetarian, she **can't stand** even **the smell of** meat. 2

 vegetarian [*wä-dfö-tä-ri-ön*]; **meat** [*mi:t*].

 vegetarian: s.o. who does not eat meat or fish.
can't stand: can't bear.
smell: the pleasant or unpleasant quality of s.th. that you notice when you breathe in through your nose.

Ⓓ „Seit Tina Vegetarierin geworden ist, kann sie nicht einmal den Geruch von Fleisch ertragen."

📖 **to stand** bedeutet hier „ertragen". Es wird in negativen Konstruktionen benutzt, um auszudrücken, daß einer Person z.B. ein Geruch, ein Geräusch oder der Anblick von etwas körperliches Unbehagen bereitet: **She can't stand the sight of her ex-husband.** „Sie kann den Anblick ihres Exmannes nicht ertragen."

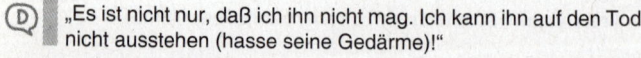

In don't just dislike him. I **hate his guts**! 3

 guts [*gatß*].

 dislike: not like.
gut: the tube in your body that carries food away from your stomach.
I hate his guts: I hate him very much.

Ⓓ „Es ist nicht nur, daß ich ihn nicht mag. Ich kann ihn auf den Tod nicht ausstehen (hasse seine Gedärme)!"

📖 **to hate s.b.'s guts** „jmdn. auf den Tod nicht ausstehen können". Ausdrücke mit **guts** sind vulgär und implizieren immer etwas Negatives: **a beer gut** „Bierbauch, Wampe". **I have a gut feeling about this.** „Ich habe diesbezüglich ein ungutes Gefühl." **It's got no guts in it.** „Es ist ohne Saft und Kraft/fade." **I'll have his guts for garters.** „Ich werde ihm die Hammelbeine langziehen (werde Strumpfbänder aus seinem Darm machen)." **I sweated my guts out to finish that report.** „Ich habe mich dumm und dämlich geschuftet, um diesen Bericht fertigzuschreiben." (**gutted** [➡ Kapitel 2, Satz 10]).

> When I think how much money he makes
> selling insurance, it **makes me** want to
> **throw up**. 4

🔔 **insurance** [in-schu:-rönß]; **throw** [fßrou].

💡 **it makes me want to throw up**: it makes me want to vomit.

Ⓓ „Wenn ich bedenke, wieviel Geld er mit dem Verkauf von Versi-
cherungen verdient, dann möchte ich kotzen."

📖 **to throw up** ist ein salopper Ausdruck für „sich übergeben".
Man könnte anstelle von **it makes me want to throw up** auch
it makes me sick sagen, aber **sick** ist sehr allgemein. Bei **sick**
spielt auch immer die Idee des Überdrusses mit hinein: **She
was sick and tired of telling him to hand his copy in on time.**
„Sie war es leid, ihn immer wieder auffordern zu müssen, seine
Artikel rechtzeitig abzugeben" [➡ Kapitel 42, 10].

= **it makes me want to puke** [pju:k].

Im amerikanischen Englisch wird der gleiche Sachverhalt etwas
weniger bildhaft mit **It makes me sick to my stomach** ausgedrückt [➡ Kapitel 42, 9].

Wir wollen dieses etwas unappetitliche Thema mit drei äußerst
pittoresken Wendungen abschließen, die alle für „sich übergeben" verwendet werden können: **to talk on the big white telephone** „am großen weißen Telefon sprechen" und **to pray to
the porcelaine god** „zum Porzellangott beten", die beide eine
Anspielung auf die weiße Kloschüssel sind; und schließlich (**to
do/give**) **a technicolour yawn**, wörtl. „ein farbenprächtiges
Gähnen" ...

> Help him? You must be kidding! I **wouldn't**
> even **give him the time of day**. 5

🔔 **even** [i:-wön].

💡 **You must be kidding!**: You must be joking!
I wouldn't even give him the time of day: I wouldn't even talk
to him.

„Ihm helfen? Du machst wohl Witze! Ich würde noch nicht einmal mit ihm sprechen (ihm noch nicht einmal die Uhrzeit sagen)."

I wouldn't even give him the time of day drückt aus, daß Sie jemanden wirklich absolut nicht ausstehen können.

≈ Etwas schwächer ist **I have no time for him**.

≈ **to hate s.b.'s guts** [➡ Kapitel 15, 3].

> Go out with Harry? I **wouldn't go near him with a bargepole**.
> 6

bargepole [*ba:(r)dʒ-poul*].

bargepole: a long stick which is used in a long flat boat on rivers and canals to navigate.
I wouldn't go near him with a bargepole: I wouldn't want to be involved with that person.

Ⓓ „Mit Harry ausgehen? Ich würde ihn nicht einmal mit der Kneifzange anfassen (würde mich ihm noch nicht einmal mit der Stake nähern)."

Ein **bargepole** ist die lange Stake, mit der man eine Barke vom Ufer abstößt und navigiert; **not to go near/touch s.b. with a bargepole** wird daher verwendet, wenn man sich eine Person vom Leibe bzw. auf Distanz halten will. Es wird auch benutzt, wenn man jemanden vor einem zweifelhaften Geschäft warnen möchte: **I wouldn't touch one of those bargain price products with a bargepole.** „Ich würde die Finger von diesen Produkten lassen, die zu Spottpreisen angeboten werden."

> There is no way he could work for a stockbroker. He **wouldn't be seen dead in a suit.** 7

🔔 **stockbroker** [ßtOk-brou-kö(r)]; **suit** [ßu:t/ßju:t].

💡 **stockbroker**: s.o. whose job is to buy and sell shares in companies for other people.
He wouldn't be seen dead in a suit: He would never wear a suit.

Ⓓ „Er könnte auf keinen Fall für einen Aktienhändler arbeiten. Er würde nie im Leben einen Anzug anziehen (würde nicht tot gesehen werden in einem Anzug)."

📖 **not to be seen/caught dead** drückt aus, daß man „um nichts auf der Welt" eine bestimmte Kleidung tragen (in diesem Fall mit **in** + Nomen), an einen bestimmten Ort gehen oder an einer bestimmten Aktivität teilnehmen würde. Das Deutsche benutzt „keine zehn Pferde würden mich dorthin bringen", „um keinen Preis der Welt" oder „nur über meine Leiche", was der englischen Wendung vielleicht am nächsten kommt ...

Auf die Wendung kann auch ein Gerundium folgen: **She wouldn't be seen/caught dead talking to her little brother in public.** „Sie würde um keinen Preis der Welt in der Öffentlichkeit mit ihrem jüngeren Bruder sprechen."

> The new manager **takes a dim view** of smoking in the office. 8

🔔 **dim** [dim]; **view** [wju:]; **office** [O-fiß].

💡 **takes a dim view of**: does not approve of s.o. or s.th.

Ⓓ „Der neue Geschäftsführer sieht es nicht gerne (nimmt einen trüben Blick), wenn im Büro geraucht wird."

KAPITEL 15

to take a dim view of in Verbindung mit einer Person benutzt bedeutet „von jmdm. nicht viel halten, eine schlechte Meinung von jmdm. haben": **She took a dim view of her daughter's new boyfriend.** „Sie hielt nicht viel von dem neuen Freund ihrer Tochter." Die Wendung ist relativ formell und kann durch **to disapprove of** ersetzt werden.

* **dim** wird normalerweise in Bezug auf Licht: „schwach, trüb, matt, verschwommen": **A dim light flickered in the distance.** „Ein schwaches Licht flackerte in der Ferne." Für jemanden, der ein bißchen einfältig ist, kennt das Deutsche den Ausdruck „unterbelichtet", was im Englischen durch **dim-witted** [*dim-ui-tid*] oder **a dim-wit** (oder **dimwit**) ausgedrückt wird: **The new PR manager is a real dim-wit.** „Der neue PR-Leiter ist ein echter Dummkopf", oder man sagt **... he is really dim**. Die Amerikaner nennen eine solche Person **a dim bulb**, wörtl. „eine schwache Glühbirne".

My father's **pet aversion** is sociology. He thinks that it's a load of hogwash.

9

---

 aversion [*ö-wÖ:(r)-jön*]; **sociology** [*ßou-ßi-O-lö-dji*]; **load** [*loud*]; **hogwash** [*hOg-uOsch*].

 pet aversion: s.th. that you hate very much or that makes you extremely angry.
sociology: the scientific study of society, the way it is organized, and the way people behave in relation to each other.
hogwash: nonsense.

 „Mein Vater haßt [das Thema] (Lieblingsabneigung ist) Soziologie. Er findet, es ist eine Menge Unsinn (Schweinefutter)."

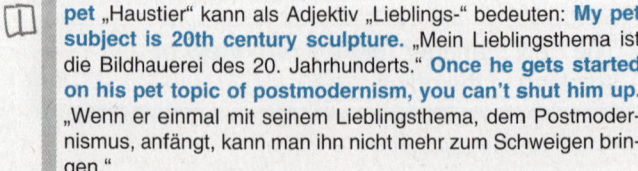 **pet** „Haustier" kann als Adjektiv „Lieblings-" bedeuten: **My pet subject is 20th century sculpture.** „Mein Lieblingsthema ist die Bildhauerei des 20. Jahrhunderts." **Once he gets started on his pet topic of postmodernism, you can't shut him up.** „Wenn er einmal mit seinem Lieblingsthema, dem Postmodernismus, anfängt, kann man ihn nicht mehr zum Schweigen bringen."

≈ **pet hate** bezeichnet ebenso wie **pet aversion** ein Thema, das man haßt.

> Naturally, I will make concessions, but I
> **draw the line at** meeting all their demands. **10**

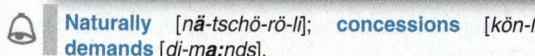

Naturally [*nä-tschö-rö-li*]; **concessions** [*kön-ßä-schöns*]; **demands** [*di-ma:nds*].

concession: s.th. you give or allow to s.o. in order to reach an agreement.
draw the line: will definitely not allow or accept.
meeting all their demands: do everything that they request.

„Natürlich werde ich Zugeständnisse machen, aber ich bin nicht bereit (ich ziehe die Linie), all ihre Forderungen zu erfüllen."

Hier geht es um die Linie, die man zieht, und über die man nicht mehr hinausgeht: **I said I wouldn't lend him any more money. After all, you have to draw the line somewhere.** „Ich habe gesagt, ich würde ihm kein Geld mehr leihen. Schließlich muß irgendwo Schluß sein (muß man die Linie irgendwo ziehen)."

Andere Ausdrücke verwenden **line** im Sinne von „Haltung, Einstellung, Standpunkt" oder „Vorgehensweise": **The UN took a firm line on the repeated attacks on civilians.** „Die UNO hat im Hinblick auf die wiederholten Angriffe auf die Zivilbevölkerung einen unverrückbaren Standpunkt eingenommen." Die **hard line** bezeichnet den „harten Kurs, die kompromißlose Haltung" in der Politik: **The hardliners in the government want to scrap the Welfare State altogether.** „Die Befürworter einer harten Linie in der Regierung wollen den Wohlfahrtsstaat ganz abschaffen."

> We suggested that he invest in the scheme,
> but he dismissed the idea **out of hand**. **11**

suggested [*ßö-dfäß-tid*]; **scheme** [*ßki:m*]; **idea** [*ai-di-ö*].

suggested: offered the idea or plan.
scheme: project.
he dismissed the idea out of hand: he refused to accept the idea without considering it.

„Wir haben vorgeschlagen, daß er in das Projekt investiert, aber er hat die Idee rundweg abgetan (aus der Hand entlassen)."

Ursprünglich bedeutete **out of hand** „unverzüglich, kurzerhand": Man gab etwas aus der Hand, das man nicht mehr lange suchen mußte [➡ Kapitel 4, 13]. Eine weitere Bedeutung ist „rundweg", also ohne lange Überlegung, und man findet es häufig mit **to dismiss** „abtun", **to reject** „zurückweisen" und **to refuse** „sich weigern".

Kleine Anmerkung zur Grammatik: Sie werden bemerkt haben, daß das Verb **invest** in unserem Beispielsatz kein **s** trägt, wie es normalerweise bei der 3. Person Singular der Fall ist. Hier handelt es sich um die Form des Konjunktivs, der nach Verben des Wünschens folgt.

HE WAS GIVEN THE BRUSH-OFF.

The envoy came especially to meet the Foreign Minister, but he was **given the brush-off**.

12

envoy [*än-woi*]; **especially** [*i-ßpä-schö-li*]; **foreign** [*fO-rön*]; **brush-off** [*brasch-Of*].

envoy: an official who represents their country in another country, with a rank below an ambassador.
Foreign Minister: (or **Foreign Secretary**) an official in charge of the government department that deals with the relationships with foreign countries.
given the brush-off: given a clear sign that you are not interested in s.b.'s ideas.

Ⓓ „Der Gesandte kam extra, um den Außenminister zu treffen, aber man hat ihn abblitzen lassen."

Die eigentliche Bedeutung von **to brush off** ist „etwas mit einer schnellen Handbewegung von einem Kleidungsstück hinunterfegen". Im übertragenen Sinne heißt **to give s.o. the brush-off** oder **to brush s.o. off** „jmdm. eine Abfuhr erteilen, jmdn. abblitzen lassen, jmdm. einen Korb geben": **I started to talk to her but she brushed me off.** „Ich begann, mit ihr zu sprechen, aber sie hat mir eine Abfuhr erteilt."

≈ **to give s.o. the bird** „jmdn. auspfeifen, jmdn. ausbuhen" aus der Theatersprache bezieht sich auf Schauspieler, Künstler usw., deren Vortrag nicht den Geschmack des Publikums trifft. Es bedeutet auch „jmdn. entlassen". Analog hierzu heißt **to get the bird** „ausgepfiffen/ausgebuht werden; entlassen werden". Es ist etwas salopper als **to give s.o. the brush-off**.

≈ **to get/give s.o. the cold shoulder** „jmdm. die kalte Schulter zeigen" [➡ Kapitel 17, 2].

He tried to talk us into driving him up to Edinburgh, but we **sent him packing**. 13

Edinburgh [*ä-din-bÖ:(r)g*].

to talk us into: to persuade us to.
we sent him packing: we made him leave the place.

„Er versuchte, uns dazu zu überreden, ihn rauf nach Edinburgh zu fahren, aber wir haben ihn zum Teufel gejagt (haben ihn packen geschickt)."

to send s.b. packing ist vergleichbar mit **to give s.o. the brush-off** [➡ Satz 12], allerdings ist es kategorischer und drückt Wut aus: „jmdn. rausschmeißen, fortjagen, zum Teufel jagen".

When Peter walked over to say hello, Marcia **cut him dead**. 14

---

cut him dead: pretended not to see or recognize him.

„Als Peter hinüberging, um Hallo zu sagen, behandelte Marcia ihn wie Luft (schnitt ihn tot)."

to cut s.b. dead „jmdn. wie Luft behandeln, jmdn. völlig ignorieren" ist vergleichbar mit dem deutschen „jmdn. schneiden", d.h. jemandem überhaupt nicht beachten.

SERENDIPITY

After I said that men really were superior to women, my name was mud for a week. „Nachdem ich gesagt hatte, daß Männer den Frauen wirklich überlegen sind, war ich eine Woche lang unten durch (war mein Name eine Woche lang Schlamm)." Bei dieser Wendung verbirgt sich hinter **mud** ein Eigenname. Und hier ist die Geschichte dazu:

Im Jahr 1865 wurde der amerikanische Präsident Abraham Lincoln während einer Theatervorstellung ermordet. Auf der Flucht vor der aufgebrachten Menge und der Polizei sprang der Mörder, John Wilkes Booth, auf die Theaterbühne und brach sich dabei ein Bein. Dennoch gelang ihm die Flucht, und der Arzt **Doctor Samuel Mudd**, der von dem ganzen Vorfall nichts wußte, pflegte Booth gesund.

Nachdem Booth kurz darauf doch inhaftiert wurde und herauskam, welche Rolle Doktor Mudd bei der Flucht von Booth zukam, verachtete ganz Amerika ihn so tief, daß Mudd zu einer lebenslangen Freiheitsstrafe verurteilt wurde. Noch Jahrzehnte später setzte man auch den kleinsten Schurken noch mit dem Namen „Mudd" gleich. Im Laufe der Zeit ist aus „Mudd" **mud** geworden, und der Ursprung dieses Ausdrucks ist in Vergessenheit geraten.

Einige Etymologen bestreiten die Herkunft der Wendung vehement und behaupten, es habe schon lange vor 1865 die Ausdrücke **to drag s.o.'s name through the mud** „jmds. Namen in den Schmutz (durch den Schlamm) ziehen" und **to sling mud at s.o.** „jmdn. mit Schlamm bewerfen" gegeben. Wie dem auch sei: Wir sind sicher, daß Ihnen der Ausdruck dank unserer kleinen Anekdote nun im Gedächtnis bleiben wird ...

Unser Titel ist der Beginn eines alten Sprichworts: **If at first you don't succeed, try, try, try again.** W.C. Fields hat hierzu ergänzt: **Then quit. There's no point being a damn fool about it.** „Dann hör auf. Es lohnt sich nicht, sich deswegen zum Idioten zu machen." Die Wendungen in diesem Kapitel drehen sich um zweifelhafte Erfolgsaussichten.

> The local residents are trying to block the new motorway extension, but they appear to be **fighting a losing battle**. 1

 local [*lou-köl*]; **residents** [*rä-si-döntß*]; **appear** [*ö-pi:(r)*]; **fighting** [*fai-ting*]; **losing** [*lu:-sing*]; **battle** [*bätl*].

 residents: s.o. who lives in a particular place.
motorway extension: a new part of a motorway added to the existing one.
fighting a losing battle: trying to achieve s.th. that they will probably not be able to achieve.

 „Die (lokalen) Anwohner versuchen, den Ausbau (die neue Erweiterung) der Autobahn zu blockieren, aber sie scheinen einen aussichtslosen Kampf zu führen."

 to fight a losing battle „auf verlorenem Posten stehen, einen aussichtslosen Kampf führen" (beachten Sie die Verwendung von **losing** anstelle von **lost**!).

≈ **to play a losing game** bzw. **to be on a hiding to nothing** [➡ Satz 2].

> I wouldn't even try and get your money back. You're **on a hiding to nothing**. 2

 hiding [*hai-ding*].

 on a hiding to nothing: in a situation where you will not gain very much if you succeed, but will lose a lot if you fail.

„Ich würde nicht einmal versuchen, das (dein) Geld zurückzube-kommen. Das ist völlig aussichtslos."

📖 **to be on a hiding to nothing**, ein Synonym zu **to fight a losing battle**; verweist ebenfalls auf eine aussichtslose Situ-ation, in der man schon vor vornherein zum Scheitern verur-teilt ist. **Hide** bedeutet „Tierfell, Tierhaut", und **a hiding** ist eine „Tracht Prügel". Daher auch die Wendung **to give s.o. a good hiding** „jmdm. eine ordentliche Tracht Prügel verpassen, jmdm. den Hosenboden versohlen". Die Wendung ist vermutlich eine Abwandlung von **to be on for a hiding for nothing** „eine Tracht Prügel für nichts einstecken".

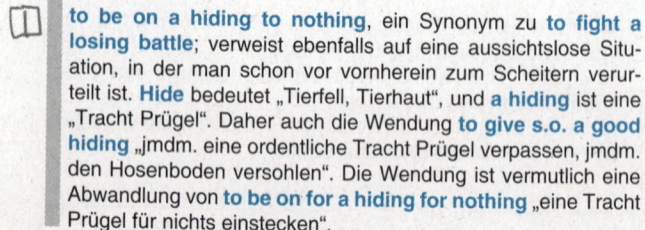

You're **flogging a dead horse** trying to get him to vote Labour. He's a dyed-in-the-wool Conservative. 3

🔔 flogging [*flO*-ging]; dead [*däd*]; Labour [*lei-bö(r)*]; dyed-in-the-wool [*daid-in-fsö-wu:l*].

💡 **flogging**: hitting with a stick or whip as a punishment.
flogging a dead horse: wasting time on s.th. that you know is not going to happen.
Labour: (**Labour Party**) one of the three main political parties in the UK, originally started to try to improve conditions for work-ing people.
dyed-in-the-wool: unwilling to change your opinions or beliefs because you are certain they are correct.

Ⓓ „Du verschwendest deine Zeit (peitschst ein totes Pferd), wenn du versuchst, ihn dazu zu bringen, die Labour-Partei zu wählen. Er ist ein eingefleischter (gefärbt-in-der-Wolle) Konservativer."

📖 **to flog a dead horse** wird für Handlungen benutzt, bei denen man sinn- und zwecklos Zeit und Energie aufwendet und die schon im Vorfeld als gescheitert gelten.

! Achtung: Nicht zu verwechseln mit **to flog s.th. to death** „etw. totreden, etw. totreiten": **The joke about Thatcher and her handbag has been flogged to death** (oder **done to death**). „Der Witz über Frau Thatcher und ihre Handtasche ist schon viel zu oft erzählt worden" [➡ Kapitel 20, 5].

* **dyed-in-the-wool** „durch und durch, unverbesserlich, einge-fleischt" stammt aus der Zeit, in der man die Rohwolle vor dem Spinnen einfärbte, weil sie dann eine kräftigere Farbe annahm. Man sprach dann davon, daß ein Kleidungsstück **dyed in the wool** („durchgefärbt") war.

We had a golden opportunity to change our public image, but we **let it slip away**.   4

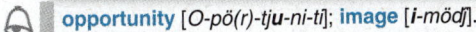

🔔 **opportunity** [*O-pö(r)-tju-ni-ti*]; **image** [*i-mödj*].

💡 **public image**: the ideas and opinions that the public has about a person or an organization that may not be what they are really like.
we let it slip away: we did not take the opportunity.

Ⓓ „Wir hatten eine hervorragende (goldene) Gelegenheit, unser (öffentliches) Image zu verändern, aber wir haben sie sausen lassen."

📖 **to let s.th. slip away** „etwas sausen lassen" beschreibt eine Situation, in der man eine Gelegenheit nicht ergreift, sondern sie vorbeigehen läßt, ohne zu handeln. **To slip** meint immer eine schnelle gleitende Bewegung: **She slipped the bar of chocolate into her pocket.** „Sie ließ den Schokoladenriegel in ihre Tasche gleiten."

≈ **to let s.th. slip through one's fingers** „sich etw. durch die Finger gehen lassen".

147

! Achtung: Nicht zu verwechseln mit **to let s.th. slip** (ohne **away**!) „jmdm. rutscht etwas heraus", d.h. jemand verrät aus Versehen ein Geheimnis: **Ray let it slip that he was leaving the company.** „Ray ist es herausgerutscht, daß er die Firma verläßt."

> The banks refused us another loan so we had to watch while our business **went down the drain**.
>
> 5

loan [*loun*]; **drain** [*drein*].

loan: an amount of money that a person, business, or country borrows, especially from a bank.
drain: a pipe or passage through which water or waste liquid flows away.
went down the drain: was completely lost.

„Die Banken verweigerten uns ein weiteres Darlehen; so mußten wir zusehen, wie es mit unserer Firma bergab ging (das Abflußrohr hinunterging)."

to go down the drain „bergab gehen, den Bach runtergehen" wird für eine Person oder eine Firma benutzt, die immer mehr Mißerfolge hat und zu scheitern droht, jedoch kann man den Ausdruck auch im übertragenen Sinne verwenden: **When the sponsors pulled out, all our hopes went down the drain.** „Als die Sponsoren sich zurückzogen, zerplatzten all unsere Hoffnungen." [➡ Kapitel 11, 3; Kapitel 24, 12; Kapitel 43, 7].

≈ Auch **to go downhill** drückt aus, daß eine Person oder ein Projekt scheitert bzw. eine negative Entwicklung durchläuft: **As a writer, he really went downhill after his second novel.** „Als Schriftsteller ging es mit ihm nach seinem zweiten Roman wirklich bergab."

> His attempts at humour **went down like a lead balloon**. The security guards were in no mood for jokes.
>
> 6

attempts [*ö-tämptß*]; **humour** [*hju:-mö(r)*]; **lead** [*li:d*]; **balloon** [*bö-lu:n*]; **security** [*ßö-kju-rö-ti*]; **guards** [*ga:(r)ds*]; **mood** [*mu:d*]; **jokes** [*dƒoukß*].

attempts: an effort to do s.th.
humour: the quality that makes a situation or entertainment funny.
lead: a soft heavy grey metal used especially in the past for making pipes, covering roofs, and in paint.
went down like a lead balloon: completely failed to please the others.
security guards: s.o. whose job is to guard s.th.
were in no mood for: did not feel like.
joke: s.th. you say or do that is intended to make people laugh.

"Seine Versuche, komisch zu sein (zu Humor), kamen nicht gut an (gingen hinunter wie ein Bleiballon). Die Wachleute waren nicht in der Stimmung für Witze."

to go down like a lead balloon „nicht ankommen, keinen Anklang finden". Normalerweise sollte ein Ballon in die Höhe steigen, was jedoch unmöglich ist, wenn er aus Blei ist ...

≈ **to fall flat** „nicht ankommen, seine Wirkung verfehlen".

≠ **to go down like a bomb** „wie eine Bombe einschlagen, großen Anklang finden" [➡ Kapitel 25, 5].

The latest attempts to broker a peace settlement **came to nothing** when the delegates walked out of the conference.   7

---

broker [*brou-kö(r)*]; **peace** [*pi:ß*]; **settlement** [*ßätl-mönf*]; **delegates** [*dä-lö-götß*].

to broker: to arrange the details of a deal, plan etc so that everyone can agree to it.
settlement: a formal agreement that ends a disagreement.
came to nothing: did not have any success.
delegates: s.o. who is chosen to represent a group of other people at a meeting.

"Die neuesten Versuche, eine Friedensvereinbarung herbeizuführen (zu vermitteln), schlugen fehl, als die Delegierten die Konferenz verließen."

to come to nothing „fehlschlagen, keinen Erfolg haben" kann auch negiert mit **anything** benutzt werden: **It was a great idea, but it never came to anything.** „Es war eine großartige Idee, aber sie führte zu nichts."

≈ **to come to naught** [*nO:f*]: **naught** ist eine Variante von **nought** „Null" (vor allem im Norden Englands gibt es für **nothing** den Dialektausdruck **nowt** [*naof*] „nix").

* **broker** „(Immobilien-/Börsen-)Makler" wird auch verbal („vermitteln, makeln") benutzt, und es gibt auch das Adjektiv: **an American-brokered cease-fire** „ein von den Amerikanern vermittelter Waffenstillstand". Ein **broker** war im 14. Jh. ein kleiner Händler oder Mittelsmann, im 19. Jh. eine Person, die gepfändete Güter schätzte oder verkaufte.

I really **made a mess of things** yesterday:
I sent a fax to the wrong customer!   8

---

 fax [*fäkß*]; **wrong** [*rOng*].

 made a mess of things: muddled up a lot of things.

 „Gestern habe ich wirklich alles durcheinander gebracht: Ich habe ein Fax an den falschen Kunden geschickt!"

 to make a mess of things „Dinge durcheinander bringen, Unordnung schaffen". **Mess** „Unordnung" stammt vom französischen *mets* ab, einer Mischung verschiedener Speisen auf einem Tisch. Auch hier kennt das Englische das Verb: **to mess up**: **It was a simple job, but you messed it up.** „Es war eine einfache Aufgabe, aber du hast alles durcheinander gebracht."

≈ Zwei vulgärere Varianten sind **to screw up** „vermasseln, vermurksen; Mist bauen" und **to fuck up** „versauen".

The historic part of the town with its half-
timbered houses has **gone to rack and ruin**
because of a lack of money.   9

---

 half-timbered [*ha:f-tim-bö(r)d*]; **rack** [*räk*]; **ruin** [*ru-in*].

timber: wood used for building houses and making furniture.
half-timbered houses: houses that have been built so that its wooden structure can be seen on the outside walls.
has gone to rack and ruin: their condition has become very bad.

„Der historische Teil der Stadt mit seinen Fachwerkhäusern ist wegen Geldmangels völlig verfallen."

to go to rack and ruin „zur Ruine verfallen" ist wieder eine Wendung, bei der die Alliteration angewandt wurde. **Rack** ist eine Abwandlung von **wrack**, das wiederum von **wreck** „Wrack" kommt. Die Ergänzung **ruin** verstärkt nicht nur der Sinn, sondern dient auch dem Wohlklang.

≈ Spricht man nicht von einem Gebäude, sondern von einer Person, die „immer mehr herunterkommt" oder „auf den Hund kommt", so sagt man **to go to pot** [➡ Kapitel 11, 3].

Another one of your bright ideas that's fallen flat! Oh well, **back to the drawing board**.
10

bright [*braif*]; **board** [*bO:(r)d*].

bright: here: clever.
drawing board: large board or table that designers put their paper on when they are working.
back to the drawing board: to try to think of a completely new idea because the one you tried before was not successful.

„Noch eine von deinen tollen Ideen, die nicht gut angekommen ist! Naja, dann müssen wir wohl wieder bei Null anfangen (zurück zum Zeichenbrett)."

back to the drawing board ist ein Ausruf, der immer von einer Portion Resignation und Enttäuschung begleitet wird, wenn ein Plan, ein Projekt usw. ins Wasser gefallen ist und man wieder von vorne, buchstäblich am Zeichenbrett, beginnen muß.

≈ **back to square one**, wörtl. „zurück zu Feld eins" [➡ Kapitel 7, 11].

> Her business was going fine until she tried to expand, then she **came** a real **cropper**. **11**

🔔 **expand** [ikß-pänd]; **cropper** [krO-pö(r)].

💡 **to expand**: to grow by including more people, moving into new areas, selling more products etc.
she came a real cropper: she really got into trouble.

💬 „Ihr Geschäft lief gut, bis sie versuchte, zu expandieren, dann fiel sie richtig auf die Nase."

📖 **to come a cropper** ist umgangssprachlich und wird nur im britischen Englisch verwendet; es bedeutet „auf die Nase fallen, auf der ganzen Linie scheitern". **crop** bedeutet „Ernte; kurzer Haarschnitt; Kropf (beim Vogel)", wobei nicht endgültig geklärt ist, ob **crop** die Wurzel von **cropper** ist.

Der Ausdruck kann auch benutzt werden, wenn von einem Unfall die Rede ist: **They were driving too fast and came a cropper.** „Sie fuhren zu schnell und bauten einen Unfall."

> I looked up the word in half a dozen dictionaries, but I **drew a blank** every time. **12**

🔔 **half** [ha:f]; **dozen** [da-sön]; **dictionaries** [dik-tschö-nö-ri:s]; **drew** [dru:]; **blank** [blänk].

💡 **a dozen**: twelve.
dictionary: a book that gives a list of words in alphabetical order and explains what they mean.
drew a blank: failed to find what I was looking for.

💬 „Ich habe das Wort in einem halben Dutzend Wörterbücher nachgesehen, aber ich habe es nirgendwo gefunden (habe jedes Mal eine Niete gezogen)."

📖 **to draw a blank** „eine Niete ziehen, kein Glück haben" kommt aus der Sprache der Lotterie, wo Lose, für die es keinen Gewinn gibt, schlicht leer (**blank**) sind. **Blank** steht für alles, was „nicht da, nicht vorhanden" ist: **My mind went blank.** „Mein Kopf war leer." **Blank** begegnet uns z.B. auch im Wort **blank cheque**, ein

Scheck, der unterschrieben, aber ansonsten nicht ausgefüllt ist. Aber: **We gave them a blank cheque** bedeutet „Wir gaben ihnen freie Hand/eine Blankovollmacht".

> On paper, the plan was perfect, but we **got bogged down** in petty details and had to abandon it.   13

🔔 **perfect** [pÖ:(r)-fökt]; **bogged** [bOgd]; **petty** [pä-ti], **details** [di-teils]; **abandon** [ö-bän-dön].

💡 **bog**: an area of ground that is always very wet and soft.
we got bogged down: we became so involved with several unimportant things that we could not make any progress.
petty: minor, not important, and not worth worrying about.
abandon: stop what we were doing.

Ⓓ „Auf dem Papier war der Plan perfekt, aber wir hatten uns in unwichtigen Details verzettelt und mußten ihn aufgeben."

📖 **to get bogged down** „sich in Details verzetteln, nicht weiterkommen" beinhaltet **bog** „Moor, Sumpf", d.h. man steckt buchstäblich fest und kann sich nicht mehr weiterbewegen. Eine andere Bedeutung von **bog** sollten Sie sich – obwohl sie nicht sehr salonfähig ist – trotzdem merken: „Klo".

* **petty** kommt vom französischen *petit* und bedeutet „kleinlich, belanglos; kleinkariert, engstirnig".

> The dollar's performance on the foreign
> exchanges yesterday **fell** way **short** of
> dealers' expectations. 14

performance [pö(r)-f**O**:(r)-mönß]; **exchanges** [ik**ß**-tsch**ein**-ĵiß]; **dealers'** [**di**:-lö(r)s].

performance: the development of a currency or an investment on the financial market.
foreign exchanges: a financial market where different currencies are bought and sold.
fell ... short: did not reach the expected level.
dealer: a person or company that buys and sells currencies on the foreign exchange market.
expectations: a belief that s.th. should happen in a particular way or that s.th. should have particular qualities.

„Die Wertentwicklung (Kursentwicklung) des Dollars auf den Devisenmärkten blieb eindeutig hinter den Erwartungen der [Devisen]händler zurück."

to fall short of basiert auf einer Wendung aus dem Bogenschießen. Dort spricht man von **to fall short of the mark**, wenn der Pfeil nicht ins Schwarze trifft. Es wird auch im übertragenen Sinne benutzt: **The company expected the share to strengthen, but its performance fell short of the mark**. „Die Firma erwartete, daß die Aktie stärker werden würde, aber ihre Wertentwicklung verfehlte die Zielsetzung". Das eingefügte **way** oder **far** verstärkt die Aussage.

SERENDIPITY

Wir wollen uns noch einmal Satz 8 in Erinnerung rufen. Dort haben Sie **to make a mess of things** kennengelernt, das man auch durch **to make a pig's ear of s.th.** „etw. verpfuschen, vermurksen" ersetzen kann. Diese Wendung ist verwandt mit dem Sprichwort **You can't make a silk purse** [p**Ö**:(r)ß] **out of a sow's** [ßaos] **ear**, wörtl. „Man kann aus dem Ohr einer Sau keinen Geldbeutel aus Seide machen", mit anderen Worten: „Aus etwas Wertlosem kann man nichts Hochwertiges herstellen".

Wenn man heute sagt: **You've made a pig's ear of the job**, so meint man, daß die Person trotz bester Voraussetzungen und guter Materialien eine Aufgabe völlig vermurkst hat.

Der Titel dieses Kapitels stammt aus der Antrittsrede von Franklin D. Roosevelt im Jahre 1933: **The only thing we have to fear is fear itself.** „Das einzige, das wir fürchten müssen, ist die Furcht selbst."

Dieses Kapitel beschäftigt sich mit Redewendungen rund um Angst und Furcht und zeigt Ihnen, wie Sie die Verben **to scare** und **to frighten** umschreiben können.

Don't mention to June that I'm going bungee jumping; she'll **worry herself sick**.

1

mention [*män-tschön*]; **June** [*dʒu:n*]; **bungee** [*ban-dʒi*]; **worry** [*uö-ri*].

mention: tell.
bungee jumping: the sport of jumping from a very high place while attached to a long piece of rubber that is just short enough to prevent you from hitting the ground.
she'll worry herself sick: she will be extremely worried.

(D) „Erwähne June gegenüber nicht, daß ich Bungee-Springen gehe; sie wird krank sein vor Sorge (wird sich krank beunruhigen)."

📖 **to worry oneself sick/to death** oder **to be worried sick** drückt große Besorgnis aus: **I was worried sick all night.** „Ich war die ganze Nacht krank vor Sorge."

≈ **to be sick with worry**.

! Achtung: Nicht zu verwechseln mit **to be sick to death of s.th.** oder **to be sick and tired of s.th.** oder **to be sick to the back teeth of s.th.** „etwas leid sein, etwas satt haben, von etwas die Nase gestrichen voll haben" [➡ Kapitel 20, 4].

It sounded a great idea first, but as the day approached, she started to **get cold feet**.

2

sounded [*ßaon-did*]; **approached** [*ö-proutschd*].

approached: came nearer.
to get cold feet: to suddenly feel nervous about doing s.th. that you have planned or agreed to do.

„Zuerst klang es nach einer großartigen Idee, aber als der Tag näher rückte, fing sie an, nervös zu werden (kalte Füße zu kriegen)."

to have/get cold feet sagt man, wenn jmd. vor einem Ereignis, auf das er sich zunächst gefreut hat, nervös wird oder Angst bekommt. Es schließt auch mit ein, daß man sich am liebsten zurückziehen und das Geplante absagen würde.

! Achtung: Nicht zu verwechseln mit to get/give s.o. the cold shoulder: „die kalte Schulter gezeigt bekommen/zeigen": I thought she liked me, but when I arrived, I got the cold shoulder [➡ Kapitel 15, 12].

SHE'S STARTING TO GET COLD FEET.

I can't help it: every time I have to speak in public, I get butterflies.

3

public [*pab-lik*]; butterflies [*ba-tö(r)-flais*].

in public: in a place where many people can hear or see you.
butterfly: a flying insect with large colourful wings.
I get butterflies: I feel very nervous and excited.

„Ich kann nichts daran ändern (es nicht helfen): Jedesmal, wenn ich in der Öffentlichkeit sprechen muß, habe ich Schmetterlinge [im Bauch]."

Die vollständige Wendung lautet **to have/get butterflies in the stomach** und ist damit identisch mit ihrer deutschen Übersetzung. Diese Wendung drückt nicht Angst, sondern Nervosität aus, wie sie sich gerne vor einem wichtigen Ereignis einstellt. Man könnte einen Vergleich zum „Lampenfieber", auf Englisch **stage fright** [*ßteidʒ frait*], ziehen: **Like most great actors, Laurence Olivier suffered from terrible stage fright.** „Wie die meisten bedeutenden Schauspieler litt Laurence Olivier unter schrecklichem Lampenfieber."

> Since the plane took off, she's been **like a cat on hot bricks**. 4

 took off: left the ground and started flying.
she's been like a cat on hot bricks: she's been unable to stay still or concentrate because she is very nervous or worried.

 „Seit das Flugzeug abgehoben hat, sind ihre Nerven zum Zerreißen gespannt (sie ist wie eine Katze auf heißen Backsteinen)."

 Stellen Sie sich die Unruhe und Aufregung einer Katze vor, die auf heißen Backsteinen umherläuft! Bei dieser Wendung fällt Ihnen wahrscheinlich der deutsche Ausdruck „auf heißen Kohlen sitzen" ein, der allerdings etwas anderes bedeutet: „sehr ungeduldig sein" [→ Satz 6].

Like a cat on hot bricks findet sich in leicht veränderter Form in einem Stück von Tennessee Williams wieder: **Cat on a Hot Tin Roof** „Die Katze auf dem heißen Blechdach".

Und da sich nachts auf den Dächern viel tut, haben die Briten auch die Wendung **to spend a night on the tiles** „einen draufmachen, die Nacht durchfeiern" [→ Kapitel 8, 3] als Anspielung auf die Katzen, die nachts über die Dächer laufen. Die Katzen müssen noch für eine andere Redewendung herhalten: **wait to see which way the cat jumps**, sinngemäß: „erst mal abwarten und Tee trinken, bevor man eine Entscheidung trifft".

> If I were you, I wouldn't **lose any sleep over** her. She can look after herself. 5

 lose [*lu:s*].

💡 **I wouldn't lose any sleep over her**: I wouldn't worry over her.

🗣 „Wenn ich du wäre, würde ich mir wegen ihr keine schlaflosen Nächte machen (würde ich keinen Schlaf über sie verlieren). Sie kann sich um sich selbst kümmern."

📖 **not to lose sleep over s.o./s.th.** (oder **to lose no sleep over...**) „sich wegen jmdm./etw. nicht den Kopf zerbrechen" wird meistens in einer negativen Konstruktion verwendet. Auch die affirmative Form ist möglich: **I've been losing sleep over my future** [*fju:-tschö(r)*]. „Ich mache mir Sorgen um meine Zukunft."

The whole country **was on tenterhooks** until the last episode: who did kill the president? 6

🔔 tenterhooks [*tän-tö(r)-hukß*]; episode [*ä-pi-soud*].

💡 **was on tenterhooks**: was nervous because they did not know what would happen.
episode: an event or set of events that forms part of a longer series but is considered separately.

🗣 „Das ganze Land wartete äußerst gespannt auf die letzte Folge: Wer hatte nun den Präsidenten ermordet?"

📖 **be on tenterhooks** drückt ebenso wie Satz 4 ängstliches und gespanntes Warten aus und stammt aus der Stoffherstellung: Ein **tenter** (vom lat. *tendere* „strecken") war ein Holzrahmen, auf den frisch gewebter Stoff zum Trocknen gespannt wurde, **tenterhooks** waren die Haken an dieser Konstruktion. Das Bild der Anspannung wird auch von **to keep s.b. on tenterhooks** „jmdn. auf die Folter spannen" aufgegriffen: **He kept us on tenterhooks until the last minute.** „Er hat uns bis zur letzten Minute auf die Folter gespannt."

Every time the phone rang, Jane's **heart was in her mouth**. She was sure it was bad news. 7

🔔 rang [*räng*]; sure [*schu:(r)*].

Jane's heart was in her mouth: Jane felt very nervous or afraid.

 „Jedesmal wenn das Telefon klingelte, klopfte Janes Herz bis zum Hals (war Janes Herz in ihrem Mund). Sie war sicher, daß eine schlechte Nachricht kam."

 Mit (**with**) **one's heart in one's mouth** drückt man aus, daß man so aufgeregt ist, daß man den Herzschlag buchstäblich bis in den Hals spürt. Bei großer Aufregung oder Angst passiert es auch mal, daß das Herz kurzfristig aussetzt: **When she saw him at the door, her heart skipped** (oder **missed**) **a beat.** „Als sie ihn an der Tür sah, setzte ihr Herz kurz aus", wörtl. „ihr Herz übersprang einen Schlag".

! Nicht zu verwechseln mit **to wear one's heart on one's sleeve** „das Herz auf der Zunge tragen", was aussagt, daß jemand seine Gefühle meistens offen zeigt [➡ Kapitel 3, 14].

> Remember Wellington's words: "I don't know what they do to the enemy but they **put the fear of God** into me." 8

 enemy [*ä-nö-mi*]; **fear** [*fi:(r)*].

 enemy: s.o. who is opposed to s.o. else and tries to do them harm.
they put the fear of God into me: they made me feel very frightened.

 „Denk an Wellingtons Worte: „Ich weiß nicht, was sie mit dem Feind machen, aber sie jagen mir eine Heidenangst (Furcht von Gott) ein."

 Ursprünglich wurde **fear** im biblischen Sinne verwendet und bedeutete „Respekt, Gottesfurcht". Die Wurzel des Wortes liegt in **fright** bzw. **afraid**, daher liegt auch die Übersetzung „Angst" nah.

Dieser Ausspruch ist authentisch. Der Herzog von Wellington (1769-1852) sagte ihn beim Anblick eines Regiments seiner eigenen irischen Soldaten, die einen besonders grimmigen und angsteinflößenden Eindruck machten.

> I wish you would knock before you come in!
> You **scared the daylights** out of me! 9

🔔 knock [*nOk*]; scared [*ßkä:rd*].

💡 **knock**: hit a door with your hand or a knocker so that the people inside know you are there.
You scared the daylights out of me: You made me suddenly feel very frightened.

💬 „Ich wünschte, du würdest anklopfen, bevor du hereinkommst! Du hast mir eine Heidenangst eingejagt."

📖 Sie kennen bestimmt aus manchen Comic-Darstellungen die Figuren, denen vor Angst oder Schrecken die Augen aus dem Kopf treten. **The daylights** ist im Altenglischen eine Umschreibung für die Augen, und so erklärt sich auch der Ursprung von **to scare/frigthen the (living) daylights out of s.b.** „jmdn. zu Tode erschrecken".

≈ Für **to scare the hell out of s.o.** bietet sich unsere Wendung „jmdm. eine Höllenangst einjagen" an. Hierfür existiert auch die – allerdings sehr vulgäre – Variante **to scare the shit out of s.o.**

! Achtung: Anders verhält es sich mit **to beat the living daylights out of s.o.** „jmdn. verprügeln, jmdn. windelweich hauen" [➡ Kapitel 8, 8].

> The car backfired with a loud bang, making
> Brian **jump out of his skin**. 10

🔔 backfired [*bäk-fai-ö(r)d*]; bang [*bäng*]; jump [*dʃamp*], skin [*ßkin*].

💡 **backfired**: its engine made a loud noise like an explosion.
bang: a short loud noise.
jump out of his skin: get a very big shock.

💬 „Der Wagen hatte eine laute Fehlzündung (knallte mit einem lauten Peng), und Brian machte vor Schreck einen Satz (sprang aus seiner Haut)."

Auch bei dieser Wendung könnten einem Comic-Bilder einfallen, auf denen eine Figur vor lauter Schreck an die Decke springt.

! Achtung: Nicht zu verwechseln mit „an die Decke gehen" im Sinne von „sehr wütend werden". Der Brite drückt dies mit **to hit the roof/ceiling** aus: **He'll hit the roof when I tell him the price.** „Er wird an die Decke gehen, wenn ich ihm den Preis nenne."

BRIAN JUMPED OUT OF HIS SKIN.

The door creaked open and a shadowy figure appeared in the distance. Her **blood froze**. 11

creaked [*kri:kt*]; **shadowy** [*schä-dou-i*]; **figure** [*fi-gö(r)*]; **froze** [*frous*].

creaked: made a high noise.
shadowy: mysterious and secret.
Her blood froze: She was extremely frightened.

„Die Tür ging knarrend auf, und eine schemenhafte Gestalt erschien in der Ferne. Ihr gefror das Blut [in den Adern]."

Die Wendung **his/her blood froze** kennen wir analog im Deutschen. Sie ist immer intransitiv (d.h. sie kann nicht mit einem Akkusativobjekt verwendet werden).

≈ **His/her blood ran cold** „jmdm. gefriert das Blut in den Adern" kann ebenfalls nur intransitiv benutzt werden. Anders verhält es sich mit dem Synonym **his/her blood turned to water**; hier kann man sagen: **A high-pitched scream turned his/her blood to water.** „Ein gellender Schrei ließ ihm/ihr das Blut in den Adern gefrieren (verwandelte sein/ihr Blut zu Wasser)."

> When Steve found out that the police had
> been asking questions about him, it really
> **put the wind up him**.   12

 wind [*uind*].

 it really put the wind up him: it really made him feel nervous
or frightened.

 „Als Steve herausfand, daß die Polizei Fragen über ihn gestellt
hatte, machte ihm das wirklich Angst."

 to put the wind up s.b. „jmdm. Angst machen" kann auch in
der reflexiven Form benutzt werden: **to get/have the wind up**:
When I heard the police siren [*ßai-rön*]**, I got the wind up.** „Als
ich die Polizeisirene hörte, bekam ich es mit der Angst zu tun."

= Das Synonym **to be/get windy** wird nicht sehr häufig gebraucht. Achtung: Der Beiname **the Windy City** für die Stadt
Chicago hat hiermit nichts zu tun; er bezieht sich auf den Wind,
der vom nahegelegenen Michigan-See in die Stadt weht.

> A massive pull-out by American pension
> funds **gave** the UK market **the jitters**.   13

 massive [*mä-ßiw*]; **pension** [*pän-schön*]; **funds** [*fands*]; **jitters**
[*dschi-tö(r)s*].

 pull-out: an occasion when a company or an organization
decides not to be in a competition any more.
pension fund: money that a company or organization uses to
pay pensions to people.
the jitters: a nervous upset feeling caused by not knowing what
will happen.

 „Ein massiver Rückzug amerikanischer Rentenfonds machte
den britischen Markt nervös (gab ... das Zittern)."

 jitters steht in der Umgangssprache für „das große Zittern, den
Bammel, die Nervosität": **to give s.o. the jitters** „jmdn. nervös machen, jmdm. Angst machen" und **to have/get the jitters**
„nervös werden, Schiß bekommen". Das Adjektiv lautet **jittery**

„zittrig, nervös". Schon zu Beginn des Jahrhunderts bezeichneten die Amerikaner damit das Zittern eines Alkoholikers. In den 30er Jahren benutzte man **jitters** für „Nervosität". In dieser Zeit machte auch beiderseits des Atlantiks ein Tanz Furore, der **Jitterbug**.

≈ **to give s.b. the heebie-jeebies** [*hi:-bi-dʃi:-bis*] „jmdn. nervös/kribbelig/jmdm. Angst machen": **That old, abandoned house on the corner gives me the heebie-jeebies.** „Dieses alte verlassene Haus an der Ecke macht mir Angst."

We went looking for David and found him hiding in a cupboard **in a blue funk**.   14

---

hiding [*hai-ding*]; **cupboard** [*ka-bö(r)d*], **funk** [*fank*].

cupboard: a very small room with no windows used for storing things.
in a blue funk: very frightened (GB)/depressed (US).

„Wir gingen David suchen und fanden ihn völlig verängstigt, versteckt in einem Besenschrank."

to be in a (blue) funk „Bammel, Schiß haben" (bei den Amerikanern „deprimiert sein") ist veraltet. Fest steht, daß der flämische Ausdruck *in de fonke* „ängstlich" in Form von **in the funk** ins Englische übergegangen ist. **blue** wirkt zusätzlich verstärkend [➡ Kapitel 17, Serendipity].

* **Blue funk** hat noch eine weitere Bedeutung: „Drückeberger", und **to funk it** heißt „vor einer Sache kneifen".

SERENDIPITY

Normalerweise kann jedes Adjektiv mit **very** verstärkt werden, aber wer die Abwechslung liebt, kann auch **bloody** oder **damn(ed)** „verdammt, verflucht" verwenden, wobei beide im britischen Englisch geläufiger sind als im amerikanischen Englisch. Allerdings müssen Sie damit rechnen, daß diese Ausdrücke sensiblere Gesprächspartner vor dem Kopf stoßen, da in Großbritannien eine lange Tradition des Puritanismus besteht und beide Ausdrücke einen Bezug zur Religion haben. Sie sollten sie daher vorsichtig anwenden.

Beschäftigen wir uns ein wenig mit der Entstehungsgeschich-te von **bloody** und **damned**: **Bloody** kommt vom Ausruf **God's blood!** (wörtl. „Gottes Blut") „Verflucht!, Verdammt!". Meistens schrieb man nur **'s blood**, woraus dann **bloody** wurde. Ein an-derer Ausdruck ist **God's wounds!** (die „Wunden Christi"); sie wurden zu **'s wounds** und dann zu **Zounds!**, was heute nicht mehr gebraucht wird. **Drat!** [*drät*] „Verflucht!" ist eine Abwand-lung von **God rot!** „[Auf daß] Gott verrotte!"

Damn(ed) kommt von **God be damned!** „Gott sei verdammt!" Im amerikanischen Englisch findet man sehr häufig das davon abgeleitete **goddam**.

Um sich nicht der Blasphemie schuldig zu machen, aber trotz-dem deftig fluchen zu können, werden die ursprünglichen Wör-ter gelegentlich durch das unverfängliche **blasted**, **darned** oder **bleeding** ersetzt. Den gleichen Mechanismus sieht man, wenn die Begriffe **God** und **Christ** durch **Pete**, **Mike** usw. er-setzt werden.

Ein Fluch, der offiziell ein Tabu, aber trotzdem bei allen Lieb-habern von zeitgenössischer Musik, Kino und Literatur gut be-kannt ist, ist **fucking** (von **to fuck** „ficken"), das heute häufig als Synonym zu **damn** benutzt wird. Ihm wird eine Verwandtschaft mit **to fornicate** „Geschlechtsverkehr haben" nachgesagt. Als Euphemismen benutzt man **flaming** oder **flipping**.

Was die Verwendung von **blue** (Satz 14: **in a blue funk**) an-geht, so werden Sie noch weitere Wendungen kennenlernen, in denen **blue** verstärkend wirkt: **to scream blue murder** „Zeter und Mordio schreien" [➡ Kapitel 31, 12] und **to throw a blue fit** „einen heftigen Wutanfall bekommen" [➡ Kapitel 33, 6].

Anders herum werden im Englischen Adverbien, die ursprüng-lich einen positiven Sinn haben, wie z.B. **pretty** „hübsch" und **merry** „fröhlich, lustig, munter", gelegentlich sinnverkehrt ver-wendet, so z.B. in **he's pretty stupid** „er ist ganz schön dumm" und in **to play merry hell** „etwas ganz schön in Unordnung/ins Schleudern bringen".

Die Wendung **worth its weight in gold** übersetzen wir im Deutschen mit „nicht mit Gold aufzuwiegen". In den USA lagern große Goldbestände in der Festungsanlage **Fort Knox** [*fO:(r)t nOkß*] im Bundesstaat Kentucky. Diese Anlage wird so gut bewacht, daß ihr Name als ein gängiger Vergleich in die Sprache eingegangen ist: **It's as safe as Fort Knox.** „Es ist so sicher wie Fort Knox".

In diesem Kapitel lernen Sie Ausdrücke kennen, mit denen der Wert oder die Bedeutung einer Sache veranschaulicht wird, was im Englischen meistens durch **worth** und **top** ausgedrückt wird. Aber eben nicht immer ...

> She always makes a point of visiting the refugees in the camps: **it means the world to** them.
>
> 1

 visiting [*wi-si-ting*]; **refugees** [*rä-fju-dʒi:s*]; **means** [*mi:ns*].

 She ... makes a point of visiting: It is very important for her to visit.
refugee: s.o. who leaves their country, especially during a war or other threatening event.
camp: a place with tents or other shelters for people such as soldiers, prisoners, refugees etc to live in.
it means the world to them: it is extremely important to them.

 „Sie legt immer viel Wert darauf, die Flüchtlinge in den Lagern zu besuchen: Es bedeutet ihnen unheimlich viel (die Welt)."

 to mean the world to s.o. drückt aus, daß einer Person etwas viel bedeutet bzw. etwas sehr wichtig ist. **World** wird gerne benutzt, um „sehr viel" auszudrücken. Sie haben schon kennengelernt: **to think the world of s.o.** [➡ Kapitel 12, 1].

= **to mean a lot to s.o., to mean everything to s.o.**

KAPITEL 18

For Scrooge, money **was the be-all and end-all**. 2

🔔 **Scrooge** [ßkru:dʃ].

💡 **money was the be-all and end-all**: money was the most important thing.

ⓓ „Für Scrooge war Geld das A und O (das sein-alles und Ende-alles)."

📖 **to be the be-all and end-all** bezeichnet etwas, das für eine Person extrem wichtig bzw. das Allerwichtigste überhaupt ist.

* **Ebenezer Scrooge** ist eine Figur aus dem Roman „A Christmas Carol" von Charles Dickens, die sich durch besonderen Geiz auszeichnet. Daher ist **Scrooge** zu einem Synonym für einen „Geizhals" oder „Pfennigfuchser" geworden: **He's a real Scrooge.** „Er ist ein richtiger Geizhals."

I worked flat out for three days, but he made it **worth my while**. I earned enough to buy a new VCR. 3

🔔 **worth** [uÖ:(r)fß]; **earned** [Ö:(r)nd]; **VCR** [wi:-ßi:-a:(r)].

💡 **I worked flat out**: I worked as much as I could and with a lot of effort.
he made it worth my while: he paid me very well.
VCR: short form for video cassette recorder.

ⓓ „Ich habe drei Tage lang so viel gearbeitet, wie ich konnte, aber er hat mich gut dafür belohnt. Ich habe genug verdient, um mir einen neuen Videorecorder kaufen zu können."

📖 Wir kennen **while** als Konjunktion (**Lay the table while I peel the potatoes.** „Deck den Tisch, während ich die Kartoffeln schäle.") und als Substantiv (**Why don't you stay a while?** „Warum bleibst du nicht eine Weile?"). **While** kann verschiedene Verbindungen mit **worth** eingehen: **It's not worth your while coming home early.** „Es ist nicht nötig, daß du früh nach Hause kommst." **To be worth one's while** bedeutet „es lohnt sich, es ist die Mühe wert": **It's not worth their while when most of their profits go in taxes.** „Es lohnt sich nicht, wenn der Großteil ihres Gewinns in die Steuern fließt." **worthwhile** drückt aus, daß etwas „sich lohnt, nützlich ist": **They want to do s.th. worthwhile with their lives.** „Sie möchten etwas Nützliches mit ihrem Leben machen."

> The inspectors are there to make sure that
> the taxpayer **gets his money's worth**.   4

sure [*schu-ö(r)*]; **taxpayer** [*täkß-pei-ö(r)*].

inspector: an official whose job is to check that things are in the correct condition or that people are doing what they should.
to make sure: to check s.th. so that you can be sure about it.
get's his money's worth: what he gets is worth the amount he paid for it.

„Die Kontrolleure sind da, um sicherzustellen, daß der Steuerzahler auf seine Kosten kommt (den Wert seines Geldes erhält)."

Diese Wendung kann mit **to have** bzw. **to get** ebenso wie mit **to give** gebildet werden; der Sinn ist immer der gleiche: **The band always plays for five hours to give the fans their money's worth.** „Die Gruppe spielt immer fünf Stunden, damit die Fans auf ihre Kosten kommen." [➡ Kapitel 43, 10].

> When the last encore was over, the
> audience shouted and cheered **for all they
> were worth**.   5

encore [*Ong-kO:(r)*]; **audience** [*O:-di-önß*]; **cheered** [*tschi:-öd*].

encore: a short performance after the main performance because the audience asks for more.
cheered: gave a loud shout of happiness and approval.
for all they were worth: with as much effort as they could.

„Nachdem die letzte Zugabe vorbei war, schrie und jubelte das Publikum, was es konnte."

KAPITEL 18

for all they were worth: **all** in Verbindung mit einem Verb des Handelns drückt aus, daß die Handlung „gründlich, mit großer Anstrengung, mit hoher Intensität" gemacht wird: **She tried for all she was worth.** „Sie versuchte, so sehr sie konnte." **We ran for all we were worth.** „Wir liefen, so schnell wir konnten."

! Achtung: Nicht zu verwechseln mit der Wendung **for what it's worth** „soweit ich das beurteilen kann, meiner [bescheidenen] Meinung nach, wenn Sie mich fragen": **I'm no expert, but for what it's worth, I think she plays beautifully.** „Ich bin kein Experte, aber wenn Sie mich fragen, so finde ich, sie spielt wunderschön."

* **encore** stammt vom französischen *encore* „noch (mehr)".

Any historian **worth his salt** will tell you that nationalist sentiment rises during periods of economic crisis.   6

historian [*hiß-tO-ri-ön*]; **salt** [*ßO:lt*]; **nationalist** [*nä-schö-nö-lißt*]; **sentiment** [*Bän-ti-mönt*]; **periods** [*pi:-ri-öds*]; **crisis** [*krai-ßiß*].

historian: s.o. who studies or writes about events in history.
worth his salt: respected by other people because he does his job well.
nationalist: believing your nation's interests should be considered as more important than those of other nations.
sentiment: an attitude towards s.th.
periods: times.

„Jeder Historiker, der etwas taugt (sein Salz wert), kann dir sagen, daß in Zeiten wirtschaftlicher Krisen vermehrt nationalistische Gefühle aufkommen."

worth his salt geht zurück auf das lateinische Wort *salarium*, das Geld, das die römischen Soldaten erhielten, damit sie sich davon ihre Salzration kaufen konnten.

Hier noch zwei weitere Ausdrücke, in denen **salt** eine Bewertung ausdrückt: **the salt of the earth** „das Salz der Erde", ein Ausdruck aus der Bibel, bezeichnet Personen, die anständig, rechtschaffen und bodenständig sind: **You can always rely on Yorkshiremen: they're the salt of the earth.** „Auf Leute aus

Yorkshire kann man sich immer verlassen: Sie sind das Salz der Erde." **With a grain/pinch of salt** „etw. nicht ganz wörtlich nehmen, mit Vorsicht genießen": **You must take anything he says with a grain of salt: he tends to exaggerate** [*ig-sä-djö-reit*]. „Du darfst nicht alles, was er sagt, wörtlich nehmen: Er neigt zu Übertreibungen."

> Amelia Bloomer was one of **the leading lights** of the women's rights movement in the mid-nineteenth century.   7

movement [*mu:w-mönt*].

leading light: a very important or respected person in a group, organization, or area of activity.
women's rights movement: the social and political activities of women working together to make sure that women have the same rights and opportunities as men.
in the mid-nineteenth century: around 1850.

„Amelia Bloomer war eine der herausragenden Persönlichkeiten (führenden Lichter) der Frauen(rechts)bewegung in der Mitte des 19. Jahrhunderts."

Die Grundbedeutung von **to lead** ist „führen, leiten"; es findet sich in vielen Wortverbindungen wieder: **a leading article** (oder **leader**) ist ein „Leitartikel", **leading lady** ist die „Hauptdarstellerin", und die **leading story** ist die „Titelgeschichte".

! Eine leichte Sinnverschiebung finden wir bei **leading question**, eine „Suggestivfrage", d.h. eine Frage, die den Befragten insofern „führt", als sie ihm die Antwort bereits in den Mund legt.

* Amelia Bloomer war eine der Pionierinnen der Frauenbewegung. Sie fiel durch ihre unkonventionelle Kleidung auf, die auch Ausdruck ihres Kampfes für die Rechte der Frauen war: Anstelle eines Rocks trug sie eine Art weite Pumphose, die in der Folge unter dem Namen **bloomers** in die Geschichte einging (existiert wie **trousers** nur im Plural).

> The first album by the Beatles **has pride of place** in my record collection. 8

album [*äl-böm*]; pride [*praid*]; record [*rä-kö(r)d*].

album: a CD, record or cassette with several songs or pieces of music on it.
pride: a feeling of pleasure and satisfaction that you get when you have achieved s.th. special.
has pride of place: is in the place that is most central or important.
record collection: a set of CDs, records, or cassettes with music on it that s.o. collects.

„Das erste Album der Beatles hat einen Ehrenplatz (Stolz von Platz) in meiner Musiksammlung."

Die Wendung **to have/give pride of place** wird immer ohne Artikel verwendet: **We've given them pride of place in the programme.** „Wir haben ihnen einen Ehrenplatz im Programm eingeräumt."

> During the 'season', events like Wimbledon, Ascot and Henley attract **the upper crust**. 9

season [*ßi:-sön*]; events [*i-wäntß*]; Ascot [*äß-köt*]; crust [*kraßt*].

Wimbledon: an important international tennis competition that is played every year in Wimbledon, in South England.
Ascot: a week of horse racing held in the town of Ascot, Berkshire, in the UK that many rich people and members of the Royal family go to.
Henley (Regatta): a series of boat races held every year on the river Thames near London, popular with rich and fashionable people.
attract: make people interested so that they come to see or hear it.
crust: 1. the hard brown outer part of a loaf of bread; 2. a layer of cooked pastry that forms the outer part of a pie.
upper crust: people who belong to the highest social class.

„Während der ‚Saison' ziehen Ereignisse wie Wimbledon, Ascot und die Henley[-Regatta] die obersten Zehntausend (obere Kruste) an."

Bei einem im Ofen überbackenen Gericht ist die Kruste meistens das beste und leckerste. Mit **the upper crust** sind die Reichen und Wohlhabenden der Gesellschaft gemeint, die „feine Gesellschaft". **Upper-crust** „High-Society-, zur sozialen Oberschicht gehörend" ist das entsprechende Adjektiv: **Ascot, Henley and other upper-crust events**.

! Achtung: Nicht zu verwechseln mit dem Adjektiv **crusty**, das in erster Linie „knusprig" bedeutet, aber auch für „mürrisch, jähzornig; bärbeißig, rauh" steht: **The typical gentleman farmer is a crusty old bloke with a shotgun and wellingtons.** „Der typische Gutsherr ist ein bärbeißiger alter Kerl mit einem Gewehr und Gummistiefeln."

Die moderne Umgangssprache kennt noch das Nomen **crusty**: eine Person, für die ein Zuhause, Besitz und Sauberkeit nicht wichtig sind, wobei die Frage ist, ob sich **crust** hier auf die Kruste bezieht, die sich aufgrund mangelnder Hygiene bei einem solchen Menschen bildet ...

Along with The Who, The Doors **topped the bill** at the legendary Isle of Wight pop festival in 1970.

10

legendary [*lä-dfön-dä-ri*]; **Isle** [*ail*]; **Wight** [*uaif*].

The Who, The Doors: two famous pop music bands in the 1970s.
bill: a list of events and performers at a concert, show etc.
topped the bill: were the most important performers.
legendary: very famous or well known for a long time.
Isle of Wight: an island at the south coast of Great Britain.

(D) „Zusammen mit [der Gruppe] ‚The Who' waren ‚The Doors' auf dem legendären Isle of Wight Popfestival 1970 die Stars des Abends."

Sie haben wohl schon erraten, daß es sich bei **bill** hier nicht um eine Rechnung handelt, sondern um eine Ableitung des veralteten **playbill** „Theaterplakat, Theaterprogramm".

KAPITEL 18

top bezeichnet immer „das Beste, die Spitze, das Oberste"; **top billing** meint einen „Prominenten, Star, Größe" im Show- und Musikgeschäft.

to top als Verb bedeutet „übertreffen, überbieten": **I didn't have enough money to top his offer.** „Ich hatte nicht genug Geld, um sein Angebot zu überbieten."

Und vielleicht kennen Sie auch die **Top of the Pops**, eine Musiksendung der BBC, bei der die erfolgreichsten aktuellen Popmusikstücke einschließlich der **Top Ten** präsentiert werden?

> He is only thirty-two and he has already
> **reached the top of the tree** in his
> profession. 11

reached [*ri:tschd*].

reached the top of the tree: reached the most important status and rank.
profession: a job that you need special skills and qualifications to do.

„Er ist erst 32, und er hat in seinem Beruf schon die oberste Sprosse der Leiter (die Spitze des Baumes) erreicht."

to reach/be at the top of the tree „ganz oben auf der Karriereleiter ankommen".

= **to reach the top of the ladder** vermittelt das Bild der „[Karriere-]Leiter", die man Sprosse für Sprosse erklimmt.

! Achtung: Nicht zu verwechseln mit **to be up a gum tree** (UK) bzw. **to be up a tree** (US), das „in einer schwierigen Situation sein, in der Klemme sitzen" bedeutet [➡ Kapitel 23, 7]: **When Sarah's school closed down, we found ourselves up a gum tree/tree** „Als Sarahs Schule geschlossen wurde, saßen wir in der Klemme (auf dem Gummibaum)."

> Ever since he was promoted to manager,
> Mr Wilton **has been too big for his boots**. 12

 promoted [*prö-**mou**-tid*]; **boots** [*bu:tß*].

 promoted: moved to a job at a higher level
has been too big for his boots: thought he was more important and powerful than other people.

Ⓓ „Seit er zum Geschäftsführer befördert wurde, ist Herr Wilton
größenwahnsinnig geworden (zu groß für seine Stiefel)."

📖 **to be too big for one's boots** bezeichnet eine Person, die ein
übersteigertes Selbstbewußtsein hat und der der Erfolg zu Kopf
gestiegen ist.

= **to be too big for one's breeches** (**breeches** „Reit-/
Kniehosen").

≈ Es gibt verschiedene synonyme Wendungen, in denen **head**
„Kopf" verwendet wird und die wir ähnlich aus dem Deutschen
kennen: **to go to one's head** „zu Kopf steigen", meistens in
Verbindung mit einem Erfolg: **The promotion has gone to his
head.** „Die Beförderung ist ihm zu Kopf gestiegen." Auch **bigheaded** „eingebildet" bzw. **bighead** „arroganter Fatzke, An-
geber" wird gerne für eine überhebliche Person benutzt: **He's
been bigheaded ever since he became manager**.

HE'S TOO BIG FOR HIS BOOTS.

KAPITEL 18

173

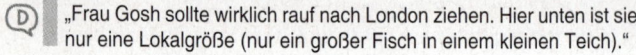

> Mrs Ghosh really should move up to London. She's just **a big fish in a small pond** down there. **13**

 pond [*pOnd*].

 pond: an area of water similar to a lake but smaller, especially one that has been built artificially.
She's ... a big fish in a small pond: a well-known person, but only in a place where very few people live.

(D) „Frau Gosh sollte wirklich rauf nach London ziehen. Hier unten ist sie nur eine Lokalgröße (nur ein großer Fisch in einem kleinen Teich)."

📖 **to be a big fish in a small pond** wird für eine Person angewandt, die nur auf begrenzter lokaler Ebene bekannt ist. Die Amerikaner sagen hier eher **small town hero**.

> You get a great breakfast in the Caledonia Hotel: bacon, eggs, sausages, baked beans – **the full monty**! **14**

 breakfast [*bräk-fößt*]; **Caledonia** [*kä-lö-d**ou**-njö*]; **bacon** [*bei-kön*]; **sausages** [*ßO:-ßö-dʒis*]; **baked** [*beikd*]; **beans** [*bi:ns*]; **monty** [*mOn-ti*].

 bacon: meat from a pig that is treated with smoke or salt.
sausage: a food that consists of a tube of skin containing very small pieces of meat mixed with spices.
baked beans: beans cooked in tomato sauce and sold in a can (often simply called beans).
the full monty: every possible thing.

(D) „Man bekommt ein großartiges Frühstück im Hotel Caledonia: Schinkenspeck, Eier, Würstchen, gebackene Bohnen – das volle Programm!"

 The Full Monty bedeutet sinngemäß „mit allem, was dazugehört"; im Deutschen sagen wir salopp „das volle Programm": **He wore a top hat, tails and spats** [*ßpätß*]: **the full monty!** „Er trug einen Zylinder, einen Frack und Gamaschen: das volle Programm!"

Die Theorien zum Ursprung von **The full monty** sind zahlreich; sie sind alle in gleicher Weise unbewiesen. Hier nur eine: Im 2. Weltkrieg kämpfte die britische Armee unter dem Befehl von Marschall Montgomery (Kurzname **Monty**) in Nordafrika gegen die Truppen Rommels. Um zu demonstrieren, daß er sich nicht vom Feind beeindrucken läßt, setzte sich der Marschall jeden Morgen vor sein Zelt und nahm unter den erstaunten Blicken seiner Soldaten in aller Ruhe ein opulentes Frühstück mit Eiern, gegrilltem Speck, Toast usw. ein, was die bewundernden Zuschauer **the full monty** nannten.

= the (whole) **works: She bought a new hat, new shoes and a new handbag – the works!** „Sie kaufte einen neuen Hut, neue Schuhe und eine neue Handtasche – das volle Programm!"

= Das Amerikanische kennt das gleichbedeutende **the whole shebang** [*schi-bäng*] (**shebang** = alter gälischer Ausdruck für „schlechtes Bier"). Unter einem **shebang** versteht man eine Spielhölle (im 18. Jh. **shebeen** „Kneipe"), in der heimlich Alkohol ausgeschenkt wurde. Während der Prohibition veranstaltete die Polizei Razzien in solchen Spielhöllen und verhaftete nicht nur die Kunden, sondern schloß gleich das ganze Etablissement (**the whole shebang**). Ein weiteres US-Synonym ist **the whole nine yards**; so lang sind die Stoffbahnen für einen indischen Sari, die um den Körper der Trägerin gewickelt werden.

SERENDIPITY

Das Englische ist reich an Ausdrücken, mit denen wichtige und einflußreiche Personen bezeichnet werden. Darunter finden sich **a big shot**, **a big noise** und **a big wheel**, aber auch so pittoreske Ausdrücke wie **a big cheese**, **a bigwig** (**wig** „Perücke" in Anspielung auf die Perücken der höchsten Richter bei Gericht) oder auch **a big enchilada**.

Im amerikanischen Sprachgebrauch hört man **the head honcho**, wobei **honcho** eine Person ist, die einen verantwortungsvollen Posten in einer Organisation oder bei einem Projekt bekleidet. Es gibt ebenfalls **the big boss** oder **the top man on the totem pole**, etwa „der oberste Kopf auf dem Totempfahl", und auch **the top dog** oder sogar **the top banana**. Ein „hohes Tier" ist auch ein **brass hat**, und die „hohen Tiere" in ihrer Gesamtheit werden als **the top brass** bezeichnet (**brass** „Messing").

So beginnt ein Zitat aus der Bibel: **Eat, drink and be merry, for tomorrow you die**, was ausdrückt, daß man heute den Sinnesfreuden frönen soll, da man morgen womöglich tot ist. Ein amerikanischer Humorist hat das Zitat abgewandelt zu **... for tomorrow you diet** „.... denn morgen bist du auf Diät".

Sehen wir uns nun an, wie das Essen als Basis für idiomatische Ausdrücke dient – mit teilweise kuriosen Ursprüngen! Das Kapitel endet mit einem kurzen Blick auf das britische Nationalgetränk.

> The convict escaped in broad daylight, leaving the prison governor **with egg on his face**.   **1**

 convict [*kOn-wikt*]; **escaped** [*iß-keipt*]; **broad** [*brO:d*]; **governor** [*ga-wö-nö(r)*].

 convict: s.o. who is in prison because he has committed a crime.
in broad daylight: during the day, usually used when a shocking or criminal event happens when it can easily be seen.
governor: the person in charge of a prison.
with egg on his face: embarrassed or appearing stupid because s.th. has gone wrong.

 „Der Strafgefangene floh am hellichten Tag, und der Gefängnisdirektor verlor sein Gesicht (lassend ... mit Ei auf seinem Gesicht)."

 to have/to end up with/to be left with egg on one's face „sein Gesicht verlieren, sich lächerlich machen".

> I know the job isn't glamorous, but someone has **to bring home the bacon**.   **2**

 glamorous [*glä-mö-röß*].

glamorous: attractive and interesting in an exciting and unusual way.
someone has to bring home the bacon: s.o. has to earn the money with which you can buy s.th. to eat.

 „Ich weiß, es ist nicht gerade der Traumjob (der Job ist nicht glanzvoll), aber irgendjemand muß [schließlich] die Brötchen verdienen (den Schinkenspeck nach Hause bringen)."

 to bring home the bacon: Früher gab es auf den Märkten ein beliebtes Spiel: Ein lebendiges Schwein wurde mit Fett einge-strichen und laufen gelassen. Wem es gelang, das Schwein zu fangen, der durfte es mit nach Hause nehmen.

! Nicht zu verwechseln mit **to save one's bacon**: **bacon** hat den gleichen Ursprung wie **back** „Rücken"; gemeint ist, daß man in einem Kampf versucht, einer Verletzung seines Rückens zu entgehen.

IT'S HIS WIFE WHO BRINGS HOME THE BACON.

> We tried to keep the party a secret, but some idiot **spilled the beans**. 3

 idiot [*i-di-öt*]; **spilled** [*ßpild*].

 spilled the beans: talked about s.th. that should be kept secret.

 „Wir wollten, daß die Party ein Geheimnis bleibt, aber irgendein Idiot hat es ausgeplaudert (die Bohnen verschüttet)."

to spill the beans könnte auf den amerikanischen Slangausdruck **beans** für **head** anspielen, aber möglicherweise stammt es auch von der Wendung **to know one's beans** „über etw. Bescheid wissen".

Spill the beans! kann auch eine Aufforderung sein, etwas Bestimmtes zu sagen: „Spuck's aus!"

! Achtung: Nicht zu verwechseln mit **full of beans** „putzmunter, quietschlebendig".

Bean ist außerdem ein Slangausdruck für Geld [➡ Kapitel 14, 14].

He won't risk losing his job to help you. He **knows which side his bread is buttered**. 4

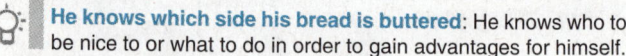

losing [*lu:-sing*]; **bread** [*bräd*]; **buttered** [*ba-tö(r)d*].

He knows which side his bread is buttered: He knows who to be nice to or what to do in order to gain advantages for himself.

„Er wird es nicht riskieren, seinen Job zu verlieren, um dir zu helfen. Er weiß, wo etwas zu holen ist (auf welcher Seite sein Brot mit Butter bestrichen ist)."

bread ist vergleichbar mit unserem „Broterwerb"; in Verbindung mit **butter** ist die Tätigkeit gemeint, mit der man „sein tägliches Brot" verdient: **Consultancy is just a sideline; programming is the bread and butter of the business.** „Die Beratertätigkeit ist nur ein Nebenverdienst; das Programmieren ist das Hauptgeschäft."

to know which side one's bread is buttered bedeutet, daß man weiß, wie man von etwas profitieren und diesen Profit bewahren kann. Sagt man dagegen z.B. **Raja's bread ist buttered on both sides**, so heißt dies, daß Raja „es in jeder Hinsicht gut getroffen hat". Als Adjektiv steht **bread-and-butter** für „wichtig, wesentlich, essentiell": **a bread-and-butter issue** „eine wichtige Frage".

Bread ist auch ein umgangssprachlicher Ausdruck für „Geld".

> I've never seen them do a stroke of work.
> They just sit around and **chew the fat**. 5

🔔 **stroke** [*ßtrouk*]; **chew** [*tschu:*].

💡 **stroke**: a movement of your hand.
chew the fat: have a friendly and long conversation.

Ⓓ „Ich habe sie nie einen Handschlag tun (Schlag von Arbeit machen) sehen. Sie sitzen nur herum und schwatzen (kauen das Fett)."

📖 **to chew the fat** „sich unterhalten, schwatzen" spielt möglicherweise darauf an, daß das Herumkauen auf einer Speckschwarte ebenso lange dauern kann wie eine ausführliche Unterhaltung bzw. das Erzählen von Geschichten.

Jeder weiß, daß durch Fett, das ins Feuer tropft, Flammen entstehen. So heißt **The fat's in the fire**, daß etwas Aufsehenerregendes passiert ist: **The fat's in the fire now! His wife has discovered the letters from his mistress.** „Jetzt ist was los! Seine Frau hat die Briefe von seiner Mätresse entdeckt."

> They left the villa they had rented in
> **apple-pie order**. 6

🔔 **villa** [*wi-lö*]; **apple-pie** [*ä-pl-pai*].

💡 **apple-pie**: a sweet food made from apples baked in pastry.
in apple-pie order: in good order and tidiness.

Ⓓ „Sie ließen die Villa, die sie gemietet hatten, in einwandfreiem Zustand (in Apfelkuchen Ordnung) zurück."

📖 **to leave s.th. in apple-pie order** bedeutet, daß man etwas äußerst sauber und aufgeräumt zurückläßt, aber Achtung: Dieser Ausdruck hat nichts mit „Apfelkuchen" zu tun, sondern stammt vom französischen *les nappes pliées* „die Tischdecken gefaltet". Der Brite kennt außerdem **an apple-pie bed**: ein Bett, bei dem zum Scherz Laken und Decke so gefaltet sind, daß man sich nicht darin ausstrecken kann.

KAPITEL 19

I told him he didn't have a hope of winning. Now I'll have **to eat humble pie**. 7

🔔 **hope** [*houp*]; **humble** [*ham-bl*].

💡 **humble**: not proud and not thinking you are better than other people.
I'll have to eat humble pie: I'll have to admit that I was wrong about s.th.

💬 „Ich sagte ihm, es gäbe keine Hoffnung darauf, daß er gewinnt. Jetzt muß ich zugeben, daß ich mich geirrt habe (bescheidenen Kuchen essen)."

📖 **to eat humble pie** sagt man, wenn man einen Fehler eingestehen muß. **humble** „bescheiden, demütig" hat – außer der fast identischen Aussprache – nichts mit dem alten Wort **umble** bzw. **the umbles** zu tun, mit dem die Schlachtabfälle des erlegten Hirsches oder Rehs gemeint waren, die in einer Art Pastete verarbeitet wurden.

≈ Anstelle des Kuchens kann man auch seine eigenen Worte essen: **Now I'll have to eat my words**.

Der Amerikaner sagt eher **to eat crow** [*krou*] „Krähe essen", was auf einem Vorfall aus dem Krieg zwischen England und Amerika von 1812 basiert, als ein amerikanischer Offizier aus Versehen die englischen Linien überschritt und eine Krähe erlegte. Er wurde sofort vom Feind gefangengenommen, und dazu gezwungen, die Beute zu verspeisen.

> The preliminary reports suggest that the new turbo engine is excellent, but **the proof of the pudding is in the eating**.   8

preliminary [*prö-li-mi-nä-ri*]; **suggest** [*ßö-djäßt*]; **turbo** [*tÖ:(r)-bou*]; **engine** [*än-djin*]; **proof** [*pru:f*]; **pudding** [*pu-ding*].

preliminary: coming before the main or most important part of s.th.
suggest: make people think that s.th. is likely to be true.
turbo: a system that uses a turbine to make an engine more powerful.
engine: a machine with moving parts that uses a fuel to produce movement, for example in a road vehicle or aircraft.
the proof of the pudding is in the eating: you can only judge the quality of s.th. by trying it for yourself.

„Die Vorberichte lassen darauf schließen, daß der neue Turbomotor hervorragend ist, aber Probieren geht über Studieren (der Beweis des Puddings liegt im Essen)."

the proof of the pudding is in the eating: Egal, ob es sich um einen Motor oder einen Pudding handelt: Ob etwas wirklich so gut ist wie es scheint, weiß man erst, wenn man es (aus)probiert hat. Ebenso können Sie sagen: **There's the proof of the pudding!** „Das ist der Beweis!"

Jemand, der an allem zweifelt und schwer zu überzeugen ist, wird **doubting Thomas** genannt (der Heilige Thomas zweifelte an der Wiederauferstehung Christi). Sagt ein Amerikaner zu Ihnen **I'm from Missouri, show me!**, so bedeutet dies, daß er einen Beweis für das Gesagte fordert. Der Beiname des Staates Missouri lautet **the Show-Me State**, denn seine Bewohner stehen in dem Ruf, schwer zu überzeugen zu sein.

KAPITEL 19

> Charter flights are cheap but they're so uncomfortable! – Hey, **you can't have your cake and eat it**. 9

 Charter [*tscha:(r)-tö(r)*]; **flights** [*flaitß*]; **uncomfortable** [*an-kamf-tö-bl*].

 Charter flight: a plane journey arranged by a travel company that has bought all the seats and sells them at a lower price.
uncomfortable: causing an unpleasant and slightly painful feeling in parts of your body.
you can't have your cake and eat it: you can't have all the benefits of a situation; you can only have one thing but not the other.

Ⓓ „Charterflüge sind billig, aber sie sind so unbequem! – He, man kann nicht alles haben (du kannst nicht deinen Kuchen haben und ihn essen)."

📖 Die Betonung liegt bei dieser Wendung auf **have** und **eat**. Sie wird in den meisten Fällen mit **you** bzw. **your** benutzt, aber auch oft mit **to try**: **He always tries to have his cake and eat it**.

≈ **He wants jam on it, too!** [➡ Kapitel 30, 13].

cake wird noch in anderen Ausdrücken verwendet: **That was the icing on the cake.** „Das war das Tüpfelchen auf dem i (der Zuckerguß auf dem Kuchen)." **Her novel sold like hot cakes.** „Ihr Roman verkaufte sich wie warme Semmeln." **It's a piece of cake.** „Das ist ganz einfach."

> He comes back from college at half-term and **eats us out of house and home**! He must starve for the rest of the year. 10

 half-term [*ha:f-tÖ:(r)m*]; **starve** [*ßta:(r)w*]; **year** [*ji-ö:(r)*].

 college: in the UK, a place that gives students qualifications below the level of a university degree, often in the skills they need to do a particular job.
half-term: a short holiday from school or university in the middle of a term (= one of the periods that the university year is divided into).

eats us out of house and home: eats too much of our food.
starve: to suffer or die because there is not enough food.

 „Er kommt in den Trimesterferien (um die Hälfte des Trimesters) nach Hause und frißt uns die Haare vom Kopf (ißt uns aus Haus und Heim)! Er muß den Rest des Jahres hungern."

 to eat s.o. out of house and home lebt wieder von der Alliteration. Man verwendet den Ausdruck, wenn eine Person nahezu alles „auffrißt", was sich im Haus befindet. Verzehrt jemand große Mengen, so sagt man: **He eats like a horse. I could eat a horse!** bedeutet „Ich habe einen Riesenhunger!"

Das Verb **to starve** kann – wie in unserem Beispiel – intransitiv verwendet werden („hungern, Hunger leiden"), aber auch transitiv: **The army laid siege** [ßi:dʒ] **to the city and tried to starve the inhabitants into surrender.** „Die Armee belagerte die Stadt und versuchte, die Einwohner auszuhungern, damit sie aufgeben." Und wenn Sie großen Hunger haben, können Sie sagen: **What's for lunch? I'm starving!** „Was gibt's zum Mittagessen? Ich verhungere!"

* In Großbritannien ist das Universitäts- bzw. College-Jahr in drei sogenannte **terms** „Trimester" eingeteilt: **autumn term**, **spring term** und **summer term**.

> The government says it will bring down unemployment, but you know that it's just **pie in the sky**. 11

 unemployment [*an*-im-pl**oi**-mön*t*]; **pie** [*pai*].

 bring down: to reduce the rate, level or amount of s.th.
unemployment: a situation in which s.o. or a lot of people do not have work and do not have an income.
it's just pie in the sky: a plan, hope, idea, or suggestion that will never happen.

 „Die Regierung sagt, daß sie die Arbeitslosigkeit senken will, aber du weißt, daß das alles nur Luftschlösser sind (nur Pastete im Himmel)."

KAPITEL 19

pie in the sky „Luftschlösser, völlig unrealistisch" ist heute Teil der Umgangssprache, jedoch denkt kaum noch jemand an die Entstehung dieses Ausdrucks. Er entstammt einem Lied, das der amerikanische Gewerkschaftler John Hill Anfang des 20. Jhs. schrieb. Es handelt sich um eine Parodie auf ein Kirchenlied, das den Gläubigen verspricht, daß alle sich nach ihrem Tod im Himmel wiedertreffen. Die Version von Hill stellt in Aussicht, daß die Menschen dann dort zusammen Pastete essen: **pie in the sky by and by when you die...**

≈ **hot air** „heiße Luft" beschreibt Versprechen, die eindrucksvoll klingen, sich aber bei näherem Hinsehen als nicht ernst gemeint entpuppen.

He was in the running for a top job, but a drunk-driving conviction **cooked his goose**. 12

---

cooked [*kukt*]; **goose** [*gu:s*].

was in the running: had some chance of success.
drunk-driving: driving after you have drunk too much alcohol.
conviction: a decision by a court of law that s.o. is guilty of a crime.
goose: a large white or grey bird with a long beak.
cooked his goose: caused a lot of problems for him and spoiled his plans.

„Er hatte Aussicht auf einen Spitzenjob, aber eine Verurteilung wegen Trunkenheit am Steuer hat ihm alles verdorben (kochte seine Gans)."

Der Ursprung von **to cook one's goose** liegt im Dunkeln. Gemeint ist, daß jemand sich selbst oder anderen eine Chance zunichte macht: **My goose is cooked.** „Ich habe mir alles verdorben/vermasselt."

Ein Sprichwort mit **goose** lautet: **What's sauce for the goose is sauce for the gander** (**gander** [*gän-dö(r)*] „Gänserich"). „Was dem einen recht ist, ist dem anderen billig."

Und die Entsprechung von „Du dumme Gans" ist **You silly goose!**

Frederick Forsyth's first novel was turned down by fifteen publishers, but went on to become a best-seller. That should give you **food for thought**! 13

Forsyth [fO(r)-ßait]; **novel** [nO-wöl]; **food** [fu:d]; **thought** [fßO:t].

Frederick Forsyth: a British author (* 1938).
novel: a long written story about imaginary or partly imaginary characters and events.
turned down: refused.
publisher: a person or company that manages the writing, production and sale of books, magazines, newspapers, or software.
best-seller: a book that many people buy.
That should give you food for thought: That should make you think a lot.

„Frederick Forsyths erster Roman wurde von 15 Verlegern abgelehnt, aber er wurde dann doch zu einem Bestseller. Das sollte einem zu denken (Futter für Gedanken) geben."

≈ **to give food for reflection**: **His books always give the reader plenty of food for reflection.** „Seine Bücher liefern dem Leser immer jede Menge Stoff zum Nachdenken."

I can't stand it any longer. I'm **fed up to the back teeth** with my job. 14

stand: bear.
fed up to the back teeth: annoyed or bored with s.th. that you feel you have accepted too long.

„Ich kann es nicht länger ertragen. Ich habe meinen Job satt (bin bis zu den hinteren Zähnen satt mit meiner Arbeit)."

Sie wissen, daß **to feed** „füttern" heißt. Ist jemand **fed up**, so ist er „satt" bzw. buchstäblich „abgefüllt"; es ist aber auch ein Ausdruck für „etwas satt haben, von etw. die Nase voll haben". Noch stärker wird der Ausdruck, wenn man **to the back teeth** hinzufügt.

Beachten Sie, daß die Übersetzung von **back teeth** nicht „Backenzähne" ist; diese heißen auf Englisch **molars** [mou-lö(r)s].

185

Kann man vom englischen Essen sprechen, ohne auch das Nationalgetränk der Briten zu erwähnen, den Tee? Der gemeine Brite kann nicht ohne seine tägliche **cuppa** (= **cup of tea**) leben, die meistens am Spätnachmittag eingenommen wird, wobei zu beachten ist, daß der **five o'clock tea** eine Erfindung der Kontinentaleuropäer ist; der Brite hat sich nie auf diese Uhrzeit festgelegt. Vor allem in der Arbeiterklasse ist **tea** das „Abendessen"; in Nordengland sagt man **high tea**.

Kein Wunder, daß sich auch zahlreiche Redewendungen um die **cup of tea** drehen, allen voran: **That's not your cup of tea.** „Das geht dich nichts an", von dem es auch die positive Variante gibt: **It's really my cup of tea.** „Das interessiert mich wirklich/ Das ist was für mich." Und während wir sagen: „Das würde ich für kein Geld der Welt machen", heißt es bei den Briten **I wouldn't do it for all the tea in China**.

Eine Wahrsagerin in Deutschland liest aus dem Kaffeesatz, aber ihre britische Berufskollegin **reads tea leaves** „liest Teeblätter". Und wenn Sie zu einem Briten sagen möchten: „Das ist etwas ganz anderes!", so können Sie **That'a another cup of tea!** oder **That's another kettle of fish!** [➡ Kapitel 14, Serendipity] benutzen.

Aber Achtung: **teetotal** (abgekürzt **TT**) oder **teetotaller** für einen „Abstinenzler", also eine Person, die keinen Alkohol trinkt, hat nichts mit Tee zu tun! Ursprung hierfür ist das Versprechen, gänzlich auf Alkohol zu verzichten, das **the T-total-Pledge** heißt. Wer nur auf die „harten Sachen" verzichtet, leistet ein Versprechen, das man **O.P.; Old Pledge** nennt.

20 GET A LIFE!

Der Titel dieses Kapitels ist ein Ausdruck, der in erster Linie von Jugendlichen benutzt wird, die das Leben der Erwachsenen langweilig und uninteressant finden. In diesem Kapitel geht es buchstäblich um Leben und Tod ...

> Don't for heaven's sake tell her about her
> son's accident. **It'd be the death of her.** 1

 heaven's [*hä-wöns*]; **sake** [*ßeik*]; **death** [*däfß*].

 sake: the benefit or good of s.o. or s.th.
for heaven's sake: used for emphasizing that you are annoyed
or impatient with s.o.
It'd be the death of her: She will be extremely worried.

 „Erzähl ihr um Himmels Willen nicht vom Unfall ihres Sohnes.
Das wird sie zu Tode ängstigen."

 to be the death of s.o. „jmdn. zu Tode ängstigen, jmdn. vor
Sorgen ins Grab bringen". Im wörtlichen Sinne ist der Ausdruck
etwas veraltet: **He's been having a cancer for years and it
will be the death of him.** „Er hat seit Jahren Krebs, und er wird
daran sterben."

! Achtung: Nicht zu verwechseln mit **to catch one's death
(of cold)** „sich (bei nassem, kühlem) Wetter erkälten/den Tod
holen": **Wrap up warm or you'll catch your death!** „Zieh dich
warm an, oder du wirst dir den Tod holen!" [➡ Kapitel 42, 5].

> Losing the Baker contract **dealt a death
> blow** to his chances of promotion. 2

 dealt [*dält*].

 dealt a death blow: caused the sudden and complete end.

 „Der Verlust des Baker-Vertrages versetzte seinen Aussichten
auf eine Beförderung den Todesstoß."

 to deal/strike a death blow to s.o. kann selbstverständlich
wörtlich gemeint sein („jmdm. den Todesstoß versetzen"), es
wird aber heute meistens im übertragenen Sinne benutzt, um
auszudrücken, daß ein Plan, ein Projekt o.ä. unter dem Einfluß
eines ungünstigen Ereignisses plötzlich beendet ist.

KAPITEL 20

187

≈ Auch ein **coup des grâce** [*ku: dö graß*] „Gnadenstoß" (aus dem Französischen) ist ein „Todesstoß": eine Handlung, die etwas zerstört oder besiegt, das schon vorher schwächelte: **The arrest of the chief of police gave the coup de grâce to a corrupt regime.** „Die Verhaftung des Polizeichefs versetzte einem korrupten Regime den Todesstoß."

Das französische **coup** wird auch im Englischen benutzt: **coup d'état** „Staatsstreich", **coup de théatre** „Überraschungseffekt", **coup de foudre** „Blitzeinschlag", aber auch „starke Verliebtheit".

The president suffered a heart attack last night and is now **at death's door**. 3

---

suffered [*ßa-fö(r)d*]; **attack** [*ö-täk*].

suffered a heart attack: suddenly felt a strong pain in his chest and his heart stopped working.

„Der Präsident hatte letzte Nacht einen Herzinfarkt und steht nun an der Schwelle des Todes (an des Todes Tür)."

to be at death's door „an der Schwelle des Todes/zum Jenseits" hat biblischen Ursprung und wird immer wörtlich benutzt.

Oh do shut up! I'm **sick to death** of your complaining! 4

---

complaining [*köm-plei-ning*].

shut up: stop talking.
sick to death: extremely annoyed.
complaining: saying that you are not satisfied.

„Oh, sei still! Ich habe (bin krank zum Tod) deine [ewige] Nörgelei satt!"

to be sick to death of s.th./s.o. „etw./jmdn. satt haben/nicht mehr ertragen können" ist ein relativ drastischer Ausdruck, bei dem die Betonung auf **death** liegt.

= Etwas weniger kategorisch, aber gleichbedeutend, ist **to be sick of...**: **She was sick of his stupid jokes.** „Sie hatte seine blöden Witze satt."

Will man ausdrücken, daß einen etwas „zu Tode langweilt", benutzt man **bored to death**: **I was bored to death after only ten minutes.** „Ich bin schon nach zehn Minuten vor Langeweile gestorben." Auch hier gibt es eine etwas „mildere" Variante: **bored to tears**.

I'M SICK TO DEATH OF YOUR COMPLAINING!

Another programme about the ozone layer! The whole topic of ecology has been **done to death** over the past two years.

5

ozone [***ou**-soun/ou-so**un**]; **layer** [***lei**-ö(r)]; **topic** [t**O**-pik]; **ecology** [i-k**O**-lö-dji].

programme: a television or radio broadcast.
ozone: a kind of oxygen that exists high in the Earth's atmosphere.
ozone layer: a layer of ozone in the Earth's atmosphere that protects the Earth from the heat of the sun.
topic: a subject that you write or speak about.
ecology: the study of the environment and the way plants, animals, and humans live together and affect each other.
has been done to death: has been discussed so much that it becomes very boring.

KAPITEL 20

(D) „Noch eine Sendung über die Ozonschicht! Das ganze Thema Ökologie ist in den vergangenen zwei Jahren totgeredet worden."

📖 **to do s.th. to death** drückt aus, daß ein Thema buchstäblich „totgeredet" wird, d.h. so sehr in aller Ausführlichkeit besprochen wird, daß man es nicht mehr hören kann.

≈ **to flog s.th. to death** [➡ Kapitel 16, 3].

Demgegenüber bedeutet das scherzhaft verwendete **to do s.o. in** „jmdn. umbringen/ins Jenseits befördern". Grammatikalisch inkorrekt, aber trotzdem gängig ist die Wendung **He done her in** „Er hat sie umgebracht". Ein salopper Ausdruck für „Krimi" lautet **a whodunit** [*hu:-dan-it*] (etwa „wer war's?"): **Angie reads only whodunits.** "Angie liest nur Krimis."

I haven't slept for three days; **I feel like death warmed up**. 　　　　6

🔔 **slept** [*ßläpt*]; **warmed** [*uO:(r)md*].

🔅 **I feel like death warmed up**: I feel very tired, almost ill.

(D) „Ich habe drei Nächte (Tage) nicht geschlafen; ich fühle mich wie eine Leiche auf Urlaub (wie Tod aufgewärmt)."

📖 **to feel like death warmed up** wird benutzt, wenn man sich „müde, ausgelaugt, saft- und kraftlos" fühlt. Man kann auch zu einer Person sagen: **What's the matter? You look like death warmed up.** "Was ist los? Du siehst aus wie der wandelnde Tod." [➡ Kapitel 42, Serendipity].

I can't **for the life of me** remember where I put the car keys. 　　　　7

🔔 **keys** [*ki:s*].

🔅 **not for the life of me**: not at all.

(D) „Ich kann mich beim besten Willen (für das Leben von mir) nicht daran erinnern, wo ich die Autoschlüssel hingelegt habe."

Bei der Wendung **not for the life of me**, die meistens mit **cannot** bzw. **can't** formuliert wird, fällt auf, daß es nicht **for my life** heißt, sondern daß das Pronomen nachgestellt wird. Man kann den Ausdruck auch an den Satzanfang stellen (**For the life of me, I can't...**), dies ist jedoch relativ selten.

> You'll have to invite Sandy. **He's the life and soul of the party**! 8

soul [*ßoul*].

He's the life and soul of the party: He's very lively at social events.

„Du mußt Sandy einladen. Er ist *die* Stimmungskanone (das Leben und die Seele der Party)!"

to be the life and soul of the party beschreibt eine Person, die – nicht nur auf Partys, sondern auch bei anderen sozialen Ereignissen – eine „Stimmungskanone" ist und sich und auch andere besonders gut amüsiert: **He's so withdrawn, you'd never think he could be the life and soul of the party.** „Er ist so reserviert, man würde niemals denken, daß er so eine Stimmungskanone ist."

> You can **bet your life** that he'll be out of prison within a year. 9

bet [*bät*].

You can bet your life: You can be sure.

„Du kannst Gift darauf nehmen (dein Leben verwetten), daß er innerhalb von einem Jahr wieder aus dem Gefängnis heraus sein wird."

to bet one's life „darauf wetten, Gift darauf nehmen". In der 1. Person Singular ergänzt man **will**: **I'll bet my life that he has forgotten his wife's birthday.** „Ich wette, er hat den Geburtstag seiner Frau vergessen." Der Ausdruck kann auch als Antwort benutzt werden: **Do you think he's French? – You can**

bet your life on it! „Denkst du, daß er Franzose ist? – Darauf kannst du Gift nehmen!" Ebenso kann man in einem familiären Kontext als Antwort **You bet!** benutzen: **Are you coming for a drink? – You bet!** „Kommst du was trinken? – Na klar!"

= **to bet one's bottom dollar** „jede Wette eingehen" (wörtl. „seinen untersten (= letzten) Dollar verwetten") kann synonym verwendet werden: **You can bet your bottom dollar that she'll get what she wants.** „Jede Wette, daß sie bekommt, was sie will."

HE'S THE LIFE AND SOUL OF THE PARTY!

Since the new managing director arrived, the company has **taken on a new lease of life**. 10

arrived [ö-*rai*wd]; **lease** [*li:s*].

lease: a legal contract in which you agree to pay to use s.o. else's building, land, or equipment for a specific period of time. **a new lease of life**: new energy and enthusiasm or better health.

„Seit der neue Geschäftsführer gekommen ist, hat die Firma neuen Auftrieb bekommen."

a new lease of life kann wörtlich benutzt werden (**The heart operation gave him a new lease of life.** „Die Herzoperation hat ihm neuen Lebensmut gegeben"), aber meistens findet man den Ausdruck im übertragenen Sinne: „Auftrieb geben, etwas zu neuem Leben erwecken".

192

> Would you vote for the New Liberals? – **Not on your life**!

11

🔔 **vote** [*wout*]; **Liberals** [*li-bö-röls*].

💡 **Not on your life!**: Certainly not!

💬 „Würdest du (für) die Neuen Liberalen wählen? – Nie im (auf deinem) Leben!"

📖 **Not on your life!** ist eine feststehende Wendung; sie wird immer mit **your** gebildet.

≈ **Not on your nelly** (oder **nellie**)! ist eine familiäre Variante dieses Ausdrucks; **nelly** ist hier ein Ausdruck aus dem **rhyming slang** [➡ Kapitel 4, Serendipity], der auf der Basis von **silly** entstand.

≈ Eine weitere Formulierung ist **No way!** „Auf gar keinen Fall!", die im amerikanischen Englisch – meistens mit einem scherzhaften Unterton – zu **No way, José!** wird (**José** wird [*ho-se*] gesprochen und reimt sich damit in etwa auf **way**).

> Since he won two million on the National Lottery, he's been living **the life of Riley**.

12

🔔 **Riley** [*rai-li*].

💡 **the life of Riley**: a comfortable pleasant life with a lot of money and no worries.

💬 „Seit er zwei Millionen in der Nationalen Lotterie gewonnen hat, lebt er wie die Made im Speck (das Leben von Riley)."

📖 **to live the life of Riley**: Herr Riley ist der Held eines Volksliedes vom Ende des 19. Jhs., der sein Glück gemacht hatte. Das Lied ist in Vergessenheit geraten, aber Herr Riley lebt in der Redewendung weiter.

= **to lead the high life**.

Shortly after he was ousted from the post of prime minister, he **took his own life**.   13

---

ousted [*aoß-tid*].

ousted: removed from a position of power.
he took his own life: he committed suicide.

„Kurz nachdem er des Premierministeramtes enthoben worden war, nahm er sich das Leben."

to take one's own life ist eine elegantere Variante für **to kill oneself** „sich umbringen". **To commit suicide** „Selbstmord begehen" ist der formelle Ausdruck. Beachten Sie das Reflexivpronomen **own**, denn **to take s.o.'s life** würde bedeuten: „jmdn. umbringen": **I'm against the death penalty. We don't have the right to take another person's life.** „Ich bin gegen die Todesstrafe. Wir haben nicht das Recht, einer anderen Person das Leben zu nehmen."

! Achtung: Nicht zu verwechseln mit **to take one's life in one's hands** „sein Leben riskieren": **You take your life in your hands every time you take a bus in this country.** „Jedesmal, wenn du in diesem Land mit dem Bus fährst, setzt du dein Leben aufs Spiel."

As the army approached, the inhabitants of the village **ran for dear life**.   14

---

approached [*ö-prautscht*]; **inhabitants** [*in-hä-bi-töntß*]; **village** [*wi-lödj*].

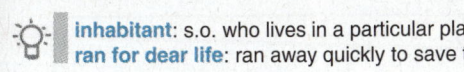 **inhabitant**: s.o. who lives in a particular place.
ran for dear life: ran away quickly to save their lives.

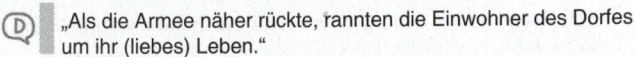 „Als die Armee näher rückte, rannten die Einwohner des Dorfes um ihr (liebes) Leben."

Die Grundlage dieser Wendung ist **to run for one's life** „um sein Leben rennen"; **dear** wirkt verstärkend. **dear life** ist unveränderlich, d.h. es bleibt auch im Plural in dieser Form stehen.

SERENDIPITY

Wie viele Sprachen kennt auch das Englische verschiedene Ausdrücke für das Verb „sterben": **to pass on**, **to pass away**, **to go onto a better life** sind allesamt euphemistisch, aber es gibt auch pietätlosere Ausdrücke wie **to kick the bucket** für „sich das Leben nehmen".

Ähnlich respektlos ist **to be pushing up daisies** für „tot sein", wörtl. „die Gänseblümchen hochschieben". Dieser Ausdruck wird immer in der Verlaufsform benutzt.

Wieder andere Ausdrücke kommen aus den USA: **to cash in one's chips** „seine [Spiel-]Chips einlösen" oder **to throw in one's cards** „aus einem Spiel aussteigen, die Karten hinschmeißen", aber auch **to buy the farm** oder **to go West**.

Ein sehr bildhafter Ausdruck für „beerdigen" bzw. „jmdn. töten" kommt ebenfalls aus dem Amerikanischen: **to deep-six s.o.**, wobei **six** sich darauf bezieht, daß ein Grab normalerweise sechs Fuß (ca. 1,80 m) tief ausgehoben wird. Jemand, der tot ist, ist **six feet under**.

Es ist wohl überflüssig zu erwähnen, daß Sie all diese Ausdrücke zwar kennen, aber möglichst nicht verwenden sollten, da sie sehr verletzend sein können.

Look lively! ist ein Synonym für Hurry up! Sehen wir uns an, wie to look in verschiedenen Redewendungen benutzt wird. Am Schluß beschäftigen wir uns noch ein wenig mit Pferden ...

That's the third order this week! Things **are looking up**. 1

🔆 **Things are looking up**: Things are getting better.

Ⓓ „Das ist [schon] der dritte Auftrag diese Woche! Langsam geht es bergauf (Dinge sehen hinauf)."

📖 In der transitiven Form heißt to look up „nachschlagen, nachsehen": I looked up his number in the phone book. „Ich habe seine Nummer im Telefonbuch nachgeschlagen." In der intransitiven Form wird to look up oft mit things oder the situation kombiniert: „sich bessern, besser werden": The situation will look up next week when the new machines arrive. „Die Situation wird nächste Woche besser werden, wenn die neuen Maschinen ankommen."

Look here, this is no way to treat a customer! 2

🔔 customer [*kaß-tö-mö(r)*].

🔆 **Look here**: used for getting s.o.'s attention when you are angry or annoyed about s.th.

Ⓓ „Hören Sie mal, so behandelt man (das ist keine Art) keinen Kunden!" ‚

📖 **Look here!** als Einleitung einer Aussage bringt Unzufriedenheit zum Ausdruck: Look here, we've been queuing for the past half-hour! Why are you so slow? „Hören Sie mal, wir stehen seit einer halben Stunde an! Warum sind Sie so langsam?" Manchmal dient **Look here!** einfach nur dazu, die Aufmerksamkeit des Gesprächspartners zu erregen: Look here! I've found the earring you lost last week. „Guck mal! Ich habe den Ohrring gefunden, den du letzte Woche verloren hast."

> **Look out**! You're driving on the wrong side
> of the road!　　　　　　　　　　　　　　　　3

 wrong [*rOng*].

 Look out!: Be careful!

 „Paß auf (sieh raus)! Du fährst auf der falschen Straßenseite!"

 Look out (Betonung auf **out**) ist eine Warnung an andere, besonders achtzugeben, weil z.B. die Möglichkeit eines Unfalls besteht.

! Nicht zu verwechseln mit **to look out for** „Ausschau halten nach", das auch in substantivierter Form vorkommt: **on the lookout for** „auf der Suche nach" (mit Betonung auf **look**): **I'm always on the lookout for addresses of good restaurants.** „Ich bin immer auf der Suche nach Adressen guter Restaurants."

! Eine ganz andere Bedeutung hat die Wendung **That's *your* lookout** „Das ist *dein* Problem".

> Yes, sir. I did receive your complaint and I'll
> **look into** it right away.　　　　　　　　　4

 receive [*ri-ßi:w*]; **complaint** [*köm-pleint*].

 complaint: written or spoken statement in which s.o. says they are not satisfied with s.th.
look into it: investigate the facts.

 „Ja, mein Herr. Ich habe Ihre Beschwerde erhalten, und ich werde sie sofort prüfen (hineinsehen)."

 to look into s.th. „etw. prüfen, etw. unter die Lupe nehmen".

≈ **to deal with s.th.** „sich mit etw. befassen".

> **Let's look on the bright side**. At least they didn't steal our passports. 5

🔔 **bright** [*brait*]; **least** [*li:ßt*]; **steal** [*ßti:l*].

💡 **Let's look on the bright side**: Let's think about the good parts of the situation.

🄳 „Laß uns die Sache positiv (auf der hellen Seite) sehen. Wenigstens haben sie uns nicht unsere Pässe gestohlen."

📖 **to look on the bright side** „die positive Seite der Dinge sehen".

≠ **to look on the gloomy side** „alles schwarz sehen, pessimistisch sein" (**gloomy** „düster, finster, dämmrig"): **Ed is such a pessimist. He always looks on the gloomy side of things.** „Ed ist so ein Pessimist. Er sieht immer alles schwarz."

> You'll never find it! It's like **looking for a needle in a haystack**. 6

🔔 **needle** [*ni:dl*]; **haystack** [*hei-ßtäk*].

💡 **needle**: a small thin metal tool that is used for sewing. **haystack**: a large pile of hay.

🄳 „Das findest du nie! Es ist so, als würdest du eine Nadel im Heuhaufen suchen."

📖 Die Wendung **to be looking for a needle in a haystack** kennen wir analog im Deutschen.

≈ **to hunt/look high and low for s.o./s.th.** „jmdn./etw. überall suchen" [➡ Kapitel 2, 9].

> The flat may not be **much to look at**, but at least it's comfortable. 7

💡 **not much to look at**: not very attractive.

„Die Wohnung sieht vielleicht nicht nach viel aus, aber wenigstens ist sie komfortabel."

📖 **not much to look at** „nicht so toll aussehen, nicht nach sehr viel aussehen" kann auch ins Gegenteil verkehrt werden: **It's great to look at, but it's really uncomfortable.** „Es sieht toll aus, aber es ist wirklich unbequem."

Hier hat das Englische ebenso wie das Deutsche eine Wendung für „Es ist nicht alles Gold, was glänzt": **All that glitters is not gold**.

LOOKING DAGGERS AT EACH OTHER.

From the look of things, we're in for
another recession.   8

🔊 **recession** [ri-*ßä-schön*].

💡 **From the look of things**: As it seems.
we're in for another recession: we're going to experience another period when trade and industry are not successful and there is a lot of unemployment.

①② „Wie's aussieht (vom Aussehen der Dinge), steuern wir in eine neue Rezession."

📖 **From the look of things/it** „wie es scheint, dem Anschein nach".

≈ Man hört auch **Judging from/by**: **Judging from the look of it, you'd better find a new job.** „So wie's aussieht (urteilend von), suchst du dir besser eine neue Stelle."

KAPITEL 21

Das Aussehen kann mit der Konstruktion Adjektiv oder Partizip Perfekt + **looking** formuliert werden: **A tired-looking firefighter** „ein müde aussehender Feuerwehrmann", **an ugly-looking office building** „ein häßliches (häßlich-aussehendes) Bürogebäude", **an evil-looking knife** „ein gefährlich aussehendes Messer" usw.

Bezogen auf eine Person bedeutet **good-looking** „gutaussehend, hübsch": Anstelle von **She's a good-looking woman** kann man auch **She's a real looker!** sagen.

They're sworn enemies! They've been
looking daggers at one another all night.   9

---

 sworn [ßuO:(r)n]; **enemies** [ä-nö-mi:s]; **daggers** [dä-gö(r)s].

 sworn enemies: people who have expressed strong dislike for each other.
dagger: a weapon like a very small sword.
They've been looking daggers at one another: They looked at one another very angrily.

Ⓓ „Sie sind eingeschworene Feinde! Sie haben sich den ganzen Abend finster angesehen (Dolche angesehen)."

 daggers „Dolche" in **to look daggers at s.o.** „jmdn. finster ansehen, jmdm. finstere Blicke zuwerfen" steht immer im Plural. In früheren Zeiten sprach man auch von **to speak daggers**, was aber heute nicht mehr benutzt wird. Merken Sie sich auch **to be at daggers drawn with s.b.** „mit jmdm. auf Kriegsfuß stehen", wörtlich „mit gezogenen Dolchen".

I applied for the job, but I won't **get a
look-in**. I'm not qualified.   10

---

 applied [ö-plaid]; **won't** [uount]; **qualified** [kuO-li-faid].

 applied for the job: made an official request for the job.
I won't get a look-in: I won't get an opportunity to show how well I can do s.th.

200

„Ich habe mich um die Stelle beworben, aber ich werde keine Chance haben. Ich bin nicht qualifiziert."

📖 **to get**/**have a look-in** „eine Chance (gegenüber der Konkurrenz) erhalten" wird normalerweise negativ verwendet. **He never got a look-in.** „Er hat nie die geringste Chance gehabt, [sein Können unter Beweis zu stellen]" impliziert, daß er nicht nur nicht ausgewählt wurde, sondern daß er nicht einmal die Konkurrenz in Augenschein nehmen konnte.

So you're thinking of joining the army. You'd better **look before you leap**. There's a war on! 11

🔔 **joining** [*dʒoi-ning*]; **leap** [*li:p*].

💡 **joining**: becoming a member.
army: a large organization of soldiers united for some specific purpose.
to leap: to jump.
You'd better look before you leap: You better think carefully before you make a decision.

Ⓓ „Du willst also in die Armee eintreten. Besser erst wägen, dann wagen (besser sehen bevor du springst). Es wird bald Krieg geben!

📖 **Look before you leap** ist die Empfehlung, erst gründlich über eine Entscheidung nachzudenken, bevor man sie trifft. In der Umgangssprache sagt man für „springen" eher **to jump**, aber in diesem Ausdruck wird wegen der Alliteration **to leap** benutzt.

KAPITEL 21

Ein beliebter Ausdruck für einen „beachtlichen Fortschritt" ist **quantum** [*kuOn-töm*] **leap** „Quantensprung": **The CAT scanner is a quantum leap in medical science.** „Der Computertomograph ist ein Quantensprung in der Medizinwissenschaft".

He'll have **to look to his laurels** if he wants to remain the number-one seed. **12**

---

laurels [*lO:-röls*]; **seed** [*ßi:d*].

laurels: a small tree with shiny dark green leaves that do not fall off in winter.
He'll have to look to his laurels: He'll have to work hard in order to prevent the others from being more successful than him.
number-one seed: a player who has been given the number one to show that he is likely to win a competition.

„Er darf sich nicht auf seinen Lorbeeren ausruhen (muß auf seine Lorbeeren achten), wenn er die Nummer eins bleiben will."

to look to one's laurels „sich nicht auf seinen Lorbeeren ausruhen" bedeutet, daß man aufgrund erzielter Erfolge nicht nachlässig werden und so der Konkurrenz die Gelegenheit zum Aufholen geben soll. Der Ausdruck basiert auf dem Lorbeerkranz, mit dem bei Sportwettkämpfen im griechischen Delphi die Gewinner gekrönt wurden.

≠ **to rest on one's laurels** „sich auf seinen Lorbeeren ausruhen" benutzt man, wenn jemand nach anfänglich guten Leistungen oder großen Taten faul und nachlässig wird.

* Die Grundbedeutung von **seed** ist „Samen", die von **to seed** „säen". **A seed** bzw. **a seeded player** bezieht sich jedoch im aktuellen Kontext auf Spieler (meistens im Tennis), denen vor einem Turnier Nummern gegeben werden, die ihre Gewinnchancen widerspiegeln. Auf diese Weise werden die Spieler in Klassen eingeteilt, was verhindert, daß die besten sich gleich zu Beginn des Turniers begegnen. Auch in der Botanik kennt man **number-one seed**, **number-two seed** usw., d.h. man sät die Samen in einem Turnus, der sicherstellt, daß alle Pflanzen genug Platz haben und sich nicht gegenseitig beim Wachstum behindern.

> People in the south tend **to look down their noses** at Northerners.   **13**

 Northerners [n**O**:(r)-fsö-nö(r)s].

 to look down their noses at: behave in a way that shows you think that the others are not good enough for you.
Northerners: people living in the north of a country.

Ⓓ „Die Leute im Süden neigen dazu, auf die Leute im Norden herabzusehen (ihre Nasen hinunterzusehen)."

📖 **to look down one's nose at** „auf jmdn. herabsehen". Das Wort **nose** legt noch eine andere deutsche Übersetzung nahe: „hochnäsig sein".

≈ **to look down (up)on**.

PEOPLE IN THE SOUTH LOOK DOWN THEIR NOSES AT NORTHENERS.

> **Looking back on it**, the holiday wasn't such a disaster after all.   **14**

 disaster [di-**sa**:ß-tö(r)].

 Looking back on it: Thinking about a time or event in the past.
disaster: s.th. very bad that happens and causes a lot of damage or kills a lot of people. Here: s.th. that is annoying or a failure but is not really very bad.

Ⓓ „Wenn ich zurückblicke, dann war der Urlaub gar nicht so eine Katastrophe."

to look back on s.th. „auf etw. zurückblicken, etw. im Rückblick betrachten": **When I look back on how my life has been spent, I never repent.** „Wenn ich darauf zurückblicke, wie ich mein Leben verbracht habe, dann bereue ich nie."

= with hindsight [*haind-ßait*] „im nachhinein": **With hindsight, the holiday wasn't so bad.** Das Adjektiv **hind** [➡ Kapitel 11, 1] ist ein altes Wort für „hinterer, -e, -es", das man auch in Ausdrücken wie **the hindquarters of an animal** „die Hinterhand eines Tieres", aber auch in **behind** „hinter", findet.

To look back, verneint verwendet, bedeutet „bestens laufen": **He got his first promotion after a year, and he hasn't looked back since.** „Er wurde nach einem Jahr das erste Mal befördert, und seitdem läuft es bei ihm bestens."

SERENDIPITY

Never look a gift horse in the mouth „Einem geschenkten Gaul schaut man nicht ins Maul" lautet auch bei den Briten die Empfehlung, niemals den Wert eines Geschenks zu hinterfragen. Es basiert darauf, daß man das Alter eines Pferdes an seinem Gebiss erkennen kann. Bekommt man ein Pferd geschenkt, gebietet es die Höflichkeit, diesem nicht ins Maul zu sehen, sondern das Geschenk so anzunehmen. Ursprünglich lautete der Ausdruck ... **a given horse** ...

Das Maul eines Pferdes taucht auch noch in anderen Redewendungen auf: **straight from the horse's mouth** „aus erster Hand/Quelle": **How do you know about the plan for a new bypass? – I got the news from the chairman of the committee himself – straight from the horse's mouth.** „Woher weißt du von dem Plan für eine neue Umgehungsstraße? – Ich habe die Neuigkeit vom Vorsitzenden des Komitees persönlich erhalten – [sozusagen] aus erster Hand."

Und **long in the tooth** bedeutet nicht nur bei einem Pferd, daß es schon relativ alt ist, sondern auch bei einem Menschen, daß er bzw. sie „nicht mehr der/die jüngste/in die Jahre gekommen ist": **She's getting a bit long in the tooth for that.** „Dafür ist sie allmählich etwas zu alt." [➡ Kapitel 39,9].

Put it there! ist die Aufforderung an eine Person, die Hand (**it**) zu reichen, um ihr zu gratulieren: **You got the job! Put it there!** „Du hast die Stelle! Gratulation!"

Redewendungen mit dem Verb **to put** sind äußerst zahlreich. Viele von ihnen werden mit den sogenannten **phrasal verbs** gebildet, Verben, die mit einer Postposition bzw. einer adverbialen Ergänzung kombiniert sind [➡ Kapitel 13, Serendipity].

> He told me that he had previous experience, so **I put him through his paces** to see how good he was. 1

 previous [*pri:-wi-öß*]; **paces** [*pei-ßis*].

 previous experience: experience gathered in a job in the past. **I put him through his paces**: I made him show how good he was at doing s.th.

 „Er sagte mir, er habe Berufserfahrung (vorherige Erfahrung), also habe ich ihn zeigen lassen, was er kann (ihn durch seine Gangarten gebracht), um zu sehen, wie gut er ist."

 to put s.o. through his/her paces stammt ursprünglich aus dem Reitsport. Bevor ein Kunde ein Pferd kauft, läßt er sich dieses in seinen Gangarten (**paces**) – Schritt, Trab, Galopp – vorführen, um zu sehen, wie es sie beherrscht und ob es bestimmten Anforderungen gerecht wird: **The raw recruits were really put through their paces.** „Die neu [eingezogenen] Rekruten wurden wirklich einer harten Prüfung unterzogen."

Für jemanden, der zeigt, was er kann, sagt man **to go through/ show one's paces**: **The German football team went through their paces yesterday.** „Die deutsche Fußballmannschaft zeigte gestern, was sie kann."

= Gleichbedeutend ist **to put s.o. through the hoops** [*hu:pß*] „jmdn. einer Serie schwieriger Tests unterziehen". Sie hat ihren Ursprung in der Zirkussprache, denn **hoop** ist der „Reifen", durch den der Dompteur die Raubtiere bei der Dressur springen läßt.

KAPITEL 22

Eine weitere Wendung mit **pace**, die man sehr häufig hört, stammt ebenfalls aus dem Reitsport: **to set the pace** „das Tempo angeben/bestimmen, Maßstäbe setzen": **Irvine Welsh set the pace for a whole generation of writers.** „Irvine Welsh setzte Maßstäbe für eine ganze Generation von Schriftstellern." Hieraus ist auch **pace-setter** „Schrittmacher" entstanden, nicht zu verwechseln mit **pace-maker** „Herzschrittmacher".

SHE REALLY PUTS THEM THROUGH THE HOOPS.

That project is no longer top priority; it's been **put on the back burner**.

2

project [*pr**O**-djäkt*/*pr**ou**-djäkt*]; **priority** [*prai-**O**-ri-ti*]; **burner** [*b**Ö**:(r)-nö(r)*].

top priority: with the highest importance.
it's been put on the back burner: it was decided that it should be dealt with later.

„Dieses Projekt hat nicht mehr die höchste Priorität; es wurde zurückgestellt (auf die hintere Herdplatte gestellt)."

Mit **back burner** sind bei einem Herd die hinteren Herdplatten gemeint, auf denen Gerichte köcheln, die mehr Zeit benötigen, um gar zu werden, während man die vorderen Platten für schnelle Gerichte benutzt.

≈ **to put s.th. on ice** ist zwar von der Formulierung her genau das Gegenteil, bedeutet aber das gleiche: „etwas auf Eis legen". Ein weiterer Ausdruck ist **to put s.th. in mothballs** [*m**O**fß-b**O**:ls*] „etw. in Mottenkugeln legen, etw. einmotten". Es gibt hierzu auch ein Verb: **to mothball**.

> Don't spend all your money. You should **put some aside for a rainy day**. 3

🔔 **aside** [ö-ßaid]; **rainy** [rei-ni].

💡 **put some aside for a rainy day**: save some money for bad times.

📖 „Gib nicht dein gesamtes Geld aus. Du solltest etwas für schlechte Zeiten zurücklegen (für einen Regentag beiseitelegen)."

📖 **to put money aside** bedeutet „Geld sparen/zurücklegen/auf die hohe Kante legen". In Verbindung mit **for a rainy day** meint man, daß dieses Geld dazu dienen soll, in schlechten Zeiten das Überleben zu sichern.

≈ Wie jeder weiß, ist das Eichhörnchen (**squirrel** [ßkuÖ-röl]) ein Tier, das ununterbrochen Futterreserven anlegt. Hieraus ist **to squirrel away** „horten, hamstern" entstanden: **She's been squirreling money away for years.** „Sie hat jahrelang Geld zurückgelegt."

> The ambassador could not figure out who was leaking information to the press. Finally, he **put two and two together** and realized it was his secretary. 4

🔔 **ambassador** [äm-bä-ßö-dö(r)]; **figure** [fi-gö(r)]; **leaking** [li:-king]; **realized** [ri-ö-laisd].

💡 **figure out**: understand and find out.
leaking information: telling secret information.
he put two and two together: he guessed what was happening based on what he had seen or heard.

📖 „Der Botschafter konnte nicht herausfinden, wer die Informationen an die Presse hatte durchsickern lassen. Schließlich zählte er zwei und zwei zusammen und erkannte, daß es sein/e Sekretär/in war."

📖 **to put two and two together** kennen wir analog aus dem Deutschen. Man betrachtet die bekannten Komponenten eines Problems und ermittelt auf dieser Grundlage die Lösung.

Kommt man nach dieser Rechenoperation zu einem falschen Ergebnis, so kann man ironisch sagen: **He put two and two together to make five** (oder **three**). Mit anderen Worten: Er hat sich verrechnet. Und wer „voreilige Schlüsse zieht", von dem sagt man: **He's jumping to conclusions** [kOn-klu:-jönß].

He tried to **put one over on me**, but it didn't work. I'm too smart for him.   5

---

smart [ßma:(r)t].

put one over on me: tried to trick me into believing s.th. that is not true.
smart: clever

„Er versuchte, mich hereinzulegen, aber es hat nicht funktioniert. Ich bin zu schlau für ihn."

to put one over on s.o. „jmdn. hereinlegen/täuschen". Die Wortstellung ist unveränderlich [➡ Kapitel 29].

= **to pull a fast one on s.o.** hat die gleiche Bedeutung: **He tried to pull a fast one on me**.

You misunderstand the situation here. Let me **put you straight**.   6

---

situation [ßi-tju-**ei**-schön]; straight [ßtreit].

misunderstand: do not understand s.th. correctly.
Let me put you straight: Let me explain the real facts about the situation to you.

„Du mißverstehst die Situation hier. Ich werde dich aufklären (dich gerade setzen)."

to put/set s.o. straight „jmdn. aufklären, eine Sache richtigstellen".

I **put** his behaviour **down to** the fact that his parents divorced when he was very young. **7**

🔔 **behaviour** [*bi-h**ei**-wi-ö(r)*]; **divorced** [*di-w**O**(r)ßt*].

💡 **I put ... down to**: I see the reason for ... in ...
divorced: ended their marriage by legal action.

💬 „Ich führe sein Verhalten auf die Tatsache zurück, daß seine Eltern sich scheiden ließen, als er sehr klein (jung) war."

📖 **to put s.th. down to** „etwas zurückführen auf, für etwas den Grund sehen". **What do you put it down to?** „Worauf führst du das zurück?" [➡ Serendipity].

! Nicht zu verwechseln mit **to put s.o. down** „jmdn. zurechtweisen/rügen": **The professor put the student down with a cutting remark.** „Der Professor wies den Studenten mit einer schneidenden Bemerkung zurecht."

To put down in Verbindung mit einem Tier bedeutet „einschläfern": **I had to put the cat down because it was in pain.** „Ich mußte die Katze einschläfern lassen, da sie Schmerzen hatte."

The revelation that the minister has been having an affair really **put the cat among the pigeons**! **8**

🔔 **revelation** [*rä-wö-**lei**-schön*]; **affair** [*ö-**fä:**(r)*]; **pigeons** [*pi-djönß*].

💡 **revelation**: a surprising piece of information.
affair: a sexual relationship between two people, especially when one of them is married to s.o. else.
put the cat among the pigeons: caused a lot of trouble.

💬 „Die Enthüllung, daß der Minister eine Affäre hat, hat für eine Menge Aufregung gesorgt (hat die Katze unter die Tauben gesetzt)."

📖 **to put/set the cat among the pigeons** „für Aufregung sorgen" ist ein sehr sprechender Ausdruck. Man kann sich vorstellen, was passiert, wenn eine Katze einen Schwarm Tauben aufmischt ...

KAPITEL 22

= **to set a fox to keep the geese**, wörtlich „einen Fuchs die Gänse hüten lassen", ist etwas veraltet.

≈ **all hell broke loose** „es war die Hölle los": **When the minister's affair was revealed, all hell broke loose.**

Schließlich noch ein Ausdruck mit **pigeon** „Taube", den Sie sich als Synonym für **to be s.b.'s cup of tea** [➡ Kapitel 19, Serendipity] merken können: **to be s.b.'s pigeon** „jmdn. etw. angehen": **That's not my pigeon.** „Das ist nicht mein Bier/Das geht mich nichts an."

The judge warned the lawyer not **to put words in** his client's **mouth**.

9

judge [dʒadʃ]; **warned** [uO:(r)nd]; **lawyer** [lO:-jö(r)]; **client's** [klai-öntß].

judge: s.o. whose job is to make decisions in a court of law.
lawyer: s.o. whose profession is to provide people with legal advice and services.
client: s.o. who takes a lawyer to be represented in a court of law.
to put words in his client's mouth: to tell the client what he should say but what the client himself does not necessarily want to say.

„Der Richter warnte den Anwalt davor, seinem Mandanten Worte in den Mund zu legen."

to put words in(to) s.o.'s mouth bedeutet, daß man einer Person suggeriert, Dinge zu sagen, die diese von sich aus nicht gesagt hätte; dabei werden auch gerne die Tatsachen so verdreht, daß die Wahrheit ein wenig leidet ...: **I never said you could borrow the car. Don't put words in my mouth!** „Ich habe niemals gesagt, daß du das Auto ausleihen darfst. Leg mir nichts in den Mund, [was ich nicht gesagt habe]!"

Im Amerikanischen wird jemand, der als Sprachrohr für eine andere Person fungiert, auch oft **mouthpiece** „Mundstück, Sprechmuschel (beim Telefon)" genannt.

! Nicht zu verwechseln mit **to put in a (good) word for s.o. (with s.o.)** „bei jmdm. ein gutes Wort für jmdn. einlegen": **I'll put in a word for you with the boss.** „Ich werde beim Chef ein gutes Wort für dich einlegen".

Japanese car making **puts** British automotive engineering **to shame**!   10

Japanese [*djä-pö-ni:s*]; **automotive** [*O:-tö-mou-tif*]; **engineering** [*en-dji-ni:-ring*].

engineering: the activity of designing things, for example machines.
puts ... to shame: makes it seem bad or less impressive by comparison.

„Die japanische Automobilindustrie (Autoherstellung) stellt die britische Kraftfahrzeugtechnik in den Schatten (zu Schande)!"

to put s.o./s.th. to shame „etwas in den Schatten stellen" wird verwendet, wenn jemand oder etwas im Vergleich mit jemandem oder etwas anderem schlecht abschneidet: **Her cooking puts mine to shame.** „Ihre Kochkünste stellen meine in den Schatten."

= to put s.th. in the shade [*scheid*] ist ein Synonym, das recht nah am Deutschen liegt: **Her cooking puts mine in the shade**.

KAPITEL 22

211

> Davidson's in charge, so, like it or lump it, you'll have **to put up with** him. **11**

 charge [*tscha:(r)dʃ*].

 is in charge: is responsible.
like it or lump it: you have to accept the situation even if you don't like it.
you'll have to put up with him: you'll have to accept him and get on with him.

 „Davidson ist verantwortlich, daher mußt du dich mit ihm abgeben, ob es dir gefällt oder nicht."

 to put up with s.th. „sich etw. gefallen/bieten lassen, sich mit etw. abfinden/abgeben", **to put up with s.b.** „sich mit jmdm. abgeben".

! Nicht zu verwechseln mit **to put s.o. up** „jmdn. beherbergen/unterbringen": **If you come to Bradford, we can put you both up.** „Wenn ihr nach Bradford kommt, können wir euch beide [bei uns] unterbringen."

* **like it or lump it** ist eine unveränderliche Wendung. Die Grundbedeutung von **lump** ist „Klumpen, Brocken, Kloß", **to lump** bedeutet „zusammentun/-werfen".

> Something urgent has just cropped up, so I'll have **to put** the meeting **off** until tomorrow. **12**

 urgent [*Ö:(r)-dʃönt*]; **cropped** [*krOpt*].

 something urgent: s.th. which has to be dealt with very quickly.
has just cropped up: has just appeared suddenly and unexpectedly.
I'll have to put the meeting off: I'll have to change the time or date of the meeting so that it happens later than originally planned.

 „Eine dringende Angelegenheit hat sich ergeben (ist gewachsen), daher muß ich das Treffen auf (bis) morgen verschieben."

📖 **to put s.th. off** sagt man für „(einen Termin o.ä.) verschieben, etwas aufschieben": **I really should go to the dentist, but I keep putting it off.** „Ich sollte wirklich zum Zahnarzt gehen, aber ich schiebe es immer weiter auf."

! Bei den **phrasal verbs** ist es immer wichtig, auf den Kontext zu achten, denn sagt jemand zu Ihnen: **Working in a butcher's has put me off meat for life**, so bedeutet dies: „Durch die Arbeit beim Fleischer ist mir die Lust auf Fleisch für [den Rest meines] Lebens vergangen."

> The manager of the National Lottery has been promising more funding for the arts. **It's time he put his money where his mouth is**. 13

🔔 **promising** [*pro*-mi-ßing]; **funding** [*fan*-ding].

💡 **funding**: money that an organization provides for a specific purpose.
It's time he put his money where his mouth is: He should now provide money to show that he means what he says instead of just talking about it.

💬 „Der Leiter der Nationalen Lotterie hat mehr Mittel für die Künste versprochen. Es wird Zeit, daß er seinen Worten Taten folgen läßt (daß er das Geld dorthin tut, wo sein Mund ist)."

📖 **to put one's money where one's mouth is** „handeln, anstatt immer nur zu reden": **That's enough talk. It's time to put your money where your mouth is!** „Genug der Worte. Jetzt ist die Zeit zum Handeln gekommen!"

≈ **Put up or shut up!** „Steh zu deinem Wort, oder halt gefälligst den Mund!" stammt aus dem Boxsport und basiert auf **to put one's fists up** „die Fäuste hochnehmen".

> **Put** the test **out of your mind** for a moment and just concentrate on your driving. 14

🔔 **concentrate** [*kOn*-ßön-treit].

213

Put the test out of your mind: Try to forget about the test. **concentrate**: give your attention.

„Vergiß mal für einen Moment deine Prüfung, und konzentrier dich einfach auf das Fahren."

to put s.th./s.o. out of one's mind „etw./jmdn. vergessen" bezieht sich in erster Linie auf unangenehme Dinge oder Personen, die man aus seinem Gedächtnis streichen möchte [➡ Kapitel 40, 5].

! Nicht zu verwechseln mit **to put s.o. in mind of s.th.** „jmdn. an etw. erinnern": **The mountains of the Peloponnese** [*pä-lö-pö-ni:s*] **put me in mind of Switzerland, but without the snow.** „Die Berge des Peloponnes erinnern mich an die Schweiz, aber ohne den Schnee."

Möchte man, daß jemand sich auf eine Aufgabe konzentriert und sich damit Mühe gibt, so kann man sagen **You can do it if you put your mind to it.** „Du kannst es, wenn du dir Mühe gibst."

SERENDIPITY

Das Englische vereint in sich lateinische und auch angelsächsische Einflüsse, weshalb es von zahlreichen Verben eine lateinische und eine angelsächsische Variante gibt. Letztere ist sehr oft ein sog. **phrasal verb**, ein Verb, das mit wechselnden Präpositionen einhergehen kann, wobei sich mit jeder Präposition die Bedeutung des Verbs ändert. Ein Beispiel aus diesem Kapitel ist **to put s.o. up** „jmdn. bei sich aufnehmen/unterbringen", dessen lateinisches Äquivalent **to accomodate** [*ö-kO-mö-deit*] ist. In der Umgangssprache werden die **phrasal verbs** oft bevorzugt, da sie natürlicher und weniger gestelzt klingen [➡ Kapitel 13, Serendipity].

Bei **phrasal verbs** wird das Ergänzungswort häufig ans Satzende verschoben, was laut der offiziellen englischen Grammatiken nicht erlaubt ist. So ist **This is the person with whom I work** zwar grammatikalisch korrekt, jedoch sehr steif; jeder Brite würde ihn durch das zwar inkorrekte, aber unformellere **This is the person I work with** ersetzen.

Letztendlich setzt sich hier wie in vielen anderen Sprachen immer mehr der Trend durch, die Sprache einfacher und zugänglicher zu machen, (was z.B. auch der Grund dafür ist, daß das Relativpronomen **whom** immer seltener angewandt wird).

Es ist daher völlig legitim, einen Satz mit einer Ergänzung zu beenden, d.h. anstelle von **To what do you put it down?** die Formulierung **What do you put it down to?** zu wählen.

Bei dieser Gelegenheit wollen wir noch eine Anekdote über Winston Churchill erzählen. Er war ein großer Stilist der englischen Sprache und Liebhaber informeller Formulierungen. Einmal korrigierte ein eifriger Beamter einen seiner Aufsätze und rückte sämtliche Präpositionen wieder nach vorne zu den Verben, was den Stil des Dokuments extrem hölzern machte. Als Churchill das Dokument später noch einmal las, stellte er die Präpositionen wieder an ihre ursprüngliche Stelle zurück und gab den Korrektor mit der Bemerkung **This is the kind of pedantry** ([*pä-dön-tri*] „Pedanterie") **up with which I will not put!** der Lächerlichkeit preis.

APPEARANCES CAN BE DECEPTIVE

„Der Schein trügt": Wir haben ein Idiom als einen Ausdruck definiert, dessen Sinn nicht unbedingt von den Wörtern abgeleitet werden kann, aus denen er sich zusammensetzt. Anders ausgedrückt: Die Wörter nehmen selber gelegentlich einen Sinn an, der sehr weit von der Ursprungsbedeutung entfernt sein kann. In diesem und dem folgenden Kapitel präsentieren wir Ihnen „normale" Ausdrücke mit unerwarteter Bedeutung ...

> The Republicans have just adopted an environmental charter, but I reckon they're just trying **to jump on the bandwagon**. 1

 charter [*tscha(r)-tö(r)*]; **reckon** [*rä-kön*]; **bandwagon** [*bänd-wä-gön*].

 Republicans: a political party whose members tend to have conservative views.

charter: an official document describing the aims, rights and principles of an organization.
reckon: have the opinion that.
to jump on the bandwagon: to try to get involved in an idea or activity, especially in politics or business, that suddenly becomes very popular or fashionable.

💬 „Die Republikaner haben soeben eine Umwelt-Charta angenommen, aber ich denke, sie versuchen nur, auf den fahrenden Zug (Orchesterwagen) aufzuspringen."

📖 In den USA veranstalteten früher Politiker, die für eine Wiederwahl kandidierten, Umzüge, die von einer Musikkapelle (**band**) begleitet wurden. Diese fuhr auf einem speziellen Wagen (**bandwagon**) mit. Wer zeigen wollte, daß er den Kandidaten unterstützte, sprang auf den **bandwagon** auf, wodurch **to jump/climb on the bandwagon** entstand: Jemand schließt sich einer erfolgversprechenden Idee oder Bewegung an, um davon zu profitieren bzw. um damit seinen eigenen Interessen zu dienen („Trittbrettfahrer"). Man könnte hier auch sagen: **The Republicans are trying to jump on the ecology bandwagon**.

Typically, Northerners are blunt people who **don't mince their words**.

2

🔔 **Typically** [*ti-pi-kö-li*]; **blunt** [*blant*]; **mince** [*minß*].

💡 **Typically**: Usually.
blunt: direct and honest.
to mince: to cut meat into very small pieces.
who don't mince their words: who are not careful what they say and thus often offend other people.

💬 „Die Leute aus dem Norden sind normalerweise direkte Menschen, die kein Blatt vor den Mund nehmen (die ihre Worte nicht kleinschneiden)."

📖 **to mince one's words** „offen seine Meinung sagen" wird immer verneint benutzt. **to mince** „Fleisch kleinschneiden" entstand aus **minced meat** „Hackfleisch", das im Laufe der Zeit zu **mince meat** oder auch **mincemeat** wurde. **Mincemeat** findet man auch in Ausdrücken wie **to make mincemeat out of s.b.** „Hackfleisch aus jmdm. machen, jmdn. fertigmachen".

! Wenn Ihnen an Weihnachten **mince pies** angeboten werden, so handelt es sich hier nicht um ein Fleischgericht, sondern um kleine Törtchen, die mit einer Masse aus zerkleinerten Trockenfrüchten und Gewürzen gefüllt sind.

NORTHENERS ARE BLUNT PEOPLE WHO DON'T MINCE THEIR WORDS.

INEXTINGUISHABLE

MARRIAGEABILITY

Denis knows I can recommend him for the job, so he's trying **to curry favour with me**. 3

recommend [*rä-kö-mänd*]; **curry** [*ka-ri*]; **favour** [*fei-wö(r)*].

recommend him for the job: say that he is good enough to do the job.
to curry: 1. to brush a horse; 2. to spice a dish with curry.
favour: support or admiration from people.
to curry favour with me: to make me like him or give him s.th.

„Denis weiß, daß ich ihn für die Stelle empfehlen kann, also versucht er, sich bei mir einzuschmeicheln".

to curry favour with s.o. „sich bei jmdm. einschmeicheln/lieb Kind machen" entstand aus *Fauvel*, dem Namen eines Pferdes aus einem Gedicht im 14. Jh., in dem es die Unehrlichkeit und Doppelzüngigkeit verkörperte. **To curry** bedeutet, ein Pferd mit einem Metallkamm zu striegeln, d.h. diese Eigenschaften sozusagen zu pflegen. Die Wendung bedeutete damals „jmdn. täuschen". Sie ist immer abwertend gemeint: **Don't try and curry favour with me.** „Versuch nicht, dich bei mir einzuschmeicheln." Eine andere Wendung mit der Bedeutung „sich einschmeicheln" ist **Flattery will get you nowhere.** „Mit Schmeicheleien erreichst du gar nichts."

> The army **nipped** the revolt **in the bud**
> before it could get out of hand. **4**

 revolt [*ri-wOlf*]; **bud** [*bad*].

 nipped the revolt in the bud: stopped the revolt by taking action in an early stage of its development.
get out of hand: no longer be under control.

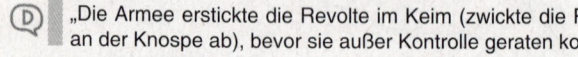 „Die Armee erstickte die Revolte im Keim (zwickte die Revolte an der Knospe ab), bevor sie außer Kontrolle geraten konnte."

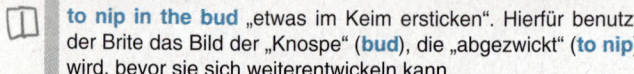 **to nip in the bud** „etwas im Keim ersticken". Hierfür benutzt der Brite das Bild der „Knospe" (**bud**), die „abgezwickt" (**to nip**) wird, bevor sie sich weiterentwickeln kann.

Bietet Ihnen dagegen jemand **a nip of whisky** an, so handelt es sich hier um ein „Schlückchen/Gläschen Whisky" (denken Sie an das deutsche „nippen"). **Nip** ist vermutlich eine Abkürzung der alten Maßeinheit **nipperkin** (ca. ¼ Liter).

Das Adjektiv **budding** „angehend" (von **to bud** „keimen, knospen") beschreibt ein sich entwickelndes Talent: **She's a budding opera singer.** „Sie ist eine angehende Opernsängerin".

> He's incredibly short-tempered. He's liable
> **to fly off the handle** without warning. **5**

 short-tempered [*schO(r)t-täm-pö(r)d*]; **liable** [*lai-öbl*]; **handle** [*händl*].

 temper: a particular emotional state or mood.
short-tempered: becoming angry very easily.
He's liable to: He is likely to.
handle: the part of an object that you hold in your hand when you use or carry that object.
to fly off the handle: to suddenly become extremely angry without a good reason.

(D) „Er ist unglaublich aufbrausend (kurz-launig). Er neigt dazu, (vom Griff zu fliegen) ohne Vorwarnung an die Decke zu gehen."

to fly off the handle vermittelt das Bild eines Werkzeugs, z.B. eines Hammers, von dem sich bei kräftigem Zuschlagen das vordere Teil löst, während man den Griff (handle) weiter in der Hand behält.

Der Ausdruck ist wesentlich direkter als das traditionelle to lose one's temper „die Beherrschung verlieren".

≈ to have a hair-trigger temper. Hair-trigger ist ein Abzug an einer Waffe, der durch die kleinste Berührung ausgelöst werden kann. Der Ausdruck beschreibt also eine Person, die beim geringsten Anlaß „in die Luft geht" [➡ Kapitel 33, 9].

> The police seem **to have been barking up the wrong tree**: the real murderer has left the country. 6

murderer [*mÖ:(r)-dö-rö(r)*].

to bark: to make the short loud sound that a dog makes.
barking up the wrong tree: doing s.th. that will not get the result you want.

„Die Polizei scheint einer falschen Spur gefolgt zu sein (scheint den falschen Baum angebellt zu haben): Der wirkliche Mörder hat das Land verlassen."

to be barking up the wrong tree „einer falschen Spur nachgehen, auf dem Holzweg zu sein" hat seinen Ursprung in der Jagd auf Waschbären. Da Waschbären nachtaktiv sind, findet die Jagd im Dunkeln statt, und da kann es schon mal vorkommen, daß die Hunde am Fuße des falschen Baumes bellen [➡ red herring, Kapitel 38, Serendipity].

* Verwechseln Sie to bark „bellen" nicht mit dem Nomen bark „Borke, Rinde (eines Baumes)".

> Whatever you do, don't lose the keys. Otherwise, we'll **be up the creek without a paddle**. 7

lose [*lu:s*]; keys [*ki:s*]; creek [*kri:k*]; paddle [*pä-döl*].

219

-☼- **creek**: a long narrow area of sea or river stretching into the land.
paddle: a short pole that is wide and flat at one or both ends and that you push into the water in order to move a small boat.
we'll be up the creek without a paddle: we'll be in a difficult situation.

(D) „Egal, was du tust, verlier bloß nicht die Schlüssel. Sonst sitzen wir in der Klemme (sind wir flußaufwärts ohne ein Paddel)."

📖 = **to be up the creek** (**without a paddle**) „in der Klemme/Tinte sitzen". Ein **creek** ist eine „kleine Bucht", ein „Bach" oder ein „kurzer Flußarm".

≈ **to be up shit creek** (**without a paddle**).

≈ In einer äußerst mißlichen Lage ist man nicht nur in einem Boot ohne Paddel, aber auch auf einem Gummibaum: **... otherwise, we'll be up a gum tree**.

– What did you *really* think of my performance? – **Stop fishing for compliments**, Isabelle.   8

🔔 **performance** [*pö(r)-fO:(r)-mönß*]; **fishing** [*fi-sching*]; **compliments** [*kOm-pli-möntß*].

-☼- **performance**: the act of performing a play, dance or other form of entertainment.
fishing for compliments: wanting other people to say flattering things about you.

(D) – „Was denkst du *wirklich* über meine Vorstellung? – Hör auf, nach Komplimenten zu angeln, Isabelle."

📖 **to fish for compliments** beschreibt den Versuch, andere Personen dazu zu veranlassen, ihnen Komplimente auszusprechen.

Das Nomen **fish** wird in Fällen verwendet, in denen wir „Typ, Kerl" o.ä. sagen würden: **a cold fish** „ein unfreundlicher Kerl", **a queer fish** „ein komischer Kauz", **the poor fish** „der arme Kerl".

> Rather than admitting his true identity, he
> tried **to lead us up the garden path**. 9

 Rather [*ra:-fsö(r)*]; **true** [*tru:*]; **identity** [*ai-dän-ti-ti*]; **lead** [*li:d*];
path [*pa:fß*].

 admitting: telling us.
identity: who you are or what your name is.
he tried to lead us up the garden path: he tried to trick us.

 „Anstatt seine wahre Identität preiszugeben, hat er uns an der
Nase herumgeführt (hat versucht, uns den Gartenweg hinauf-
zuführen)."

 to lead s.o. up the garden path „jmdn. an der Nase herumführen" oder, wie es die Wendung sagt, jemanden nicht auf dem
direkten Weg zum Haus führen, sondern über einen Umweg
durch den Garten.

≈ **to lead s.o. on a wild goose chase** „jmdn. einem Phantom
nachjagen lassen" sagt man eher, wenn man eine Person nach
etwas suchen läßt, das gar nicht existiert oder das unmöglich
aufzufinden ist.

> Al Pacino plays the part of an ex-convict
> who tries **to turn over a new leaf**, but who
> cannot escape his past. 10

 ex-convict [*äkß-kOn-wikt*]; **leaf** [*li:f*]; **escape** [*ß-keip*].

 part: role.
ex-convict: s.o. who used to be in prison.
to turn over a new leaf: to change your life by starting to be a
better person or stopping a bad habit.
escape his past: forget about what has happened in the past
and start his life again.

 „Al Pacino spielt die Rolle eines ehemaligen Sträflings, der versucht, ein neues Leben zu beginnen, den seine Vergangenheit
aber immer wieder einholt (der seiner Vergangenheit nicht ent-
fliehen kann)."

KAPITEL 23

to turn over a new leaf „ein neues, besseres Leben beginnen". **Leaf** kann das „Blatt" eines Baumes sein, aber auch das „Blatt" in einem Buch. Letzteres finden wir z.B. auch in **to take a leaf out of s.o.'s book** „sich jmdn. zum Vorbild nehmen, jmds. Vorbild folgen": **She took a leaf out of her father's book and learned to fly.** „Sie folgte dem Vorbild ihres Vaters und machte den Pilotenschein (lernte zu fliegen)."

* Spricht man davon, daß ein ehemaliger Krimineller wieder „ein geordnetes Leben führt" bzw. „auf den Pfad der Tugend zurückkehrt", so benutzt man die Wendung **to go straight**.

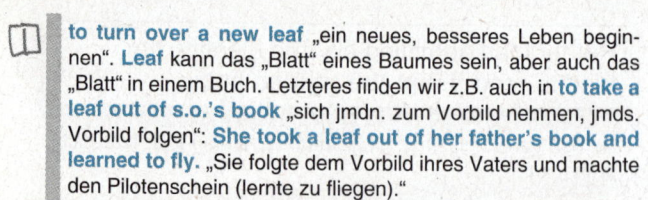

The Department of Defense has been **paying through the nose** for the past ten years because of unscrupulous contractors. **11**

Defense [*di-fänß*]; **unscrupulous** [*an-ßkru:-pju-löß*].

has been paying through the nose: has been paying much too much for s.th.
unscrupulous: willing to do things that are unfair, dishonest, or illegal.
contractor: person or company whose job is to provide goods or do work for another person, organization, company etc at a particular price.

„In den letzten zehn Jahren hat das Verteidigungsministerium wegen skrupelloser Auftragnehmer tief in die Tasche gegriffen."

to pay through the nose „sehr viel für etwas bezahlen, tief in die Tasche greifen" hat seinen Ursprung im 9. Jh., als die Dänen England besetzt hatten und von jedem Einwohner eine Steuer eintrieben; wer sie nicht bezahlen konnte oder wollte, dem wurde die Nase abgeschnitten ...

≈ Wenn es nicht die Nase ist, die man opfert, so ist es ein Arm und ein Bein: **We paid an arm and a leg for a box at Covent Garden.** „Wir haben ein Vermögen für eine Loge in Covent Garden (= die Londoner Oper) bezahlt." Hier kann man auch sagen: **It cost an arm and a leg.** „Es hat eine ganze Stange Geld gekostet."

* Am Wort **Defense** (mit **s**) erkennen Sie, daß hier vom amerikanischen Verteidigungsministerium die Rede ist. Das britische Pendant heißt **Ministry of Defence**.

> Parched with thirst, he jumped off the coach and **made a beeline** for the nearest pub. **12**

🔔 **Parched** [pa:(r)tscht]; **thirst** [fßÖ:(r)ßt]; **coach** [koutsch]; **beeline** [bi:-lain].

💡 **Parched with thirst**: Very thirsty.
coach: a long comfortable vehicle for carrying a large number of passengers, especially on long journeys.
made a beeline: went towards s.th. in the quickest and most direct way.

Ⓓ „Halb verdurstet (ausgedörrt mit Durst) sprang er aus dem Reisebus und lief schnurstracks (machte eine Bienenlinie) zur nächstgelegenen Kneipe."

📖 **to make a beeline for** „sich auf dem schnellsten und direktesten Weg zu etw. oder jmdm. begeben", eben wie eine Biene, wenn sie auf dem Weg zu ihrem Bienenstock ist.

= **to head straight for** „Kurs nehmen/zusteuern auf": **He headed straight for the nearest pub.**

> I just had to move out of my old flat. It was so small, **there wasn't enough room to swing a cat in it**. **13**

🔔 **enough** [i-naf].

💡 **to move out**: to permanently leave the place where you live.
flat: a set of rooms for living in, usually on one floor of a large building (US: apartment).
there wasn't enough room to swing a cat in it: it was very small and there wasn't enough space to live comfortably in it.

„Ich mußte einfach aus meiner alten Wohnung ausziehen. Sie war so klein, daß man sich kaum darin umdrehen konnte (es war nicht genug Platz, eine Katze darin zu schwingen)."

Eine Theorie besagt, daß hier mit **cat** keine echte Katze, sondern eine „neunschwänzige Katze", d.h. eine Peitsche mit neun Riemen gemeint ist: **a cat o'-nine-tails**. Mit solchen Peitschen wurden früher die Matrosen bestraft. Aufgrund der damals auf den Schiffen herrschenden Enge hatte die Person, die die Peitsche schwang, nur wenig Platz. Eine zweite Theorie geht zurück auf das 16. Jh., in dem eine in einem Sack aufgehängte Katze den Bogenschützen als Übungsziel diente – sofern es hierfür genug Platz gab.

≈ **it was extremely cramped** [*krämpt*] „es war sehr eng" ist nicht so bildhaft, aber ebenfalls sehr gebräuchlich.

> When questioned, the junior minister **passed the buck** and told the reporter to contact the minister himself. 14

questioned [*kuäß-tschönd*]; **junior** [*dju-njö(r)*]; **buck** [*bak*].

When questioned: When asked questions formally or officially.
junior minister: the most senior civil servant under a minister.
passed the buck: made s.o. else deal with s.th. he should take responsibility for.
to contact: to write to s.o. or talk to them on the telephone.

„Als der Staatssekretär befragt wurde, schob er die Verantwortung von sich und bat den Reporter, den Minister persönlich zu kontaktieren."

to pass the buck „jmdm. den Schwarzen Peter zuschieben, jmdm. die Verantwortung aufhalsen" [➡ Kapitel 1, 10] stammt aus der Pokersprache. **buck** war ein Gegenstand, in der Regel ein Messer oder ein Stift, der in den Jackpot gelegt wurde und den der Gewinner des Jackpots an sich nahm, bis er mit dem Geben an der Reihe war und ein neuer Jackpot eröffnet wurde. Um ca. 1912 verschob sich die Bedeutung dieser Wendung in Richtung „die Verantwortung abgeben". Eine andere Theorie besagt, daß der Ausdruck auf dem umgangssprachlichen **buck** für „Dollar", basiert [➡ Kapitel 43, Serendipity].

Auf dem Schreibtisch von Präsident Harry Truman, von 1945-1953 im Amt, stand ein Schild mit der Aufschrift **The buck stops here**, was sinngemäß bedeutete: „Die Verantwortung liegt einzig und allein bei mir."

* Vorsicht vor „falschen Freunden", also Wörtern oder Ausdrükken einer Fremdsprache, bei denen man von einer naheliegenden Bedeutung ausgeht, diese sich jedoch als falsch entpuppt: **a junior minister** ist ein „Staatssekretär", während **Secretary of State** in GB der offizielle Titel für einen Minister und in den USA für den „Außenminister" ist.

SERENDIPITY

Häufig haben die in Redewendungen verwendeten Wörter einen ganz anderen Sinn, als man es erwarten würde [➡ Satz 13, **cat**]. Wer würde z.B. denken, daß **a private eye** ein „Privatdetektiv" ist? **Spencer is a private eye in the true Philip Marlowe tradition.** „Spencer ist ein Privatdetektiv in der Tradition von Philip Marlowe." So ist ein großes geöffnetes Auge z.B. das Logo einer bedeutenden Detektei, Pinkerton's.

Und **to bone up on** (oder **for**) hat nichts mit einem Knochen zu tun, sondern bedeutet „büffeln für": **I must bone up for my physics exam tomorrow.** „Ich muß für mein morgiges Physikexamen büffeln." Der Ausdruck stammt von der **Bohn's Classical Library**, einer unerschöpflichen Dokumentationsquelle für viele Generationen amerikanischer Studenten.

Und auch in **as sure as eggs is eggs** geht es nicht um Eier, sondern es kommt aus der Mathematik: **as sure as x is x** [*äkß*], sinngemäß „so sicher wie das Einmaleins": **Since it's Saturday tomorrow, it will rain as sure as eggs is eggs.** „Da morgen Samstag ist, wird es ganz sicher regnen."

Zum Schluß wollen wir noch **You'd better mind your Ps** [*pi:s*] **and Qs** [*kju:s*] erwähnen. Es ist die Empfehlung, auf seine Ausdrucksweise und sein Verhalten zu achten. Es heißt, diese Aufforderung richte sich an die Setzer von Druckereien, die etwas ähnlich aussehenden Buchstaben p und q nicht zu verwechseln (zu einer Zeit, als Texte noch manuell gesetzt wurden ...).

Und weiter geht's mit Redewendungen, hinter denen sich unerwartete Bedeutungen verbergen.

> **Don't** let him **steal** your **thunder** – you deserve all the credit.
>
> 1

 steal [ßti:l]; **thunder** [fßan-dö(r)]; **deserve** [di-sÖ:(r)w]; **credit** [krä-dit].

 thunder: the loud noise that you sometimes hear in the sky during a storm.
Don't let him steal your thunder: Don't let him get attention and praise for s.th. you have done.
you deserve all the credit: it is right that you get praise for what you have achieved.

"Laß nicht zu, daß er dir die Schau stiehlt – du verdienst die ganze Anerkennung."

to steal s.o.'s thunder „jmdm. die Schau stehlen, für jmd. anderen den Ruhm einheimsen" geht auf den Dramaturgen John Dennis (1657-1734) zurück, der eine Maschine entwickelte, mit der man auf der Bühne den Donnerschlag imitieren konnte. Er war jedoch als Erfinder erfolgreicher als als Schriftsteller: Sein Stück floppte, aber andere Schriftsteller setzten seine Maschine gerne für ihre Stücke ein, was er wütend kommentierte: **They don't like my plays but steal my thunder!** „Sie mögen meine Stücke nicht, aber sie stehlen meinen Donner!"

A SKELETON IN THE CUPBOARD

Heute wird dieser Ausdruck immer verwendet, wenn jemand Ruhm einheimst, der ihm nicht gebührt: **I was going to release the news to the press tomorrow, but he stole my thunder by announcing it this morning.** „Ich wollte die Neuigkeit morgen an die Presse weitergeben, aber er kam mir zuvor und kündigte es heute morgen [schon] an."

> The candidate employed a private eye to investigate his rival's past and try **to find a skeleton in the cupboard**. 2

candidate [*kän-di-döt*]; **private** [*prai-wöt*]; **investigate** [*in-wäß-ti-geit*]; **rival** [*rai-wöl*]; **skeleton** [*ßkä-lö-tön*]; **cupboard** [*kap-bö(r)d*].

a private eye: s.o. who is paid to follow people secretly or to find out information about their lives.
to investigate: to try to find out the facts about s.th. in order to learn the truth about it.
rival: a person that competes with another person.
skeleton: the set of bones that supports a human or animal body, or a model of this.
a skeleton in the cupboard: an terrifying secret in your past that you do not want anyone to know.

Ⓓ „Der Kandidat beauftragte einen Privatdetektiv (ein privates Auge), um die Vergangenheit seines Rivalen zu erforschen und eine Leiche in seinem Keller (ein Skelett im Küchenschrank) zu finden."

to have a skeleton in the cupboard (US: **closet**) „eine Leiche im Keller haben" drückt aus, daß jemand einen „dunklen Fleck" in seiner Vergangenheit hat. Die Wendung geht möglicherweise auf die Zeit zurück, als Anatomieprofessoren Leichen bei Grabschändern kauften und sie dann bis zur Verwendung in einem Schrank aufbewahrten.

Wird ein Schiff von einer **skeleton crew** gesteuert, so heißt das, daß es sich um eine reduzierte Mannschaft handelt, die lediglich die Personen umfaßt, die zur Ausführung der wichtigsten Steuerfunktionen benötigt werden. Ähnliches finden wir bei **a skeleton staff**, der „Minimalbesetzung" in einem Unternehmen.

> We spent a week in the Lake District and
> **had a whale of a time**!
>
> 3

🔔 whale [*ueil*].

💡 whale: a very large sea animal that looks like a fish but breathes through a hole on its head.
a whale of a time: a lot of fun.

💬 „Wir verbrachten eine Woche im Lake District und haben uns großartig amüsiert!"

📖 **a whale of a time**: Der Wal steht hier mit seiner imposanten Größe für etwas besonders Großartiges und Tolles.

> Harold Wilson **made no bones about**
> his ambition: he wanted to become Prime
> Minister.
>
> 4

🔔 bones [*bouns*]; ambition [*äm-bi-schön*].

💡 **made no bones about**: talked about or did s.th. in a very open way without feeling ashamed or embarrassed.
ambition: the earnest desire for some type of achievement or distinction and the willingness to strive for it.

💬 „Harold Wilson machte keinen Hehl (keine Knochen) aus seinem Wunsch: Er wollte Premierminister werden."

📖 **to make no bones about s.th.** „aus etw. keinen Hehl machen, sich nicht scheuen, etw. zu tun" entstand Mitte des 15. Jh. und meinte damals „auf Schwierigkeiten/Hindernisse stoßen" (= Knochen im Essen finden). Die Bedeutung des Ausdrucks änderte sich mit der Zeit hin zu der oben angegebenen.

Dem Ausdruck folgt oft ein Doppelpunkt oder aber **the fact that: I'll make no bones about the fact that I was out of work for three years.** „Ich werde keinen Hehl aus der Tatsache machen, daß ich drei Jahre lang nicht gearbeitet habe."

! Nicht zu verwechseln mit **to have a bone to pick with s.o.** „mit jmdm. ein Hühnchen zu rupfen haben".

> We drove flat out and made it **in the nick of time**. The boat sailed two minutes later! **5**

🔔 **drove** [*drouw*]; **sailed** [*ßeild*].

💡 **drove flat out**: drove very quickly.
nick: 1. small cut on the surface of s.th.; 2. a prison; 3. a police station.
made it in the nick of time: just in time to prevent s.th. bad happening.

Ⓓ „Wir fuhren mit Vollgas und schafften es gerade noch rechtzeitig. Das Schiff legte zwei Minuten später ab!"

📖 **in the nick of time** „gerade noch rechtzeitig, in letzter Minute".
nick ist eine „Kerbe" in einem Stück Holz, mit dem früher bei einem Sportwettkampf die Punkte markiert wurden, und zwar bis zum letzten Punkt vor Ablauf der vorgeschriebenen Zeit, **the nick in time**, woraus **in the nick of time** wurde.

> The investigation showed that a deliberate attempt had been made **to pull the wool over** the Attorney General's **eyes**. **6**

🔔 **investigation** [*in-wäß-ti-gei-schön*]; **deliberate** [*dö-li-bö-röt*]; **attempt** [*ö-tämpt*]; **Attorney** [*ö-tÖ:(r)-ni*].

💡 **investigation**: the process of trying to find out all the details or facts about s.th.
deliberate: intentional.
attempt: an effort to do s.th.
to pull the wool over ... eyes: to trick s.o., often by saying things that are not true.
Attorney General: the most senior lawyer in some countries or US states.

Ⓓ „Die Untersuchung zeigte, daß bewußt der Versuch unternommen worden war, den Justizminister zu täuschen (die Wolle über die Augen des ... zu ziehen)."

Der Ursprung von **to pull the wool over s.o.'s eyes** „jmdm. etw. vormachen, jmdn. an der Nase herumführen" liegt vermutlich darin, daß man seit dem 17. Jh. für „Haare" scherzhaft **wool** sagt: Zieht man jemandem die Haare vor die Augen, sieht die Person nicht, was vor sich geht.

Bei dieser Gelegenheit ist es vielleicht interessant zu wissen, daß das mit Wolle gefüllte Sitzkissen des Lordkanzlers im britischen Oberhaus **woolsack** genannt wird – Symbol für die Bedeutung des im 13. Jh. in GB eingeführten Wollhandels.

I wish he'd make up his mind once and for all; he keeps **chopping and changing**. 7

---

 chopping [*tschO-ping*].

 I wish he'd make up his mind: I wish he made a decision.
to chop: to cut s.th., for example wood, into small pieces.
he keeps chopping and changing: he keeps changing from one thing to another.

 „Ich wünschte, er würde sich ein für allemal entscheiden; er ändert ständig seine Meinung."

 Wieder ein Beispiel für eine Alliteration: **to chop and change** „es sich dauernd anders überlegen; ständig seine Meinung ändern". Es eignet sich auch zur Beschreibung häufiger Wetterwechsel. **To chop** ist hier nicht in seiner Grundbedeutung „hacken", gemeint, sondern es geht zurück auf das 18. Jh., als man es für „Handel treiben" benutzte, ebenso wie **to change**, die Verkürzung von **to exchange**, das einen Handel mit wechselnden Geschäftspartnern meint.

Sie können mit **Chop chop!** eine Person zur Eile antreiben: „Mach schnell!/Beeil dich!": **I want it finished by 5 o'clock! Chop chop!** „Ich möchte es bis fünf Uhr fertig haben! Schnell schnell!"

Although tired and hungry, they struggled on **to the bitter end**. 8

---

struggled [*ßtra-göld*].

struggled: tried hard to do s.th. that you find very difficult.
to the bitter end: continuing until the end of a particular situation or period of time, even though it is difficult or unpleasant.

„Obwohl sie müde und hungrig waren, kämpften sie weiter bis zum bitteren Ende."

to the bitter end impliziert immer ein hohes Maß an Anstrengung und wird gerne mit **to struggle** verwendet. Auch findet man es häufig im ironischen Sinne: **The film was terrible but we watched it to the bitter end.** „Der Film war schrecklich, aber wir sahen ihn uns bis zum bitteren Ende an."

> Let's hope that the new ambassador is less pompous than his predecessor. Franklin was **a** real **stuffed shirt**!   9

pompous [*pOm-pöß*]; **predecessor** [*pri-di-ßä-ßö(r)*]; **stuffed** [*ßtafd*].

pompous: describing a person who thinks he is very important and speaks or behaves in a very serious and formal way.
predecessor: the person who had a job or official position before s.o. else.
a stuffed shirt: a boring person who always behaves in a very correct way.

„Wollen wir (laß uns) hoffen, daß der neue Botschafter weniger aufgeblasen ist als sein Vorgänger. Franklin war wirklich ein steifer Typ (ausgestopftes Hemd)!"

Die Wurzel von **a stuffed shirt** (**to stuff** „zu-/voll-/ausstopfen") liegt darin, daß früher die Schneider die fertig genähten Hemden mit Karton ausstopften, bevor sie sie im Schaufenster ausstellten, damit sie glatt aussahen. Heute überträgt man dieses Bild auf einen steifen und verkrampften Menschen.

= In letzter Zeit ist als Synonym zu **a stuffed shirt** immer mehr der Ausdruck **men in suits** [*ßu:tß/ßju:tß*] oder einfach **the suits** in Mode gekommen. Er beschreibt Personen, die sehr förmlich und bürokratisch sind, meistens Manager in großen Unternehmen: **He's a brilliant analyst, but a bit unconventional. So he's always running into trouble with the suits.** „Er ist ein

KAPITEL 24

hervorragender Analyst, aber er ist ein bißchen unkonventionell. Daher bekommt er immer Ärger mit den Anzugträgern."

* Es gibt auch das Adjektiv **shirty**, das „sauer, genervt" heißt: **He gets shirty when he loses.** „Er wird sauer, wenn er verliert." Und da Männer manchmal ihr Hemd ausziehen, bevor sie sich an einem Kampf beteiligen, kann man sagen **Keep your shirt on!** „Reg dich ab/Spring nicht aus dem Hemd!".

> This is the fourth time he's been stopped for driving under the influence. They're bound **to throw the book at** him. 10

influence [*in-flu-önß*].

driving under the influence: driving after having drunk alcohol. **to throw the book at him**: to punish him very severely.

„Das ist das vierte Mal, daß er wegen Trunkenheit am Steuer (für Fahren unter dem Einfluß) angehalten wurde. Sie werden ihn mit Sicherheit hart bestrafen (das Buch nach ihm werfen)."

Mit **to throw the book at s.o.** wird hier auf das Gesetzbuch, **the statute book**, Bezug genommen. Die Steigerung wäre **to put s.o. in prison and throw away the key** „jmdn. ins Gefängnis sperren und den Schlüssel wegwerfen".

* **driving under the influence** ist die Verkürzung des offiziellen Ausdrucks **driving under the influence of alcohol**, in den USA kurz **DUI** genannt. In der Umgangssprache benutzt man **drunk driving**.

THE PRIME MINISTER WAS FAMOUS FOR RIDING ROUGH-SHOD OVER THE PROTESTS OF THE CABINET.

> Never play poker with Sally. She **wins hands down** every time! **11**

 She wins hands down: She wins very easily.

 „Spiel niemals Poker mit Sally. Sie gewinnt jedesmal spielend!"

 to win hands down „mühelos/mit links gewinnen" ist wieder einmal eine Wendung aus dem Reitsport. Führt ein Jockey mit seinem Pferd ein Rennen an, so benötigt er seine Reitgerte nicht und kann so die „Hände unten" lassen. Man sagt dann auch: **He's riding hands down**.

Der Verlierer eines Rennens (oder eines Kartenspiels etc.) würde sagen: **I was beaten hands down.** „Ich wurde mit links geschlagen."

> We thought the electric bicycle would catch on, but it proved to be just **a flash in the pan**. **12**

 electric [i-**läk**-trik]; **bicycle** [**bai**-ßi-köl]; **flash** [fläsch]; **pan** [pän].

 catch on: become popular or fashionable.
flash: a bright light that appears for a very short time.
pan: a round metal container with a handle and usually a lid, used for cooking.
a flash in the pan: s.th. that is popular or successful for a very short time only.

 „Wir dachten, daß das elektrische Fahrrad sich durchsetzen würde, aber es stellte sich heraus, daß es nur eine Eintagsfliege (ein Aufleuchten in der Pfanne) war."

 Von **a flash in the pan** spricht man, wenn man ein „Strohfeuer", eine „Eintagsfliege" meint, also eine kurzlebige Sache, die eine rasch aufflammende, aber schnell verlöschende Begeisterung auslöst.

to flash („aufleuchten, blinken; werfen") kommt in verschiedenen Redewendungen vor: **Her eyes flashed in anger.** „Ihre Augen sprühten vor Zorn." **To flash s.b. a smile** „jmdm. ein Lächeln zuwerfen". **To flash one's money about/around** „mit Geld um sich werfen". **S.th. flashed through my mind.** „Etwas schoß mir durch den Kopf."

* Eine weitere Wendung mit **pan** lautet: **to go down the pan** „scheitern, den Bach runtergehen" [➡ Kapitel 16, 5].

Because of an input error, the whole computer system **went haywire**. 13

---

haywire [*hei*-uai-ö(r)].

went haywire: stopped working or behaving correctly.

(D) „Wegen eines Eingabefehlers spielte das gesamte Computer-system verrückt."

to go haywire „verrückt spielen, durchdrehen": Heuballen (**hay** „Heu") werden oft mit einem stark gespannten Draht (**wire**) zu-sammengehalten. Schneidet man diesen Draht durch, ohne ihn vorher zu lockern, „explodiert" der Heuballen regelrecht.

≈ **to go berserk** [*bö-sÖ(r)k/bö-ßÖ(r)k*] „ausrasten, rasend wer-den, durchdrehen, wüten" geht zurück auf die altnordischen „Berserker", Kämpfer, die sich dem Gott Odin geweiht hatten und die im Kampf der „Schlachtenraserei" anheim fielen, was man am besten mit einem Blutrausch vergleichen kann. **To go berserk** wird sowohl für Sachen (**The system went berserk**) als auch für Personen benutzt (**He went berserk when he heard the news.** „Er rastete aus, als er die Neuigkeit hörte.").

The Prime Minister was famous for **riding roughshod** over the protests of the Cabinet. 14

---

famous [*fei*-möß]; **roughshod** [*raf-schOd*].

was famous for: was known for.
rough: with a surface that is not smooth.
shod: simple past of **to shoe**.
for riding roughshod over: for behaving in a way that shows you have no respect for s.o. or s.th.

234

the Cabinet: the members of the government, usually the ministers who are the heads of the main government departments.

 „Der Premierminister war dafür bekannt, daß er die Proteste des Kabinetts mit Füßen trat."

 to ride roughshod over s.b./s.th. „jmdn./etw. niedermachen/ unterdrücken, unterbuttern". **roughshod** „scharf beschlagen" beschreibt Hufeisen, die kleine Spitzen auf der Unterseite haben, damit das Pferd auf matschigem Untergrund nicht ausrutscht. In einem Kampf kann ein derart beschlagenes Pferd den Feind mit Leichtigkeit verletzen. Der Ausdruck ist wesentlich stärker als **to ignore**, da er impliziert, daß die andere Person bzw. ihre Gefühle nicht nur ignoriert, sondern buchstäblich „zertreten" werden.

SERENDIPITY

Sehen wir uns nun noch einige Redewendungen an, die wir in ähnlicher Form auch aus dem Deutschen kennen:

One swallow [*ßuO-lou*] **doesn't make a summer.** „Eine Schwalbe macht noch keinen Sommer" gilt nicht nur auf dem Kontinent, sondern auch für das bekanntermaßen regnerische Klima Großbritanniens. Die Wendung bedeutet, daß man aus einem Einzelfall nicht auf das Allgemeine schließen kann.

To cast pearls before swine „Perlen vor die Säue werfen" ist auch in Großbritannien die Empfehlung an eine Person, etwas Wertvolles nicht an Unwürdige zu verschwenden.

Während man bei uns sagt, daß man „das Huhn schlachtet, das goldene Eier legt", ist es bei den Briten die Gans, die dieses Schicksal ereilt: **to kill the goose that lays the golden eggs**.

Ebenso wie die Deutschen haben auch die Briten „einen Frosch im Hals": **to have a frog in one's throat**.

Während in Großbritannien jemand sich benimmt wie **a bull in a china shop**, sagen wir bei uns: „wie ein Elefant im Porzellanladen" [➡ Kapitel 10, 10].

Möchten Sie sagen, daß Sie „etwas Wichtigeres zu tun haben", so drücken Sie dies auf Englisch mit **to have other fish to fry** aus.

IF AT FIRST YOU DON'T SUCCEED... (II)

Dieses Kapitel ist eine Fortsetzung von Kapitel 16, in dem es um zweifelhafte Erfolgsaussichten ging. Die Wendungen in diesem Kapitel behandeln das Thema Erfolg.

In der Rubrik Serendipity werfen wir dann noch einen Blick auf einige Anglizismen.

> You know what they say: if **you can make it** in New York, you **can make** it anywhere! 1

 you can make it: you can be successful.

 „Du weißt [ja], was man sagt: Wenn du es in New York schaffen kannst, kannst du es überall schaffen!"

 to make it „etw. schaffen, in etw. erfolgreich sein" ist eventuell eine Verkürzung von **to make a success of it**. **To make it** bedeutet auch „rechtzeitig ankommen": **The party's at 11 p.m. Do you think you can make it?** „Die Party beginnt um 23 Uhr. Denkst du, daß du das schaffen kannst?" **To make it** in Verbindung mit einem Verkehrsmittel bedeutet „erreichen, kriegen": **We've got to make the midday flight.** „Wir müssen den Mittagsflug kriegen."

Selbstverständlich gibt es noch unzählige weitere Verbindungen von **to make** mit Postpositionen. Bei allen sollten Sie die genaue Bedeutung kennen, um sie korrekt anzuwenden.

> Their father's a merchant banker and their mother inherited the family fortune: they **had it made** from birth. 2

 merchant [*mÖ:(r)-tschönt*]; **inherited** [*in-hä-ri-tid*]; **fortune** [*fO(r)-tschön*]; **birth** [*bÖ:(r)fß*].

 merchant banker: a manager in a bank that provides financial services to companies.
inherited: to receive property or money from s.o. who has died.

fortune: a very large amount of money.
they had it made from birth: they are in a very good situation.

(D) „Ihr Vater ist Leiter einer Handelsbank, und ihre Mutter hat das Familienvermögen geerbt: Sie hatten von Geburt an ausgesorgt."

Auch in **to have** (**got**) **it made** „ausgesorgt haben, seine Schäfchen im Trockenen haben" taucht **to make** in einer Bedeutungsvariante von „etwas schaffen, Erfolg haben" auf. **You've got it made.** „Du hast ausgesorgt/deine Schäfchen im Trockenen" [➡ Kapitel 5, 10].

≈ **to have s.th. handed on a plate/silver platter** „etw. auf einem Silbertablett serviert bekommen" bedeutet, daß man Erfolg erzielt bzw. von einer Leistung profitiert, ohne sich selbst dafür besonders anzustrengen.

When the charity started out, they had £50 and three volunteers, but they were determined **to make a go of it**. 3

charity [*tschä-ri-ti*]; **volunteers** [*wa-lön-ti:(r)s*]; **determined** [*di-tÖ:(r)-mind*].

charity: an organization to which you give money so that it can give money and help to people who are poor or ill, or who need advice and support.
£: symbol for **pound**.
volunteer: s.o. who is not paid for the work that they do.
to make a go of it: to try their best to make s.th. successful.

(D) „Als sie mit der Wohltätigkeitsorganisation begannen, hatten sie 50 Pfund und drei Ehrenamtliche (Freiwillige), aber sie waren entschlossen, sie zu einem Erfolg zu machen."

Auch in **to make a go of s.th.** finden wir **to make** in der Bedeutung „Erfolg haben, etwas schaffen", die Betonung liegt hier auf **go**. Diesem Ausdruck kann auch ein Verb in der Verlaufsform folgen: **He made a go of working for a big company, but he only lasted a month.** „Er versuchte, in einer großen Firma erfolgreich zu sein, aber er hielt sich nur einen Monat lang."

KAPITEL 25

> When Laura left school, she was determined to get into the advertising business, and she finally **made good**. 4

 Laura [*lO:-rö*]; **advertising** [*äd-wö(r)-tai-sing*].

 determined: not willing to let anything prevent you from doing what you have decided to do.
to get into: to start doing s.th. regularly.
advertising: the business of making advertisements.
she ... made good: she was successful.

 „Als Laura die Schule verließ, war sie entschlossen, in die Werbebranche einzusteigen, und sie hat es schließlich geschafft."

 to make good „erfolgreich sein, es zu etwas bringen", aber auch „einen Plan in die Tat umsetzen" ist intransitiv, d.h. es hat kein Akkusativobjekt. Das ist wichtig, denn es gibt die Wendung auch in der transitiven Form, allerdings mit einer völlig anderen Bedeutung: **to make good s.th.** „wiedergutmachen; ausgleichen": **Pay what you can today, and you can make good the difference next month.** „Bezahl heute, was du bezahlen kannst, und du kannst die Differenz nächsten Monat ausgleichen."

= **to make it** [➡ Satz 1].

> The band hadn't played a gig for fifteen years, but they needn't have worried: they **went down like a bomb**! 5

 gig [*gig*]; **needn't** [*ni:-dönt*]; **bomb** [*bOm*].

 gig: a public performance, especially of jazz or popular music.
they went down like a bomb: they were very successful or popular.

 „Die Band hatte seit 15 Jahren keinen Auftritt mehr gehabt (gespielt), aber sie brauchten sich keine Sorgen zu machen: Sie schlugen wie eine Bombe ein!"

 to go down like a bomb „gut ankommen, wie eine Bombe einschlagen, großen Anklang finden".

! Nicht zu verwechseln mit dem im Amerikanischen üblichen **to bomb**: **Spielberg's new movie bombed when it opened last week.** „Spielbergs neuer Film erwies sich als absoluter Flop, als er letzten Monat herauskam." Im britischen Englisch verwendet man hierfür **to flop**: **the film flopped.**

≈ **to go with a bang**: **The evening went with a bang.** „Der Abend war ein voller Erfolg."

≠ **to go down like a lead balloon** „nicht ankommen, keinen Anklang finden" [➡ Kapitel 16, 6].

THEY BRING THE HOUSE DOWN

With his trademark cry "Loadsamoney!", the comedian **brought the house down** night after night.   6

trademark [*treid-ma(r)k*]; **cry** [*krai*]; **Loadsamoney** [*louds-ö-ma-ni*]; **comedian** [*kö-mi:-di-ön*]; **brought** [*brO:f*].

trademark: s.th. that you wear, do, or say that is typical of you.
comedian: s.o. whose job is to entertain people by telling jokes and stories to make them laugh.
brought the house down: made the audience react in a very enthusiastic way, especially by laughing.

„Mit seinem typischen (Warenzeichen) Schrei „Loadsamoney!" (*wörtl.* „Unmengen von Geld!") löste der Komiker jeden Abend stürmischen Beifall aus (brachte das Haus herunter)."

to bring the house down „stürmischen Beifall auslösen" benutzt man, wenn eine Darbietung, ein Konzert o.ä. das Publikum so begeistert, daß man fast damit rechnen könnte, daß „das Haus einstürzt".

= Inhaltlich zwar entgegengesetzt, von der Bedeutung jedoch synonym ist **to raise the roof: When the band finally appeared on stage, the audience raised the roof.** „Als die Band schließlich auf der Bühne erschien, tobte das Publikum (hob das Publikum das Dach nach oben)." Ein weiteres Synonym ist **The audience went wild**.

They hired him as a financial analyst, but he'll never **make the grade** unless he improves his maths.　　　　　　　7

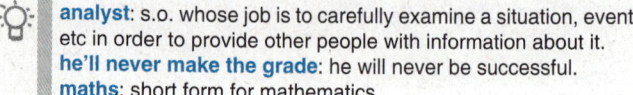

hired [*hai-öd*]; **financial** [*fai-nän-schöl*]; **analyst** [*ä-nö-liißt*]; **grade** [*greid*]; **maths** [*mäfß-ß*].

analyst: s.o. whose job is to carefully examine a situation, event etc in order to provide other people with information about it.
he'll never make the grade: he will never be successful.
maths: short form for mathematics.

„Sie haben ihn als Finanzanalysten eingestellt, aber er wird es niemals schaffen (den Rang machen), wenn er nicht seine mathematischen Kenntnisse verbessert."

In **to make the grade** bedeutet **grade** nicht „Rang, Grad; Klasse; Qualität; Schulnote", sondern es geht auf den Begriff **gradient** [*grei-di-önt*] „Steigung, Neigung, Gefälle" aus der Zeit zurück, als man in den USA die ersten Eisenbahnlinien baute. Das Gefälle war besonders wichtig, denn nur eine Lokomotive, die eine bestimmte Steigung bewältigte, **made the grade**. In diesem Zusammenhang können Sie sich merken, daß in den USA ein „schienengleicher Bahnübergang" **railroad crossing** heißt, in Großbritannien jedoch **level crossing**.

* Die Amerikaner verwenden **grade** für „Schulklasse": Nach dem **kindergarten** „Kindergarten" beginnen die Schüler im Alter von sechs Jahren mit dem **first grade** und beenden die Schule mit 15 Jahren mit dem **ninth grade**. Dann geht es weiter auf der Highschool mit dem **tenth grade** bis zum **twelfth grade**.

> Chloé was worried that she had not had enough time to prepare for the exam, but she passed **with flying colours**.
>
> 8

🔔 **Chloé** [*klo-e*]; **exam** [*ig-säm*]; **colours** [*ka-lö(r)s*].

💡 **exam**: an important test of your knowledge, especially one that you take at school or university.
with flying colours: very successfully.

💬 „Chloé hatte Sorge, daß sie nicht genug Zeit gehabt hatte, um für ihr Examen zu lernen, aber sie schnitt glänzend ab (bestand mit fliegenden Fahnen)."

📖 In **with flying colours** „glänzend, überdurchschnittlich gut" (meistens mit **to come off** oder **to pass** „abschneiden, eine Prüfung bestehen") bezieht sich **colours** nicht auf „Farben", sondern meint eine „Flagge, Fahne". Der Ausdruck stammt aus der Seemannssprache: Nach einem Kampf lief das Schiff der Sieger mit hoch gehißten Fahnen in den Hafen ein.

= Sie haben schon einen Ausdruck kennengelernt, der synonym ist: **to win hands down** „mit links/mühelos gewinnen" [➧ Kapitel 24, 11].

* Merken Sie sich am Rande, daß **to pass an exam** immer „eine Prüfung bestehen" heißt, aber „eine Prüfung ablegen" mit **to take an exam** wiedergegeben wird.

> Wilcox was in competition with three other firms, but it still **came out on top**.
>
> 9

🔔 **Wilcox** [*uil-kOkß*]; **competition** [*kOm-pö-ti-schön*].

💡 **in competition**: in a situation in which you are trying to be better than rival companies that offer the same products or services.
it ... came out on top: it was the best, was the winner.

💬 „Wilcox konkurrierte mit drei anderen Firmen, ging aber dennoch als Gewinner hervor."

KAPITEL 25

to come out on top „Erfolg haben, gewinnen" wird immer im Zusammenhang mit einem Kampf oder Wettbewerb benutzt; **on top** bedeutet „oben, als oberster, obenauf".

! Nicht zu verwechseln mit **to get on top of**, das in der transitiven Form „etw. in den Griff bekommen" heißt (**It took us two weeks to get on top of the problem.** „Wir brauchten zwei Wochen, um das Problem in den Griff zu bekommen.") und in der intransitiven Form „sich von etw. unterkriegen/beherrschen/fertigmachen lassen" (**Sarah's letting her work get on top of her.** „Sarah läßt sich von ihrer Arbeit fertigmachen.").

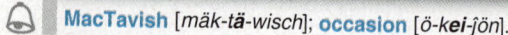

When the accounts manager called in sick, MacTavish had to step in at the last moment. He **rose to the occasion** brilliantly. 10

MacTavish [*mäk-tä-wisch*]; **occasion** [*ö-kei-jön*].

accounts manager: the person in an organization that keeps records of the money it receives and spends.
called in sick: telephoned to say that he/she is ill and could not come to work.
had to step in: had to replace the manager.
He rose to the occasion: He dealt effectively with a difficult situation or problem that happened unexpectedly.

„Als der Leiter der Buchhaltung sich krankmeldete, mußte MacTavish im letzten Moment einspringen (hineintreten). Er zeigte sich der Situation in hervorragender Weise gewachsen."

to rise to the occasion oder **to be equal to the occasion** „einer schwierigen Situation gewachsen sein, sich unter schwierigen Umständen bewähren". Beide Varianten sind nahezu bedeutungsgleich; diejenige mit **to rise** betont noch mehr die unternommenen Bemühungen. **It doesn't matter how tough the assignment is, David is always equal to the occasion.** „Es ist egal, wie schwer die Aufgabe auch ist, David zeigt sich ihr immer gewachsen."

! Nicht zu verwechseln mit **... should the occasion arise** „falls sich die Gelegenheit ergeben sollte": **I'll mention it to the chairman, should the occasion arise.** „Ich werde es gegenüber dem Vorsitzenden erwähnen, falls sich die Gelegenheit ergeben sollte."

I didn't know who to turn to for help; in the end my brother-in-law **turned up trumps**.

 trumps [*trampß*].

 brother-in-law: your sister's husband or the brother of your husband or wife.
trump: a card belonging to the suit (one of the four sets of cards) that players decide will be worth the most in a card game.
turned up trumps: did what was necessary to succeed, especially when success did not seem likely.

 „Ich wußte nicht, an wen ich mich wenden sollte, um Hilfe zu erhalten; schließlich rettete mein Schwager die Situation (deckte die Trümpfe auf)."

 to come up/**turn up trumps** „die Situation retten", aber auch „doch noch ein voller Erfolg werden". **trump** ist die Kurzform von **triumph**, dem „Trumpf" beim Kartenspiel, **to turn up** bzw. **to come up** weisen auf unerwartetes Glück hin. Der Ausdruck wird daher benutzt, wenn man entgegen allen Erwartungen einen Erfolg verbuchen kann: **No one thought he had a hope of beating Hill, but he came up trumps.** „Niemand dachte, es bestünde die Hoffnung, daß er Hill schlägt, aber er schaffte es dann doch noch."

! Nicht zu verwechseln mit **to trump up a charge** „eine falsche Anschuldigung aussprechen", das auch adjektivisch benutzt werden kann: **He was arrested on a trumped-up charge.** „Er wurde aufgrund falscher Anschuldigungen verhaftet."

HE PULLS OUT ALL THE STOPS

You're bound to get the job. You **made a big hit** with the personnel manager.   12

bound [*baond*].

You're bound to get the job: You will surely get the job.
made a big hit with: made a good impression on.

„Du bekommst die Stelle ganz sicher. Du bist beim Personalchef gut angekommen."

to make a big hit with s.o. „bei jmdm. gut ankommen" oder auch „einschlagen", in dem wir die Grundbedeutung von **hit** „Schlag, Einschlag" finden, das bei uns spätestens seit der „Hitparade" bekannt ist: **The live album was a smash hit.** „Das Live-Album war ein Riesenhit/Kassenschlager."

In der amerikanischen Umgangssprache bedeutet **to hit** „töten"; ein **hitman** ist z.B. ein „Auftragsmörder, Killer".

Keep an eye on top model Melanie O'Donald: she's **going places**!   13

model [*mO-döl*].

Keep an eye on: Watch s.o. carefully, especially because you consider the person appropriate for a particular job or activity.
she's going places: she's starting to be successful.

„Behalten Sie das Topmodel Melanie O'Donald im Auge: Sie wird es mal zu was bringen (geht Plätze)!"

Das aus dem Amerikanischen stammende **to go places**, eine Verkürzung von **to go to places**, bedeutet eigentlich „viel herumkommen". Wer viel herumkommt, der schafft es manchmal auch, „erfolgreich zu werden" bzw. „es zu etwas zu bringen."
When I graduate, I want to go places! „Wenn ich meinen Abschluß habe, will ich was erreichen!"

≈ In Großbritannien benutzt man eher **to be on the up-and-up** „auf dem aufsteigenden Ast sein", und für „aufstrebend" können Sie **up-and-coming** verwenden.

> The Foreign Office had **to pull out all the stops** to keep the negotiations going.

foreign [*fO-rön*].

Foreign Office: the British government department that deals with Britain's relations with foreign countries.
had to pull out all the stops: had to make a big effort so that s.th. happens or is successful.
negotiation: formal discussions in which people or groups try to reach an agreement, especially in a business or political situation.

(D) „Das Außenministerium mußte alle Register ziehen, um die Verhandlungen in Gang zu halten."

Mit **the stops** in **to pull out all the stops**, das aus der Musik stammt, sind die Register einer Orgel gemeint. Sie werden alle herausgezogen, um die komplette Klangfülle aus dem Instrument herauszuholen.

= In dem Synonym **to move heaven and earth** erkennen wir „Himmel und Hölle in Bewegung setzen", d.h. alle erdenklichen Anstrengungen unternehmen, um etwas zu erreichen.

Hat man erreicht, was man wollte, kann man sagen **We pulled it off!** „Wir haben es geschafft!" Es heißt auch „einen Sieg einfahren": **The Irish pulled off the surprise of the year by winning the Triple Crown.** „Die Iren haben den Überraschungssieg des Jahres eingefahren, indem sie den Triple Crown gewonnen haben." (**Triple Crown** = eine Serie von Siegen in drei großen internationalen Rugby-Turnieren).

SERENDIPITY

Das Deutsche wird seit vielen Jahren zunehmend von englischen Begriffen durchdrungen. Das Ergebnis dieser Entwicklung nennt man **Denglisch**, ein Kunstwort aus **D**eutsch und **Englisch**. Die Anglizismen sind mittlerweile in allen Lebensbereichen fest etabliert. Die Liste der Anglizismen im Deutschen ist unendlich; die folgende Geschichte soll Ihnen nur eine kleine Auswahl daraus präsentieren:

Ich war gerade mit meiner Arbeit im **Assessment-Center** (Ausbildungs- oder Testcenter z. B. zur Bewerberauswahl, Nachwuchsförderung oder Mitarbeiterfortbildung) fertig, als mein **Handy** (Vorsicht „Pseudo-Anglizismus"; im Englischen heißt ein „Mobiltelefon" **cellular phone** (USA: **cell phone**) oder **mobile** (**phone**)) klingelte. Man rief mich zu einem neuen **Event** (Ereignis, Veranstaltung), einem **Casting** (Auswahlvorgang von Bewerbern mit Hilfe von Tests und Proben). Dabei wollte ich eigentlich zu einer **After-Work-Party** (Party nach Laden- bzw. Büroschluß) gehen, denn ich hoffte, das Mädchen wiederzutreffen, mit dem ich letzte Woche einen **One-Night-Stand** (Affäre für eine Nacht ohne weitere Verpflichtungen) hatte. Eigentlich bin ich ja eher eine **Couch-Potato** (Person, die lieber passiv auf der Couch vor dem Fernseher liegt und Kartoffelchips ißt, anstatt aktiv zu sein). **Outdoor**-Aktivitäten (Unternehmungen im Freien) sind nichts für mich. Normalerweise liebe ich es, zu **relaxen** (entspannen, ausruhen) und durchs Fernsehprogramm zu **zappen** (mit der Fernbedienung ziellos zwischen den TV-Kanälen hin- und herzuzappen) oder mich in den neusten **Bestseller** (Produkt oder Dienstleistung mit hohem Markterfolg) zu vertiefen. Ich war am Wochenende auf einer tollen **Bottleparty** (Party, zu der jeder Gast etwas mitbringt, ein Getränk, Grillfleisch, Salat, Kuchen etc.) mit **open end** (Veranstaltung ohne zeitliche Begrenzung). Am nächsten Morgen gab's ein **Brunch** (Kombination aus **breakfast** und **lunch**). Da waren interessante Leute, und ich habe viel über **Lifestyle** (Lebensstil; „Die schönen Seiten des Lebens") gelernt: über **Beauty** (Schönheit, Kosmetik, Körperpflege), **Fashion** (Mode), **Fitness** (rhythmische Gymnastik, Sport), **Nightlife** (Nachtleben) und **Wellness** (Wohlfühlen, Entspannung). Jetzt weiß ich, was die **Trends** (neue Moden und Maßstäbe) der Saison sind! Leider war ich etwas **overdressed** (zu „fein" gekleidet). Aber ich dachte nur: **So what?** („Was soll's?")".

26 — EASY DOES IT!

Easy does it! „Nun mal ganz ruhig!/Nur kein Stress!" ist der Ratschlag, die Dinge leicht zu nehmen. Sehen wir uns nun an, welche Redewendungen im Englischen ausdrücken, daß etwas „leicht" oder „unkompliziert" ist.

> It's so simple that you can do it **with your hands tied behind your back**. 1

 tied [*taid*].

 with your hands tied behind your back: very easily.

 „Es ist so einfach, daß du es mit verbundenen Augen machen kannst (mit hinter dem Rücken zusammengebundenen Händen)."

with (both) hands tied behind your back drückt aus, daß etwas buchstäblich „im Schlaf", „mit links" bzw. „mit verbundenen Augen", d.h. leicht und problemlos zu bewerkstelligen ist. **tied** kann auch weggelassen werden.

! Nicht zu verwechseln mit **to have one's hands tied** „jmdm. sind die Hände gebunden", d.h. die Person kann – aus welchen Gründen auch immer – nicht so handeln, wie sie gerne handeln würde.

> Thanks to the plug-and-play feature, using the new hard drive is **as easy as pie**. 2

 plug-and-play [*plag-änd-plei*]; **feature** [*fi:-tschö(r)*]; **pie** [*pai*].

 to plug (in/into): to connect a piece of equipment to an electricity supply or to another piece of equipment.
plug-and-play: describing computer equipment that is immediately ready for use when it is connected to the computer.
feature: a function available in a computer or computer programme.
hard drive: (often **hard disc**) the part inside a computer that stores the information it needs to work.
as easy as pie: very easy.

 „Dank der Plug-and-Play-Funktion (einstöpseln-und-spielen Funktion) ist die Verwendung der neuen Festplatte ein Kinderspiel (so leicht wie Pastete)."

 as easy as pie beschreibt etwas, das „kinderleicht, ein Kinderspiel" ist. Hierfür hat das Englische eine ganze Sammlung von Redewendungen parat.

= **as easy/simple as ABC**; **as easy as falling off a log**, wörtlich „so leicht wie von einem Holzklotz herunterzufallen" oder **It's a piece of cake**. Und was bietet die Kindersprache? Schlicht und einfach: **easy-peasy**!

> Learning Russian is not hard. Mastering the alphabet can take some time, but afterwards **it's plain sailing** all the way.
>
> 3

🔔 **Russian** [*rä-schön*]; **alphabet** [*äl-fö-böt*]; **plain** [*plein*].

💡 **Mastering**: Learning s.th. thoroughly so that you know it or can do it very well.
it's plain sailing: it's easy to do or achieve.
all the way: completely.

💬 „Russisch zu lernen, ist nicht schwer. Das Beherrschen des Alphabets kann einige Zeit dauern, aber danach ist es ganz einfach (einfaches Segeln)."

📖 **plain sailing** stammt aus der Sprache der Seefahrt, wobei **plain** das ursprüngliche **plane** „eben, platt" ersetzt hat. Es bezieht sich auf die Zeit, als die Seekarten die Erde nicht als Kugel, sondern als zweidimensionale Oberfläche darstellten, da man darauf die Schiffsrouten besser einzeichnen und ablesen und so die Navigation vereinfachen konnte.

> The simulator looked daunting to start with, but after half an hour, I realised **there was nothing to it**.
>
> 4

🔔 **simulator** [*ßi-mju-lei-tö(r)*]; **daunting** [*dO:n-ting*].

💡 **simulator**: a piece of equipment used for training people to operate an aircraft or other vehicle by simulating the situations they will have to deal with.
looked daunting: made me worried because I thought it would be dangerous or difficult to do.
to start with: at the beginning.
there was nothing to it: it was very easy.

„Der Simulator sah am Anfang entmutigend aus, aber nach einer halben Stunde wurde mir klar, daß es ganz einfach war."

there is/was nothing to it: Try swimming without the mask: there's nothing to it. „Versuch, ohne Tauchermaske zu schwimmen: Es ist ganz einfach."

! Nicht zu verwechseln mit **there's nothing for it** „es gab keine andere Möglichkeit, es blieb nichts anderes übrig": When the car broke down in the middle of nowhere, there was nothing for it but to walk. „Als das Auto am Ende der Welt/ mitten in der Pampa liegenblieb, blieb uns nichts anderes übrig, als zu Fuß zu gehen."

— Do you think you can finish painting the bedroom by four o'clock? – **No sweat**.

5

 sweat [ßuät].

 No sweat: No problem.

 – „Meinst du, du kannst mit dem Anstreichen des Schlafzimmers um vier Uhr fertig sein? – Kein Problem (Schweiß)."

sweat ist das Synonym für harte Arbeit, und alle Briten kennen den Ausspruch von Winston Churchill aus seiner Rede, in dem er, inspiriert durch ein Gedicht von Lord Byron, den Briten nichts anderes als **blood, toil, tears, and sweat** versprach.

Um eine Arbeit zu beschreiben, die sehr kompliziert und anstrengend war, können Sie sagen: **I sweated blood to finish this job.** „Ich habe unheimlich hart gearbeitet (Blut geschwitzt), um diese Arbeit fertigzubekommen."

! Nicht zu verwechseln mit **to sweat with fear**, das dem deutschen „Blut und Wasser schwitzen" entspricht und das man benutzt, wenn man vor Angst sehr aufgeregt ist.

We've finished three programs, Jim. Writing a fourth one should be **a cinch**.   6

 cinch [ßinsch].

 a cinch: s.th. that is very easy to do.

 „Wir haben drei Programme fertiggestellt, Jim. Ein viertes zu schreiben, sollte ein Klacks sein."

 Die Grundbedeutung von **cinch** ist „Sattelgurt", es stammt ursprünglich aus dem Spanischen (*cincha*). Der Weg vom „Sattelgurt" zum „Klacks, Kinderspiel" ist schwierig nachzuvollziehen, aber merken Sie sich trotzdem den Ausruf **It's a cinch!** „Das ist ein klarer Fall/eine totsichere Sache!"

Once you qualify, you can have what you want. A great career, a big salary, a nice house: they'll **be yours for the asking**.   7

 qualify [kuO-li-fai]; **career** [kö-ri:(r)]; **salary** [ßä-lö-ri].

 qualify: become a member of a particular profession after a period of training or study.
career: jobs or series of related jobs that you do, especially a profession that you spend a lot of your working life in.
salary: a fixed amount of money that you earn each month or year from your job.
they'll be yours for the asking: they'll be available if you ask for it.

Ⓓ „Sobald du deinen Abschluß gemacht hast, kannst du alles haben, was du willst. Eine tolle Karriere, ein dickes Gehalt, ein schönes Haus: Das ist dann alles deins (sie sind deine für das Fragen)."

📖 **to be yours/mine for the asking** ist eine Verkürzung von **All you have to do is ask and they will be yours.** „Du brauchst nur zu fragen, und schon bekommst du es." Es gibt auch die unpersönliche Form: **You should have taken a copy: they were there for the asking.** „Du hättest ein Exemplar mitnehmen sollen: Dafür waren sie da." **S.th. is to be had for the asking** „etw. kriegt man an jeder Ecke".

❗ Nicht zu verwechseln mit **You're asking for it!** „Paß auf, gleich gibt's Ärger!", das man verwendet, wenn man sich von einer anderen Person provoziert fühlt; **it** steht hier für **trouble** „Streit".

> – That's the third bottle of champagne you've ordered. Are you sure you can afford it? – **Easy come, easy go!** 8

🔔 **champagne** [*schäm-pein*]; **afford** [*ö-fO:(r)d*].

💡 **champagne**: a type of French sparkling wine that people often drink to celebrate special occasions.
afford: have enough money to buy.
Easy come, easy go: used for saying that s.o. has spent money quickly, after getting it easily, and often that they should not worry because they have spent it.

Ⓓ – „Das ist die dritte Flasche Champagner, die du bestellt hast. Bist du sicher, daß du dir das leisten kannst? – Wie gewonnen, so zerronnen!"

📖 Mit **Easy come, easy go!** drückt man aus, daß etwas so schnell, wie man es gewonnen hat, auch wieder verlorengeht. In diesem Ausdruck schwingt auch immer ein wenig Ironie mit.

Interessant ist in diesem Zusammenhang auch **to be in Easy Street** „reich sein". Das Gegenteil hiervon, **to be in Queer Street** (**queer** „seltsam, merkwürdig, komisch") beschreibt eine Person, die in Geldnöten ist: **When his company collapsed, he soon found himself in Queer Street.** „Als seine Firma zugrundeging, geriet er in Geldnot."

> It is pointless competing with the Koreans in the Asian market; they'll **walk all over** us. **9**

 competing [*köm-pi:-ting*]; **Koreans** [*kö-ri:-öns*]; **Asian** [*ei-jön*].

 pointless: lacking any purpose or use.
competing: trying to be more successful than others.
they'll walk all over us: they will be more successful than we.

 „Es ist sinnlos, auf dem asiatischen Markt mit den Koreanern zu konkurrieren, sie werden uns in die Tasche stecken (werden über uns hinweglaufen)."

 to walk all over s.b. kann wie hier in Verbindung mit einem Wettbewerb verwendet werden oder aber in Bezug auf zwischenmenschliche Beziehungen: **I don't know why she lets her husband walk all over her.** „Ich verstehe nicht, warum sie sich von ihrem Mann fertigmachen läßt." Es vermittelt das Bild einer Person, die sich von jemand anderem „niedertrampeln" läßt. (Diese Person bezeichnet man dann als **doormat** „Fußabtreter".)

Anders das Nomen **walkover**: Es beschreibt einen „leichten Sieg", man sagt auch „Spaziergang": **Italy beat England four-nil: it was a walkover.** „Italien hat England 4:0 geschlagen: Es war ein Spaziergang." Das Verb hierzu lautet **to have a walkover** „leichtes Spiel haben". In den USA benutzt man für „sicherer Kandidat, sicherer Gewinner" den Ausdruck **shoo-in**. Dies hat seinen Ursprung in den Viehschauen, bei denen Schweine, Bullen, Schafe usw. gekürt werden. Ein Tier, das hierbei konkurrenzlos antritt, wird einfach nur in den Ring gescheucht („**Shoo!**"), und der Preis ist ihm sicher, egal, wie es aussieht.

> The arrangements were perfect and the presentation **went off without a hitch**. **10**

 arrangements [*ö-reinj-möntß*]; **perfect** [*pÖ:(r)-fökt*]; **hitch** [*hitsch*].

 arrangements: practical plans for managing the details of an event involving many people.
went off like a hitch: went off without any problems.

„Die Vorbereitungen waren perfekt, und die Präsentation ging reibungslos über die Bühne."

📖 **to go** (**off**) **like a hitch** „wie am Schnürchen klappen, glatt/reibungslos über die Bühne gehen" basiert auf **to hitch** „ein Pferd anspannen"; hiervon stammt das amerikanische **to hitchhike** „per Anhalter fahren", kurz: eine Methode anwenden, mit der sich zwei Personen mit nur einem Pferd fortbewegen können: Die eine Person reitet eine bestimmte Strecke mit dem Pferd, die andere läuft. Dann wird das Pferd angebunden, der Reiter wartet auf die zweite Person, die anschließend aufsitzen und reiten darf, während die erste Person läuft: **hitching and hiking**.

Hitch bedeutet auch „Problem, Schwierigkeit, Haken", also etwas, das den normalen Ablauf einer Sache behindert: **Thanks to the computer, no one takes the blame; we just say: it's a technical hitch.** „Dank des Computers ist keiner mehr verantwortlich; wir sagen einfach nur: Es ist ein technisches Problem." Auf der Grundlage von **hitch** ist **glitch** „Störung, Panne" entstanden: **We can't partition the hard disk; there must be a glitch somewhere.** „Wir können die Festplatte nicht partitionieren; es muß irgendwo eine Störung vorliegen."

≈ **to go like clockwork** [➡ Satz 11].

Despite the initial confusion, when the day
came the festivities **went like clockwork**.   11

🔔 **Despite** [*di-ßpait*]; **initial** [*i-ni-schöl*]; **confusion** [*kön-fju:-jön*].

💡 **Despite**: Even though there was.
initial: happening at the beginning of a process.
festivities: lively and enjoyable celebration.
when the day came: when it started.
confusion: a situation in which things are untidy, badly organized, or not clear.
went like clockwork: happened or worked correctly, without any problems or delays.

Ⓓ „Trotz des anfänglichen Durcheinanders verliefen die Feierlichkeiten, als sie dann begannen, wie am Schnürchen (wie Uhrwerk)."

KAPITEL 26

In **to go like clockwork**, das den reibungslosen Ablauf eines Prozesses beschreibt, wird auf ein Uhrwerk bzw. einen Aufziehmechanismus Bezug genommen. In diesem Zusammenhang können wir auch noch eine andere Wendung erwähnen: **as regular as a clockwork** „absolut regelmäßig".

Für diejenigen, denen hier der berühmte Roman von Anthony Burgess, **A Clockwork Orange**, in den Sinn kommt, sei erwähnt, daß dieser Titel aus der Sprache der Cockneys stammt: **as queer as a clockwork orange** bedeutet „homosexuell".

= **to go off like a hitch**.

Annie had had no previous experience with accounting, but she took to it like a **duck to water**.   12

she took to it like a duck to water: she got used to it, as if she has been doing it for a very long time.

„Annie hat keinerlei Berufserfahrung in der Buchhaltung gehabt, aber nun fühlt sich ganz in ihrem Element."

to take to it like a duck to water basiert auf dem Ausdruck **to take to the water** „zum Wasser streben": **Every weekend, thousands of people take to the water in pleasure boats.** „Jedes Wochenende zieht es Tausende von Menschen in Vergnügungsbooten aufs Wasser". Im übertragenen Sinne bedeutet es, daß jemand sich ganz in seinem Element bzw. wie ein Fisch im Wasser fühlt [➡ Kapitel 10, 6].

Und wenn die Ente einmal im Wasser ist, beginnt sie meistens problemlos zu schwimmen, und so heißt es, wenn eine Sache „wie am Schnürchen klappt": **Everything is going swimmingly.**

! Nicht zu verwechseln mit **to take to s.o.** „sich zu jmdm. hingezogen fühlen": **I took to her immediately.** „Ich fühlte mich sofort zu ihr hingezogen."

They keep changing the design specifications, but he doesn't seem to mind, he **takes it in his stride**. 13

---

design [*di-sain*]; **specifications** [*ßpä-ßi-fi-kei-schöns*]; **stride** [*ßtraid*].

design: the way that s.th. is made so that it works in a certain way or has a certain appearance.
specification: an exact measurement or detailed plan about how s.th. is to be made.
he doesn't seem to mind: apparently he doesn't feel unhappy, upset, or annoyed about it.
he takes it in his stride: he is not upset or troubled by it.

„Sie ändern ununterbrochen die Design-Spezifikationen, aber das macht ihm anscheinend nichts aus, er läßt sich nicht aus dem Konzept bringen (nimmt es in seinen Schritt)."

to take s.th. in one's stride „mit etw. gut fertig werden, von etw. nicht aus dem Konzept gebracht werden". Das Nomen **stride** bedeutet „Schritt; Fortschritt(e)", und **to stride** bedeutet „mit großen Schritten gehen, schreiten".

! Nicht zu verwechseln mit **to get into one's stride** „in Schwung kommen, den Rhythmus finden": **Why did you stop me? I was just getting into my stride!** „Warum hältst du mich an? Ich war gerade dabei, in Fahrt/Schwung zu kommen!"

≠ to be put off one's stride „aus dem Konzept/aus dem Tritt gebracht werden": **The unexpected question from the audience put the speaker off his stride.** „Die unerwartete Frage aus dem Publikum brachte den Sprecher aus dem Konzept."

255

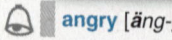 **angry** [*äng-gri*].

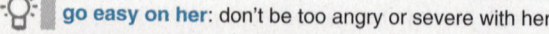 **go easy on her**: don't be too angry or severe with her.

(D) „Ich weiß, daß du böse bist, aber sei nachsichtig mit ihr; sie hat gerade eine schlechte Nachricht erhalten."

📖 **to go easy on s.o.** „mit jmdm. nachsichtig sein, jmdn. nicht zu hart rannehmen".

= Don't be hard on her!

≠ Es gibt auch das Antonym **to go hard on s.o.** „jmdn. hart rannehmen, jmdn. nicht schonen"; es ist allerdings nicht sehr gebräuchlich.

! Nicht zu verwechseln mit **to go easy on/with s.th.** „sparsam umgehen mit": **We have to drive home tonight, so go easy with the wine.** „Wir müssen heute nacht nach Hause fahren, trink also nicht zu viel Wein."

SERENDIPITY

Jede Sprache verfügt über zahlreiche Ausdrücke, die auf Eigennamen basieren und auf die Eigenschaften bzw. Eigenheiten bestimmter Persönlichkeiten zurückgeführt werden; viele stammen z.B. aus der Bibel: So steht **Thomas** für den Zweifel, **Judas** für den Verräter, **Jeremias** für die Klage, **Methusalem** für die Langlebigkeit. Andere wiederum sind aus der Antike erhalten geblieben: **Achill** für die Verletzbarkeit (**Achilles' heel** [*ö-ki:-lis hi:l*] „Achillesferse"), **Herkules** für die Kraft.

Wieder andere entspringen der Literatur. So steht im Englischen **Shylock** für einen Geizkragen (aus Shakespeares „Kaufmann von Venedig"), **Micawber** für einen unverbesserlichen Optimisten (aus Dickens „David Copperfield") und **Pecksniff** für einen „Betrüger, Hochstapler" (aus Molières „Tartuffe").

Weiterhin gibt es Gattungsbezeichnungen, die auf einem Personennamen basieren, wie z.B. den **maverick** [*mä-wö-rik*]

„Einzel-/Alleingänger" (von **Samuel Maverick**, ein amerikanischer Bauer, der sich weigerte, sein Vieh mit dem Brenneisen zu kennzeichnen), den **hooligan** [*hu:-li-gön*] (von **Patrick Hooligan**, ein Bandenchef aus dem 19. Jh.) oder auch **to mesmerise** [*mäs-mö-rais*] „faszinieren, fesseln" (nach dem deutschen Arzt **Franz Anton** (o.a. Friedrich) **Mesmer**, der die Anfänge der Hypnosetherapie begründete). In Kapitel 29 lernen wir noch den **quisling** [*kuis-ling*] „Verräter, Kollaborateur" kennen (von **Vidkun Quisling**, ein norwegischer Politiker, der im 2. Weltkrieg den Nazis half, Norwegen zu besetzen).

Was komplette Redewendungen angeht, so wollen wir mit **... and Bob's your uncle**, sinngemäß „... und dann geht alles wie von selbst" beginnen. **Bob**, die Kurzform von **Robert**, geht zurück auf **Robert Balfour**, Premierminister von Großbritannien, der im Jahre 1887 seinen eigenen Neffen für einen bedeutenden Posten nominierte. Seit dieser Zeit ist die Wendung das Sinnbild dafür, wie einfach es ist, in eine einflußreiche Position zu gelangen, wenn man nur der Neffe von Bob ist ...

A Peeping Tom (**to peep** „gucken, spähen, linsen") ist ein „Spanner, Voyeur" und geht zurück auf einen Schneider namens Tom, der in der Stadt Coventry **Lady Godiva** dabei beobachtete, wie sie im Jahr 1040 nackt durch die Straßen der Stadt lief, um gegen die Steuern zu protestieren. Zur Strafe für seinen Blick auf die Schöne erblindete der Schneider.

Schließlich gibt es noch die Wendungen mit Eigennamen, deren Ursprung man nicht genau kennt: Ausrufe wie **For Pete's sake ...** oder **For the love of Mike ...** sind wahrscheinlich Euphemismen, mit denen man Ausdrücke wie **For God's sake** oder **For the love of Jesus** umgehen kann.

You're not going to invite any Tom, Dick and Harry: I want someone well-known as guest speaker. „Du wirst nicht irgend so einen Hanswurst einladen. Ich möchte eine bekannte Person als Gastredner." Bei diesen Namen handelt es sich um „Allerweltsnamen", im Deutschen auch oft durch „Gott und die Welt" ausgedrückt. Der Ausdruck stammt aus der zweiten Hälfte des 19. Jahrhunderts; 300 Jahre zuvor sagte man noch **Tom, Dick and Frances**.

Der Ausruf **Finders Keepers!** wird von Kindern benutzt, wenn sie irgendwo, z.B. auf der Straße, etwas finden: „Wer's findet, darf's behalten!" Oft wird dann **Losers Weepers!** „Wer verliert, der heult!" hinzugefügt. Die Redewendungen in diesem Kapitel drücken auf verschiedene Arten aus, daß jemand etwas „versteht", „erfährt", „herausfindet", ...

> The police haven't yet discovered where the terrorist is hiding, but they believe they're **getting warm**.
> 1

 terrorist [*tä-rö-rißt*]; **hiding** [*hai-ding*].

 discovered: found out.
they're getting warm: they have a hot trail of him.

 „Die Polizei hat noch nicht herausgefunden, wo der Terrorist sich versteckt, aber sie glaubt, eine heiße Spur zu haben (warm zu werden)."

 to get warm „eine heiße Spur haben", d.h. sich der Wahrheit nähern, stammt von dem bekannten Kinderspiel „Topfschlagen", bei dem ein unter einem Topf versteckter Gegenstand von einem Kind, dem die Augen verbunden wurden, gefunden werden muß. Entfernt sich das Kind von dem Versteck, so heißt es **You're getting cold!** „Kälter!"; nähert es sich dem Versteck, heißt es **You're getting warm!** „Wärmer!". Ist es dem Versteck ganz nah, wird es mit **Hot!** „Heiß!" angefeuert.

Um auszudrücken, daß jemand weit davon entfernt ist, die Wahrheit über etwas zu kennen, sagt man **You're not even warm**.

= **to be on the right track** „auf der richtigen Spur/Fährte".

> I think I've **hit the nail on the head**: she doesn't really want to get married.
> 2

 nail [*neil*]; **married** [*mä-rid*].

I've hit the nail on the head: I said s.th. that is exactly right or very true.

"Ich denke, ich habe den Nagel auf den Kopf getroffen: Sie will gar nicht wirklich heiraten."

to hit the nail on the head „den Nagel auf den Kopf treffen", d.h. die Wahrheit aussprechen. Es gibt auch die verkürzte Version: **You've hit it!** „Du hast es erfaßt!"

In der Umgangssprache wird **to nail** auch für „verhaften" benutzt: **They were nailed for fraud** [*frO:d*]. „Sie wurden wegen Betrugs verhaftet."

> Despite the government's attempts to stifle the affair, the story is now **out in the open**.   3

stifle [*ßtaifl*];

to stifle: to stop s.th. from developing normally.
affair: s.th. that happens, especially s.th. shocking, in public or political life.
the story is now out in the open: the story is now no longer secret.

"Trotz der Versuche der Regierung, die Affäre herunterzuspielen, ist die Geschichte nun ans Licht gekommen (ist nun raus im Offenen)."

to be out in the open „öffentlich bekannt werden, an den Tag/ans Licht kommen, an die Öffentlichkeit kommen". Ebenso wie wir im Deutschen von einem „offenen Geheimnis" sprechen, d.h. von einer Tatsache, über die nicht gesprochen wird, die jedoch trotzdem allen bekannt ist, spricht der Brite von **open knowledge** oder **an open secret**: **It's open knowledge/an open secret that he's having an affair with his secretary.** „Es ist ein offenes Geheimnis, daß er eine Affäre mit seiner Sekretärin hat."

* **to stifle** hat die Bedeutungen „ersticken, unterdrücken; übergehen (Einwand)".

> I **heard on the grapevine** that there may be a job going in Marketing.   **4**

🔔 **grapevine** [*greip-wain*].

💡 **on the grapevine**: the way in which information spreads quickly from one person to another through conversation.
going: available.

💬 „Man munkelt/erzählt sich (ich hörte auf der Weinrebe), daß wahrscheinlich eine Stelle in der Marketing[-Abteilung] frei wird."

📖 Kennen Sie das berühmte Lied von Marvin Gaye **I heard it through the Grapevine**? **To hear s.th. on/through the grapevine** bedeutet „man munkelt ..., man erzählt sich ...". **grapevine** ist der Ausdruck für „Flüsterpropaganda", aus **grape** „Weintraube" und **vine** „Ranke, Weinrebe". Der Ausdruck kommt aus dem Amerikanischen und ist eine Verkürzung von **grapevine telegraph**, eine Anspielung auf die Drähte der ersten Telegraphenanlagen, die von Baum zu Baum gespannt waren und deren Form an Weinreben erinnerte. Hierüber wurden während des amerikanischen Sezessionskrieges Nachrichten übertragen, die jedoch aufgrund technischer Unzulänglichkeiten meistens verfälscht an ihrem Ziel ankamen. In der Folge nannte man jede zweifelhafte Informationsquelle **grapevine telegraph**, ab dem 2. Weltkrieg dann nur noch **grapevine**.

> Mr Akram tried to keep his £5m win a secret, but the press soon **got wind of** the news.   **5**

🔔 **£5m** [*faiw mil-jön paonds*].

💡 **£5m**: short form for five million pounds.
to keep ... a secret: not to tell anyone.
the press: journalists and photographers who work for newspapers or news magazines.
got wind of the news: found out about s.th. secret or private.

💬 „Herr Akram versuchte, seinen 5-Millionen-Pfund-Gewinn geheim zu halten, aber die Presse bekam sehr schnell Wind von der Nachricht."

Die Wendung **to get wind of s.th.** stammt ursprünglich aus der Jägersprache und meint die Jagdhunde, die über den Wind die Witterung des Wildes aufnehmen.

! Nicht zu verwechseln mit **to get the wind up** „Angst bekommen" oder **to put the wind up s.b.** „jmdm. Angst machen" [➡ Kapitel 17, 12].

Evidence has recently **come to light** of human settlements in Asia Minor in the 16th century BC.   6

Evidence [*ä-wi-dönß*]; **recently** [*ri:-ßönt-li*]; **human** [*ju:-mön*]; **Asia** [*ei-jö*]; **Minor** [*mai-nö(r)*]; **century** [*ßän-tschö-ri*]; **BC** [*bi:-ßi:*].

Evidence: facts or physical signs that help to prove s.th.
has ... come to light: has been discovered.
human: relating to people.
settlement: place where people come to live permanently, usually when there were very few people living there before.
Asia Minor: the part of Turkey stretching towards Europe between the Black Sea and the Mediterranean Sea.
BC: short form for **Before Christ**.

„Es sind kürzlich Beweise für menschliche Siedlungen in Kleinasien im 16. Jahrhundert v. Chr. aufgetaucht (ans Licht gekommen)."

to come to light „ans Licht kommen, aufgedeckt werden" kann auch aktivisch verwendet werden und wird dann mit **to bring** formuliert: **Archeologists** [*a:(r)-ki-O-lö-dʒißtß*] **have recently brought to light evidence ...** Hier könnte man das Objekt zwischen das Verb und die Präposition setzen: **... brought evidence to light ...**, was bei der Form **to come to light** nicht möglich ist.

! Nicht zu verwechseln mit **to shed** [*schäd*] **light** [*up*]**on s.th.** „Licht in etw. bringen", womit man in der Regel meint, daß ein unklarer Sachverhalt durch zusätzliche Erkenntnisse erhellt wird.

When the cheque bounced for the third time, we began **to smell the rat**.

7

 cheque [*tschäk*]; **bounced** [*baonßd*]; **rat** [*rät*].

 the cheque bounced: the bank refused to pay the cheque because there was not enough money in the account of the person who wrote it.
we began to smell the rat: we began to realise that s.th. dishonest, illegal, or wrong had happened.

 „Beim dritten ungedeckten Scheck (als der Scheck zum dritten Mal sprang) begannen wir, den Braten (die Ratte) zu riechen."

 to smell the rat „den Braten/Lunte riechen" stammt aus der Zeit, als die Ratte mit der Pest gleichgesetzt wurde. Man schickte Hunde auf Rattenjagd, die die Ratte wittern sollten. So sagt man **I smell a rat!**, wenn man im voraus eine Gefahr spürt.

Die Idee des verräterischen Geruchs ist womöglich der Ursprung von **to rat on s.o.** „jmdn. verraten, verpfeifen": **I don't believe it: he ratted on his best friend!** „Ich glaub's nicht: Er hat seinen besten Freund verraten!" Hieraus ist auch **rat** „Spitzel, Denunziant" entstanden, das durch die Gangsterfilme von Jimmy Cagney bekannt wurde.

to rat on kann auch „etw. aufgeben, etw. fallenlassen" bedeuten. **He ratted on the project at the last minute.** „Er gab das Projekt in letzter Minute auf". **to rat on** ist eine Verkürzung von **to abandon s.th. like rats leaving the sinking ship** „einen Ort verlassen wie Ratten das sinkende Schiff". Einem alten Aberglauben zufolge springen Ratten von Bord, bevor ein Schiff sinkt.

> She looked from one man to the other and
> then **the penny dropped**: they were bringing
> her bad news. 8

 **dropped** [*drOpt*].

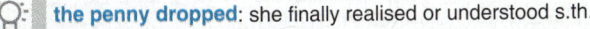 **the penny dropped**: she finally realised or understood s.th.

> „Sie sah von einem zum anderen, und dann fiel der Groschen
> (Penny): Sie überbrachten ihr eine schlechte Nachricht."

the penny drops (sehr oft ergänzt durch **finally**): „der Groschen fällt" sagt man, wenn jemand etwas erst nach längerem Nachdenken versteht. Der Ausdruck spielt auf die ersten automatischen Verkaufsmaschinen an, in denen das Geldstück zunächst langsam einen Teil des Mechanismus durchlief, bis es schließlich ganz hineinfiel und man die Ware erhielt.

! Nicht zu verwechseln mit **to spend a penny** „auf die Toilette gehen", was aus der Zeit der ersten öffentlichen Toiletten stammt, deren Benutzung einen Penny kostete.

> The other two players were obviously
> cheating, but it was an hour before he
> **cottoned on**. 9

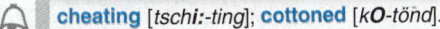 **cheating** [*tschi:-ting*]; **cottoned** [*kO-tönd*].

cheating: behaving dishonestly or not obeying rules in order to win a game.
he cottoned on: he began to realize or understand s.th.

> „Die beiden anderen Spieler mogelten offensichtlich, aber er
> brauchte (es war) eine Stunde, um das spitzzukriegen."

to cotton on to s.th. „etw. spitzkriegen, etw. kapieren" gleicht von der Bedeutung her **the penny drops** (⇒ Satz 8), mit dem Unterschied, daß ersteres von einem Objekt begleitet werden kann: **We cottoned on to the fact that he was cheating.** „Wir kriegten spitz, daß er mogelte." Oder: **I finally cottoned on to what he meant.** „Ich kapierte schließlich, was er meinte."

KAPITEL 27

! Nicht zu verwechseln mit dem in den USA gebräuchlichen **to cotton to s.th./s.o.** „mit etw./jmdm. sympathisieren": **We only talked for ten minutes but I cottoned to her straigth away**. Diese Formulierung geht auf den Umstand zurück, daß die Fasern der Baumwollpflanze leicht an etwas haften bleiben.

After listening for half an hour, I finally **caught his drift**: he was really arguing in favour of gun control. 10

listening [*li-ßö-ning*]; **caught** [*kO:t*]; **arguing** [*a(r)-gju-ing*]; **favour** [*fei-wö(r)*].

caught his drift: understood the basic meaning.
he was ... arguing: he gave reasons why he believed that s.th. was right or true.
in favour of: supporting a person or an idea, proposal etc that you believe is right.
gun control: laws that prevent people from keeping and using guns.

Ⓓ „Nachdem ich eine halbe Stunde zugehört hatte, verstand ich schließlich, worauf er hinauswollte (fing ich seine Strömung): Er argumentierte für ein Waffenverbot."

to **get/catch the drift of s.th.** „etw. verstehen; begreifen, worauf jmd. hinaus will". Mit **drift** ist hier das Wesentliche, „der Tenor" einer Aussage oder einer Idee gemeint; ursprünglich kommt **drift** aus der Seemannssprache und meint die „Strömung", von der ein Boot getragen wird.

drift ist auch das, was wir im Deutschen den „(roten) Faden" nennen: **I tried to follow his lecture, but I lost the drift after ten minutes.** „Ich versuchte, seinem Vortrag zu folgen, aber nach zehn Minuten verlor ich den Faden." Ein Synonym hierfür ist: **... I lost the thread** ([*fßräd*] „Faden").

Bedeutungsverwandt ist hier auch **to drift**, das „abschweifen, abgelenkt werden, die Konzentration verlieren" heißen kann: **After ten minutes, my attention began to drift.**

I don't care how complicated it is, I will **get to the bottom** of the mystery.   **11**

---

care [*kä:(r)*]; **complicated** [*kOm-pli-kei-tid*]; **bottom** [*bO-töm*]; **mystery** [*miß-tö-ri*].

complicated: difficult to do, deal with, or understand, especially because of involving a lot of different processes or aspects.
I will get to the bottom of: I will find out the true cause or explanation of a situation.
mystery: s.th. that you are not able to understand, explain, or get information about.

„Es ist mir egal, wie kompliziert es ist, ich werde dem Geheimnis auf den Grund gehen."

to get to the bottom of s.th. „einer Sache auf den Grund gehen", d.h. die (oft tief im Verborgenen liegende) Wahrheit über etwas herausfinden (**bottom** „unteres Ende, Boden").

! Nicht zu verwechseln mit **to reach the bottom** oder **to hit rock bottom** „in den Keller fallen, am Tiefpunkt ankommen; am Boden zerstört sein": **When he lost his job, he really hit rock bottom.** „Als er seine Arbeit verlor, war er wirklich am Boden zerstört."

The government relies on opinion polls **to see which way the wind is blowing** before they announce their policies.   **12**

---

relies [*ri-lais*]; **polls** [*pouls*]; **blowing** [*blou-ing*]; **policies** [*pO-lö-ßi:s*].

relies on: trusts s.o. or s.th.

opinion poll: an attempt to find out what people in general think about a subject by asking a representative number of people questions about it.

to see which way the wind is blowing: to find out what the opinion of the public is like.

policies: a set of plans or actions agreed on by a government, political party, business, or other group.

„Die Regierung verläßt sich auf Meinungsumfragen, um herauszufinden, woher der Wind weht, bevor sie ihr politisches Konzept verkündet."

to see which way the wind is blowing „feststellen, woher der Wind weht" beschreibt den Versuch, die Stimmungslage der Öffentlichkeit zu ergründen, um die weitere Entwicklung einer Situation besser abschätzen zu können. Es stammt natürlich aus der Meteorologie.

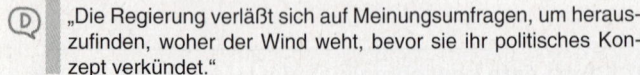

I just can't seem to **get the hang of** the new numbering system. The old one was much simpler.

13

hang [*häng*]; **numbering** [*n*am-bö-ring]; **system** [*ßiß-töm*].

to get the hang of: to learn a skill or activity.
numbering: giving a number to each thing that is part of a set.

„Wie es aussieht, komme ich mit diesem neuen Numerierungssystem einfach nicht klar. Das alte System war viel einfacher."

to get the hang of „klarkommen mit, den Bogen raushaben, die Fertigkeit besitzen", d.h. etwas beherrschen, entstammt dem Schneiderhandwerk und spielt auf den Handgriff an, den der Schneider ausführt, damit der „Sitz" (**hang**) eines Kleidungsstücks stimmt. Man kann **to get the hang of** auch benutzen, wenn man das „Wesentliche", die „grobe Linie" einer Aussage meint: 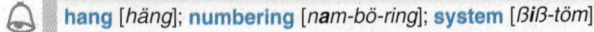**I don't understand every word, but I can get the hang of what he's saying.** 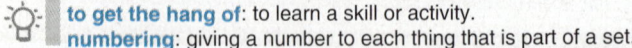„Ich verstehe nicht jedes Wort, aber mir ist im Groben klar, worüber er spricht."

= to get the gist of (**gist** [*djißt*] „Wesentliches, Kern").

≈ **to get the knack** [*näk*] **of** „eine Fertigkeit erlangen, den Bogen raushaben".

! Nicht zu verwechseln mit **not to give/care a hang about s.th.** „etw. kümmert einen nicht die Bohne".

> – I'm afraid I seem to have come out without any money. – I **get the picture**: Waiter, bring me the bill. **14**

picture [*pik-tschö(r)*]; **Waiter** [*uei-tö(r)*].

I get the picture: I understand.

– „Ich fürchte, ich habe kein Geld mitgenommen. – Ich verstehe schon (kriege das Bild): Herr Ober, bitte die Rechnung."

to get the picture „etw. verstehen, die Situation erfassen". **Do you get the picture?** „Verstehst du?"

! Nicht zu verwechseln mit **to put s.o. in the picture** „jmdn. ins Bild setzen", d.h. jemandem etwas erklären, jemanden über etwas aufklären: **I couldn't figure out why everyone was avoiding me, so I called Mac and he put me in the picture.** „Ich konnte nicht verstehen, warum alle mich mieden, daher rief ich Mac an, und er setzte mich ins Bild."

SERENDIPITY

Um eine Situation mit all ihren Facetten zu verstehen, ist es wichtig, sich die wesentlichen Aspekte anzusehen. Um dies auszudrücken, gibt es zwei Varianten:

to get down to brass tacks: Seit jeher gibt es bei vielen Stoffhändlern am Verkaufstresen einen Messingstift (**brass tack**) mit einer Länge von einem **yard** (90 cm), an dem die Stoffbahnen abgemessen werden. Nachdem man also zunächst ein wenig mit dem Kunden geplaudert, ihm die Ware angepriesen und auf ihre Vorzüge hingewiesen hat, kommt man „zur Sache": Der Stoff wird ausgemessen, und der Kunde bezahlt – daher: **to get down to brass tacks**.

KAPITEL 27

Ein gleichbedeutender Ausdruck ist **to get down to the nitty-gritty**: **It's time to get down to the nitty-gritty and do s.th. about drug abuse.** „Es wird Zeit, zum Kern der Sache zu kommen und etwas gegen den Drogenmißbrauch zu unternehmen." Dieser Ausdruck kommt daher, daß man an den Schulen die Köpfe der Schüler auf Läusenissen (**nits**) untersucht. Um diese besser entfernen zu können, werden meistens die Haare abrasiert und der befallene Kopf gründlich desinfiziert: **to get down to the nitty-gritty**.

Der einzige Unterschied zwischen den beiden Wendungen besteht darin, daß **brass tacks** sich meistens sehr konkret auf Kosten oder Ausgaben bezieht, während **nitty-gritty** vager und außerdem moderner ist.

---

28 | *THE HIDDEN PERSUADERS*

„The Hidden Persuaders [*pö(r)-ßuei-dö(r)s*]" ist der Titel eines berühmten Buches über Werbung, geschrieben in den 50er Jahren von Vance Packard. **The Hidden Persuader** ist zum Synonym für den „Werbefachmann" geworden.

Welche Wendungen es gibt, um die Idee des „Überzeugens, Überredens, Beeinflussens" auszudrücken, sehen Sie in diesem Kapitel.

> He had no intention of standing for election, but his wife **talked** him **into** it.   1

 intention [*in-tän-schön*].

 intention: a plan in your mind to do s.th.
standing for election: taking part in an election as a candidate.
talked him into it: persuaded him to do it.

Ⓓ „Er hatte nicht die Absicht, sich zur Wahl zu stellen, aber seine Frau hat ihn dazu überredet (redete ihn hinein)."

to talk s.o. into (doing) s.th. „jmdn. zu etwas überreden": **They talked me into coming to see you.** „Sie haben mich dazu überredet, dich zu besuchen." Beachten Sie hier die Verlaufsform des Verbs. **You talked me into it!** dient auch als Antwort an jemanden, der Sie zu etwas überreden will, das Sie sowieso schon vorhatten zu tun.

 ≠ Selbstverständlich kann man jemandem auch etwas ausreden, d.h. ihn dazu überreden, etwas *nicht* zu tun: **I wanted to lend him the car, but they talked me out of it.** „Ich wollte ihm den Wagen leihen, aber sie haben es mir ausgeredet."

Patrick can **sweet-talk** anyone: he's got **the gift of the gab**. 2

---

 sweet-talk [*ßui:t-tO:k*]; **gab** [*gäb*].

 sweet-talk: talk to s.o. in a very nice way in order to persuade them to do s.th.
gab: talk about unimportant things.
the gift of the gab: the ability to talk a lot without feeling shy, especially when this means you can get out of difficult situations.

Ⓓ „Patrick kann jeden beschwatzen (süß-reden): Er hat ein flottes Mundwerk (hat die Gabe des Quatschens)."

📖 In diesem Satz haben wir gleich zwei Konstruktionen, die „überreden, überzeugen" ausdrücken: **to sweet-talk** „bequatschen, Süßholz raspeln", von dem es auch das Nomen **sweet-talk** „Süßholzgeraspel" gibt. Es steht für einschmeichelndes Reden, besonders Frauen gegenüber.

the gift of the gab: **gab** ist das gälische Wort für „Mund", in der modernen Sprache bedeutet es „(belangloses) Gequatsche"; **to gabble** bedeutet „quatschen" und ist abwertend gemeint.

As the two kids began to pelt the soldiers with stones, the crowd **egged them on**. 3

---

 pelt [*pält*]; **soldiers** [*ßoul-djö(r)s*]; **egged** [*ägd*].

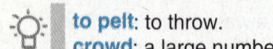

to pelt: to throw.
crowd: a large number of people in the same place.
egged them on: encouraged them to do s.th.

„Als die beiden Kinder die Soldaten mit Steinen bewarfen, stachelte die Menge sie an."

to egg s.o. on/to egg on s.o. hat hier nichts mit „Eiern" zu tun, sondern stammt vom altnordischen *eggja* ab, aus dem wiederum **edge** „Schärfe; Dringlichkeit" entstand, das einen Bezug zu „anstacheln, aufrühren" hat.

Demands for the release of political
prisoners will **cut no ice with** the new
regime.   4

Demands [*di-ma:nds*]; **release** [*ri-li:s*]; **prisoners** [*pri-sö-nö(r)s*]; **regime** [*rei-ji:m*].

release: the act of letting s.o. leave a place such as a prison or hospital.
will cut no ice with: will not impress.
regime: a government that controls a country, especially in a strict or unfair way.

„Forderungen nach der Freilassung politischer Gefangener werden keinen Eindruck auf das neue Regime machen (kein Eis schneiden)."

to cut no ice with „keinen Eindruck machen auf, nicht imponieren" wird immer negativ benutzt.

! Nicht zu verwechseln mit **to break the ice** „das Eis brechen", was meint, daß man bei neuen Bekanntschaften die anfängliche Befangenheit oder Zurückhaltung überwindet und miteinander „warm" wird. Hierbei kann bei gesellschaftlichen Anlässen der **ice-breaker**, eine Art „Willkommenstrunk", hilfreich sein. In der Grundbedeutung ist ein **ice-breaker** natürlich ein „Eisbrecher", ein spezielles Schiff, das auf dem zugefrorenen Meer eine Fahrrinne für die anderen Schiffe schafft, indem es mit seinem Bug die Eisschollen bricht.

At first, they didn't think he would be
accepted for Oxford, but his uncle was able
to pull a few **strings** and get him in. 5

 accepted [ök-ßäp-tid]; **Oxford** [Okß-föd]; **uncle** [ankl].

 accepted: allowed to join an organization.
Oxford: a university considered to be among the best in the UK.
to pull ... strings: to use his influence in order to help s.o.

 „Zuerst dachten sie nicht, daß er in Oxford angenommen würde,
aber sein Onkel konnte seine Beziehungen ein wenig spielen
lassen (einige Fäden ziehen) und ihn dort unterbringen."

 Bei **to pull strings** (**for s.o.**) sind mit **strings** die Fäden von Ma-
rionetten (**puppets on a string**) gemeint, an denen man zieht,
damit die Puppen bestimmte Bewegungen ausführen, d.h. man
nutzt seinen sozialen oder finanziellen Einfluß, um bestimmte
Dinge zu erreichen oder einer Person etwas Bestimmtes zu ermöglichen: **She's highly placed and can pull strings.** „Sie hat
eine hohe Position und kann ihre Beziehungen spielen lassen."

! Nicht zu verwechseln mit **to pull the strings** „die Fäden in der
Hand haben", d.h. eine Situation und damit auch die beteiligten
Personen kontrollieren.

strings sind auch bestimmte „Bedingungen", die ein Angebot
oder eine Vereinbarung einschränken. Gelten „keine besonderen Bedingungen", so sagt man **No strings attached**.

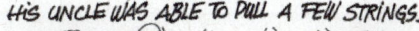

KAPITEL 28

271

The teenagers who joined the sect were completely **under the thumb** of the so-called guru.

6

 teenagers [*ti:n-ei-dʒö(r)s*]; **sect** [*ßäkt*]; **thumb** [*fßam*].

 teenagers: young people between 10 and 19 years old.
sect: a religious group whose beliefs are different from the beliefs of an established religion, usually in a way that most people do not approve of.
under the thumb of: completely controlled by.
guru: a religious or spiritual leader.

„Die Teenager, die der Sekte beitraten, standen vollkommen unter der Kontrolle (unter dem Daumen) des sogenannten Guru."

to be under s.o.'s thumb „unter jmds. Kontrolle stehen". Man könnte den Beispielsatz auch anders ausdrücken: **The guru has them completely under his thumb**. Wir kennen im Deutschen auch den gleichbedeutenden Ausdruck „jmdn. unter der Fuchtel haben".

≈ **to be under the heel of** (**heel** „Ferse") „unter jmds. Herrschaft stehen" ist noch ein wenig stärker und bezieht sich meistens auf unterdrückte Völker oder Länder: **Most óf Europe was under Hitler's heel by 1940.** „Im Jahr 1940 stand der größte Teil Europas unter Hitlers Herrschaft."

Those of us who are **of the** republican **persuasion** object to the monarchy.

7

 persuasion [*pÖ(r)-ßuei-jön*]; **object** [*Ob-dʒäkt*]; **monarchy** [*mO-nö-ki*].

 of the ... persuasion: of the ... belief.
object: refuse to accept.
monarchy: the type of government in which a country is ruled by a king or queen.

„Diejenigen von uns, die eine republikanische Grundeinstellung (die von ... Überzeugung sind) haben, lehnen die Monarchie ab."

In **to be of the ... persuasion** hat **persuasion** weniger seine Grundbedeutung „Überzeugung", sondern meint eher die „persönliche Einstellung"; es kann auch „Glaube, Glaubensrichtung" heißen: **Those of the Jewish persuasion** „die Anhänger des jüdischen Glaubens".

> With his revolutionary ideas, Frank Lloyd Wright **left his mark** on modern architecture. 8

revolutionary [*rä-wO-lu-schö-nä-ri*]; **ideas** [*ai-di-ös*]; **Lloyd** [*loid*]; **Wright** [*raif*]; **modern** [*mO-dö(r)n*]; **architecture** [*a:(r)-ki-täk-tschö(r)*].

Frank Lloyd Wright: a leading American architect (1869-1959).
left his mark: had a very strong and noticeable effect on s.th.

„Mit seinen revolutionären Ideen hat Frank Lloyd Wright großen Einfluß auf die moderne Architektur gehabt."

to leave one's mark on s.th. „seinen Stempel aufdrücken, großen Einfluß haben auf" kann positiv gemeint sein, hat aber auch oft eine negative Konnotation: **Five years of civil war have left their mark.** „Fünf Jahre Bürgerkrieg haben ihre Spuren hinterlassen."

= **to stamp one's mark on s.th.** „seinen Stempel aufdrücken", d.h. eine Sache in einer ganz typischen und wiedererkennbaren Weise prägen.

> Communism **held sway** for nearly a century in eastern Europe. 9

Communism [*kOm-ju-nism*]; **sway** [*ßuei*]; **century** [*ßän-tschö-ri*]; **eastern** [*i:-ß-tö(r)n*]; **Europe** [*ju-röp*]

held sway: to be the main influence on people's opinions or behaviour.
nearly: almost.
century: one hundred years.

„Fast ein Jahrhundert lang herrschte (hielt Herrschaft) in Osteuropa der Kommunismus."

to hold sway over s.b. „jmdn. beherrschen, kontrollieren". Die Grundbedeutungen von **to sway** sind „hin- und herschwanken, sich wiegen", aber auch „beeinflussen, überreden": **Don't let yourself be swayed by sentimental arguments.** „Laß dich nicht von sentimentalen Argumenten beeinflussen."

= **to have s.b. under one's sway**.

The Chancellor has been trying to **give** his proposal **a** more acceptable **spin**. 10

Chancellor [*tscha:n-ßö-lö(r)*]; **proposal** [*prö-pou-söl*]; **spin** [*ßpin*].

Chancellor: (**Chancellor of the Exchequer**) the member of the British government who is responsible for taxes and for deciding how the government spends its money.
to give ... a ... spin: to present the facts of a situation in a certain way in order to influence people's opinion in a certain direction.

„Der Finanzminister hat versucht, seinen Vorschlag in einem günstigeren (akzeptableren) Licht darzustellen."

to give a spin stammt aus dem Sport: **to give a spin to a ball** „einen Ball anschneiden/andrehen", d.h. so treffen und zurückschlagen, daß er eine für den Gegner unerwartete Flugbahn einschlägt. Der politische Jargon benutzt den Ausdruck in Verbindung mit einem Vorschlag, einer Information oder einer Argumentation. PR-Fachleute, die die Aufgabe haben, den wahren Zweck einer Kampagne zu „verschleiern" bzw. sie so zu gestalten, daß eine ganz bestimmte Zielgruppe darauf anspringt, werden **spin doctors** genannt. Der PR-Verantwortliche des Weißen Hauses hat den Spitznamen **Director of Spin Control**.

I know he refused the promotion, but I'll **work on** him. I'm sure he'll change his mind. 11

---

refused [*ri-fju:sd*]; **promotion** [*prö-mou-schön*].

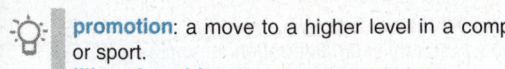

promotion: a move to a higher level in a company, institution or sport.
I'll work on him: I'll try to influence him.

"Ich weiß, daß er die Beförderung abgelehnt hat, aber ich werde ihn bearbeiten. Ich bin sicher, daß er seine Meinung ändern wird."

to work on s.o. „jmdn. bearbeiten" benutzt man, wenn man eine Person dahingehend beeinflußt, daß sie eine bestimmte Entscheidung trifft.

to work on existiert auch – mit leicht abgewandelter Bedeutung – in Verbindung mit einer Sache: **I'm working on a new book.** „Ich arbeite an einem neuen Buch."

THE TEENAGERS WERE COMPLETELY UNDER THE GURU'S THUMB

The finance director was hostile to the project, but the engineers finally **brought her round** to their way of thinking.   12

finance [*fai*-nönß]; **hostile** [*hOß-tail*]; **engineers** [*än-dʃi-ni:(r)s*]; **brought** [*brO:t*].

hostile: opposing s.th.
brought her round: persuaded her to agree with them.

"Die Finanzdirektorin stand dem Projekt abgeneigt (feindlich) gegenüber, aber die Ingenieure konnten sie schließlich von ihrer Meinung überzeugen."

KAPITEL 28

to bring s.o. round (**to one's way of thinking**) „jmdn. von seiner Meinung überzeugen, jmdn. überreden, herumkriegen". Die Grundbedeutung von **to bring s.o. round** ist „jmdn. aus der Bewußtlosigkeit holen, jmdn. wieder zu sich bringen": **She fainted because of the heat and the ambulance man brought her round.** „Sie wurde aufgrund der Hitze ohnmächtig, und der Notarzt brachte sie wieder zu sich."

I really didn't want to become the treasurer of the society, but the chairman **bullied me into** it.

13

treasurer [*trä-jö-rö(r)*]; **chairman** [*tschä:(r)-mön*]; **bullied** [*bu-li:d*].

treasurer: s.o. who is in charge of the money that belongs to an organization.
chairman: the person in charge of a large organization or company.
bullied me into it: used his influence or status to threaten or frighten me.

„Ich wollte wirklich nicht der Schatzmeister der Gesellschaft werden, aber der Präsident zwang/drängte mich dazu."

to bully s.o. into/out of doing s.th. „jmdn. so sehr einschüchtern, daß er etwas tut/läßt" ist eine Variante von **to talk s.o. into s.th.** (➡ Satz 1), es ist jedoch meistens mit einer Drohung verbunden. Die Grundbedeutung von **to bully** ist „schikanieren, tyrannisieren", das Nomen **bully** heißt „Tyrann". Ein **bully-boy** ist ein „angeheuerter Schläger", **a gang of bully-boys** ein „Schlägertrupp".

Es gibt noch zwei weitere Wendungen, die ausdrücken, daß jemand mit bestimmten Mitteln zu etwas überredet bzw. von etwas überzeugt wird: **She's so slim, she shamed me into going on a diet.** „Sie ist so dünn, daß ich mich schämte und deshalb eine Diät begann." **They conned me into bying a fax that doesn't work.** „Sie haben mich beschwatzt, ein Fax[gerät] zu kaufen, das nicht funktioniert." (**to con** „beschwindeln, reinlegen").

> Mrs Leigh could not believe that her husband had died; what finally **brought it home** to her was seeing his empty chair. **14**

 Leigh [*li:*]; **empty** [*ämp-ti*]; **chair** [*tschä:(r)*].

 brought it home to her: made it clear to her.

 „Frau Leigh konnte nicht glauben, daß ihr Mann gestorben war; was es ihr letztendlich deutlich vor Augen führte (ihr nach Hause brachte), war der Anblick seines leeren Stuhls."

📖 **to bring s.th. home to s.o.** „jmdm. etwas deutlich vor Augen führen, jmdm. etwas klar machen": **What brought it home to me was seeing a documentary on Channel 4.** „Was es mir schließlich klar machte, war eine Dokumentarsendung auf Kanal 4."

Wird die aufklärende Nachricht auf eher brutale Weise übermittelt, so benutzt man **to ram** („rammen", einhämmern"): **The sight of the dead child finally rammed home the full horror of the war.** „Der Anblick des toten Kindes führte einem schließlich den ganzen Schrecken des Krieges deutlich vor Augen."

SERENDIPITY

Um Menschen überzeugen zu können, muß man **the gift of the gab** [➡ Satz 2] haben. Ist einem dieses Talent nicht gegeben, so besteht trotzdem noch Hoffnung: In Irland gibt es das Schloß **Blarney Castle**; am Fuße der Festungsmauer befindet sich ein Felsen, und die Legende erzählt, daß derjenige, der den Felsen küßt, die Gabe der Überzeugungskraft erhält.

Diese Legende ist auf Kosten der Engländer entstanden: Im Jahr 1602 hatte der Schloßherr von **Blarney Castle** eingewilligt, sich den Truppen seiner Majestät zu ergeben, die ihn belagerten. Er fand jedoch jeden Tag eine andere Ausrede, um seine Kapitulation hinauszuzögern. Hieraus ist **to talk Blarney** entstanden oder **to be full of Blarney**, d.h. andere in geschickt einschmeichelnder Weise beeinflussen. Im Laufe der Zeit ist aus dem großen **B** ein kleines geworden: **blarney: He gave us some blarney about being late because they took a wrong turn.** „Er hat uns irgendein Märchen erzählt, daß er sich verspätet hat, weil sie an der falschen Stelle abgebogen sind."

Unser Titel ist fest in der amerikanischen Literatur verwurzelt und stammt vom ersten Präsidenten der Vereinigten Staaten, George Washington, als dieser ein Kind war. Beim Spielen im Garten fällte er mit einer Axt einen Kirschbaum. Von seinem Vater daraufhin befragt, gestand er seine Tat: **„Father, I cannot tell a lie."** und bewies so seine Ehrlichkeit und Offenheit. Das Gegenteil – Falschheit, Doppelzüngigkeit, Unehrlichkeit und Scheinheiligkeit – sind die Themenbereiche dieses Kapitels.

> Renting the company car to your friends is
> **sailing** a little **close to the wind**, isn't it?   1

 **sailing** [ß**ei**-ling].

company car: a car belonging to your employer that you use while you work for them.
sailing ... close to the wind: describing a behaviour that is almost illegal.

„Wenn du den Firmenwagen an deine Freunde verleihst, bewegst du dich ziemlich hart an der Grenze des Erlaubten (segelst du ein bißchen nah am Wind), findest du nicht?"

to sail too close to/near the wind „den Bogen überspannen, mit dem Feuer spielen, sich hart an der Grenze des Erlaubten bewegen" stammt aus der Segelsprache und beschreibt ein Segelmanöver, bei dem das Schiff so „hart am Wind" gefahren wird, daß dies in eine gefährliche Situation münden kann. Im übertragenen Sinne beschreibt es eine Verhaltensweise an der Grenze zur Illegalität bzw. eine übertrieben hohe oder nicht gerechtfertigte Forderung.

Das Englische kennt auch „den Wind aus den Segeln nehmen", jedoch nicht ganz in der gleichen Bedeutung wie im Deutschen: „jmdm. den Mut nehmen, ein Vorhaben durchzuführen": **I found out that ten other people have been interviewed for the job. That took the wind out of my sails.** „Ich habe herausgefunden, daß zehn andere ein Vorstellungsgespräch für die Stelle hatten. Das hat mich entmutigt."

> In 1940, Vidkun Quisling **sold** his country
> **down the river** by helping the invasion of
> Norway.
>
> 2

 1940 [*nain-ti:n-fO(r)-ti*]; **sold** [*ßould*]; **invasion** [*in-wei-jön*];
Norway [*nO:(r)-uei*].

Vidkun Quisling: a Norwegian politician (1887–1945) who was
sentenced to death in 1945 because he collaborated with the
Nazis.
sold ... down the river: allowed s.o. who trusted him to be
harmed so that he could get an advantage for himself.

„Im Jahr 1940 verriet Vidkun Quisling sein Land (verkaufte ...
den Fluß hinunter), indem er den Einmarsch [deutscher Trup-
pen] nach Norwegen unterstützte (half)."

to sell s.th./s.o. down the river „jmdn./etw. verraten". Hier
wird auf die Zeit des Sklavenhandels angespielt, als Sklaven
aus den amerikanischen Nordstaaten den Mississippi hinunter
in die Südstaaten transportiert wurden, damit sie dort auf den
Baumwoll- oder Zuckerrohrfeldern arbeiteten.

* Der Name Quisling ist zu einem Synonym für „Verräter, Kollaborateur" geworden [➡ Kapitel 26, Serendipity].

> Although there was nothing in writing, they
> had promised to work with our firm. Then
> they **double-crossed** us by giving the order
> to Marsden's.
>
> 3

 double-crossed [*dabl-krOßt*].

 They double-crossed us: They cheated us.

„Obwohl es nichts Schriftliches gab, hatten sie uns versprochen, mit unserer Firma zusammenzuarbeiten. Dann haben sie
ein doppeltes Spiel mit uns gespielt, indem sie den Auftrag an
Marsdens vergeben haben."

to double-cross s.o. „ein doppeltes Spiel mit jmdm. spielen" stammt aus dem Reitsport des 19. Jhs., wo ein **cross** ein Betrug war, bei dem ein Jockey sich einverstanden erklärte, gegen Zahlung einer bestimmten Geldsumme ein Rennen zu verlieren. Ein **double-cross** bestand darin, daß ein Jockey gegen Geld ein Rennen verlor und dann, wenn er eine bestimmte Geldsumme beisammen hatte, mit einem Teil davon andere Jockeys bestach, damit sie ihn gewinnen ließen. Das Preisgeld verwettete er dann auf sich selbst – ein doppelter Schwindel!

Ebenfalls eine Form des Betrugs, diesmal durch Vorspiegelung falscher Tatsachen, ist **double-dealing**.

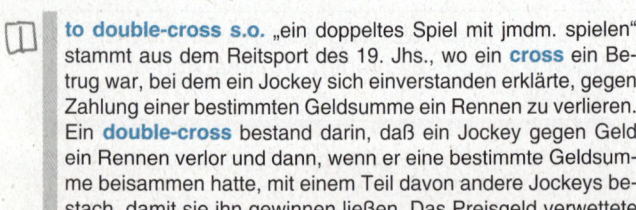

Our leaders are all **two-faced**: they demand a return to basic values while at the same time having affairs left, right and center. 4

two-faced [*tu:-feißt*]; **basic** [*bei-ßik*], **values** [*wä-lju:s*].

two-faced: dishonest about your feelings, thoughts, and beliefs and tending to tell people whatever you think will please them.
basic: forming the main and most important part of s.th., without which it cannot really exist.
values: the principles and beliefs that influence the behaviour and way of life of a particular group or community.
left, right and center: in all directions or to everyone.

„Unsere Führer sind alle falsch (zwei-gesichtig): Sie verlangen eine Rückkehr zu den Grundwerten, während sie gleichzeitig Affären links und rechts (und Mitte) haben."

two-faced beschreibt eine Person, die falsch und unaufrichtig ist, buchstäblich „zwei Gesichter" hat. Es wird oft von Schimpfnamen wie **liar** [*lai-ö(r)*] „Lügner" oder **hypocrite** [*hi-pö-krit*] „Scheinheiliger, Heuchler" begleitet.

two-faced geht auf den altrömischen Gott Janus, den Schutzgott des Hauses, zurück, der zwei Gesichter hatte, mit denen er in entgegengesetzte Richtungen blicken konnte. (Nach ihm ist übrigens auch der Monat Januar benannt.) Wir sprechen im Deutschen auch von „janusköpfig", wenn wir eine doppelgesichtige, d.h. scheinheilige, Person meinen.

Ein weiteres interessantes Beispiel für **two** mit der Bedeutung „Doppel-" ist **to two-time s.b.** „fremdgehen, jmdn. betrügen", d.h. eine Liebesbeziehung mit zwei Partnern haben: **He was two-timing Karen with Susan.** „Er hat Karen mit Susan betrogen."

> We gave him the money for the car, but he tried to **pull a fast one** on us: he told us that he didn't have the log book.
>
> 5

to pull a fast one on us: to trick us.
log book: official document giving details of a vehicle and its owner.

„Wir gaben ihm das Geld für das Auto, aber er versuchte, uns übers Ohr zu hauen: Er sagte uns, er habe den Fahrzeugschein nicht."

Der Ursprung von **to pull a fast one on s.b.** „jmdn. reinlegen, jmdn. über den Tisch ziehen" ist nicht ganz geklärt. Der Ausdruck könnte aus der Pokersprache kommen: Ein professioneller Kartenspieler und speziell einer, der gerne betrügt, könnte so schnell eine Karte aus seinem Ärmel zaubern, daß sein Gegner es nicht bemerkt und ... verliert.

≈ **to pull the wool over s.o.'s eyes** „jmdm. etw. vormachen, jmdn. an der Nase herumführen" [➡ Kapitel 24, 6].

≈ **to sucker s.o.** oder **to play s.o. for a sucker** [➡ Kapitel 7, 12].

HE ALWAYS TRIES TO TAKE TOURISTS FOR A RIDE.

KAPITEL 29

> I hate holiday resorts. People are always
> trying to **take** tourists **for a ride**. 6

 resorts [ri-s**O**:(r)tß]; **tourists** [t**u**:-rißtß]; **ride** [raid].

 holiday resort: a place that many people go to for a holiday.
to take ... for a ride: to trick, cheat or lie to s.o.

 „Ich hasse Ferienorte. Die Leute [dort] versuchen immer, den
Touristen das Fell über die Ohren zu ziehen (Touristen auf einen Ausritt mitzunehmen)."

 to take s.o. for a ride „jmdm. das Fell über die Ohren ziehen,
jmdn. hereinlegen" bedeutet immer, daß man etwas „ergaunert, erschwindelt" und ist von der Aussage her stärker als **to
lead s.o. up the garden path** „jmdn. an der Nase herumführen"
[➡ Kapitel 23, 9]. Liebhaber von Gangsterfilmen wissen vielleicht, daß diese Wendung benutzt wird, wenn eine Person von
Gangstern auf eine Autofahrt mitgenommen wird, von der sie
nicht mehr zurückkehrt ...

> One of the big problems with mass tourism
> is that naive travellers can easily **be ripped
> off by** unscrupulous shopkeepers. 7

 mass [mäß]; **tourism** [t**u**:-rism]; **naive** [na-**i**:w]; **travellers** [träwö-lö(r)s]; **unscrupulous** [an-ßkr**u**:-pju-löß].

 naive: (or **naïve**) lacking experience of life and tending to trust
other people and believe things too easily.
traveller: s.o. who is going on a journey and visiting different
places.
be ripped off: be cheated, especially by being charged too
much.
unscrupulous: willing to do things that are unfair, dishonest,
or illegal.
shopkeeper: s.o. who owns or manages a shop.

 „Eines der großen Probleme mit dem Massentourismus besteht
darin, daß naive Reisende leicht von skrupellosen Ladenbesitzern abgezockt werden."

to rip off „jmdn. abzocken, ausnehmen": Gemeint ist, daß man für einen Artikel einen völlig ungerechtfertigten und überhöhten Preis verlangt. So ist **rip-off** auch ein Adjektiv (**rip-off prices** „Wucherpreise") und ein Nomen (**rip-off** „Nepp, Abzocke").

≈ **It's daylight robbery!** „Das ist Wucher (Raub bei Tageslicht)!" [➡ Kapitel 8, 13].

They **did the dirty on** me by hiding my car keys: I had to walk to work!   **8**

---

 hiding [*hai*-ding].

 They did the dirty on me: They treated me very badly and unfairly.

 „Sie waren gemein zu mir, indem sie meine Autoschlüssel versteckt haben: Ich mußte zur Arbeit laufen!"

 to do the dirty on s.o. „gemein zu jmdm. sein" impliziert im Unterschied zu den anderen vorgestellten Wendungen keinen Schwindel oder Betrug, sondern bedeutet eher, daß man sich jemandem gegenüber hinterhältig oder niederträchtig verhält.

Die Wendung wird in dieser Form nur in Großbritannien verwendet; jedoch kennen die Amerikaner eine bedeutungsgleiche Variante: **to do s.o. dirt**.

She **spun me a yarn** about going on a field trip, but I know she's gone off on holiday.   **9**

---

 spun [*ßpan*]; **yarn** [*ja:(r)n*]; **field** [*fi:ld*].

 yarn: 1. cotton, wool, or other fibres in the form of thick thread; 2. a long story with a lot of exciting details.
She spun me a yarn: she gave me a long and detailed excuse or explanation that was completely false.
field trip: a visit to a place that gives students the chance to study s.th. in a real environment, rather than in a classroom or laboratory.

(D) „Sie erzählte mir irgendeine Lügengeschichte (spann mir ein Garn) darüber, daß sie auf eine Studienreise geht, aber ich weiß, daß sie in den Urlaub gefahren ist."

📖 **to spin a yarn** „ein Garn spinnen, fabulieren" benutzt man, wenn jemand eine lange und phantasievolle Geschichte erzählt, in der nicht viel Wahrheit steckt; wir sprechen gerne von „Seemannsgarn spinnen", ein Ausdruck aus der Zeit, als die Seeleute in langwieriger Arbeit Taue und Netze knüpften und sich währenddessen allerhand phantastische Geschichten erzählten ...

= **to tell s.o. a tall story** oder **a cock-and-bull story** „jmdm. eine unglaubwürdige Geschichte erzählen" [➡ Kapitel 11, 6].

= Ein weiterer Ausdruck für „eine Lügengeschichte erzählen; einen Bären aufbinden" ist das in Großbritannien übliche **to tell porkies/a porky pie**.

> The duty officer knew that the stolen car would never be found, but he **went through the motions** of filling out a report. 10

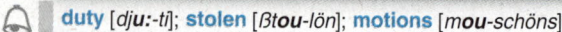

🔔 **duty** [*dju:-ti*]; **stolen** [*ßtou-lön*]; **motions** [*mou-schöns*].

🔆 **duty officer**: a police officer or other official who is in duty at a particular time.
motion: the process or action of moving.
he went through the motions: he did things in the usual way but without much effort or enthusiasm because he did not expect to succeed.

(D) „Der diensthabende Beamte wußte, daß der gestohlene Wagen niemals gefunden werden würde, aber er schrieb (füllte aus) pro forma einen Bericht (ging durch die Bewegungen)."

📖 **to go through the motions** (oft in Verbindung mit **only**) „etwas nur zum Schein/pro forma machen" bedeutet, daß man etwas tut, von dem man sich wenig oder gar keinen Erfolg verspricht, und das man nur tut, damit eine andere Person zufrieden ist: **He agreed to audition** [*O-di-schön*] **the last singer, but he was only going through the motions.** „Er erklärte sich einverstanden, den letzten Sänger vorsingen zu lassen, aber er machte das nur pro forma."

> The Press Council reprimanded the paper for **using underhand tactics** to get an interview with the serial killer's wife. **11**

🔔 **Council** [*kaon-ßöl*]; **reprimanded** [*rä-pri-ma:n-did*]; **tactics** [*täk-tikß*]; **serial** [*ßi:-ri-öl*]; **wife** [*uaif*].

💡 **Council**: an official group of people who have been chosen to make decisions or provide advice.
underhand: secret and dishonest.
tactic: a particular method or plan for achieving s.th.
serial killer: s.o. who kills several people one after the other, often in the same way.

💬 „Der Presserat tadelte die Zeitung dafür, betrügerische Taktiken angewendet zu haben, um ein Interview mit der Ehefrau des Serienmörders zu erhalten."

📖 **underhand** „hinterhältig, heimlich" bezeichnete ursprünglich die Betrügerei beim Kartenspiel; es kann auch in bezug auf Personen benutzt werden.

≠ Das Gegenteil wäre **above board** „einwandfrei, korrekt".

! Nicht zu verwechseln mit **under the counter** „unter dem Ladentisch", was den heimlichen Verkauf hochwertiger Artikel oder von Ware meint, deren Verbrauch staatlich kontrolliert wird.

* Der britische **Press Council** wurde 1953 gegründet und ist eine unabhängige Organisation, die die Pressefreiheit und die Berufsethik der Presse überwacht.

> We demand a full explanation and we refuse **to be palmed off** with a lame excuse about "national security". **12**

🔔 **explanation** [*äkß-plö-nei-schön;*]; **refuse** [*ri-fju:s*]; **palmed** [*pa:md*]; **lame** [*leim*]; **excuse** [*ikß-kju:s*].

💡 **we refuse**: we are not ready to do s.th. that s.o. has asked us to do.
palm: the inside part of your hand, between your fingers and your wrist.

285

to be palmed off: to get rid of s.o. or s.th. that you do not want.
lame: describing s.o. who cannot walk very well because their leg or foot is damaged.
lame excuse: an explanation that is difficult to believe because it seems so unlikely.

„Wir fordern eine vollständige Erklärung und weigern uns, mit einer faulen Ausrede (lahmen Entschuldigung) über die „nationale Sicherheit" abgespeist zu werden."

Die Wendungen mit **to palm**, das ebenso wie die Wendung aus Satz 11 vom Kartenspiel kommt und „in der [hohlen] Hand verschwinden lassen" bedeutet, sind zahlreich und etwas knifflig, da sie mit den unterschiedlichsten Präpositionen einhergehen. Hier sind die Wichtigsten: **to palm s.th. off on s.b./to palm s.b. off with s.th.** „jmdm. etw. [Wertloses] andrehen"; **to palm s.th. off as s.th.** „etw. als etw. verkaufen"; **to palm s.b. off with promises** „jmdn. mit Versprechungen abspeisen".

Wenn in Großbritannien Personen mit Geld bestochen werden, damit sie etwas Bestimmtes tun, würde der Brite das folgendermaßen ausdrücken: **If you want to get anything done in this city, you'll have to grease** [gri:s] **a few palms.** „Wenn du in dieser Stadt irgendetwas erreichen willst, dann mußt du ein paar Leute schmieren (ein paar Handflächen einfetten)."

> Tammany Hall became synonymous with all that is wrong in politics: corruption, **wheeling and dealing**, and self-interest.   13

Tammany [tä-mö-ni]; **synonymous** [ßi-nO-ni-möß]; **corruption** [kö-rap-tschön]; **wheeling** [ui:-ling]; **dealing** [di:-ling].

Tammany Hall: the name given to the Democratic political machine that dominated New York City politics from the mayoral victory of Fernando Wood in 1854 through the election of Fiorello LaGuardia in 1934.
synonymous: having the same meaning or almost the same meaning.
corruption: dishonest or illegal behaviour by officials or people in positions of power, especially when they accept money in exchange for doing things for s.o.

wheeling and dealing: using clever or slightly dishonest methods to get advantages from a lot of situations, especially in business or politics.
self-interest: interest in yourself and in how to gain advantages for yourself, often without considering other people.

Ⓓ „Tammany Hall wurde zum Synonym für alles, was in der Politik falsch läuft: Korruption, undurchsichtige Geschäfte (Kreisen und Handeln) und Eigennutz (Selbstinteresse)."

Zu **wheeling and dealing** gibt es auch das Verb: **to wheel and deal**. Gemeint ist jede Art zweifelhafter Geschäftemacherei, Kungelei und Schwindelei, vor allem in der Wirtschaft und der Politik. Der Ursprung ist zwar nicht vollkommen geklärt, aber auch bei dieser Wendung könnte es sich um einen Ausdruck aus dem Glücksspiel handeln, wobei mit **wheel** das Roulette-Rad und mit **deal** das Ausgeben der Spielkarten gemeint sein könnte. In jedem Fall hat **wheeling and dealing** immer eine negative Konnotation; aus ihm ist **wheeler-dealer** „zwielichtiger Geschäftemacher" entstanden.

* Tammany Hall war die mächtige Parteizentrale der New Yorker Demokraten am Ende des 19. und Beginn des 20. Jhs. Die Organisation, ein im Jahre 1789 ursprünglich zu Wohltätigkeitszwecken gegründeter profaner Orden, mutierte mehr und mehr zu einem stramm konservativen Geheimbund; seine „Bosse" bereicherten sich in unzähligen Fällen durch Korruption und Amtsmißbrauch.

KAPITEL 29

> The figures on the balance sheet are far too optimistic; I reckon someone has **cooked the books**.
>
> 14

 figures [*fi-gö(r)s*]; **balance** [*bä-lönß*]; **sheet** [*schi:t*]; **optimistic** [*Op-ti-miß-tik*]; **reckon** [*rä-kön*]; **cooked** [*kukd*].

 figure: official number that has been counted or calculated.
balance sheet: written statement showing the value of a company at a particular time.
optimistic: hopeful about the future.
I reckon: I believe.
s.o. has cooked the books: s.o. has changed accounts and figures dishonestly, usually in order to get money.

 „Die Zahlen der Bilanz sind viel zu optimistisch; ich nehme an, daß jemand die Bücher gefälscht hat."

 Mit **the books** sind hier die „Konto-/Rechnungsbücher" einer Firma gemeint. Der „Buchhalter" eines Unternehmens kann ein **accountant** oder ein **book-keeper** sein.

≈ Finanzexperten selbst drücken sich gerne etwas euphemistischer aus: **to indulge** [*in-daldf*] **in creative accounting**, mit anderen Worten: Finanzdaten so aufbereiten, daß ein falscher Eindruck von der Finanzlage des Unternehmens entsteht, ohne jedoch dabei die Grenzen der Legalität zu überschreiten.

Ganz legal wird in manchen Unternehmen häufig etwas gemacht, das mit dem Begriff **window dressing** umschrieben wird. Es bedeutet im engeren Sinne „Schaufensterdekoration", aber hier ist „Bilanzschönung; Frisieren der Bilanz" gemeint.

SERENDIPITY

Die Welt des Handels und der Finanzen hat der englischen Sprache eine große Anzahl von Redewendungen beschert. Nach wie vor entstehen ständig neue, und sie verbreiten sich schnell. Unter den Klassikern haben wir:

The markets have been on *a bull run* for weeks, so traders expect a *bearish trend* to emerge soon. *Blue-chips* were trading up in New-York, while in London *gilts* eased slightly.

Seit dem 18. Jh. ist **a bull** („Bulle, Stier") ein Synonym für einen optimistischen Börsenspekulanten („Haussier"), woher auch **a bull(ish) market** „Hausse, Steigen der Börsenkurse" kommt. Der **bear** („Bär") ist dagegen das Bild für das „Fallen der Börsenkurse" oder eine „Baisse".

Blue-chips oder **blue-chip shares** sind „erstklassige/sichere Anlagen/Aktien", der Begriff „Blue-chips" wird auch im Deutschen unter Börsenfachleuten benutzt. (Auch im Poker sind die blauen Chips die mit dem höchsten Wert.) **Gilt** ist die Kurzform von **gilt-edged** („goldumrandet") **stock**/**securities** „mündelsichere Staatspapiere"; hierbei handelt es sich um eine Form von Wertpapieren bzw. Zertifikaten mit Goldrand.

Unser kleiner Text könnte wie folgt übersetzt werden:
„Die Märkte verzeichneten wochenlang eine Hausse, daher rechnen die Börsenhändler in Kürze damit, daß sich ein Baisse-Trend einstellt. Blue-chips verbesserten sich in New York, während sich in London die mündelsicheren Wertpapiere leicht erholten."

Zum Thema Firmenbeteiligungen findet sich im Englischen ein reicher Vokabelschatz, angefangen bei **dawn raid** (wörtl. „Angriff im Morgengrauen"), womit ein „überraschender Aktienaufkauf" gemeint ist, über **white knight** (wörtl. „weißer Ritter"), ein „Investor, der einem Unternehmen, dem ein „feindliches" Übernahmeangebot vorliegt, ein akzeptables Übernahmeangebot macht", bis hin zu **greenmails**, „Androhung der Übernahme eines Unternehmens aufgrund von Teilaktienbesitz, um den Rückkauf der Aktien zu einem überhöhten Preis zu bewirken". Geht ein Unternehmen konkurs, so benutzt man **to go to the wall**. Hiermit wird auf die Zeit angespielt, in der Bänke vor die Stadtmauern gestellt wurden, damit die Alten und Schwachen darauf Platz nehmen konnten. Wird ein Mitarbeiter entlassen, so sagt man: **He gets the axe** (es sei denn, es kommt ein **business angel**, ein Investor, der das Unternehmen rettet ...).

Wannabe [*uO-nö-bi*] ist die verkürzte Form von **I want to be** und beschreibt eine Person, die sich gern aufspielt, gern mehr sein möchte, als sie ist, wozu ihr aber die Fähigkeiten oder Möglichkeiten fehlen: **Madonna wannabes are a dime a dozen in New York.** „Möchtegern-Madonnas gibt es in New York zu Dutzenden."

In diesem Kapitel beleuchten wir Redewendungen, mit denen Wünsche, Sehnsüchte und Lust ausgedrückt werden. Auch Ausdrücke mit **to want** werden Sie kennenlernen. Am Schluß gehen wir noch auf einige typisch britische Anredeformen ein.

I'd give my right arm to play for Scotland. **1**

🔅 **I'd give my right arm**: I'd be willing to do anything in order to be able to get or to achieve s.th.

Ⓓ „Ich würde alles (meinen rechten Arm) dafür geben, für Schottland zu spielen."

📖 **to give one's right arm** (**to do s.th.**) „alles Erdenkliche dafür geben, etw. tun oder bekommen zu können".

= **I'd give my eye teeth**. Der **eye tooth** ist der „Eckzahn".

! Nicht zu verwechseln mit **to be s.b.'s right-hand man** „die rechte Hand von jmdm. sein".

You must come and say hello to Ed. He's **been dying to** meet you for so long! **2**

🔔 **dying** [*dai-ing*].

🔅 **He's been dying to meet you**: He has the strong wish to meet you.

Ⓓ „Du mußt kommen und Ed Hallo sagen. Er brennt schon so lange darauf, dich zu sehen (stirbt dich zu treffen)!"

to be dying to (do s.th.) „darauf brennen (etw. zu tun), etw. unbedingt tun wollen" wird meistens in der Verlaufsform benutzt. Es kann ein Verb oder ein Nomen + for folgen: **I've been dying for a cup of tea all day.** „Ich lechze schon den ganzen Tag nach einer Tasse Tee."

≈ **to be longing to/for**: **We've been longing to visit Moscow for years.** „Wir wünschen uns seit Jahren, Moskau zu besuchen." **To long for** heißt „sich nach etwas sehnen" (das momentan unerreichbar ist): **When she was living in Saudi Arabia, she longed for the snow-capped mountains of Switzerland.** „Als sie in Saudi-Arabien lebte, sehnte sie sich nach den schneebedeckten Bergen der Schweiz."

Relativ modern ist **to die for**, das höchste Bewunderung und Anerkennung für etwas ausdrückt: **That new dress of hers is to die for!** „Ihr neues Kleid ist einfach super!". Es kann auch Adjektiv sein: **Wyoming is famous for it's to-die-for bass fishing.** „Wyoming ist berühmt für seine supertolle Barschfischerei."

They've **set their hearts on** buying that cottage in Norfolk.

3

hearts [*ha:(r)tß*]; **buying** [*bai-ing*]; **cottage** [*kO-tödʃ*]; **Norfolk** [*nO:(r)-fO:k*].

They've set their hearts on: They want s.th. very much.
cottage: a small house, usually in a village or the countryside.
Norfolk: a county in eastern England.

„Sie haben ihr Herz daran gehängt, dieses Landhäuschen in Norfolk zu kaufen."

to set one's heart on s.th. „sein Herz an etw. hängen, etw. von ganzem Herzen wollen". Ist von mehreren Personen die Rede, benutzt man den Plural von **heart**.

= to have one's heart set on: They have their hearts set on buying that cottage.

≈ to set one's sights [*βaitβ*] **on/to have one's sights set on** „sich etw. zum Ziel setzen". **sights** steht dabei immer im Plural. **He has set his sights on becoming the youngest airline pilot in Britain.** „Er hat sich zum Ziel gesetzt, der jüngste Linienpilot in Großbritannien zu werden."

> He's **had his eye on** that post for some time, so when it became vacant he was the first to apply. 4

post [*poußt*]; **vacant** [*wei-könt*].

He's had his eye on: He had seen s.th. and wanted to have it.
vacant: available.
to apply: to make an official request for a job.

„Er hatte es schon eine Zeit lang (seine Augen) auf den Posten abgesehen, und als er frei wurde, war er der erste, der sich bewarb."

to have one's eye on s.th. „es auf etw. abgesehen haben": **We have our eye on a bungalow in Southsea. If it comes on the market, we'll grab it.** „Wir haben es auf einen Bungalow in Southsea abgesehen. Sobald er auf den Markt kommt, schlagen wir zu." **eye** bleibt auch dann im Singular, wenn von mehreren Personen die Rede ist.

! Nicht zu verwechseln mit **to keep an eye on** „überwachen, aufpassen auf, ein Auge auf etw. haben": **We'll keep an eye on your house while you're away on holiday.** „Wir passen auf euer Haus auf, während ihr im Urlaub seid."

! Nicht zu verwechseln mit **to have (got) an eye/one's eyes on s.b.** „ein Auge auf jmdn. geworfen haben", d.h. sich für eine Person interessieren.

When his father died, Adam made sure that his mother would **want for nothing**. 5

🔔 **died** [*daid*].

💡 **made sure**: checked s.th. so that he could be sure about it.
would want for nothing: had everything that she needed.

💬 „Als sein Vater starb, vergewisserte Adam sich, daß es seiner Mutter an nichts fehlte."

📖 **s.b. wants for nothing/doesn't want for anything** „jmdm. fehlt es an nichts" beschreibt nicht eine vorübergehende Situation, sondern hier geht es darum, daß jemand langfristig alles hat, was er zum Leben braucht, anders als in den beiden folgenden Redewendungen.

He may well be a brilliant academic, but he's **wanting in** common sense. 6

🔔 **brilliant** [*bril-jönt*]; **academic** [*ä-kö-dä-mik*]; **common** [*ka-mön*]; **sense** [*ßänß*].

💡 **brilliant**: very intelligent.
academic: s.o. who teaches or does research at a college or university.
he's wanting in: he's lacking s.th. important.
common sense: the ability to use good judgement and make sensible decisions.

💬 „Er mag ein brillanter Akademiker sein, aber ihm fehlt es an gesundem Menschenverstand."

📖 **to be wanting in s.th.** ist eine eher literarische Form. Die davon abgeleitete Variante **to be found wanting** „für unzureichend befunden werden" ist etwas geläufiger.

Want kann auch ein Nomen sein: „Bedürfnis; Mangel, Not". In Großbritannien gibt es eine karitative Organisation, die „der Armut den Krieg erklärt" hat und sich **War on Want** nennt.

> I haven't been able to get hold of him. And it's not **for want of** trying, I've called five times!
>
> 7

 to get hold of him: to talk to him, on the telephone or directly.
it's not for want of trying: it's not because I didn't try.

 „Ich konnte ihn nicht erreichen. Und es ist nicht so, daß ich es nicht versucht hätte (aus Mangel von versuchen), ich habe fünf-mal angerufen!"

 for want of s.th. „aus Mangel an etw., in Ermangelung von":
The plants have died for want of rain. „Die Pflanzen sind we-gen der Trockenheit (für Mangel von Regen) eingegangen."

! Nicht zu verwechseln mit **to be in want of s.th.** „etw. brau-chen, einer Sache bedürfen, etwas nötig haben": **I'm badly in want of a haircut, but I don't have time.** „Ich brauche dringend einen Haarschnitt, aber ich habe keine Zeit." Man kann auch **to be in need of** sagen.

> If you're not going to finish your sundae, give it to me. **Waste not, want not**.
>
> 8

 sundae [ßan-dei]; **Waste** [ueißt].

 sundae: ice-cream served with a sweet sauce, nuts, and fruit.
Waste not, want not: used for saying that people who do not waste things always have enough.

 „Wenn du dein Eis nicht aufessen willst, dann gib es mir. Wir wollen doch nichts verschwenden (verschwenden nicht, wol-len nicht)."

 Das Sprichwort **Waste not, want not**, sinngemäß „Spare in der Zeit, dann hast du in der Not", ist aus **If you waste nothing, you will want for nothing** entstanden.

* Haben Sie schon einmal ein **sundae** probiert? Es handelt sich um einen Eisbecher mit Früchten, Nüssen und Sirup – ein Ge-nuß! Die Aussprache ist identisch mit **sunday** „Sonntag".

She **could do with** a holiday. She's exhausted! 9

🔔 exhausted [*ig-sO:ß-tid*].

💡 **She could do with**: She needs.
exhausted: extremely tired and without enough energy.

🗨 „Sie könnte Urlaub gebrauchen. Sie ist erschöpft!"

📖 **... could do with** „könnte ... gebrauchen, ... hätte gerne": **You know what I could do with? A cold beer!** „Weißt du, was ich jetzt gerne hätte? Ein kaltes Bier!" Im amerikanischen Englisch verwendet man eher **to use: I could use a cold beer**.

In der negativen Form, **to do without**, ist die Bedeutung „ohne etw. auskommen, auf etw. verzichten können": **We could do without his so-called good advice.** „Wir könnten auf seine sogenannten guten Ratschläge verzichten."

Let me finish my work, then you can play with the computer **to your heart's content**. 10

🔔 content [*kön-tänt*].

💡 **content**: a feeling of happiness and satisfaction.
to your heart's content: as much as you like.

🗨 „Laß mich [zuerst] meine Arbeit beenden, danach kannst du nach Herzenslust (zu deines Herzens Zufriedenheit) am Computer spielen."

📖 **to do s.th. to one's heart's content** „etw. nach Herzenslust tun. Bei mehreren Personen schreibt man **to their hearts' content**; die Aussprache ist die gleiche wie bei der Singularform.

All they want is to be left in peace to get on with their lives, but you'd think they were **asking for the moon**! 11

🔔 peace [*pi:ß*]; lives [*laiws*].

to be left in peace: to be in a situation in which you have no worries.

they were asking for the moon: they wanted s.th. that is impossible to get or achieve.

„Alles, was sie wollen, ist, in Ruhe gelassen zu werden, um ihr Leben weiterzuleben, aber man könnte meinen (du würdest denken), sie haben etwas Unmögliches verlangt (um den Mond gebeten)!"

to ask (oder **wish**) **for the moon** „etw. Unmögliches verlangen".

! Nicht zu verwechseln mit **to promise s.o. the moon/the earth** „jmdm. das Blaue vom Himmel versprechen", d.h. Versprechungen machen, die man nicht einhalten kann.

! Nicht zu verwechseln mit **to be over the moon** „im siebten Himmel/völlig aus dem Häuschen/hocherfreut sein": **They were over the moon when the baby was born.** „Sie waren völlig aus dem Häuschen, als das Baby geboren wurde."

* Einem alten Glauben zufolge war der Mond dafür verantwortlich, daß manche Menschen geistesgestört wurden. Daher entstand auf der Grundlage des lateinischen Wortes *luna* („Mond") der Begriff **lunatic** [*lu:-nö-tik*] für einen „Verrückten, Geistesgestörten"; gelegentlich hört man auch **loony**. **Lunatic asylum** [*ö-ßai-löm*] „Irrenanstalt" ist der veraltete und abwertende Begriff für die „psychiatrische Klinik".

I feel much better after a good night's sleep.
It was **just what the doctor ordered**. 12

---

ordered [*O:(r)-dö(r)d*].

just what the doctor ordered: exactly what I needed.

„Ich fühle mich viel besser, nachdem ich eine Nacht richtig geschlafen habe. Es war genau das, was ich brauchte (was der Arzt verordnet hat)."

(That's) just what the doctor ordered. „Das ist genau das Richtige, genau, was ich brauche" ist selbstverständlich eine Wendung, die sich nicht ausschließlich auf einen medizinischen Kontext bezieht, sondern in allen Situationen angewandt werden kann.

≈ **(That's) just the ticket: A two-week holiday with all expenses paid. Just the ticket!** „Zwei Wochen Ferien auf Spesen. Genau was ich brauche!" Das **ticket**, auf das hier angespielt wird, war im letzten Jahrhundert ein Essensgutschein für die Suppenküchen, in denen warme Mahlzeiten an die Armen verteilt wurden.

HE WANTS JAM ON IT.

Not only has he asked to borrow the car, but I also have to fill it with petrol! He **wants jam on it**!

13

borrow [*bO-rou*]; **petrol** [*pä-tröl*]; **jam** [*djäm*].

to borrow: to receive and use s.th. that belongs to s.o. else, and promise to give it back later.
petrol: a liquid used as fuel for cars and other vehicles.
He wants jam on it: He is never satisfied, he always wants more.

„Er hat mich nicht nur gebeten, ihm den Wagen auszuleihen, aber ich mußte ihn auch noch volltanken (mit Benzin füllen)! Er kann den Hals nicht vollkriegen (will Marmelade drauf)!"

to want jam on s.th. „nie zufrieden sein, den Hals nicht vollkriegen können". Man könnte am Ende noch **too** hinzufügen: **He wants jam on it, too!**

= **He wants to have his cake and eat it** [➡ Kapitel 19, 9].

> After being stuck for three hours in a traffic jam in 100° temperatures, he **had a yen for** an ice-cream. 14

 stuck [*ßtak*]; **hours** [*ao-ö(r)s*]; **traffic** [*trä-fik*]; **100°** [*ö han-dröd di-gri:*]; **temperatures** [*täm-prö-tschö(r)s*]; **yen** [*jän*].

 stuck: caught or held in a position so that you cannot move.
traffic jam: a line of vehicles waiting behind s.th. that is blocking the road.
100°: 100° Fahrenheit.
he had a yen for: he had a strong feeling that he wanted s.th.

 „Nachdem er drei Stunden lang bei 38°C im Stau gesteckt hatte, hatte er große Lust auf ein Eis."

 Nein, mit **yen** ist hier nicht der „japanische Yen" gemeint, sondern **yen** stammt wahrscheinlich vom Verb **to yearn for** „sich nach etw. sehnen" ab und bedeutet „es drängt jmdn. danach, etw. zu haben/zu tun", d.h. es besteht ein starker Wunsch, der fast körperlich spürbar ist.

≈ **to have a craving** [*krei-wing*] **for s.th.** „einen Heißhunger/ein starkes Verlangen nach etw. haben": **When I was pregnant, I had a craving for pickled herring.** „Als ich schwanger war, hatte ich Heißhunger auf eingelegte Heringe."

SERENDIPITY

Alltäglicher Dialog in Großbritannien: **Would you like a cup of tea? – I'd love one.**

Für „mögen, etw. gerne machen möchten" benutzen die Briten in einem informellen Kontext gerne **to love** anstelle von **to like**: **I'd love to come with you, but I'm afraid I'm working this weekend.** „Ich würde gerne mit dir kommen, aber ich fürchte, ich muß dieses Wochenende arbeiten." **We'd love to stay another week.** „Wir würden gerne eine weitere Woche bleiben."

Puristen versuchen mitunter, vor allem Kindern diese Angewohnheit auszutreiben:

Child: Mm... I love milk shakes!
Mother: No dear, you *love* your parents; you *like* milk shakes.

Auch können sich Neulinge oft nur sehr schwer damit anfreunden, daß die Briten einen Fremden gerne mit **love** ansprechen. Nicht selten hört man von einem Briten, den man gerade kennengelernt hat, Sätze wie **Thanks very much, love** oder, bei der Frage nach dem Weg, **Second on the left, dear**.

Die Angewohnheit der Briten, Fremden gegenüber vertraute Anreden und Kosewörter zu benutzen, rührt vielleicht daher, daß das Englische als Anredeform nur **you** kennt. Trotzdem gibt es je nach sozialem Hintergrund auch Unterschiede bei den Anredeformen. So werden in bürgerlichen Kreisen gerne Anreden wie **my dear chap** („Bursche"), **old boy**, **old man** oder **old bean** („Bohne") verwendet, während Sie bei Angehörigen der unteren Gesellschaftsschichten außer **love** auch schon mal **mate** („Kamerad"), **duck** („Ente"), **chum** („Kumpel"), **dearie** („Kleine/r"), oder **guv** („Boß, Chef") hören. Ein analoges Phänomen existiert auch in den USA. Dort hört man als vertraute Anrede häufig **guy** („Kerl, Typ"), **buddy** („Kumpel"), **pal** („Kumpan") oder **partner**.

Da, wie schon gesagt, die Benutzung dieser Anredeformen häufig an ein bestimmtes soziales Milieu geknüpft ist, sollte man bei der Auswahl größte Vorsicht walten lassen und als Ausländer am besten die Anredeformen gänzlich umgehen. Was sagen Sie jedoch, wenn Sie beobachtet haben, wie eine Dame auf der Straße ihren Schal verliert, und Sie möchten sie darauf aufmerksam machen? **Madam!** ist sehr hierarchisch und formell, **Lady!** ist zu familiär, **Hey!** ist zu vulgär, **Dear!** könnte als zu distanzlos aufgefaßt werden. Daher ist **Excuse me!** in den meisten Fällen am besten. In den USA hört man **Ma´m** oder **Sir**, das unabhängig von Alter und Geschlecht angewendet werden kann. Zu jungen Frauen kann man auch **Excuse me, Ms** sagen.

READING THE RIOT ACT

Ein im Jahr 1715 in Großbritannien verabschiedetes Gesetz, der **Riot Act** (**riot** „Aufruhr, Aufstand, Krawall, Tumult") verbot öffentliche Zusammenrottungen von mehr als 12 Personen. Bei Zuwiderhandlung wurde ein Auszug aus diesem Gesetz laut verlesen, verbunden mit der Warnung, daß sich die betreffenden Personen der Gefahr der Strafverfolgung aussetzten.

Kritik und Zensur sind das Thema des Kapitels.

The opposition front-benchers **pulled** the Home Secretary's proposals **to pieces**.   1

---

opposition [*O*-pö-**si**-schön]; **front-benchers** [*frOnt*-bän-schö(r)s]; **proposals** [prö-**pou**-söls].

opposition: the political parties in a country that are not part of the government.
front-bencher: s.o. who sits on one of the front benches in the British Parliament.
pulled ... to pieces: showed very clearly that what had been done or written is badly done or not true.
Home Secretary: (short form for **Secretary of State for the Home Office**.) In the UK, the person who is in charge of the Home Office which is responsible for justice and the police. It also controls who is allowed into the country.

„Die führenden Politiker (Vorderbänkler) der Opposition rissen die Vorschläge des Innenministers in Stücke."

to pull s.th. to pieces/apart/to bits „etw. in Stücke reißen, etw. scharf kritisieren".

= **to tear** [tä:(r)] **to shreds** [schräds] „in Fetzen reißen".

* Ein **front-bencher** ist ein Politiker, der seinen Platz in einer der vorderen Sitzreihen des Parlaments hat, weil er einen wichtigen Posten bekleidet, im Gegensatz zu einem **back-bencher**, der ein gewöhnlicher Abgeordneter ist und daher in den hinteren Reihen sitzt (abwertend „Hinterbänkler").

> The privatization of the water industry **came in for** a lot of **flak** from consumer groups. `2`

 privatization [*prai-wö-tai-sei-schön*]; **flak** [*fläk*]; **consumer** [*kön-ßju:-mö(r)*].

 privatization: the sale of a business or industry that was owned and managed by the government to a private organization.
flak: 1. bullets or bombs that are shot at planes from the ground. 2. criticism and argument.
came in for ... flak: were harshly criticized.

 „Die Privatisierung der Wasserwirtschaft (-industrie) wurde von Verbraucherverbänden schwer unter Beschuß genommen."

 to come in for/run into flak „unter Beschuß nehmen" hat seinen Ursprung im 2. Weltkrieg. Damals wurden in Deutschland sog. „Fliegerabwehrkanonen" (kurz „Flak") eingesetzt, die vom Boden aus feindliche Flugzeuge beschossen. In den USA ist ein **flak** ein „Sprecher" oder „Wortführer", also eine Person, deren Aufgabe es ist, ein Unternehmen oder eine Organisation nach außen zu vertreten und die daher meistens im Kreuzfeuer der öffentlichen Kritik steht.

= **to come under fire** ist ein gebräuchliches Synonym. Ebenso kann man **to shoot down in flames** „etw./jmdn. niedermachen" benutzen.

> The Norton report didn't **pull any punches**: it roundly attacked corruption in public life. `3`

 punches [*pan-schis*]; **attacked** [*ö-täkf*]; **corruption** [*kö-rap-tschön*].

 didn't pull any punches: expressed its opinion, especially criticism, very clearly.
roundly: in a strong and clear way.
corruption: dishonest or illegal behaviour by officials or people in positions of power, especially when they accept money in exchange for doing things for s.o.

„Der Norton-Bericht war schonungslos (wich keinem Faust-schlag aus): Er kritisierte entschieden die Korruption im öffent-lichen Leben."

not to pull any punches „mit jmdm. nicht zimperlich sein, ohne Einschränkung kritisieren" kommt aus der Boxsprache und wird auch mit dem Verb in der affirmativen Form verwendet: **The report pulled no punches**.

≠ **to pull one's punches** „verhalten schlagen, sich zurück-halten".

When I see the guy who told me the horse couldn't lose, I'll **give him a piece of my mind**.

4

guy [*gai*]; **couldn't** [*ku-dönt*]; **lose** [*lu:s*].

guy: informal for man.
I'll give him a piece of my mind: I'll tell him that I'm very angry.

„Wenn ich den Kerl treffe, der mir gesagt hat, das Pferd könne nicht verlieren, dann sage ich ihm die Meinung (gebe ich ihm ein Stück von meinen Gedanken)."

to give s.o. a piece of one's mind „jmdm. die Meinung sagen, jmdm. sagen, was man von ihm hält".

≈ **I'll give him what for** ist eine sehr umgangssprachliche Vari-ante, die sich sowohl auf heftige Kritik als auch auf eine körper-liche Bestrafung beziehen kann.

The civil servant was **hauled over the coals** for speaking to the press without his superior's permission.

5

civil [*ßi-wöl*]; **servant** [*ßÖ:(r)-wönt*]; **hauled** [*hO:ld*]; **coals** [*kouls*]; **superior's** [*ßö-pi:-ri-ö(r)s*]; **permission** [*pÖ(r)-mi-schön*].

to haul: to pull or carry s.th. heavy from one place to another with a lot of effort.

coal: a hard black substance that is dug from the ground and burned as fuel to provide heat.

was hauled over the coals: was spoken to severely because he had done s.th. wrong.

superior: s.o. who is senior to you in an organization or job.

„Dem Beamten wurden die Leviten dafür gelesen (wurde über die Kohlen gezogen), daß er sich ohne die Genehmigung seines Vorgesetzten der Presse gegenüber geäußert hatte."

Der Ursprung von **to haul/call s.b. over the coals** „jmdm. die Leviten lesen, jmdn. heftig kritisieren" liegt in der Zeit, als man Personen, die der Ketzerei angeklagt waren, über glühende Kohlen zog. Überlebten sie die Prozedur unbeschadet, bedeutete dies, daß sie unschuldig waren ...

≈ **to haul/pull/put s.b. on the carpet** „jmdn. zusammenstauchen" (wörtl. „jmdn. auf den Teppich heben/ziehen/legen") wird vor allem benutzt, wenn eine in der Gesellschaftshierarchie höherstehende Person eine untergebene Person rügt: **Walker was pulled on the carpet for last month's drop in sales.** „Walker wurde wegen des Rückgangs der Verkäufe im letzten Monat heftig kritisiert."

> My boss had been nagging me for two weeks to clear up my office, so I finally **told** him **where to get off**. 6

nagging [*nä-ging*].

had been nagging me: had been frequently asking me to do s.th. that I didn't want to do.

to clear up: to tidy up.

I ... told him where to get off: I told him rudely that I was angry and annoyed at him.

„Mein Chef hat zwei Wochen lang rumgemeckert, daß ich mein Büro aufräumen sollte, also habe ich ihn schließlich in seine Grenzen verwiesen (ihm gesagt, wo er aussteigen sollte)."

📖 **to tell s.o. where to get off** „jmdm. sagen, wo die Grenzen sind, jmdn. in seine Schranken verweisen" impliziert immer ein gewisses Maß an Wut; oft wird es mit **finally** kombiniert.

≈ **to tell s.o. off** „jmdn. rüffeln/ausschimpfen" ist weniger kategorisch: **His mother told him off for talking with his mouth full.** „Seine Mutter schimpfte ihn aus, weil er mit vollem Mund gesprochen hatte."

After spending a fortune, she had the nerve **to bawl him out** for buying a new pair of shoes! It's **the pot calling the kettle black**. 7

🔔 **fortune** [*fO:(r)-tschön*]; **nerve** [*nÖ:(r)w*]; **bawl** [*bO:l*]; **kettle** [*kätl*].

💡 **After spending a fortune**: After having spent a lot of money.
she had the nerve to: she showed a rude attitude.
to bawl him out: to criticize him very angrily.
It's the pot calling the kettle black: Used for saying that s.o. is criticizing another person for a fault that they also have.

💬 „Nachdem sie ein Vermögen ausgegeben hatte, besaß sie die Unverfrorenheit, ihn zusammenzustauchen, weil er ein Paar neue Schuhe gekauft hatte! Ein Esel schilt den anderen Langohr."

📖 **to bawl s.b. out** „jmdn. zusammenstauchen". Die Grundbedeutung von **to bawl** ist „schreien, brüllen": **I bawled his name at the top of my voice.** „Ich schrie seinen Namen so laut ich konnte." Durch Hinzufügen von **out** ändert sich die Bedeutung. Der Ausdruck ist relativ familiär, anders als die Wendung in Satz 8.

THE POT CALLING THE KETTLE BLACK

It's the pot calling the kettle black: Stehen der Topf und der Kessel auf dem Feuer, so wird bei beiden der Boden schwarz. Daher hat keiner der beiden einen Grund, sich über den anderen lustig zu machen.

> The Finance Ministers **took** the World Bank **to task for** its role in the Nepalese hydro-electric project.
>
> 8

Finance [*fai-nönß*]; **task** [*ta:ßk*]; **Nepalese** [*nä-pö-li:s*]; **hydroelectric** [*hai-drou-i-läk-trik*]; **project** [*prO-djäkt*/*prou-djäkt*].

took ... to task for: severely criticized.
Nepalese: describing things or persons from or in Nepal.
hydroelectric: using water power to produce electricity.

„Die Finanzminister kritisierten die Weltbank in ihrer Rolle beim nepalesischen Wasserkraftprojekt."

to take/bring/hold s.b. to task for/over „jmdn. scharf kritisieren, jmdn. scharf zurechtweisen": **The company was taken to task by the government for speculating in the futures market.** „Das Unternehmen wurde von der Regierung wegen seiner Spekulationen an den Terminbörsen scharf zurechtgewiesen." **Task** stammt vom lateinischen *tasca* ab, einer anderen Form von *taxa* „Steuer".

> I've **been** in his **bad books** ever since I forgot to water his plants while he was on holiday.
>
> 9

I've been in his bad books: He's annoyed with me.
to water: to give water to.

„Ich bin bei ihm schlecht angeschrieben, seit ich vergessen habe, seine Pflanzen zu gießen, während er im Urlaub war."

Bei **to be in s.b.'s bad books** „bei jmdm. schlecht angeschrieben sein" steht **books** immer im Plural. Der ursprüngliche Ausdruck lautete **to be in s.b.'s black books**: Das **Black Book** war das Buch, in dem der englische König Henry VIII. die „Missetaten" der Mönche notierte, um dann einen Grund zu haben, die Klöster zu schließen. Die Wandlung von **black** zu **bad** hat sich vielleicht vollzogen, damit man ein Antonym hatte:

≠ **to be in s.b.'s good books** „bei jmdm. gut angeschrieben sein, bei jmdm. einen Stein im Brett haben".

> He **kicked up a fuss** about the new parking regulations, but it didn't change anything. 10

🔔 **fuss** [faß]; **regulations** [rä-gju-**lei**-schöns].

💡 **He kicked up a fuss**: He made a lot of unnecessary worry or excitement about s.th.
parking regulations: official rules that control the way in which people put their vehicle into a place.

(D) „Er machte ein Riesentheater wegen der neuen Parkbestimmungen, aber es hat nichts geändert."

📖 **to kick up/raise a fuss about/over** „großes Theater machen, einen Aufstand machen, sich beschweren" beschreibt meistens eine Kritik an etwas relativ Unwichtigem.

= Das gleichbedeutende, aber heute selten verwendete **to kick up a shindy** [schin-di] (**shindy** „Rauferei, Streit, Krach") basiert auf einem Spiel, das dem Hockey ähnelt und bei dem man auf das Schienbein (**shin**) des Gegners zielt und dabei **Shin you!** ruft.

= **to complain about**.

! Nicht zu verwechseln mit **to make a fuss about s.th./of/over s.o.** „viel Aufhebens/Wirbel um etw./jmdn. machen": **The girls love visiting their grandmother: she always makes a great fuss of them.** „Die Mädchen besuchen gerne ihre Großmutter. Sie macht immer viel Wirbel um sie."

> He'll **raise Cain** if he finds out you've misled him. 11

🔔 **raise** [reis]; **Cain** [kein]; **misled** [miß-**läd**].

He'll raise Cain: He'll be very furious.
you've misled him: you've cheated him.

„Er wird einen Skandal/eine Szene machen, wenn er herausfindet, daß du ihn getäuscht hast."

to raise Cain „Krach schlagen, eine Szene machen" spielt auf Kain an, der seinen Bruder Abel tötete.

≈ **to throw a wobbly/wobbler** „sehr wütend reagieren" ist etwas moderner (**to wobble** „zittern, wackeln"). Dieser Ausdruck wurde aus dem Australischen übernommen. Dort ist die traditionelle Waffe der Ureinwohner der Bumerang. Damit dieser sein Ziel trifft und zum Werfer zurückkehrt, sind Konzentration und eine ruhige Hand gefragt. Ist der Werfer jedoch wütend, wirft er den Bumerang falsch: **to throw a wobbly**. Der Bumerang verfehlt sein Ziel und kommt nicht mehr zurück.

Because of past experience, members of ethnic minorities will **cry blue murder** if they think the police has infringed their rights. **12**

ethnik [*äfß-nik*]; **minorities** [*mai-nO-rö-ti:s*]; **murder** [*mÖ:(r)-dö(r)*]; **infringed** [*in-frinîd*].

ethnic minority: group of people with the same culture and traditions who differ from a larger group of which it is a part.
will cry blue murder: will shout or protest very loudly because they are very angry.
infringed: limited.

„Wegen ihrer Erfahrungen in der Vergangenheit werden die Angehörigen der ethnischen Minderheiten scharf protestieren, wenn sie denken, daß die Polizei ihre Rechte beschnitten hat."

to cry/scream blue murder kann „Zeter und Mordio schreien, lauthals protestieren", aber auch einfach nur „laut schreien" bedeuten: **She screamed blue murder when the thief tried to snatch her bag.** „Sie schrie laut, als der Dieb versuchte, ihr die Tasche wegzureißen."

> I got **rapped on the knuckles** for not having checked with head office first. **13**

 rapped [*räpd*]; **knuckles** [*na-köls*]; **checked** [*tschäkd*].

knuckle: one of the parts where your fingers can bend or where they join your hand.
to rap: to hit s.th. hard and quickly.
I got rapped on the knuckles: I was criticized in a formal way.
head office: the main office of an organization or company.

„Man hat mir auf die Finger(-knöchel) geklopft, weil ich nicht vorher mit der Zentrale Rücksprache gehalten habe."

to rap s.b. on/over the knuckles oder **to give s.b. a rap on/over the knuckles** „jmdm. auf die Finger klopfen, jmdm. eins auf die Finger geben, jmdn. ermahnen" beschreibt eher eine milde Bestrafung. **The judge could have jailed me, but instead he just rapped me over the knuckles.** „Der Richter hätte mich in Haft schicken können, aber er hat mich statt dessen nur ermahnt."

to rap hat im Amerikanischen die Bedeutung „quatschen" und ist die Grundlage für den „Rap", einen Musikstil, der sich durch einen mechanischen Sprechgesang auszeichnet, der dem Rhythmus sich wiederholender Bass- und Schlagzeugsequenzen angepaßt ist.

RAPPED ON THE KNUCKLES

The detective was **given a dressing-down** by the Chief Inspector for having lost the trail of the suspect. 14

 detective [*di-täk-tif*]; **Chief** [*tschi:f*]; **trail** [*treil*]; **suspect** [*ßaß-päkt*].

 detective: a police officer whose job is to try to discover information about a crime so that the criminal can be caught.
was given a dressing-down: was spoken to angrily by s.o. because he had done s.th. wrong.
trail: a series of marks or objects left by s.o. or s.th. that shows they have been there.
suspect: s.o. who the police believe may have committed a crime.

 „Der Kriminalbeamte wurde vom Oberinspektor dafür gerüffelt, daß er die Spur des Verdächtigen verloren hatte."

to give s.o. a dressing-down „jmdn. zurechtweisen, jmdn. rüffeln, jmdm. eine Standpauke halten" wird ebenso wie die Wendung in Satz 5 benutzt, wenn eine in der Hierarchie höherstehende Person eine untergebene Person rügt.

Die Ursprungsbedeutung von **to dress** ist „begradigen, glätten". Unser „Rüffel" stammt vom alten Wort „Ruffel" ab, das einen Rauhobel bezeichnet, mit dem Gegenstände geglättet bzw. zurechtgestutzt wurden. **To dress** wurde auch in einigen Handwerksberufen im Sinne von „vorbereiten" bzw. „appretieren" verwendet.

! Nicht zu verwechseln mit **to dress down** „sich locker/leger kleiden": **Many US firms are becoming less formal and allowing their staff to dress down.** „Viele US-Firmen werden [nun] weniger förmlich und erlauben es ihren Mitarbeitern, sich leger zu kleiden." Der Gegensatz hierzu lautet **to dress up** „sich fein anziehen, sich herausputzen": **I don't like smart restaurants because you have to dress up.** „Ich mag keine eleganten Restaurants, denn da muß man sich [immer] fein anziehen."

In vielen Redewendungen, die sich um das Kritisieren drehen, werden Tiernamen benutzt oder zumindest Begriffe, die Tiernamen ähneln: **He's always carping about the air conditioning. He says it gives him migraines** [*mi-greins/mai-greins*]. „Er nörgelt immer an der Klimaanlage herum. Er sagt, er bekommt davon Migräne." Hier hat **carping** jedoch nichts mit **carp** „Karpfen" zu tun, sondern kommt vom lateinischen *carpere* „verleumden, schädigen".

Für eine Person, die ununterbrochen kritisiert und meckert, benutzt man **to bitch** (**bitch** „Hündin"): **He's always bitching about his boss.** „Er meckert immer an seinem Chef herum". Dieser Ausdruck impliziert stets auch ein wenig Bösartigkeit: **a bitchy remark** „eine gehässige Bemerkung".

Ein weiteres Tier, das mit Übellaunigkeit in Verbindung gebracht wird, ist die Krabbe. Das Verb **to crab about s.th.** kann stellvertretend für **to complain about s.th.** benutzt werden, aber man hört meistens das Substantiv: **Stop complaining, you're such a crab!** „Hör auf, dich zu beklagen, du bist so ein Griesgram!" Das Adjektiv lautet **crabbed** oder **crabby** „griesgrämig".

Und schließlich gibt es für „meckern, nörgeln" noch **to nag**: **Stop nagging me! I'll take the dog out for a walk later!** „Hör auf, an mir rumzunörgeln! Ich führe den Hund später aus!" Hierzu muß man wissen, daß **a nag** eine abwertende Bezeichnung für ein Pferd ist: „Gaul, Klepper".

32 SURPRISE, SURPRISE!

Mit den Themenbereichen Überraschung, Erstaunen und allem Unvorhergesehen befaßt sich dieses Kapitel.

> – The train was actually on time for once.
> – That's a **turn-up for the books**.   1

 once [*uanß*]; **turn-up** [*tÖ:(r)n-ap*].

was ... on time: arrived at the time it was expected.
for once: used for saying that s.th. should happen more often.
turn-up: a fold at the bottom of the leg of a pair of trousers.
That's a turn-up for the books: That's a surprising event.

– „Der Zug war ausnahmsweise (für einmal) pünktlich. – Das ist [ja] eine [echte] Überraschung (ein Aufschlag für die Bücher)."

a turn-up for the books (oder **book**) hat einen Bezug zu **to turn up** „auftauchen, erscheinen, aufkreuzen" (**He finally turned up at midnight.** „Er kreuzte schließlich um Mitternacht auf") oder „sich plötzlich wiederfinden, plötzlich auftauchen" (**The paper turned up when I tidied my desk.** „Das Papier tauchte plötzlich [wieder] auf, als ich meinen Schreibtisch aufräumte"). Mit **books** sind hier die „Bücher" der Buchmacher bei Pferderennen gemeint; die Wendung spielt auf die Pferde an, die sozusagen in allerletzter Minute erscheinen, um noch für ein Rennen in den Büchern registriert zu werden.

Erinnern Sie sich an **Mr Micawber** aus Lektion 26? Dieser lebte stets in Erwartung unvorhergesehener Gelegenheiten und pflegte zu sagen: **Something will turn up...**

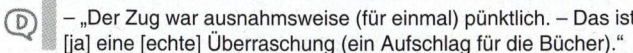

An SAS unit crossed the border under cover of darkness and **caught** the sentries **napping**.   2

SAS [*äß-ei-äß*]; **cover** [*ka-wö(r)*]; **caught** [*kO:t*]; **sentries** [*ßän-tri:s*]; **napping** [*nä-ping*].

SAS: short form for the British **S**pecial **A**ir **S**ervice, a group of soldiers who are trained to deal with unusual or dangerous military operations.
under cover of darkness: hidden by darkness.
sentry: a soldier who stands at the entrance to a place and guards it.
nap: to sleep for a short period of time.
caught the sentries napping: surprised the sentries by turning up unexpectedly.

„Eine Einheit des SAS überquerte die Grenze im Schutze der Dunkelheit und überraschte die Wachposten (fing die Wachposten schlafend)."

to catch s.o. napping, das zwar im wörtlichen Sinne verwendet werden kann („jmdn. im Schlaf überraschen"), jedoch meistens im übertragenen Sinne benutzt wird, impliziert, daß die überraschend auftauchende Person eine günstige Gelegenheit nutzt, wohingegen dies bei der Wendung im nächsten Beispiel nicht der Fall ist.

to nap „ein kurzes Nickerchen machen" stammt vom althochdeutschen Wort *naffezan* „Schlummer". Das gleichbedeutende to cat-nap oder to take a cat-nap bezieht sich hingegen auf die Fähigkeit von Katzen, selbst für kurze Momente in einen tiefen Schlaf zu fallen.

He **caught** the press secretary **on the hop** with his question. 3

---

hop: a quick jump on one foot.
caught ... on the hop: surprised ... by doing s.th. that the other person did not expect.

„Er überrumpelte den Pressesekretär mit seiner Frage."

to catch s.b. on the hop „jmdn. überraschen, überrumpeln" ist abgeleitet von to catch s.o. on the wrong foot „jmdn. auf dem falschen Fuß erwischen", was ausdrückt, daß man eine andere Person zu einem ungeeigneten Zeitpunkt anspricht oder durch eine unerwartete Aktion in eine unangenehme oder schwierige Lage bringt [➡ Kapitel 5, 7].

≈ to catch s.o. off his guard [*ga:(r)d*] stammt aus dem Box- oder auch Fechtsport. Gemeint ist der Angriff auf den Gegner in einem Moment, in dem dieser ohne Deckung ist.

When I think how much money was spent on Star Wars, **my mind boggles**. 4

---

mind [*maind*]; boggles [*bOgls*].

Star Wars: a series of popular science fiction films.
my mind boggles: I cannot image it because it is too strange, shocking, or confusing.

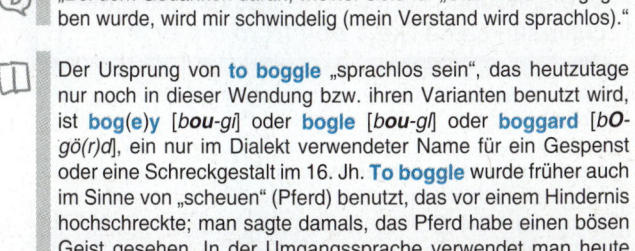

„Bei dem Gedanken daran, wieviel Geld für „Star Wars" ausgegeben wurde, wird mir schwindelig (mein Verstand wird sprachlos)."

Der Ursprung von **to boggle** „sprachlos sein", das heutzutage nur noch in dieser Wendung bzw. ihren Varianten benutzt wird, ist **bog(e)y** [*bou-gi*] oder **bogle** [*bou-gl*] oder **boggard** [*bOgö(r)d*], ein nur im Dialekt verwendeter Name für ein Gespenst oder eine Schreckgestalt im 16. Jh. **To boggle** wurde früher auch im Sinne von „scheuen" (Pferd) benutzt, das vor einem Hindernis hochschreckte; man sagte damals, das Pferd habe einen bösen Geist gesehen. In der Umgangssprache verwendet man heute noch für ein „Schreckgespenst" die Bezeichnung **bogey-man**.

The mind boggles wird in Situationen verwendet, in denen eine Information die Vorstellungskraft einer Person übersteigt. Von dieser Wendung gibt es auch die Adjektivform: **mind-boggling** „erstaunlich, unfaßbar, unglaublich".

≈ **to blow one's mind** „ausflippen" ist ein Überbleibsel aus den 60er Jahren und spielt auf den Drogenkonsum an.

> His eyes **popped out of his head** when he
> saw the size of the steak on his plate.   5

popped [*pOpt*]; **size** [*ßais*]; **steak** [*ßteik*].

His eyes popped out of his head: His eyes opened very wide in surprise or excitement.

„Ihm fielen (sprangen) die Augen aus dem Kopf, als er die Größe des Steaks auf seinem Teller sah."

Bestimmt haben Sie in Comics schon einmal Figuren gesehen, denen vor Erstaunen oder Überraschung die Augen aus dem Kopf heraustraten; dieses Bild wird durch **My eyes (nearly) popped out of my head when ...** oder einfach nur **My eyes popped ...** ausgedrückt, wobei bei der letzten Variante oft **with amazement** [*ö-meis-mönt*] hinzugefügt wird. Wir sagen im Deutschen auch „Bauklötze staunen".

Das Adjektiv lautet **pop-eyed**: **A group of pop-eyed children watched the dolphins playing.** „Eine Gruppe Kinder beobachtete mit weit aufgerissenen Augen die Delphine beim Spielen."

KAPITEL 32

> The announcement that he was resigning as
> chairman came like **a bolt from the blue**. 6

🔔 **announcement** [*ö-nounß-mönt*]; **resigning** [*ri-sai-ning*]; **bolt** [*boult*].

💡 **announcement**: a public or official statement that gives people information about s.th.
resigning: stating formally that he was leaving his job permanently.
bolt: 1. a metal bar that you slide across a door or window in order to lock it; 2. a type of screw without a point.
like a bolt from the blue: s.th. that surprises people very much because they did not expect it to happen.

Ⓓ „Die Ankündigung, daß er [von seinem Posten] als Vorsitzender zurücktreten wollte, kam wie ein Blitz aus heiterem Himmel (ein Bolzen aus dem Blauen)."

📖 In **like a bolt from/out of the blue** „völlig unerwartet, aus heiterem Himmel" steht **the blue** für den „[blauen] Himmel" und **bolt** für **thunderbolt** „Donnerschlag", in der Mythologie ein Pfeil, der von den Göttern ausgesandt wird, um auf der Erde Zerstörung anzurichten.

> His decision to go and play football for Italy
> **raised** a few **eyebrows**. 7

🔔 **raised** [*reisd*]; **eyebrows** [*ai-braos*].

💡 **eyebrow**: the line of hair above an eye.
raised a few eyebrows: shocked, surprised or annoyed people.

Ⓓ „Seine Entscheidung, (zu gehen und) für Italien Fußball zu spielen, stieß bei einigen auf Unverständnis (hob ein paar Augenbrauen)."

📖 **to raise/lift an eyebrow/one's eyebrows at s.th.** „die Augenbrauen hochziehen, die Stirn runzeln" ist meistens Ausdruck von Erstaunen, Unglauben oder Mißbilligung: **I'll bet eyebrows were raised when she demanded a company car.** „Ich wette, es stieß auf Unverständnis, daß sie einen Firmenwagen forderte." Wird hingegen etwas ohne Widerspruch gebilligt, sagt man **without batting an eyelid** „ohne mit der Wimper zu zucken" (**to bat** [*bät*] „blinzeln, zwinkern"; **eyelid** „Augenlid").

HIS EYES POPPED OUT OF HIS HEAD WHEN HE SAW THE SIZE OF THE STEAK.

> They had no idea that their son intended to become a priest. He just **sprang it on them**. 8

priest [*pri:ßt*]; **sprang** [*ßpräng*].

priest: s.o. whose job is to lead worship and perform other duties and ceremonies in some Christian churches.
He just sprang it on them: He just surprised them with the news.

„Sie hatten keine Ahnung, daß ihr Sohn vorhatte, Priester zu werden. Er hat sie einfach damit überrascht."

to spring „springen, schnellen, schnappen" impliziert immer eine schnelle und vor allem unerwartete Bewegung. Daher: **to spring (a surprise** oder **news) on s.o.** „jmdn. überraschen/mit einer Neuigkeit überrumpeln": **She sprang the news on me when she got home from work.** „Sie hat mich mit der Nachricht überfallen, als sie von der Arbeit nach Hause kam."

In unserem Beispiel ersetzt **it** das Akkusativobjekt – **question**, **news**, **suggestion**...

> The government's chances of **pulling** a
> pre-election tax cut **out of the hat** are very
> slim. 9

 chances [*tscha:n-ßis*]; **pre-election** [*pri-i-läk-tschön*]; **slim** [*ßlim*].

 pulling ... out of the hat: doing s.th. very clever and unexpected to solve a problem.
pre-election: in the time before the election.
tax cut: a reduction of the amount of money you have to pay to the government that it uses to provide public services and pay for government institutions.
slim: very small.

Ⓓ „Die Möglichkeiten der Regierung, kurz vor den Wahlen [noch] eine Steuersenkung aus dem Hut zu zaubern, sind sehr gering."

📖 Der Hut, auf den hier angespielt wird, ist der des Zauberers, aus dem dieser in der Regel das Kaninchen zieht; hier ist es jedoch die Lösung zu einem Problem: Man könnte den Satz noch anders formulieren: **The government's chances of pulling a rabbit out of the hat and cutting taxes before the election are very slim.**

! Nicht zu verwechseln mit **to pick s.th./s.o. out of a hat**. Hierbei wird etwas oder jemand nach dem Zufallsprinzip ausgewählt: **They hadn't chosen a name for the new baby, so they picked one out of a hat.** „Sie hatten noch keinen Namen für das neue Baby ausgewählt, also suchten sie ganz zufällig einen aus."

> The view was so spectacular that it **took my
> breath away**. 10

 view [*wju:*]; **spectacular** [*ßpäk-tä-kju-lö(r)*]; **breath** [*bräfß*].

 view: the sight of a landscape.
spectacular: extremely impressive.
it took my breath away: I was very impressed by its beauty.

Ⓓ „Die Aussicht war so spektakulär, daß es mir den Atem verschlug (es nahm meinen Atem weg)."

316

to take s.b.'s breath away „jmdm. den Atem verschlagen" wird benutzt, wenn ein Anblick, ein Ereignis o.ä. eine Person – im positiven wie im negativen Sinne – so sehr in seinen Bann schlägt, daß ihr buchstäblich die Puste wegbleibt. Das Adjektiv lautet **breathtaking** „atemberaubend": **The hotel offers breathtaking views over all three valleys.** „Das Hotel bietet atemberaubende Ausblicke auf alle drei Täler."

> We were **bowled over** by our first glimpse of Ben Nevis. **11**

🔔 **bowled** [*bould*]; **glimpse** [*glimpß*]; **Ben Nevis** [*bän nä-wiß*].

🔆 **bowled over**: surprised by s.th. very beautiful, impressive or unexpected.
glimpse: a brief passing look at s.th.
Ben Nevis: the highest mountain of Great Britain. It is located in Western Scotland and is 1343 m high.

💬 „Wir waren überwältigt (überrollt) von unserem ersten [kurzen] Blick auf den Ben Nevis."

📖 **to bowl s.b. over** heißt „jmdn. überwältigen, umhauen, umwerfen" in Situationen, in denen eine Person von etwas besonders Schönem über die Maßen fasziniert und beeindruckt ist. Die Grundbedeutung von **to bowl** ist „werfen, rollen", woher auch **bowling** oder **ten-pin bowling** (**ten-pin** „zehn Kegel") stammt, ein Spiel, das im Laufe seiner Geschichte einen Weg von Frankreich über England (wo es zunächst **bowls** hieß), die USA und wieder zurück nach Frankreich gemacht hat.

Eine zweite Bedeutung von **to bowl s.b. over** ist „jmdn. (aus Eile, Unachtsamkeit usw.) über den Haufen rennen".

> When he popped the question, you could have **knocked me down with a feather**. **12**

🔔 **knocked** [*nOkd*]; **feather** [*fä-fsö(r)*].

🔆 **When he popped the question**: When he asked me if I wanted to marry him.

you could have knocked me down with a feather: I was very much astonished and surprised.

 „Als er mich fragte, ob ich ihn heiraten wollte, war ich völlig von den Socken (hättest du mich mit einer Feder niederschlagen können)."

 Die komplette Wendung, die wir übrigens Charles Dickes verdanken, würde lauten: **I was so surprised that you could have knocked me down/over with a feather**. Ausgedrückt wird hier, daß die betreffende Person so verblüfft ist, daß schon ein kleiner Schlag mit einer Feder reichen würde, um sie umzuwerfen.

To pop the question [➡ Kapitel 12, Serendipity].

> We weren't expecting him to send us a bill, so it **gave us a nasty turn**.
>
> 13

 nasty [na:ß-ti].

 it gave us a nasty turn: it frightened us.

 „Wir hatten nicht erwartet, daß er uns eine Rechnung schicken würde, daher hat uns das einen gehörigen Schrecken eingejagt."

 Die Grundbedeutung von **turn** ist „Drehung, Biegung, Wende", es heißt aber auch „Anfall", und **to give s.o. a nasty turn** sagt man, wenn jemand durch etwas so erschreckt wird, daß er davon fast krank wird.

! Nicht zu verwechseln mit **to take a turn for the worse/the better** „sich zum Schlechten/Guten wenden": **The situation in the Middle East took a turn for the worse with the collapse of the latest round of peace talks.** „Mit dem Scheitern der letzten Runde der Friedensverhandlungen wendete sich die Situation im Nahen Osten zum Schlechten" [➡ Kapitel 42, 6].

> Despite all our good intentions, Christmas has once again **crept up on us** and taken us by surprise.
>
> 14

Despite [di-ßpait]; **Christmas** [kriß-möß]; **crept** [kräpt].

intention: a plan in your mind to do s.th.
has ... crept up on us: has happened slowly or gradually so we did not notice it happening.

„Trotz all unserer guten Vorsätze ist Weihnachten mal wieder nähergerückt (angeschlichen) und hat uns überrascht (uns durch Überraschung genommen)."

Die Grundbedeutung von **to creep up on s.o.** ist „sich leise anschleichen": **The soldier crept up on the sentry.** „Der Soldat schlich sich leise an den Wachposten heran." Im übertragenen Sinne wird es in der Bedeutung „langsam näherrücken" in Bezug auf einen bestimmten Zeitpunkt verwendet: **Old age is creeping up on them.** „Sie werden langsam älter (das Alter schleicht sich an sie heran)."

SERENDIPITY

An Wendungen, mit denen der Brite Erstaunen und Überraschtheit ausdrückt, fehlt es nicht. Wir wollen Ihnen einige dieser Ausdrücke vorstellen.

Beginnen wir mit **Good heavens!** „Gütiger Himmel!", **Good Lord!** „[Ach du] lieber Gott!", **Good gracious!** „[Ach du] liebe Güte!" und **Good God!** „Mein Gott!/Großer Gott!/Gott im Himmel!". Diese Ausrufe gehören zu den verbreitetsten und stoßen den Gesprächspartner kaum vor den Kopf (anders verhält es sich jedoch mit **Jesus Christ!** „Herrgott noch mal!").

Erfährt der Brite etwas, das ihn wirklich überrascht, z.B. daß der Name der königlichen Familie in Großbritannien Sachsen-Coburg lautet, wird er – je nach Stimmung – eine der folgenden Antworten geben: **Fancy that!** „Nun stell sich einer das vor!" oder **Well I never!** „Nein, so was!" oder **You don't say!** „Was du nicht sagst!". Ist er Philosoph, so kommt womöglich **You live and learn!** „Man lernt nie aus!". Ist das Erstaunen besonders groß, wird er dieses mit **Stone the crows** [*krous*]! „Mich laust der Affe!" (wörtlich „Steinige die Krähen!") äußern.

In Fällen, in denen sich Unglauben und Zweifel in die Überraschung mischen, hören Sie womöglich **You must be kidding** (oder **joking**)! „Du machst wohl Witze!" oder **Come off it!** „Nun hör aber auf!".

Und schließlich kann es auch vorkommen, daß einem vor Überraschung die Worte fehlen: **Words fail me!**

---

33 ANGRY YOUNG MAN

Angry Young Men ist die Bezeichnung für eine Gruppe gesellschaftskritischer Autoren in den 1950er Jahren, die durch gezielte Provokationen gesellschaftliche Konventionen in Frage stellten. Zu ihnen gehörten u.a. John Osborne, Arnold Wesker, Alan Silitoe und John Braine.

Selbst wenn man eine Sprache nahezu perfekt beherrscht, gibt es zwei Dinge, bei denen man automatisch auf seine Muttersprache zurückgreift: das Zählen und das Fluchen. Das Ziel dieses Kapitels ist nicht, Ihnen beizubringen, **to swear like a trooper** „wie ein Kutscher zu fluchen" (**trooper** „einfacher Soldat"), sondern Ihnen zu ermöglichen, die feinen Nuancen zwischen den einzelnen Wendungen, die sich zum Teil sehr ähneln, zu erkennen.

> **It makes my blood boil** when I think of all the money that's wasted on advertising.   1

 blood [*blad*]; **boil** [*boil*]; **wasted** [*ueiß-tid*].

It makes my blood boil: It makes me feel very angry.
wasted: used in a way that does not produce the best results.

 „Es bringt mich in Rage (macht mein Blut kochen), wenn ich an all das Geld denke, das für Werbung verschwendet wird."

 Das Bild in **to make s.o.'s blood boil** „jmdn. in Rage bringen, jmdn. wütend machen" ist eindeutig.

! Nicht zu verwechseln mit **It makes my blood freeze** (oder **run cold**) „Mir gefriert das Blut in den Adern", das extreme Furcht ausdrückt [➡ Kapitel 17, 11]: **I heard a whimpering sound that made my blood freeze.** „Ich hörte ein wimmerndes Geräusch, und mir gefror das Blut in den Adern."

In vielen Ausdrücken steht **blood** stellvertretend für Gefühle, so gibt es auch das englische Pendant zum „bösen Blut": **bad blood**. Hiervon spricht man, wenn zwischen zwei Personen, Völkern o.ä. eine tiefe Feindseligkeit besteht: **For years, there had been bad blood between the Montagues and the Capulets.** „Jahrelang gab es böses Blut zwischen den Montagues und den Capulets." Hier wird auf das Blut angespielt, das durch einen Mord vergossen wird.

> I've just told her that we're not going to the States after all, and she's **hopping mad**.   **2**

 States [ßteitß].

 the States: the USA.
hopping mad: extremely angry.

 „Ich habe ihr gerade gesagt, daß wir doch nicht in die Staaten fahren, und sie ist fuchsteufelswild."

 mad heißt zunächst „wahnsinnig, geisteskrank". Es wird aber auch – in Verbindung mit **at** – für „wütend" benutzt: **She's mad at me.** „Sie ist wütend auf mich." In Kombination mit **about** kann es eine positive Konnotation haben und großen Enthusiasmus ausdrücken: **Nathalie's mad** (oder **crazy**) **about opera.** „Nathalie ist [ganz] verrückt auf die Oper (= begeistert von der Oper). **She's mad about me.** „Sie ist verrückt nach mir (= scharf auf mich)."

> Whenever I see a party political broadcast
> on the television, it **makes my hackles rise**. 3

🔔 broadcast [*brO:d-ka:ßt*]; hackles [*hä-köls*].

💡 **party political broadcast**: a short programme on radio or
television where a political party canvasses for its activities and
goals in order to attract votes.
hackles: the hairs on the back of the neck of cats, dogs etc. that
stick up when they are angry.
it makes my hackles rise: it makes me feel very angry.

Ⓓ „Immer, wenn ich einen Wahlwerbespot (parteipolitische Sendung) im Fernsehen sehe, stellen sich mir die Nackenhaare auf."

📖 **hackles**, die „Nackenhaare", die sich bei einigen Tieren unter dem Einfluß von Angriffslust aufstellen, wird immer im Plural verwendet.

≈ **to get my dander** [*dän-dö(r)*] **up** „in Rage kommen, wütend
werden". **Dander** „Wut, Rage" ist vom niederländischen **donder**
„Donner" abgeleitet.

> I've tried to be patient with him, but I can't
> help it: **he gets on my nerves**. 4

🔔 patient [*pei-schönt*]; nerves [*nÖ:(r)ws*].

💡 **to be patient with him**: to wait for a long time or deal with a
difficult situation without becoming angry or upset.
I can't help it: I can't do anything against it.
he gets on my nerves: he annoys me.

Ⓓ „Ich habe versucht, geduldig mit ihm zu sein, aber ich kann
nichts dafür (kann es nicht helfen): Er geht mir auf die Nerven."

📖 ≈ Das relativ informelle **to get on s.b.'s wick** (**wick** „[Kerzen-]
Docht") „jmdm. auf den Keks gehen" ist nur in Großbritannien,
nicht in den USA, bekannt. Weitere Varianten sind das schon
bekannte **to get s.b.'s goat** „jmdn. aufregen" [➡ Kapitel 11,
7], **to get up one's nose** und **to drive/send s.b. up the wall**
„jmdn. auf die Palme bringen" („die Wand hinaufschicken").

> I **was** really **pissed off** with Victoria for not
> telling me he was going on holiday! 5

 pissed [*piβf*]; **Victoria** [*wik-tO-ri-ö*].

 I was ... pissed off: I was really angry.

 „Ich war wirklich stocksauer auf Victoria, weil sie mir nicht gesagt hatte, daß er in Urlaub fährt!"

📖 Der Ursprung von **to be pissed off with s.b.** „auf jmdn. stocksauer sein" liegt in der Vulgärsprache: **to piss** heißt „pinkeln,
pissen". Man hört ihn auch in der transitiven Variante: **to piss
s.o. off** „jmdn. wütend machen".

Die Amerikaner verkürzen den Ausdruck gerne zu **to be pissed**,
doch Achtung: Dies heißt für einen Briten „besoffen sein": **He
got pissed last night.** „Er hat sich gestern abend besoffen".

FIT TO BE TIED

> When she found out that Hanef had taken
> her car without asking, she **had a fit**. 6

 she had a fit: she became so angry that she almost had a
strong physical reaction.

 „Als sie herausfand, daß Hanef ihren Wagen genommen hatte,
ohne sie zu fragen, bekam sie einen [Wut-]Anfall."

to have/throw a (blue) fit „einen Wutanfall bekommen". (**An epileptic fit** ist ein „epileptischer Anfall", **a fit of coughing** [ka-fing] ein „Hustenanfall".)

≈ In **fit to be tied**, das ebenfalls „außer sich vor Wut" bedeutet, ist **fit** Adjektiv.

≈ Eine andere Variante, **to throw a wobbly/wobbler** „sehr wütend reagieren", haben Sie bereits kennengelernt [➡ Kapitel 31, 11].

> I told Dad I was dropping out of college to travel around the world, and he **went off the deep end**.
>
> 7

told [tould]; **deep** [di:p].

I was dropping out of college: I was leaving college before I had graduated.
he went off the deep end: he unexpectedly became very angry.

„Ich sagte Papa, daß ich [mein Studium am] College abbrechen würde, um um die Welt zu reisen, und er fuhr aus der Haut (er ging vom tiefen Ende ab)."

to go off the deep end ist synonym zu **to throw a fit**.

! Nicht zu verwechseln mit **to jump in at the deep end** „ins kalte Wasser springen": Man muß eine Aufgabe lösen oder eine Tätigkeit ausführen, ohne vorher genügend darauf vorbereitet worden zu sein: **I had had no preparation for the job: I jumped in at the deep end.** (Oder: **I was thrown in at the deep end.**) „Ich war in keiner Weise auf die Stelle vorbereitet worden: Ich bin einfach ins kalte Wasser gesprungen." Bekannt ist auch **sink or swim**, d.h. entweder man geht unter, oder man lernt zu schwimmen.

> Michael only asked her whether she had passed her test, and she **bit his head off**! I guess she failed.
>
> 8

whether [uä-fsö(r)]; **passed** [paßt]; **bit** [bit]; **failed** [feild].

passed her test: was successful in her examination.
she bit his head off: she reacted angrily and rudely though she had no reason for doing this.

„Michael hat sie nur gefragt, ob sie ihre Prüfung bestanden hat, und sie hat ihm den Kopf abgerissen (abgebissen)! Ich vermute, sie ist durchgefallen."

Während der Brite einer anderen Person den Kopf „abbeißt" (**to bite s.o.'s head off**), „reißen" wir im Deutschen jemandem den Kopf ab, auf den wir sehr wütend sind.

≈ **to jump down s.o.'s throat** „jmdn. anblaffen, grob zurechtweisen, anschnauzen": **I only asked! You don't have to jump down my throat!** „Ich habe [doch] nur gefragt! Du brauchst mir nicht [gleich] den Kopf abzureißen (den Hals hinunterzuspringen)!"

The conductor was renowned for **having a short fuse**, so the musicians were always on their best behaviour.

9

conductor [*kOn-dak-tö(r)*]; **renowned** [*ri-naond*]; **fuse** [*fju:s*]; **musicians** [*mju-si-schöns*]; **behaviour** [*bi-hei-wi-ö(r)*].

conductor: here: s.o. who directs the musicians of an orchestra or other musical group.
renowned: famous for a special skill or achievement.
fuse: a kind of string that burns slowly to make a bomb, firework etc explode.
for having a short fuse: for becoming angry or upset very easily.

„Der Dirigent war dafür bekannt, daß er leicht in die Luft ging (daß er eine kurze Zündschnur hatte), daher legten die Musiker immer ihr bestes Benehmen an den Tag."

to have a short fuse oder **s.o.'s temper is on a short fuse** „schnell die Beherrschung verlieren, leicht an die Decke/in die Luft gehen".

KAPITEL 33

≈ **to lose one's temper** „die Beherrschung verlieren". **Temper**, das allgemein „Naturell, Stimmung" bedeutet, wird in sehr vielen Redewendungen im Sinne von „Verärgerung, Aufgebrachtheit, Gereiztheit" verwendet (**to have a hair-trigger temper** „leicht reizbar sein, beim kleinsten Anlaß auf die Palme gehen" [➡ Kapitel 23, 5]).

≈ **to blow a fuse** „wütend werden, in Rage kommen" (wörtl. „eine Sicherung brennt durch").

He's very bad-tempered, so try not to **rub him up the wrong way**.　　　**10**

---

bad-tempered [*bäd-täm-pö(r)d*]; **rub** [*rab*].

-🔆- **He's ... bad-tempered**: He becomes annoyed or angry very easily.
to rub him up the wrong way: to do or say things that annoy him.

(D) „Er ist sehr schlecht gelaunt, versuch also, nicht bei ihm anzuecken (ihn in die falsche Richtung aufzureiben)."

to rub s.b. up the wrong way geht auf Tiere zurück, die es in der Regel nicht gern haben, wenn man ihr Fell „gegen den Strich streichelt". **The wrong way** findet sich auch in **to take s.th. the wrong way** „etw. falsch auffassen, etw. in den falschen Hals bekommen, sich auf den Schlips getreten fühlen": **I meant it as a compliment, but he took it the wrong way.** „Es war von mir als Kompliment gemeint, aber er fühlte sich auf den Schlips getreten."

It really **goes against the grain** to send our child to a public school.　　　**11**

---

grain [*grein*].

-🔆- **grain**: 1. food crops such as wheat, rice etc. 2. The arrangement, pattern or direction of fibres in substances such as wood, stone, cloth etc.
It ... goes against the grain: It is completely different from what you feel is right, natural or normal for you.
public school: an expensive private school where students usually live as well as study.

Mit **grain** wird hier auf die Holzfaser angespielt, die in einer bestimmten Richtung verläuft. Streicht man entgegen dieser Richtung, so verursacht dies ein unangenehmes Gefühl. Die Person, der etwas gegen den Strich geht, wird mit **with** angeschlossen:
It goes against the grain with me/him/them ...

> He really **gets under my skin** with his stupid
> remarks about women.   12

stupid [*ßtju-pid*]; **women** [*ui-mön*].

He ... gets under my skin: 1. He makes me very annoyed or upset. 2. I am very attracted by him, especially in a sexual way.

"Er geht mir wirklich auf die Nerven mit seinen dummen Bemerkungen über Frauen."

All diejenigen, die jetzt an das Lied von Cole Porter **I've got you under my skin** denken, müssen wir enttäuschen, denn dieser Titel bedeutet „Du gehst mir unter die Haut", d.h. der Sänger ist fasziniert und stark angezogen von der anderen Person. Hier bedeutet **to get under s.b.'s skin** „jmdm. auf die Nerven gehen".

= **to get on one's nerves**.

* Jemand, der sehr leicht reizbar ist und sensibel auf Kritik reagiert, wird als **thin-skinned** „dünnhäutig" bezeichnet, das Gegenteil lautet **thick-skinned** „dickfellig", also unempfindlich gegen Ermahnungen u.ä.

> You'd better stay out of the foreman's way
> this morning: he's **on the warpath**.   13

foreman's [*fO(r)-mäns*]; **warpath** [*uO:(r)-pafß*].

foreman: a man who is in charge of a team of workers.
he's on the warpath: he is angry about s.th. and looking for s.o. to punish for it.

KAPITEL 33

„Du gehst (bleibst) dem Werkmeister heute morgen besser aus dem Weg: Er sucht Streit (ist auf dem Kriegspfad)."

📖 **to be on the warpath** „Streit suchen" drückt aus, daß man in Streitlaune ist, wobei es einem egal ist, mit wem man sich anlegt.

= Ebenso martialisch ist das Synonym **to be after/out for s.b.'s blood** „es auf jmdn. abgesehen haben", wobei sich hier die Wut gegen eine spezielle Person richtet: **He's out for your/her/ Pete's blood**.

Auch die Sprache der Geschäftswelt kann mitunter blutig sein: **Shareholders are demanding to be heard, and there's blood on the boardroom floor.** „Die Aktionäre verlangen, daß man sie anhört, und es gibt Blut auf dem Boden des Sitzungssaals". Mit anderen Worten: Ein paar bedeutende Köpfe sind gerollt ...

Dave **gives me a pain in the neck**: he never practises what he preaches.　14

🔔 **pain** [*pein*]; **practises** [*präk-ti-ßis*]; **preaches** [*pri:-tschis*].

🔆 **gives me a pain in the neck**: is very annoying.
he never practises: he never does.
what he preaches: what he says.

Ⓓ „Dave ist eine echte Nervensäge: Er macht (praktiziert) niemals das, was er sagt (predigt)."

📖 Anstelle von **to give s.o. a pain in the neck** kann man auch **to be pain in the neck** oder **to be a pain** sagen.

the neck „der Nacken" ist eine der empfindlichsten Körperstellen, und wir finden ihn in zahlreichen Wendungen. Es ist auch die Stelle, an der der Henker das Beil ansetzt: Geht man ein Risiko ein, so „hält man den Kopf hin": **to stick one's neck out** [➡ Kapitel 13, 8]. Handelt es sich um ein wirklich folgenschweres Risiko, so sagt man **to risk one's life/neck** „sein Leben/ seinen Hals/Kopf und Kragen riskieren, sein Leben aufs Spiel setzen". **To get it in the neck** bedeutet „eins auf den Deckel kriegen", d.h. zurechtgewiesen werden, bzw. **to be/come down on s.b.'s neck** „jmdm. eins auf den Deckel geben".

≈ Eine sehr vulgäre Variante, die ebenfalls „jmdm. auf die Nerven gehen" bedeutet, lautet **to be a pain in the arse** [*a:ß*] (USA: **ass** [*äß*]); **arse** und **ass** bedeuten „Arsch".

* Das englische Nomen **practice** hat die Verbalform **to practise**, aus der das Partizip **practising** abgeleitet ist. Im amerikanischen Englisch ist **practice** Nomen und Verb; das Partizip lautet **practicing**.

SERENDIPITY

Wenn man sich über eine Person ärgert, hat man oft Lust, diese „zum Teufel zu jagen". Hierfür hat der Brite eine Vielzahl an Ausdrücken parat. Das sprachliche Arsenal bietet hier neben **Piss off!** „Verpiss dich!" eine Anzahl Wendungen, die mit **to go** und **to get** gebildet werden: **Go to hell!** „Fahr zur Hölle!", **Go to blazes!** (**blaze** [*bleis*] „Höllenfeuer") und **Go to the devil!** „Scher dich zum Teufel!", **Get lost!**, **Get stuffed!** und **Get knotted** [*nOtid*]! „Hau ab!". Wir wollen auch die Begriffe **fuck** und **fucking** ([➡ Kapitel 17, Serendipity]) nicht vergessen. **Go and take a running jump!** bedeutet ebenso wie **Take a long walk off a short pier!** „Verschwinde!"

Und hat man jemandem tüchtig die Leviten gelesen, so kann man die Standpauke mit **Put that in your pipe and smoke it!** „Laß dir das gesagt sein!, Das kannst du dir hinter die Ohren schreiben!" beenden.

BETWEEN TWO STOOLS 34

Unsicherheit und Zögern erleben wir häufig im täglichen Leben. Ein berühmtes Beispiel für einen Zögerer in der klassischen Literatur ist Shakespeares Hamlet. Wir wollen uns in diesem Kapitel mit einigen Redewendungen beschäftigen, die diese Themen behandeln.

> The sea was so rough, I thought we'd never make it. For a while, it was **touch and go**. 1

 sea [*ßi:*]; **rough** [*raf*]; **thought** [*fßO:t*]; **touch** [*tatsch*].

rough: describing the surface of a lake, river, or sea that has a lot of waves because the weather is bad.

we'd never make it: we'd never arrive safely.

touch and go: not certain and with a risk of death or serious failure.

„Die See war so rauh, daß ich dachte, wir würden niemals ankommen. Eine Zeitlang war es sehr riskant (es war berühren und gehen)."

Ist eine Situation **touch and go**, so ist sie „riskant, prekär; kritisch" oder ihr Ausgang ist ungewiß. Sie können eine Aussage mit **It was touch and go whether ...** + einem Verb im Konditional beginnen: **It was touch and go whether we would make it in time.** Eine zweite Bedeutung ist „auf der Kippe/auf Messers Schneide", d.h. der Ausgang einer Situation ist unsicher und kann durch eine Kleinigkeit beeinflußt werden: **He survived the operation, but at time it was touch and go.** „Er hat die Operation überlebt, aber zeitweise stand es auf Messers Schneide".

Der Ursprung dieser Wendung liegt im Dunkeln. Interessant ist vielleicht trotzdem, daß man mit **touch and go** auch den Landeversuch eines Flugzeugs (**touch**) mit anschließendem erneutem Durchstarten (**go**) beschreibt.

> They had so many problems with their children that they **didn't know which way to turn**.
>
> 2

 they didn't know which way to turn: they didn't know what to do in a difficult situation.

„Sie hatten so viele Probleme mit ihren Kindern, daß sie keinen Ausweg mehr wußten (daß sie nicht wußten welchen Weg zu wenden)."

not to know which way to turn wird benutzt, wenn man ratlos ist und nicht mehr weiß, wie es weitergehen soll.

! Nicht zu verwechseln mit **not to know which way to look**: **He was so embarrassed, he didn't know which way to look.** „Er war so verlegen, daß er nicht wußte, wo er hinsehen sollte."

The academic community **is in two minds** about Professor Naylor's latest claim about Marlowe. 3

🔔 **academic** [*ä-kö-dä-mik*]; **minds** [*mainds*]; **Naylor's** [*nei-lö(r)s*]; **claim** [*kleim*]; **Marlowe** [*ma(r)-lou*].

💡 **academic**: relating to education, especially to education in colleges and universities.
is in two minds: is not certain about s.th. or has difficulties in making a decision.
claim: a statement that s.th. is true that you have no definite proof of.

Ⓓ „Die akademische Gemeinschaft ist (in zwei Denkweisen) hinsichtlich der jüngsten Behauptung von Professor Naylor über Marlowe geteilter Meinung."

📖 Die Bedeutungen von **mind** sind breit gefächert: „Geist, Bewußtsein, Verstand; Erinnerung; Denkweise, ...". **To be in two minds** drückt aus, daß es bei einer Streitfrage zwei Fraktionen gibt, die unterschiedliche Meinungen vertreten und daher eine Entscheidungsfindung schwierig ist.

! Nicht zu verwechseln mit **to make up one's mind** „seine Entscheidung treffen, sich entschließen".

There have been proposals and counter-proposals, but the issue is still **up in the air**. 4

🔔 **proposals** [*prö-pou-söls*]; **counter-** [*kaon-tö(r)*]; **issue** [*i-schu*]; **air** [*ä:(r)*].

💡 **proposal**: a plan or suggestion, especially a formal one that a group has to consider.
counter-proposal: a suggestion opposing another suggestion made before.
issue: subject.
is still up in the air: it has not yet been decided what will happen.

Ⓓ „Es gab Vorschläge und Gegenvorschläge, aber das Thema steht immer noch im Raum (ist noch oben in der Luft)."

Ist über ein Thema, ein Projekt o.ä. noch keine definitive Entscheidung gefallen, so ist es **up in the air**, es hängt buchstäblich „in der Luft".

Während **touch and go** [➡ Satz 1] immer auch eine gewisse Dringlichkeit impliziert, ist dies bei **to be up in the air** nicht der Fall: **What are you doing for Christmas? – My plans are very much up in the air.** „Was machst du an Weihnachten? – Meine Pläne sind alle noch sehr unausgegoren."

! Nicht zu verwechseln mit **to be in the air** „in der Luft liegen": Man spürt, daß etwas außergewöhnliches passieren wird, in den meisten Fällen handelt es sich um etwas Bedrohliches: **The idea of revolution was in the air**.

STOP BEATING ABOUT THE BUSH.

We were **at a loss** to know what to do: we had invited four people for dinner, and eight turned up.

5.

  loss [*lOß*].

  loss: the state of no longer having s.th.
We were at a loss to know: We were confused and did not know what to do.
and eight turned up: and eight people came.

Ⓓ „Wir wußten nicht, was wir machen sollten: Wir hatten vier Leute zum Abendessen eingeladen, und acht kamen (tauchten auf)."

Die Grundbedeutung von **loss** ist „Mangel, Verlust"; **to be at a loss** bedeutet, daß man jegliche Vorstellung oder Idee davon, wie etwas zu bewerkstelligen ist, verloren hat.

So beschreibt **I was at a loss for words** – oder noch häufiger **I was lost for words** – „Mir fehlten die Worte" eine Situation, in der man nicht mehr weiß, was man sagen soll. In dieser Bedeutung kennen Sie auch schon **Words fail me!** [➡ Kapitel 32, Serendipity].

> There is no proper organization: they rely on a **hit-and-miss** system to select viable projects.
>
> 6

proper [*prO-pö(r)*]; **organisation** [*O(r)-gö-nai-sei-schön*]; **rely** [*ri-lai*]; **hit-and-miss** [*hit-änd-miß*]; **select** [*ßö-läkt*]; **viable** [*wai-ö-bl*].

proper: suitable for the purpose or situation.
they rely on: they trust s.th.
hit-and-miss system: not planned or done in an organized way.
viable: able to be done or worth doing.

„Es gibt keine richtige Organisation: Sie vertrauen bei der Auswahl gangbarer Projekte auf ein unsicheres und unzuverlässiges (schlagen-und-verfehlen) System."

Das Adjektiv **hit-and-miss** (oder **hit-or-miss**) spielt auf den unerfahrenen Schützen an, der sein Ziel ebenso gut verfehlen wie auch treffen kann; seine Bedeutung ist „unsicher, unzuverlässig", aber auch „schlampig, schludrig".

hit-and-miss kann vor oder hinter dem Nomen stehen; steht es dahinter, wird es ohne Bindestriche geschrieben: **His judgement is rather hit and miss.** „Sein Urteilsvermögen ist eher unzuverlässig."

! Nicht zu verwechseln mit **hit-and-run** „unfallflüchtig", d.h. der Verursacher eines Unfalls oder ein Angreifer nach einem Überfall (**hit**) verläßt fluchtartig (**run**) den Ort des Geschehens.

> The western nations **are sitting on a fence** over whether to come to the aid of the rebels. 7

 nations [*nei*-schöns]; **fence** [*fänß*]; **aid** [*eid*]; **rebels** [*rä*-böls].

 are sitting on a fence: refuse to support either side of an argument.
rebel: s.o. who tries to remove a government or leader using force.

 „Die westlichen Nationen verhalten sich neutral in der Frage (sitzen auf einem Zaun), ob sie den Rebellen zu Hilfe kommen sollen."

 to sit on a fence „sich nicht einmischen, sich neutral verhalten" ist das Bild einer Person oder Personengruppe, die auf einem Zaun sitzt, der zwei Lager trennt, und die auf keiner der beiden Seiten herabsteigt, d.h. nicht klar Position bezieht. Die Wendung kann auch substantivisch verwendet werden: **The west has been accused** [*ö-kju:sd*] **of fence-sitting**.

! Nicht zu verwechseln mit **to mend** [*mänd*] **one's fences**, wörtlich „seine Zäune wieder instandsetzen". Gemeint ist „das Kriegsbeil wieder begraben" sagen, d.h. nach einer Auseinandersetzung eine Versöhnung mit dem Gegner herbeiführen.

> It is time for the prime minister to stop **shilly-shallying** and get tough on the crime. 8

 shilly-shallying [*schi*-li-*schä*-li-ing]; **crime** [*kraim*].

 to stop shilly-shallying: to stop hesitating.
get tough on: take severe measures on.

 „Es wird Zeit für den Premierminister, mit dem Zaudern aufzuhören und bei dem Verbrechen hart durchzugreifen."

 to shilly-shally liegt die aus dem 18. Jh. stammende Variante **Shill I? Shall I?** zugrunde: „Soll ich [, oder soll ich nicht]?". Es drückt Unentschlossenheit und Zögern aus.

= **to dither** [*di-fsö(r)*] „schwanken, unentschlossen sein, zögern": **It's time for the prime minister to stop dithering**.

shall als Futurform für die 1. Person Singular gerät immer mehr in den Hintergrund. **Shall** kann aber heute noch in vielen Fällen benutzt werden, in denen man einer Person einen Vorschlag oder ein Angebot unterbreitet; es ersetzt dann **Do you want me to ...?**: **Do you want me to help you? = Shall I help you?** „Möchten Sie, daß ich Ihnen helfe?/Soll ich Ihnen helfen?"

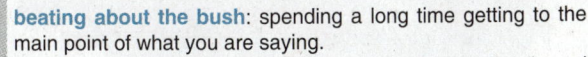

– Stop **beating about the bush** and come to the point! – OK, I'm leaving you.

9

beating [*bi:-ting*]; **bush** [*busch*].

beating about the bush: spending a long time getting to the main point of what you are saying.
come to the point: stop talking about unimportant details and say what is most important.

– „Hör auf, um den heißen Brei herumzureden (um den Strauch herumzuschlagen), und komm zur Sache (zum Punkt)! – Also gut, ich verlasse dich."

to beat about (oder **around**) **the bush** stammt aus der Jägersprache und bezieht sich auf die Rebhuhnjagd. Früher, als es noch keine Feuerwaffen gab, schlug ein Jäger auf den Busch, um das Rebhuhn aus seinem Versteck zu jagen, ein anderer fing es dann ein. Die Wendung, die unnötiges Zögern ausdrückt, lebt von der Musikalität, die durch die drei **b** verursacht wird.

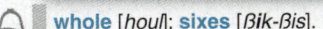

The whole department is **at sixes and sevens** because of the chairman's visit.

10

whole [*houl*]; **sixes** [*ßik-ßis*].

is at sixes and sevens: is totally confused.

„Die ganze Abteilung ist wegen des Besuchs des Vorstandspräsidenten total durcheinander (auf Sechsen und Siebenen)."

Der Ursprung von **to be at sixes and sevens** „völlig durcheinander sein" liegt in dem verwirrenden Umstand, daß früher die Augenzahlen auf den Würfeln auf Französisch angegeben wurden; sie hießen *ace*, *deuce*, *trey*, *quatre*, *cinq(ue)* und *sice*. Mit der Zeit wurde aus *cinq(ue)* aufgrund der ähnlichen Aussprache **six**, und *sice* wurde zu **seven**.

! Nicht zu verwechseln mit **It's six of one and half a dozen of the other**, wörtlich „Es sind sechs vom einen und ein halbes Dutzend vom anderen", sinngemäß: „Es ist Pott wie Deckel/ Jacke wie Hose/macht keinen Unterschied."

A SHOT IN THE DARK.

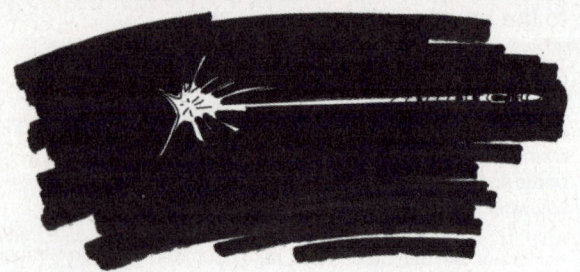

I want a straightforward answer with no **ifs and buts**. 11

straightforward [*ßtreit-fO:(r)-wöd*]; **answer** [*a:n-ßö(r)*].

straightforward: clear and honest.
with no ifs and buts: without any attempts to argue against doing s.th. or to suggest difficulties.

„Ich möchte eine klare Antwort ohne Wenn(s) und Aber(s)."

Die Konjunktion **if** „wenn, falls" kann auch ein Nomen sein und bezieht sich auf etwas Unbekanntes, Unklares: **The big „if" in your scheme is where the money will come from.** „Die große Frage (das große Wenn) in Ihrem Projekt ist, woher das Geld kommen wird." Hier kann **if** in den Plural gesetzt werden: **one if, two ifs**. Man kann sogar ein Adjektiv daraus bilden: **I feel iffy about the scheme.** „Ich habe meine Zweifel über das Projekt/ Ich habe das Gefühl, das Projekt ist ungewiß."

> When the inspector accused Joyner, it was
> just **a shot in the dark**. But the accusation
> turned out to be right. **12**

 accused [*ö-kj**u**:sd*]; **accusation** [*ä-kju-**sei**-schön*].

 accused: said that s.o. had committed a crime.
it was just a shot in the dark: a guess that you make without
having any facts or ideas to support it.
accusation: a claim that s.o. has done s.th. illegal.

 „Als der Inspektor Joyner beschuldigte, tat er das nur aufs Gera-
tewohl. Aber die Anschuldigung stellte sich als richtig heraus."

 a shot in the dark ist eine Handlung „auf gut Glück", ein
Handeln ohne zu wissen, was sich daraus ergibt.

≈ **a leap** [*li:p*] **in the dark** „ein Sprung ins Ungewisse" beschreibt ebenfalls eine Handlung, deren Konsequenzen man
nicht kennt: **The institute's decision to use a synthetic** [*ßin-
fßä-tik*] **vaccine** [*wäk-ßi:n/wäk-ßin*] **was a leap in the dark.**
„Die Entscheidung des Instituts, einen synthetischen Impfstoff
zu verwenden, war ein Sprung ins Ungewisse."

! Nicht zu verwechseln mit **a shot in the arm** „(einer Sache)
Aufschwung verleihen", das ursprünglich aus der Medizin
kommt und eine „Injektion" bezeichnet.

> The authorities are **on the horns of a**
> **dilemma**: should they expel the diplomat or
> put him in prison? In both cases, the reaction
> will be hostile. **13**

 dilemma [*di-läm-mö/dai-läm-mö*]; **expel** [*ikß-päl*]; **diplomat** [*di-
plö-mät*]; **hostile** [*hOß-tail*].

 horn: one of the hard pointed parts that usually grow in a pair on
the heads of some animals.
on the horns of a dilemma: in a situation in which you have to
decide between two equally unpleasant alternatives.
expel: officially force s.o. to leave a place or country because of
their bad behaviour.

diplomat: an official whose job is to represent their government in a foreign country.
hostile: behaving in a very unfriendly or threatening way towards s.o.

„Die Behörden stehen vor (auf den Hörnern von) einem Dilemma: Sollten sie den Diplomaten ausweisen oder ihn inhaftieren? In beiden Fällen wird die Reaktion feindlich sein."

on the horns of a dilemma „vor einem Dilemma stehen" bezieht sich immer auf eine Situation, in der es zwei in gleicher Weise unangenehme Alternativen für die Lösung eines Problems gibt.

lemma bezeichnet einen „Hilfssatz" oder eine „Annahme", der/die im Verlauf einer Beweisführung, z.B. in der Mathematik oder Logik, gebraucht wird. Besteht ein Konflikt zwischen zwei Annahmen, ergibt sich ein „Di-lemma". Die Logiker des 20. Jhs. nannten diese Art von Annahme *argumentum cornutum*, in dem das französische **corne** „Horn" steckt, wodurch sich unsere Redewendung erklärt.

≈ **to be between the devil and the deep blue sea** [➡ Kapitel 38, 7].
= **to be in a quandary** [*kuOn-dö-ri*] (**quandary** „Verlegenheit, Zwickmühle") hat die gleiche Bedeutung: **The government is in a quandary: should it expel the diplomat or imprison him?**

The new system for claiming supplementary benefit is so complicated that many people **are all at sea**.   14

---

claiming [*klei-ming*]; **supplementary** [*ßa-plö-män-tö-ri*]; **benefit** [*bä-nö-fit*]; **complicated** [*kOm-pli-kei-tid*].

claiming: officially asking for s.th. as a right.
supplementary benefit: money that the government paid in the past to people with no income or a very low income. This money is now called income support.
complicated: difficult to do, deal with or understand.
are all at sea: are confused and not certain what to do.

„Das neue System zur Beantragung einer zusätzlichen Hilfe zum Lebensunterhalt ist so kompliziert, daß viele Leute völlig verloren (alle auf See) sind."

to be (all) at sea „ratlos sein, nicht wissen, was man tun soll" stammt aus der Seemannssprache und meinte ursprünglich „orientierungslos auf hoher See treiben".

≈ Auch **to be adrift** [ö-*drift*] „verloren/preisgegeben sein" ist ein Begriff aus der Schiffahrt: **When her son finally left home, Sarah felt adrift.** „Als ihr Sohn schließlich von zu Hause auszog, fühlte Sarah sich verloren."

* Die Grundbedeutung von **benefit** ist „Vorteil, Nutzen", oft wird es im Sinne von „Beihilfe, finanzielle Unterstützung" verwendet: **unemployment benefit** „Arbeitslosenunterstützung"; **disablement** [*diß-eibl-mönt*] **benefit** „Invalidenrente"; **child benefit** „Kindergeld"; **maternity** [*mö-tÖ:(r)-ni-ti*] **benefit** „Mutterschaftsgeld".

SERENDIPITY

Wir haben das Zögern und die Unschlüssigkeit behandelt. Da bietet sich eine gute Gelegenheit, von einem bedeutenden irischen Autor zu sprechen, George Bernard Shaw.

Alles beginnt mit **The negotiator used Fabian** [*fei-bi-ön*] **tactics.** „Der Unterhändler benutzte Hinhaltetaktiken."

Fabian bezieht sich auf den römischen Feldherrn Fabius Maximus, der dank zahlreicher Hinhalte- und Verzögerungsmanöver Hannibal bezwang. 2.000 Jahre später griff eine sozialistisch-intellektuelle Vereinigung seinen Namen wieder auf: die **Fabian Society** (gegr. 1884). Eines ihrer bekanntesten Mitglieder war George Bernard Shaw (1856-1950). Er war nicht nur Philosoph und Sozialreformer, sondern auch einer der bedeutendsten Schriftsteller des 20. Jhs. und berühmter Dramaturg der englischen Sprache. Einige seiner bekanntesten Zitate wollen wir Ihnen nicht vorenthalten:

Marriage is popular because it combines the maximum of temptation with the maximum of opportunity. „Die Ehe ist beliebt, da sie ein Maximum an Versuchung mit einem Maximum an Gelegenheiten [, davon zu profitieren,] kombiniert."

KAPITEL 34

Assassination is the extreme form of censorship. „Mord ist die extreme Form der Zensur."

The more things a man is ashamed of, the more respectable he is. „Je mehr ein Mensch sich schämt, als desto anständiger gilt er."

All great truths begin as blasphemies. „Alle großen Wahrheiten waren anfangs Blasphemien."

We learn from history that we learn nothing from history. „Wir lernen aus Erfahrung, daß die Menschen nichts aus Erfahrung lernen."

I can't talk religion to a man with bodily hunger in his eyes. „Ich kann nicht mit einem Menschen über Religion sprechen, wenn ihm der blanke Hunger aus den Augen schaut."

He who can, does. He who cannot, teaches. „Wer etwas kann, tut es; wer etwas nicht kann, lehrt es." [➡ Kapitel 44].

Und wie alle Iren fand Shaw großen Gefallen daran, die Engländer auf die Schippe zu nehmen:
An Englishman thinks he is moral when he is only uncomfortable. „Ein Brite denkt, er ist moralisch, wenn er sich nur unwohl fühlt."

---

35 A PENNY FOR YOUR THOUGHTS

A penny for your thoughts. „Woran denkst du gerade?" ist die Aufforderung an jemanden, der in Gedanken versunken ist, über diese zu sprechen und andere an ihnen teilhaben zu lassen.

Dieses Kapitel ist eine Einladung in die Welt der Gedanken und Überlegungen, in der viele Redewendungen natürlich mit **to think** gebildet werden. Ganz am Schluß geht es noch um Sport ...

> The BBC is **toying with the idea** of
> accepting advertising, but no one really
> thinks they will go ahead with it. 1

toying [*toi-ing*]; **accepting** [*ök-ßäp-ting*]; **advertising** [*äd-wÖ(r)-tai-sing*]; **ahead** [*ö-häd*].

is toying with the idea: is considering an idea which is not serious or definite.
advertising: the business of making advertisements.
they will go ahead with it: they will continue to do it.

„Die BBC spielt mit dem Gedanken, Werbung zuzulassen, aber niemand glaubt wirklich, daß sie dies in die Tat umsetzen (damit weitermachen)."

to toy with an idea (**of** + Verb im Gerundium) kennen wir analog aus dem Deutschen: „mit einem Gedanken spielen", d.h. etwas erwägen, jedoch zunächst einmal nicht sehr ernsthaft, was durch **to toy** „spielen" ausgedrückt wird.

= to have some thoughts of doing s.th.

≈ Erörtert man eine Idee, einen Vorschlag o.ä. – jedoch rein hypothetisch – mit anderen, kann man sagen **to kick an idea around** „eine Idee besprechen": **The committee kicked the idea around for a few hours before finally rejecting it.** „Das Komitee besprach die Idee einige Stunden lang und verwarf sie dann schließlich." [➡ Serendipity].

* Die **British Broadcasting Corporation** (**BBC**) ist in Großbritannien eine alteingesessene Institution; sie wurde 1922 gegründet. Die Briten nennen sie daher auch liebevoll **Auntie** [*a:n-ti*] „Tantchen". Sie betreibt auf nationaler und lokaler Ebene zahlreiche TV- und Radiosender sowie den internationalen **World Service**. Die BBC ist ein staatlicher Sender und hat den Ruf, seriös und unparteiisch zu sein. Sie finanziert sich durch Rundfunkgebühren. Um die Monopolstellung der BBC zu untergraben und eine Diversifizierung des Sendeangebots zu erreichen, rief die Regierung 1954 eine zweite Sendeanstalt ins Leben, die ausschließlich durch Werbeeinnahmen getragen wird.

> I've been **racking my brains** for a week
> and I still can't decide what to buy them for a
> wedding present. 2

 racking [*rä-king*]; **brains** [*breins*]; **present** [*prä-sönt*].

 to be racked (usually passive): to suffer from pain or unpleasant feelings.
I've been racking my brains: I've been trying very hard to think of s.th.

ⓓ „Ich zerbreche mir seit einer Woche den Kopf, und ich kann mich immer noch nicht entscheiden, was ich ihnen als Hochzeitsgeschenk kaufen soll."

📖 **to rack one's brains** „sich den Kopf zerbrechen, sich das Hirn zermartern" (**to rack** „quälen, plagen"). Als Nomen bedeutet **rack** „Folterbank", daher impliziert diese Wendung immer auch ein gewisses Maß an Leiden und Qual.

= **to cudgel** [*kad-djöl*] **one's brains** (**cudgel** „Knüppel") hat die gleiche Bedeutung.

Beachten Sie, daß bei beiden Wendungen **brains** im Plural steht.

> – You're not going to quit, are you? – The
> thought had **crossed my mind**. 3

 quit [*kuit*]; **thought** [*fßO:t*].

 to quit: to leave a job permanently.
The thought had crossed my mind: I thought of it but not for very long or very seriously.

ⓓ – „Sie werden doch nicht kündigen, oder?
– [Ich muß gestehen:] Der Gedanke ging mir [tatsächlich] durch den Kopf (kreuzte meinen Geist)."

📖 **to cross one's mind** „durch den Kopf gehen, in den Sinn kommen" wird mit **thought** oder **it** gebildet. **It never crossed my mind that the film would upset her.** „Es wäre mir nie in den Sinn gekommen, daß der Film sie aufregen würde."

> The idea had **been at the back of my mind**
> for some time, but when I read your report,
> I decided to do s.th. about it. 4

 read [*räd*]; **report** [*ri-pO:(r)t*].

 The idea had been in the back of my mind: I did not think about it directly but I knew that it existed or was true.

 „Ich hatte die Idee eine Zeitlang im Hinterkopf, aber als ich Ihren Bericht las, beschloß ich, etwas zu unternehmen."

 Auch **to be at the back of one's mind** ist uns im Deutschen fast im gleichen Wortlaut bekannt. Rückt etwas, das man bisher „im Hinterkopf" hatte, in den Vordergrund, wird es also wichtig, so sagt man **to be on one's mind** „an etw. denken, gedanklich mit etw. beschäftigt sein".

Auch kann es vorkommen, daß man sich mit einem bestimmten unangenehmen Gedanken nicht beschäftigen und ihn daher verdrängen möchte: **I knew I should give up smoking, but I put/pushed the thought to the back of my mind.** „Ich wußte, daß ich mit dem Rauchen aufhören sollte, aber ich habe den Gedanken verdrängt."

! Nicht zu verwechseln mit **to cast one's mind back** „an etw. zurückdenken, sich an etw. erinnern".

Und wie sieht es mit der englischen Übersetzung von „Hintergedanken haben" aus? Sie lautet **to have ulterior motives** [*al-ti:-ri-ö(r) mou-tiwß*].

> Tynan was going to **take a stab** at the world heavyweight title, but he appears to have **had second thoughts**. 5

Tynan [*tai*-nön]; **stab** [ßtäb]; **heavyweight** [*hä*-wi-ueit]; **title** [*tai*-tl]; **thoughts** [fßO:tß].

stab: 1. a sudden feeling of pain or negative emotion. 2. an attempt to do s.th.
to take a stab at: to attempt s.th.
heavyweight: the heaviest weight group in boxing or wrestling.
he appears to have had second thoughts: he seems to have changed his mind.

„Tynan versuchte, (einen Stich zu nehmen auf) den Welt[meister]titel im Schwergewicht zu erlangen, aber dann scheint er es sich anders überlegt (zweite Gedanken gehabt) zu haben."

Bei **on second thoughts** geht es buchstäblich darum, daß man zweimal überlegt, bevor man eine Entscheidung trifft. Als Satzeinleitung könnte man es sinngemäß mit „Wenn ich es mir recht überlege, ..." oder „Nach reiflichem Nachdenken" übersetzen: **On second thoughts, I won't go to London tomorrow.** „Wenn ich es mir recht überlege, werde ich morgen [doch] nicht nach London fahren."

= **to think twice**: **I would think twice before challenging him.** „Ich würde es mir zweimal (= besonders gut) überlegen, ob ich ihn herausfordere."

Die negative Variante, **not to think twice**, bedeutet: „etw. kommt einem nicht in den Sinn, über etw. macht man sich keine Gedanken": **She loves mountaineering** [*maon*-tö-ni:-ring] **and doesn't think twice about the danger.** „Sie liebt Bergsteigen und macht sich überhaupt keine Gedanken über die Gefahr."

> If he thinks he can come in here and throw his weight around, he **has another think coming**. 6

weight [*ueit*].

throw his weight around: use his authority or influence in an unreasonable or unpleasant way.
he has another think coming: he thinks he knows what will happen but he is wrong.

„Wenn er denkt, daß er hier hereinkommen und sich aufspielen (sein Gewicht umherwerfen) kann, dann irrt er sich aber gewaltig."

Das ironische **to have (got) another think coming** „sich gewaltig irren" folgt meistens auf eine Bedingung oder eine Annahme und drückt aus, daß das Gegenteil von dem eintreten wird, was die betreffende Person sich ausrechnet: **You think you'll beat me, huh? You've got another think coming!** „Du denkst, du kannst mich schlagen? Da irrst du dich aber gewaltig!/Da hast du dich aber geschnitten!" Erstaunlich an diesem Ausdruck ist die Verwendung von **think** anstelle von **thought**.

≈ **to think again** (nicht zu verwechseln mit **to think twice** aus Satz 5!): **If they think no one is going to try and stop them, they can think again!** „Wenn sie denken, daß niemand versucht sie aufzuhalten, dann haben sie sich aber geschnitten!"

* **to throw one's weight around/about** „sich wichtig machen" stammt ursprünglich aus der Boxsprache.

> He **thinks nothing** of driving two hundred miles before lunch and then doing a full day's work. 7

He thinks nothing of: He does s.th. that other people would find difficult to do or that other people think is strange.

„Er findet nichts dabei/findet es völlig normal, vor dem Mittagessen 320 km zu fahren und dann einen vollen Tag zu arbeiten."

Für **to think nothing of** gibt es drei Anwendungsmöglichkeiten. Zum einen ist es – wie hier – Ausdruck für eine Handlung, die jemand als völlig normal erachtet, während andere diese für merkwürdig, schwierig oder sogar unmöglich halten: **She thinks nothing of swimming fifty lengths before breakfast.** „Sie findet nichts dabei, vor dem Frühstück 50 Bahnen (Längen) zu schwimmen."

Es ist ebenfalls eine Höflichkeitsfloskel als Antwort auf einen Dank: **Thank you for your help. – Think nothing of it.** „Danke für Ihre Hilfe. – Gern geschehen." Es ist in dieser Form eine Alternative für **Don't mention it**.

Die dritte Übersetzung ist „von etw./jmdm. nichts halten" bzw. „etw. keine Bedeutung beimessen": **He invited me to a jazz concert, but I didn't go because I think nothing of it.** „Er lud mich zu einem Jazzkonzert ein, aber ich bin nicht hingegangen, da ich nichts davon halte."

– My lawyer was useless: I'm not going to pay her. – I **should think not**!   8

lawyer [*lO:-jö(r)*]; **useless** [*ju:s-löß*].

lawyer: s.o. whose profession is to provide people with legal advice and services.
I should think not: I think you're right not to pay her.

– „Meine Rechtanwältin ist zu nichts nutze: Ich werde sie nicht bezahlen. – Da hast du vollkommen recht (ich sollte denken nicht)!"

Diese Wendung bestätigt eine zuvor von einer anderen Person gemachte Aussage nach dem folgenden Mechanismus: Ist das Verb der Aussage affirmativ, wird auch die Antwort affirmativ gebildet: **He's going to complain. – I should think so!** „Er wird sich beklagen. – Er hat recht damit!". (Der Satz kann mit **too** verstärkt werden: **I should think so too!**) Ist das Verb der Aussage negativ, so ist auch die Antwort negativ: **I'm not satisfied. – I should think (you're) not!** „Ich bin nicht zufrieden. – Richtig so!/Da hast du recht!"

– Can you imagine what would happen if Wilson was elected? – **Perish the thought**.   9

elected [*i-läk-tid*]; **Perish** [*pä-risch*].

Perish the thought: Used for saying that an idea or suggestion is silly, not acceptable, or not likely to happen.

– „Kannst du dir vorstellen, was passieren würde, wenn Wilson gewählt würde? – Gott behüte (verdirb der Gedanke)!"

📖 Die Grundbedeutung von **to perish** ist „umkommen, untergehen; versiegen, eingehen; verderben, verblassen". **Perish the thought!** „Gott behüte/bewahre!" drückt aus, daß man den Eintritt eines bestimmten, in Aussicht gestellten Ereignisses auf keinen Fall wünscht, sondern man möchte eher, daß allein der bloße Gedanke daran „stirbt".

≠ **Mit Touch wood!** „Klopf auf Holz!" gibt man der Hoffnung Ausdruck, daß ein spezielles Ereignis eintritt oder ein bestimmter Wunsch in Erfüllung geht [➡ Kapitel 36, Serendipity].

> We had intended to hitch-hike to India, but
> we **thought better of it** and went by bus.   10

🔔 **hitch-hike** [*hitsch-haik*]; **India** [*in-di-ö*].

💡 **to hitch-hike**: to travel by asking other people to take you in their car, by standing at the side of a road and holding out your thumb or a sign.
we thought better of it: we decided not to do it because we no longer thought it was a good idea.

ⓓ „Wir hatten vor, per Anhalter nach Indien zu fahren, aber wir überlegten es uns anders (besser) und fuhren mit dem Bus."

📖 **to think better of s.th.** „sich etw. anders überlegen" kommt unserem „sich eines Besseren besinnen" relativ nahe. Der Unterschied zu **to think twice** (➡ Satz 5) besteht darin, daß bei diesem die Betonung darauf liegt, daß man etwas mehrfach überdenkt, wohingegen bei **to think better of s.th.** der Schwerpunkt auf der Meinungsänderung liegt.

* Wissen Sie noch, was wir zu **to hitch-hike** erklärt haben? [➡ Kapitel 26, 10].

> When you're selling bonds, quick reflexes
> are vital. You have to be able **to think on
> your feet**.   11

 quick [*kuik*]; **reflexes** [*ri-fläk-ßis*]; **vital** [*wai-töl*].

 bond: a document given to s.o. who invests money in a
government or company, promising to pay back the money with
interest.
reflex: a way of reacting to s.th. that you do very quickly without
thinking about it.
vital: very important.
to think on your feet: to have good ideas and make decisions
quickly in a difficult situation.

(D) „Wenn man Anleihen verkauft, sind schnelle Reflexe lebens-
wichtig. Man muß in der Lage sein, spontan zu reagieren (auf
deinen Füßen zu denken)."

(📖) **to think on your feet** „spontan/sehr schnell reagieren". Mit anderen Worten: Man muß so schnell reagieren, daß einem nicht
mehr die Zeit bleibt, sich hinzusetzen.

≈ **to be on the ball** „voll dabei sein/auf Zack sein" [➡ Seren-
dipity].

> **Who** the hell **does he think he is**? He has
> no right to barge into my office!   12

 barge [*ba:(r)dʃ*].

 Who the hell does he think he is?: Used for showing that s.o.
is not important.
to barge: to move in a fast careless way, often hitting people
or things.

(D) „Für wen hält er sich (wer die Hölle denkt er, ist er)? Er hat kein
Recht, [so] in mein Büro hereinzuplatzen!"

(📖) Die Verärgerung in **Who does he think he is?** „Für wen hält er
sich?" kann durch **the hell** noch verdeutlicht werden.

Nimmt sich jemand besonders wichtig, können Sie sagen: **He thinks he's God's gift to women.** „Er hält sich für das Geschenk Gottes an die Frauen."

* **to barge into** „herein-/hineinplatzen"; **to barge into s.b.** „jmdn. anrempeln"; **to barge against s.th.** „gegen etw. stoßen/taumeln". Zu **barge** siehe auch [➡ Kapitel 15, 6].

I need time to think about your proposal. Let me **sleep on it** and I'll give you an answer in a couple of day's time. 13

---

 proposal [*prö-**pou**-söl*]; **couple** [*ka-pöl*].

Let me sleep on it: Let me think about it for a day or two.
in a couple of day's time: in some days.

Ⓓ „Ich brauche Zeit, um über Ihren Vorschlag nachzudenken. Lassen Sie mich die Sache überschlafen, und ich gebe Ihnen in einigen Tagen eine Antwort."

to sleep on s.th. sagen wir, wenn wir eine Sache nicht sofort entscheiden, sondern ein oder zwei Tage darüber nachdenken möchten.

= **to think s.th. over**: **Let me think it over and I'll let you know.**

≈ **to mull** [*mal*] **s.th. over** „über etw. grübeln, hin- und herüberlegen". **To mull** benutzt man, wenn man von der Herstellung von Heißgetränken spricht, die mit Wein, Bier usw. sowie Zucker, Gewürzen u.ä. angerührt werden. **Mulled wine** ist z.B. „Glühwein".

Turn down the stereo! I **can't hear myself think** with all that noise! 14

---

 stereo [*ßtä-ri-ou*]; **noise** [*nois*].

 stereo: a set of electronic equipment with two speakers, used for listening to the radio, CDs, and cassettes.

I can't hear myself think: I can't hear anything because the place is too noisy.

 „Dreh die Stereo[anlage] leiser (runter)! Ich kann mich bei dem Lärm nicht konzentrieren (kann mich mit all diesem Lärm nicht denken hören)!"

 I can't hear myself think sagt man, wenn so viel Lärm herrscht, daß man noch nicht einmal seine Gedanken hören kann.

≈ **I can't think straight**, wörtlich „nicht geradeaus (= logisch) denken können": **He's been under such stress recently that he can't even think straight.** „Er steht seit einiger Zeit unter einem solchen Streß, daß er nicht einmal logisch denken kann."

SERENDIPITY

Ein berühmtes Sprichwort lautet **The battle of Waterloo was won on the playing fields of Eton.** Gemeint ist damit, daß man den militärischen Erfolg bei der Schlacht von Waterloo der Erziehung junger englischer Aristokraten verdankte, die „Teamwork" und „Fair Play", also das faire Spiel, auf dem Sportplatz ihrer Schule gelernt hatten.

Das Englische ist gespickt mit Ausdrücken aus dem Sport. Viele davon finden sich in diesem Buch, wir wollen aber in diesem Absatz einige näher unter die Lupe nehmen, die die Bedeutung des Sports im allgemeinen, aber auch die des Fußballs, in der Kultur Großbritanniens betonen.

Sport wird meistens mit „Fair Play" gleichgesetzt. Aus diesem Grund wird eine Person, die sich ehrenhaft verhält, aber auch eine Person, die verlieren kann, ohne anschließend verärgert zu sein, **good sport** „guter Verlierer" genannt. Das Gegenteil, ein „schlechter Verlierer", ist **a bad sport.**

Diese beiden Begriffe sind so in der Sprache verwurzelt, daß **sporting** heute vielerorts als Synonym für **fair** „ehrlich, anständig, sich an die Spielregeln haltend" benutzt wird: **He gave me another chance to win back my money. It was very sporting of him** (oder **He gave me a sporting chance...**). „Er gab mir noch eine Gelegenheit, mein Geld zurückzugewinnen. Das war sehr fair von ihm." **A sporting chance** bedeutet auch „alle Möglichkeiten, beste Aussichten, allerbeste Chancen".

Selbstverständlich beziehen sich **sport** und **sporting** nicht immer zwingend auf den Sport, sondern können auch im übertragenen Sinne verwendet werden. Sehen wir uns beispielsweise das Adjektiv **sportsmanlike** „fair, anständig" und das Nomen **sportsmanship** „Fairneß" an: **Bobby Charlton was admired for his sportsmanlike attitude to the game** oder **He was admired for his sportsmanship.**

Neben dem Cricket, auf das wir später noch eingehen werden [➡ Kapitel 40, Serendipity], ist **football** ein weiterer Nationalsport in Großbritannien (den der Amerikaner nennt es **soccer**; für ihn hat **football** wenig mit „Füßen" zu tun ...). Aus diesem Spiel ist ebenfalls eine Vielzahl an Wendungen in die Umgangssprache übernommen worden, von denen wir Ihnen die geläufigsten vorstellen möchten: **Peter, will you kick off the meeting?** „Peter, möchtest du die Sitzung eröffnen (anstoßen)?" Man könnte Peter ebenso gut fragen: **Will you start the ball rolling?**

Ist das „Spiel" einmal angepfiffen und der Ball rollt, so ist es wichtig, ihn „am Laufen zu halten": **The council has given us the go-ahead, but we have to keep the ball rolling.** „Der Rat hat uns grünes Licht gegeben, nun müssen wir die Sache am Laufen halten."

Während des Spiels kann es günstige Momente für eine Torchance geben: **You've got the ball at your feet: now's the time to ask for a raise.** „Die Chancen stehen gut (du hast den Ball an deinen Füßen): Jetzt ist der Zeitpunkt, nach einer Gehaltserhöhung zu fragen."

Von jemandem, der „voll dabei/auf Zack" ist, sagt man **he/she is on the ball** [➡ Kapitel 35, 11]: **She's really on the ball today. That's the third question she's answered correctly.** „Sie ist heute wirklich auf Zack. Das ist schon die dritte Frage, die sie richtig beantwortet hat."
Jeder weiß, wie wichtig es ist, ein Tor zu schießen: **to score a goal.** Es kommt aber auch vor, daß jemand „ein Eigentor schießt", d.h. sich durch bestimmte Handlungsweisen unbeabsichtigt selbst schadet: **to score an own-goal: By running against the prime minister in the leadership contest, Mr Greenbush scored an own-goal.** „Indem Herr Greenbush im Streit um die Führung gegen den Premierminister antrat, hat er ein Eigentor geschossen."

Naturgemäß werden viele Wendungen, die aus dem Fußball stammen, mit dem Verb **to kick** gebildet (**to kick around** [➡ Kapitel 35, 1]). Ein weiterer Ausdruck ist **to kick into touch** [*tatsch*] „ins Aus schießen". Dann wäre da noch **to kick out** „rauswerfen, rausschmeißen": **He was kicked out when Labour won the election.** „Als die Labour-Partei die Wahlen gewann, flog er raus." Ein Synonym hierfür ist **He was booted** [*bu:-tid*] **out**.

Und schließlich gibt es noch etwas, was nicht der **sportsman-like attitude** entspricht: **The secretary general was accused of taking kickbacks from a defence contractor.** „Der Generalsekretär wurde beschuldigt, Bestechungsgelder von einer Rüstungsfirma angenommen zu haben." Ein **kickback** ist ein Ball, der von einem Spieler, der von mehreren Spielern der gegnerischen Mannschaft bedrängt wird, wieder nach hinten an einen Mitspieler der eigenen Mannschaft abgegeben wird. Ein Synonym hierfür lautet **bribe** [*braib*].

36 HOPE SPRINGS ETERNAL...

Der Titel dieses Kapitels ist ein Zitat des Dichters und Satirikers Alexander Pope: **Hope springs eternal in the human breast**. „Der Mensch hofft, solange er lebt". Mit diesem Zitatbeginn drückt man aus, daß man die Hoffnung nicht verlieren darf.

In diesem Kapitel beschäftigen wir uns mit Ausdrücken zu Wünschen und Hoffnungen. Beachten Sie, daß **to hope** niemals im Futur benutzt wird. Sie werden auch idiomatische Wendungen mit **to wish** kennenlernen.

> Even though she knew the town had been
> destroyed by shelling, she **hoped against
> hope** that her house would still be standing. **1**

 destroyed [*diß-troid*]; **shelling** [*schä-ling*]; **hoped** [*houpt*].

 shell: a weapon consisting of a metal container filled with a substance that explodes.
shelling: attacks by soldiers who are firing shells.
she hoped against hope: she hoped that s.th. would happen or be true, even though she knew that is was very unlikely.

 „Obwohl sie wußte, daß die Stadt durch Bombardierung zerstört war, gab sie die Hoffnung nicht auf (sie hoffte gegen Hoffnung), daß ihr Haus noch stehen würde."

 to hope against (**all**) **hope** ist wesentlich stärker als das einfache **to hope** und drückt aus, daß man etwas hofft, obwohl die Chancen, daß das Erhoffte eintrifft, sehr gering sind.

> We've sent in the application form. All we
> can do now is **hope for the best**. **2**

 application [*ä-pli-kei-schön*].

 application form: a printed list of questions that you answer in order to try to get a job, borrow money, get a place at university etc.
hope for the best: hope that a bad situation will have the best result that is possible.

 „Wir haben das Antragsformular abgeschickt. Alles, was wir jetzt tun können, ist, (für) das Beste zu hoffen."

 to hope for the best: Man hofft, daß die Dinge sich möglichst gut entwickeln, aber man kann selbst nichts dazu beitragen. Anstelle von **Good luck!** kann man auch **All the best!** wünschen. Diese Floskel findet man – kombiniert mit **to wish** – auf vielen Glückwunschkarten: **Wishing you all the best on your birthday!** [➡ Satz 10].

KAPITEL 36

All the best ist ebenfalls eine Abschiedsfloskel: **See you next week. All the best!** „Bis nächste Woche. Machs gut!"

= **to keep one's fingers crossed** [➡ Kapitel 4, 2] kann als Synonym benutzt werden.

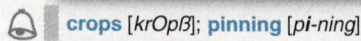

> If it does not rain soon, the crops will die. The farmers are **pinning their hopes on** a storm. **3**

crops [*krOpß*]; **pinning** [*pi-ning*].

crop: the yield from plants in a single growing season.
to pin: to fasten s.th. or hold it in place using pins.
pinning their hopes on a storm: are hoping very much that there will be a storm.

„Wenn es nicht bald regnet, wird die Ernte kaputtgehen (sterben). Die Bauern setzen (befestigen) all ihre Hoffnungen auf ein Gewitter."

Bei der Wendung **to pin one's hopes on** steht **hopes** immer im Plural. **to pin** hat die Bedeutung „befestigen, heften, stecken".

= **to pin one's faith** [*feifß*] **on** „seine Zuversicht/sein Vertrauen in etwas setzen".

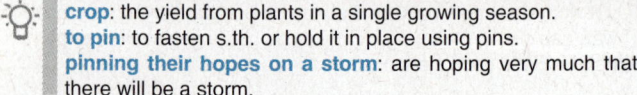

> Do you realise how many people have bought a ticket? You **don't have a hope in hell** of winning the main prize. **4**

bought [*bO:t*]; **main** [*mein*]; **prize** [*prais*].

You don't have a hope in hell: You don't have a chance of achieving s.th.
main: most important or largest.
prize: a reward that you get for being successful in a sport, competition or game.

„Ist dir klar, wie viele Leute ein Lotterielos gekauft haben? Du hast nicht die geringste Chance (keine Hoffnung in der Hölle), den Hauptpreis zu gewinnen."

not to have a hope in hell drückt aus, daß man keinerlei Aussichten darauf hat, etwas Bestimmtes zu erreichen; **hell** wirkt dabei verstärkend. Die abgemilderte Variante würde lauten: **You don't have/stand a hope of winning**. Die Wendungen werden immer negativ benutzt.

≈ **not to have a snowball's chance in hell**. Da es in der Hölle bekanntlich ziemlich heiß ist, kann man sich vorstellen, wie groß die Chancen eines Schnellballs sind, dort zu überleben ...

IN THE 1960s THE YOUNGER GENERATION BELIEVED THEY COULD BUILD A BETTER WORLD.

> They reckon they'll be able to raise the money in three weeks. **Some hope**!
>
> 5

  reckon [*rä-kön*]; **raise** [*reis*].

reckon: expect s.th.
Some hope: Used for saying that there is no chance of s.th. happening.

„Sie rechnen damit, daß sie das Geld innerhalb von drei Wochen aufbringen können. Schön wär's!"

Das ironische **Some hope!** (beide Wörter werden betont) „Schön wär's!" drückt aus, daß man sich zwar wünschen würde, daß ein bestimmtes Ereignis eintrifft, dieser Möglichkeit jedoch keine Chance einräumt.

= **No hope!**

> The Security Council resolution **raised hopes** of a rapid peace settlement in the area. 6

Security [*ßö-kju-rö-ti*]; **Council** [*kaon-ßöl*]; **resolution** [*rä-sö-lu:-schön*]; **rapid** [*rä-pid*]; **settlement** [*ßätl-mönt*].

Security Council: a United Nations committee that works to keep world peace.
resolution: a formal proposal that is considered by an organization and is usually voted on at a meeting.
raised hopes: made people expect s.th. they want even though you are not certain it will happen.
settlement: a formal agreement that ends a disagreement.

„Die Resolution des Sicherheitsrates nährte die Hoffnung(en) auf eine schnelle Friedensvereinbarung in der Region."

to raise s.o.'s hopes „jmdm. Hoffnungen (auf etw.) machen, die Hoffnung nähren": **hopes** steht auch hier immer im Plural.
The news is bound to raise her hopes. „Die Nachricht wird ihr bestimmt Hoffnung machen."

Die Wendung kann auf verschiedene Weise variiert werden: **to raise s.b.'s hopes too much/high** „jmdm. zu große Hoffnungen machen".

≈ **to hold out hope for s.b.** „jmdm. Hoffnung machen".

Doch Hoffnungen werden auch oft enttäuscht; in diesem Fall wird die Wendung in der negativen Form verwendet: **Don't raise your hopes; they're probably gone.** „Mach dir keine Hoffnungen; sie sind wahrscheinlich weg." Ein Synonym hierfür ist **Don't get your hopes up**.

> His **hopes were dashed** when the results were finally announced: his opponent had won. 7

dashed [*däscht*]; **results** [*ri-saltß*]; **announced** [*ö-naonßt*]; **opponent** [*ö-pou-nönt*].

☼ **His hopes were dashed**: It was made impossible for him to do what he had hoped to do.
opponent: s.o. who is competing against you.

ⓓ „Seine Hoffnungen zerschlugen sich, als die Ergebnisse schließlich bekanntgegeben wurden: Sein Gegner hatte gewonnen."

📖 **to dash s.o.'s hopes** oder **his/her hopes were dashed**. Die Hauptbedeutung von **to dash** ist „eilen, stürzen, rasen": **I've got to dash** „Ich muß mich beeilen." Es bedeutet aber auch „schleudern, zerschlagen, zerschmettern".

= **His hopes were shattered** [*schä-tö(r)d*] (**to shatter** „zertrümmern, zerschlagen, zerbrechen").

In the 1960s, the younger generation believed they could build a better world. This turned out to be **a fond hope**.   8

🔔 **1960s** [*nain-ti:n-ßikß-ti:s*]; **fond** [*fOnd*].

☼ **In the 1960s**: In the years between 1960 and 1969.
This turned out to be: In the end it came out that this was.
a fond hope: a hope that s.th. will happen although it is not very likely.

ⓓ „In den 1960er Jahren glaubte die jüngere Generation, sie könne eine bessere Welt erschaffen. Es stellte sich heraus, daß dies [nur] eine kühne Hoffnung war."

📖 Wie Sie bestimmt wissen, bedeutet **to be fond of** „etw./jmdn. mögen/gern haben": **I'm very fond of Sheila but I don't love her.** „Ich mag Sheila sehr gerne, aber ich liebe sie nicht." **She's very fond of music.** „Sie mag Musik sehr." In unserem Beispiel ist **fond** jedoch als Ableitung des mittelalterlichen englischen Begriffs **fon** „Dummkopf, Idiot" gemeint und bedeutet „kühn, töricht, übertrieben", oder auch „leichtgläubig, allzu zuversichtlich".

≈ Auch **foolish** [*fu:-lisch*] **hopes** sind Hoffnungen, die eindeutig zu hoch gesteckt, d.h. übertrieben sind, und die sich aller Voraussicht nach nicht erfüllen werden.

> I **wish to goodness he would** turn off the printer when he's finished with it! He always leaves it on! **9**

 goodness [*gud-nöß*]; **finished** [*fi-nischt*]; **leaves** [*li:ws*].

 to goodness: interjection showing you are annoyed, impatient, worried etc.
printer: a machine used for printing documents you have created on a computer.

 „Ich wünschte um Himmels willen, er würde den Drucker abschalten, wenn er (mit ihm) fertig ist! Er läßt ihn immer an!"

 to wish mit einem (evtl. negativen) Verb im Konditional, verstärkt durch **to goodness** (**goodness's** „Güte") drückt aus, daß man etwas wünscht, das nahezu nicht zu erreichen ist, und diese Tatsache ruft Verärgerung, Ungeduld, Unmut usw. hervor. **Goodness** ist hier ein Euphemismus für **God**.

Wird **to wish** in Verbindung mit **to be** in der affirmativen Form verwendet, so steht das Verb oft im Konjunktiv: **I wish he were here today!** „Ich wünschte, er wäre heute hier!/Wenn er doch heute nur hier wäre!". **I wish you wouldn't talk so loud!** „Ich wünschte, du würdest nicht so laut sprechen!/Wenn du doch nur nicht so laut sprechen würdest!"

= **to wish to (high) heaven**: **I wish to heaven he would turn it off**.

Sind die Chancen, daß das Gewünschte eintritt, extrem gering, können Sie folgendes Sprichwort benutzen: **If wishes were horses, beggars would ride.** „Wenn Wünsche Pferde wären, würden Bettler reiten."

> The staff and I **wish you well** in your new career. **10**

 staff [*ßtaf*]; **career** [*kö-ri:(r)*].

 staff: the workers and employees in a company.
wish you well: wish you luck.

„Die Mitarbeiter und ich wünschen Ihnen alles Gute für (in) ihre neue Karriere."

to wish s.o. well „jmdm. Glück/alles Gute wünschen". **A well-wisher** ist ein „Gönner, anderen wohlgesonnener Mensch".

≠ to wish s.o. ill „jmdm. etw. Schlechtes wünschen"

> – I'm in the middle of a tax audit. – Oh God!
> **I wouldn't wish that on my worst enemy.** 11

middle [*mi-döl*]; audit [*O:-dit*]; worst [*uÖ:(r)ßt*].

tax audit: an official examination of the financial records of a company, organization or person to see that they are accurate.
I wouldn't wish that on my worst enemy: I would not want that to happen because it is very bad.

– „Ich stecke (bin) mitten in einer Steuerprüfung. – Oh Gott! Das würde ich meinem ärgsten Feind nicht wünschen."

Sagt man **not to wish s.th. on one's worst enemy**, dann findet man etwas so schrecklich, daß man nicht einmal seinem schlimmsten Widersacher wünschen würde, dies zu erleben (beachten Sie die Präposition **on**): **Professor McCarthy is someone you wouldn't wish on your worst enemy. He's so boring!** „Professor McCarthy ist jemand, den ich nicht einmal meinem ärgsten Feind wünschen würde. Er ist so langweilig!"

> I thought that you were going to give up
> smoking during the holidays. I suppose that
> was **wishful thinking**. 12

wishful [*uisch-ful*].

wishful thinking: a belief that s.th. that you want to be true is true.

„Ich dachte, daß du während der Ferien das Rauchen aufgeben wolltest. Ich nehme an, das war nur Wunschdenken."

KAPITEL 36

359

wishful thinking „Wunschdenken" ist Denken, das auf unrealistischen, gewünschten Vorstellungen beruht: **I really hope that Marc and Anne get back together, but I suppose that's just wishful thinking.** „Ich hoffe wirklich, daß Marc und Anne wieder zusammenkommen, aber ich nehme an, das ist nur Wunschdenken."

A hospital spokesman **held out hope** that the victim would make a full recovery.　**13**

🔔 **spokesman** [*ßpoukß-män*]; **victim** [*wik-tim*]; **recovery** [*ri-ka-wö-ri*].

💡 **spokesman**: s.o. whose job is to officially represent an organization, for example in dealing with journalists.
held out hope: raised hopes.
victim: s.o. who has been harmed or injured in an accident or as the result of a crime.
would make a full recovery: would become fit and healthy again after an illness or injury.

💬 „Ein Sprecher des Krankenhauses gab Anlaß zu der Hoffnung, daß das Opfer vollständig genesen würde."

📖 **to hold out hope** „Hoffnung machen, Anlaß zu Hoffnung geben": **We still hold out a faint** [*feint*] **hope that he will return alive.** „Wir haben immer noch Anlaß zu der schwachen Hoffnung, daß er lebend zurückkehrt."

The seven **hopefuls** for the Democratic nomination in 1990 were nicknamed the "Seven Dwarfs".　**14**

🔔 **hopefuls** [*houp-fuls*]; **nomination** [*nO-mi-nei-schön*]; **nicknamed** [*nik-neimd*]; **dwarfs** [*duO:(r)f-ß*].

💡 **hopeful**: s.o. who wants to succeed or seems likely to win.
nomination: an official suggestion that s.o. should get a job or prize, or the decision to give them a job or prize.
were nicknamed: were given an informal name used only by a certain group of people and that is not their real name.

dwarf: an imaginary creature in children's stories that looks like a very small old man.

 „Die sieben aussichtsreichen Kandidaten (Hoffnungsvollen) für die Nominierung der Demokraten im Jahr 1990 hatten den Spitznamen die „Sieben Zwerge"."

 hopeful bezeichnet ebenso einen „zuversichtlichen, hoffnungsvollen Menschen" wie einen „vielversprechenden, aussichtsreichen Kandidaten": **The senator from Arkansas** [*a(r)-kön-ßO:*] **is a presidendial hopeful.** „Der Senator von Arkansas ist ein aussichtsreicher Kandidat für die Präsidentschaft."

SERENDIPITY

Aberglaube ist in vielen Völkern und auch Sprachen verwurzelt. Einer, der mit dem Thema Hoffnung zu tun hat, stammt aus der griechischen Mythologie und geht auf Pan, den Gott des Waldes und der Natur, zurück. Die Menschen glaubten, daß in bestimmten Bäumen gute Geister wohnen. Berührt man diese Bäume, so erhält man von ihnen einen Segen, woraus **Touch wood!** entstand, das bei den Amerikanern **Knock on wood!** heißt. Hat man keinen hölzernen Gegenstand zur Hand, klopft man sich einfach an die eigene Stirn ...

Das schon mehrfach erwähnte **to keep one's fingers crossed**, eine Wendung, die meist von der entsprechenden Geste begleitet wird und Glück bringen soll, kommt ebenfalls in mehreren Sprachen vor. Ähnlich ist es auch mit **Break a leg!** „Hals- und Beinbruch!".

Unter den Sprachpuristen, also denjenigen, die in mitunter übertriebener Weise danach streben, die Sprache von zweifelhaften Einflüssen zu reinigen, ist **hopefully** sehr umstritten. Die Puristen akzeptieren nicht die Verwendung von **hopefully** in Sätzen wie **Hopefully, it won't rain tomorrow.** „Hoffentlich regnet es morgen nicht." Sie unterstreichen, daß **hopefully** ein Adverb ist und der eigentliche Sinn „hoffnungsvoll, vielversprechend" lautet: **To travel hopefully is a better thing than to arrive.** „Hoffnungsvoll zu reisen ist besser als anzukommen." Damit haben sie sicher recht, aber die Mehrzahl der Briten und Amerikaner weiß von dieser Subtilität nichts, und so stellt man fest, daß sich die Sprache doch immer wieder normativen Einflüssen widersetzt.

Unser Titel kommt vom Sprichwort **A little knowledge is a dangerous thing**. Die Ausdrücke, die wir uns in diesem Kapitel ansehen, handeln von Wissen und Intelligenz. Bei dieser Gelegenheit sei noch einmal daran erinnert, daß **to know** „wissen" und „kennen" bedeutet.

> Josh has been working at the paper for three years, so he really **knows the ropes**. 1

 Josh [*dʃOsch*]; **ropes** [*roupß*].

 paper: newspaper.
rope: a type of very thick string that can be used for tying or pulling things.
he really knows the ropes: he really knows how to do his job.

 „Josh arbeitet seit drei Jahren bei der (für die) Zeitung, er kennt sich wirklich aus (kennt die Seile)."

 to know the ropes „sich gut auskennen", vor allem in einem bestimmten Beruf, stammt aus der Seemannssprache: Auf einem Segelschiff gibt es unzählige Taue und Seile, und nur wer gelernt hat, welche Funktion jedes einzelne hat, beherrscht sein Metier wirklich.

Die Wendung kann mit **to learn** oder **to show (s.o.)** variiert werden: **It'll take me a week to learn the ropes.** „Es wird eine Woche dauern, bis ich alles gelernt habe." **Adam will show you the ropes.** „Adam wird dir alles zeigen, was du können mußt."

> Mum died without leaving a will, and we owe the bank £50,000. Now you **know the score**. 2

 Mum [*mam*]; **owe** [*ou*]; **score** [*ßkO:(r)*].

will: a legal document that explains what you want to happen to your money and possessions after you die. Often more formally called last will and testament.
we owe the bank: we have to give the bank a certain amount of money.
Now you know the score: Now you know the truth about it.

 „Mama starb, ohne ein Testament zu hinterlassen, und wir schulden der Bank 50.000 Pfund. Jetzt weißt du, was Sache ist (jetzt kennst du den Spielstand)."

 to know the score „wissen, was Sache ist; wissen, was los ist" bezieht sich fast immer auf eine unangenehme Tatsache.

In einem sportlichen Kontext bedeutet **score** „Spielstand, Punktezahl". **To score** hieß früher „zu Rechenzwecken Kerben in ein Stück Holz schlagen" [➡ Kapitel 24, 5]. Auf diese Weise wurde z.B. auch ermittelt, wieviel Geld jemand einer Person schuldete, woraus **to settle scores with s.o.** entstand: „eine Rechnung mit jmdm. begleichen".

Score hat noch eine weitere Bedeutung: „20". Wir finden es in dieser Bedeutung in der berühmten Rede (*Gettysburg Address*) von US-Präsident Abraham Lincoln im Jahr 1863 während des Bürgerkriegs. Dort heißt es: **Fourscore and seven years ago, our fathers brought forth (...) a new nation.** Nach unserer Rechnung müßten hier mit **fourscore** also 4 x 20 = 80 Jahre gemeint sein.

> You won't get lost with Bill, he **knows** Edinburgh **like the back of his hand**. 3

 Edinburgh [*ä-din-bÖ:(r)g*].

 You won't get lost: You won't lose your way.
he knows ... like the back of his hand: he is very familiar with.

 „Mit Bill kannst du dich nicht verlaufen (verlieren), er kennt Edinburgh wie seine Westentasche (wie die Rückseite seiner Hand)."

to know (**a place**) **like the back of one's hand** bezieht sich ausschließlich auf Orte.

≈ **to know one's way around** „sich auskennen" wird sowohl konkret, also in Bezug auf einen Ort, als auch im übertragenen Sinne verwendet: **I know my way around Edinburgh.** „Ich kenne mich in Edinburgh aus." **You really know your way around a car engine.** „Du kennst dich wirklich mit Automotoren aus." Das Objekt wird direkt ohne Präposition angeschlossen.

SHE CERTAINLY KNOWS HER ONIONS.

The new spokesman for the drug industry really **knows his onions**: he worked at the DHSS for ten years. 4

drug [*drag*]; **onions** [*On-jöns*]; **DHSS** [*di-eitsch-äß-äß*].

drug: 1. a substance that doctors put into s.b.'s body to treat a disease or medical problem; 2. an illegal substance that affects s.o. physically or mentally when they take it.
onion: a round vegetable with a thin dry skin and many layers inside that tastes and smells very strong.
knows his onions: knows very well what to do in his job.
DHSS: short form of **D**epartment of **H**ealth and **S**ocial **S**ecurity.

„Der neue Sprecher der Pharmaindustrie versteht sein Geschäft wirklich (kennt wirklich seine Zwiebeln): Er hat zehn Jahre lang für das Gesundheits- und Sozialministerium gearbeitet."

Auf **to know one's onions** „sein Geschäft gut verstehen, in etw. sehr beschlagen sein" folgt kein Objekt: **She knows her onions**.

Die zahlreichen Erklärungen zum Ursprung dieser Wendung haben gemeinsam, daß der Ausdruck nichts mit der eigentlichen Zwiebel zu tun hat. Eine Theorie besagt, die Wendung ginge zurück auf die Verbrecher, die früher in der Lage waren, Siegel (= **seal**, in der Umgangssprache **onion**) wichtiger offizieller Briefe aufzubrechen. Eine andere Theorie stützt sich auf den Redakteur eines berühmten Wörterbuches, einen gewissen **Mr C. Onions**. Die dritte Theorie lautet, daß **onions** eigentlich aus dem **rhyming slang** stammt ([➡ Kapitel 4, Serendipity]) und **onion rings** für **things** steht. Man sagt auch: **She knows a thing or two** + Objekt.

= **to know one's stuff** [*ßtaf*] „sich auskennen, seine Sache verstehen" (**stuff** „Zeug, Sachen, Stoff").

= **to know s.th. backwards/inside out** „sich mit etw. sehr gut auskennen, etwas aus dem Effeff beherrschen".

Read the *Daily Enquirer*. we **have our finger on the pulse of** the nation. 5

Daily [*dei-li*]; **Enquirer** [*in-kuai-rö(r)*]; **pulse** [*palß*].

Daily: done or happening every day.
enquire: (= inquire) to ask s.o. for information about s.th.
we have our finger on the pulse of: we are conscious of new developments in a situation.

„Lesen Sie den *Daily Enquirer*. Wir haben die Hand (den Finger) am Puls der Nation."

to have/keep one's finger on the pulse of s.th. „die Hand am Puls einer Sache haben, auf dem laufenden über etwas bleiben" stammt aus der Medizin: **to take s.o.'s pulse** „jmdm. den Puls fühlen". Der Ausdruck, der sehr häufig in den Medien benutzt wird, besagt, daß man gut über die neuesten Entwicklungen und Ereignisse informiert ist.

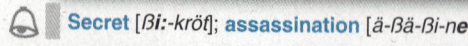

> When the Secret Service planned the as-
> sassination, only three people were **in the
> know**. 6

🔔 **Secret** [*ßi:-kröt*]; **assassination** [*ä-ßä-ßi-nei-schön*].

💡 **Secret Service**: the US government department responsible for protecting the president.
assassination: the murder of a famous or important person, especially for political reasons.
were in the know: had more information about s.th. than other people.

Ⓓ „Als der Geheimdienst den Mord plante, wußten nur drei Leute Bescheid."

📖 **to be in the know** hat neben „Bescheid wissen" noch eine andere Bedeutung. Es beschreibt Personen, die für etwas Bestimmtes den berühmten „Geheimtip" haben, der nur unter einer ausgesuchten Gruppe von Leuten bekannt ist: **Tourists go to the Costa del Sol; people in the know go to La Gomera.** „[Gewöhnliche] Touristen fahren an die Costa del Sol; Eingeweihte fahren nach La Gomera."

> It's no use trying to lie to me: I can **read you
> like a book**. 7

🔔 **lie** [*lai*].

💡 **It's no use**: It's unhelpful or useless.
to lie to me: to tell me s.th. that is not true.
I can read you like a book: I know exactly what you are thinking.

Ⓓ „Es hat keinen Zweck mich anzulügen: Ich kann [in] dir lesen wie [in] einem Buch."

📖 **to read s.o. like a book** benutzt man, wenn man eine Person so gut kennt, daß man förmlich in der Lage ist, hinter ihre Stirn zu blicken, d.h. man weiß genau, was der andere denkt.

Von der besagten anderen Person kann man dann sagen: **He's an open book for me.** „Er ist wie ein offenes Buch für mich."

! Nicht zu verwechseln mit **a closed book**, das in etwa unseren „böhmischen Dörfern" entspricht, d.h. etwas, von dem man absolut gar nichts versteht, von dem man keine Ahnung hat: **Physics is a closed book to him.** „Physik ist für ihn ein böhmisches Dorf." (Beachten Sie die Verwendung der Präposition **to**!)

You won't persuade him to drop the idea, he **knows his own mind**.

8

 **pursuade** [*pö(r)-ßueid*].

persuade: make him agree to do s.th. by giving him reasons why he should.
he knows his own mind: he is clear about what he thinks and is not influenced by other people's opinions.

Ⓓ „Du wirst ihn nicht davon überzeugen, die Idee fallen zu lassen, er weiß, was er will (kennt seine eigenen Gedanken)."

to know one's own mind verbindet Wissen mit Entschlossenheit; die Person weiß genau, was sie will (und was sie nicht will).

= to have a mind of one's own hat die gleiche Bedeutung.

! Nicht zu verwechseln mit **to be in two minds** [➡ Kapitel 34, 3].

After starring in just two James Bond films, Sean Connery had become a **household name**.

9

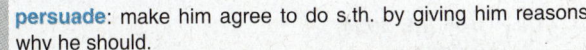 **starring** [*ßta-ring*]; **Sean** [*schO:n*]; **household** [*haoß-hould*].

starring: to be the main actor or performer in a film, play, television programme etc.
had become a household name: had become very well known.

„Nachdem er die Hauptrolle in nur zwei James-Bond-Filmen ge-spielt hatte, war Sean Connery zu einem berühmten Namen (Haushalt Name) geworden."

to become/be a household name/word sagt man, wenn eine Person, aber auch ein Markenname, so berühmt ist, daß man sie/ihn in jedem Haushalt kennt: **Hoover** [*hu:-wö(r)*] **became a household word at the beginning of the twentieth century.** „Hoover wurde zu Beginn des 20. Jahrhunderts zu einem be-rühmten Markennamen." (**Hoover** ist in Großbritannien nicht nur der Name einer Staubsaugermarke, sondern auch die Be-zeichnung für den „Staubsauger" selbst und außerdem ein Verb: **to hoover** „(staub)saugen".)

THEY GOT THE SHOW ON THE ROAD.

We have no new information at present but we will **keep** you **posted of** future developments.   10

present [*prä-sönt*]; **posted** [*pouß-tid*]; **future** [*fju:-tschö(r)*]; **developments** [*di-wä-lOp-möntß*].

 at present: at the moment.
we will keep you posted: we will inform you.
future: expected to exist or happen during the time following the present time.
development: change, growth, or improvement over a period of time.

„Gegenwärtig haben wir keine neuen Informationen, aber wir werden Sie über zukünftige Entwicklungen auf dem laufenden halten."

to keep s.o. posted about/on s.th. „jmdn. auf dem laufenden halten" stammt aus der Buchführung bzw. dem Rechnungswesen, wo **to post** „einen Posten verbuchen" bedeutet.

Eine weitere Bedeutung von **to post** ist „abschicken, aufgeben, mit der Post schicken". Schließlich gibt es noch **to post up a notice** „einen Anschlag machen, ein Plakat ankleben", was daher kommt, daß man früher Anschläge an Pfosten (**posts**) angenagelt hat. In den USA kann man an vielen Wänden **Post no Bills** lesen: „Plakate anbringen verboten". Hierüber kursiert eine nette Anekdote: Auf einer Wand in New York konnte man lesen: **Bill Posters Will Be Prosecuted**, was natürlich meint, daß das Ankleben von Plakaten strafrechtlich verfolgt wird. Darunter hatte jemand von Hand geschrieben: **Bill Posters is innocent!** („Bill Posters ist unschuldig!").

Sicher sind Ihnen auch schon die kleinen gelben Klebezettel begegnet, die als Erinnerung, für Mitteilungen oder zu anderen Zwecken an die unterschiedlichsten Stellen geklebt werden, die **Post-It Notes**, die inzwischen zu einem **household name** [➡ Kapitel 37, 9] geworden sind.

= **to keep s.o. informed**.

He **has a nodding acquaintance with** environmental issues, but he's no expert. **11**

 nodding [*n**O**-ding*]; **acquaintance** [*ö-ku**ei**n-tönß*]; **environmental** [*än-wai-rön-**män**-töl*]; **issues** [*i-schus*]; **expert** [*ä**kß**-p**Ö**:(r)t*].

He has a nodding acquaintance with: He knows a little bit about it but not everything.
environmental: concerning the natural world.
issue: subject.
expert: s.o. who has a particular skill or knows a lot about a particular subject.

„Er weiß ein bißchen was (hat eine nickende Bekanntschaft) über Umweltfragen, aber er ist kein Experte."

KAPITEL 37

Ursprünglich beschreibt **a nodding acquaintance** eine Person, die man gerade so gut kennt, daß man sie mit einem Kopfnicken (**nod**) grüßt, zu der man aber ansonsten keinen engeren Kontakt hat: **He's a nodding acquaintance.** „Ich kenne ihn nur flüchtig". (Man sagt auch **to be on nodding terms with s.b.**) Hieraus ist **to have a nodding acqaintance with s.th.** entstanden: „über etw. nur wenig wissen, nur wenig Kenntnisse haben".

– You can either pay the fine straight away or let the court decide. – **Better the devil you know**.   12

---

either [*ai*-fsö(r)]; **fine** [*fain*]; **court** [*kO:(r)t*]; **devil** [*dä-wöl*].

fine: an amount of money you have to pay because you have broken a law.
court: a place where trials take place and legal cases are decided, especially in front of a judge and a jury.
Better the devil you know: Used for saying that you prefer to deal with a bad but familiar person or thing than to risk dealing with s.o. or s.th. that you do not know and that could be worse.

– „Sie können entweder die Strafe sofort bezahlen oder das Gericht [über die Sache] entscheiden lassen. – Lieber das bekannte Übel (besser der Teufel, den man kennt)."

Better the devil you know ist nur der erste Teil eines Ausdrucks, der mit **than the devil you don't** fortgesetzt wird; mit anderen Worten: Hat man die Wahl zwischen zwei Übeln, so wählt man eher das Übel, das einem bekannt ist. Zumindest weiß man dann, was einen erwartet ...

Your daughter is a pleasure to teach: she's **as bright as a button**.   13

---

daughter [*dO:-tö(r)*]; **pleasure** [*plä-jö(r)*]; **teach** [*ti:tsch*]; **bright** [*brait*]; **button** [*ba-tön*].

pleasure: a feeling of happiness, enjoyment or satisfaction.
she's as bright as a button: she's very clever.

„Es ist ein Vergnügen, ihre Tochter zu unterrichten: Sie ist sehr intelligent (so glänzend wie ein Knopf)."

as bright as a button ist eine Redewendung, die im Laufe der Zeit eine Bedeutungsverschiebung erlebt hat. Früher waren die Knöpfe an der Kleidung oft aus glänzendem Silber (**bright** „strahlend, glänzend, leuchtend"). **Bright** war zu dieser Zeit eine Beschreibung für „lebendig, aufgeweckt". So nannte man beispielsweise diejenigen, die das Glück hatten, zwischen zwei Weltkriegen jung zu sein und das Leben genießen zu können, **the bright young things**. Mit der Zeit hat **bright** die Bedeutung „intelligent, clever" angenommen.

≈ Eine ähnliche Entwicklung hat **smart** vollzogen: Ursprünglich ein Wort für „schick, gut gekleidet", ist es heute – vor allem in den USA – ebenfalls der Begriff für „intelligent, klug". In dieser Bedeutung haben Sie es schon in der Wendung **smart/clever as a barrel-full of monkeys** kennengelernt [➡ Kapitel 11, 9].

≈ **sharp**, ursprünglich „scharf, schneidend", wird heute oft im Sinne von „scharfsinnig, raffiniert" verwendet. Es kann aber auch eine negative Konnotation haben, wie in **sharp practice** „unlautere Praktiken" oder **card-sharp** „Falschspieler".

> It took him three months to stop smoking, then some **clever Dick** offers him a cigarette. Now he's back on 20 a day! 14

clever Dick: s.o. who is annoying because they are always right or because they think they are more intelligent than everyone else.
he's back on: he has started smoking again.

„Er hat drei Monate gebraucht, um mit dem Rauchen aufzuhören, dann bietet ihm irgend so ein Schlaumeier eine Zigarette an. Jetzt raucht er wieder (ist zurück auf) 20 am Tag!"

Das ironische **clever Dick** bezeichnet eine Person, die sich als besonders schlau hinstellt, dies aber im Grunde gar nicht ist. Obwohl **dick** in der Vulgärsprache eine Umschreibung für den Penis ist, ist es in dieser Bedeutung ganz und gar nicht vulgär gemeint. **Dick** ist ebenfalls die Kurzform von **Richard**.

Die ironische Verwendung von **clever** findet sich auch in **He's too clever by half** oder **too clever for his own good.** „Er ist oberschlau/superklug."

Das amerikanische Pendant für den **clever Dick** ist der **smart Alec(k)** „Besserwisser, Neunmalklug", und den Ausdruck **smart arse** „Klugscheißer" sollten Sie kennen, aber am besten nie benutzen! **Smart** im Sinne von „intelligent" ist auch in die Sprache der Technik eingegangen: Eine **smart card** ist eine „Chipkarte", eine **smart bomb** eine „lasergelenkte Bombe", und ein **smart house** ist ein Haus, in dem sämtliche technischen Funktionen computergesteuert sind.

SERENDIPITY

Großbritanniens bedeutende Theatertradition hat sich auch auf die Sprache ausgewirkt; sie ist voll von Ausdrücken aus der Welt des Theaters und des **showbiz** „Show-Business". Diese Ausdrücke werden auch gerne von der Presse benutzt.

Hier ein Auszug aus einer Wirtschaftszeitung über eine Produkt-Präsentation im Ausland:

Taking its cue [*kju:*] from HAL, the company decided to organise a presentation of their products in Frankfurt as *a dress rehearsal* [*dräß ri-hÖ:(r)-ßöl*] for the UK launch. Chris and Ray were chosen *to stage-manage* [*ßteidj-mä-nödj*] the event. After three months of frantic [*frän-tik*] *behind-the-scenes* [*bi-haind-fsö-ßi:ns*] activity, they finally managed *to get their act together* and *get the show on the road.* Unfortunately, Macrohard, who was used to being *in the lime-light* [*laim-lait*] in this industry, had decided to do the same thing, so HAL was almost *upstaged* [*ap-ßteidjd*] by its main competitor. However, Chris and Ray had organized everything perfectly, and HAL was not only able *to steal* [*ßti:l*] *the show* but make its rival [*rai-wöl*] look like *the villain* [*wi-lön*] *of the piece.*

Im Theater bezeichnet **cue** das „Stichwort", das dem Schauspieler den Zeitpunkt seines Einsatzes signalisiert. **To take a cue from s.o.** (oder **s.th.**) heißt „sich nach jmdm. richten, jmdm. folgen". Die „Generalprobe", bei der alle Schauspieler in ihren Bühnenkostümen auftreten, nennt man **dress rehearsal**, was auch im übertragenen Sinne für eine „Probeveranstaltung" benutzt wird.

To **stage-manage** bedeutet in der Theatersprache „inszenieren" und wird in der Umgangssprache für „veranstalten" verwendet. Mit **behind-the-scenes** ist „hinter den Kulissen" gemeint. **To get one's act together** wird im Sinne von „sich vorbereiten, sich organisieren" benutzt, und **to get the show on the road** hat seine Ursprünge in der Welt der Zirkusse und reisenden Artisten (**road-show** „Tournee, Tour"). Der Ursprung von **in the limelight** „im Rampenlicht" liegt in der Zeit, als die Bühnen mit Kalklicht (**lime** „ungelöschter Kalk") beleuchtet wurden. Wird ein Schauspieler in den Bühnenhintergrund gedrängt, weil andere sich in den Vordergrund spielen, so sagt man hierzu **to upstage s.b.** Etwas ähnliches geschieht bei **to steal s.b. the show** „jmdm. die Schau stehlen". Ein oft erteilter Rat an Schauspieler lautet: **Never appear with dogs or children; they always steal the show.** „Treten Sie niemals mit Hunden oder Kindern auf; sie stehlen [einem] immer die Schau" [➡ Kapitel 24, 1]. Mit **villain** wird in manchen Filmen oder Theaterstücken der „Bösewicht, Verbrecher, Schurke" bezeichnet. Was an der Wendung erstaunt, ist die Verwendung von **piece**, denn eigentlich heißt „Theaterstück" auf Englisch **play**; **piece** ist aus dem Französischen übernommen. So, nun ist es aber an der Zeit, **to ring down the curtain** „den Vorhang fallen zu lassen".

ANY COLOUR SO LONG AS IT'S BLACK 38

Unser Titel ist eine Umschreibung dafür, daß man in einer bestimmten Situation keine Auswahl hat. Der Satz stammt von Henry Ford. Als 1909 die erste Serie des berühmten Ford Modell T auf den Markt kam, gab es dieses Auto nur in Schwarz. Auf die Frage einer seiner Mitarbeiter, was passieren würde, wenn ein Kunde den Wagen in einer anderen Farbe haben wollte, antwortete Henry Ford: **People can have it any colour, so long as it's black.** In diesem Kapitel behandeln wir Wendungen, in denen Farben vorkommen.

> I fell downstairs yesterday and now I'm
> **black and blue**.
>
> 1

downstairs: to or on a lower floor of a building.
black and blue: covered with dark marks on your skin where you have been injured but not cut.

„Ich bin gestern die Treppe runtergefallen, und jetzt bin ich grün (schwarz) und blau."

black and blue heißt zwar „voller blauer Flecken", aber der „blaue Fleck" ist eigentlich **a bruise** [*bru:s*].

> The plane lost altitude rapidly and the pilot **blacked out**.
>
> 2

altitude [*äl-ti-tju:d*]; **rapidly** [*rä-pid-li*]; **pilot** [*pai-löt*]; **blacked** [*bläkt*].

altitude: the height of a place or thing above sea level.
pilot: s.o. who flies an aircraft.
blacked out: suddenly became unconscious.

„Das Flugzeug verlor schnell an Höhe, und der Pilot wurde ohnmächtig."

to black out (mit der Betonung auf **out**) „in Ohnmacht fallen, ohnmächtig werden" bezieht sich auf das schwarze Loch, in das man den Eindruck hat zu fallen, wenn man das Bewußtsein verliert.

= to pass out.

Das Substantiv **blackout** (mit der Betonung auf **black**) hat nicht nur die Bedeutung „Ohnmacht, Bewußtlosigkeit", sondern bezeichnet auch die „Verdunkelung", in Verbindung mit **news** eine „Nachrichtensperre" sowie einen „totalen Stromausfall". Ist der Stromausfall nur partiell, d.h. tritt er nur in bestimmten Gegenden auf, so spricht man von **brownout**.

> The company had a good year and moved **back into the black**.
>
> 3

 year [*ji:-ö(r)*].

 moved back into the black: had again money in their bank account or had more money than it owed.

（D） „Die Firma hatte ein gutes Jahr und schrieb wieder schwarze Zahlen (kehrte zurück ins Schwarze)."

📖 **to be in the black** „schwarze Zahlen schreiben, Geld auf dem Konto haben" stammt aus der Buchführung. Dort wurden früher positive Beträge auf dem Konto mit schwarzer Tinte geschrieben, negative Beträge mit roter Tinte.

≠ **to be in the red** „rote Zahlen schreiben". Wenn Sie also in der Presse hören oder lesen: **The company is bleeding red ink**, so bedeutet dies, daß die Firma Verluste einfährt.

The dealer was **caught red-handed** when he turned up to collect the drugs.　　4

🔔 **caught** [*kO:t*]; **red-handed** [*räd-hän-did*]; **collect** [*kö-läkt*].

💡 **was caught red-handed**: was caught doing s.th. wrong.
when he turned up: when he appeared.
drug: an illegal substance that affects people physically or mentally when they take it.

（D） „Der Dealer wurde auf frischer Tat ertappt, als er auftauchte, um die Drogen zu übernehmen (einzusammeln)."

📖 **to be caught red-handed** „auf frischer Tat/in flagranti ertappt werden" lehnt sich an das Bild des Mörders an, der erwischt wird, bevor er die Gelegenheit hat, das Blut des Opfers an seinen Händen abzuwaschen.

≈ Handelt es sich um ein weniger schwerwiegendes Delikt, kann man sagen: **He was caught with his hand in the cookie jar**, wörtlich „Er wurde mit der Hand in der Keksdose erwischt". Hat jemand in einer Firma „lange Finger" gemacht und wurde dabei erwischt, so heißt es: **He was caught with his hand in the till** (**till** „Kasse"). In den beiden letzten Fällen bleibt **hand** im Singular.

Today's a **red-letter day**. England has beaten Australia to win the Ashes.　　5

🔔 **beaten** [*bi:-tön*]; **Australia** [*O:ß-trei-li-ö*]; **Ashes** [*ä-schis*].

red-letter day: a very happy or exciting day.
the Ashes: competition in the form of a series of cricket matches played between England and Australia.

„Den heutigen Tag muß man rot im Kalender anstreichen (ist ein roter-Buchstabe Tag). England hat Australien geschlagen und die „Ashes" gewonnen."

red-letter day: Im 15. Jh. wurde es in Großbritannien Brauch, Feiertage und besondere Gedenktage im Kalender rot anzustreichen, während die anderen Tage schwarz blieben.

* **The Ashes** ist der Pokal, um den die Kricket-Mannschaften Englands und Australiens regelmäßig seit dem Jahr 1877 spielen. Als im Jahr 1882 England zum ersten Mal gegen Australien verlor, erschien in der Zeitung eine Todesanzeige, in der der Tod und die Einäscherung des englischen Krickets bekanntgegeben wurde. Man kündigte außerdem an, daß die Asche nach Australien gebracht werden sollte. Daraufhin verbrannten die Engländer ihr Tor (**wicket**); seitdem wird um die Asche des Tores gespielt [➡ Kapitel 40, Serendipity].

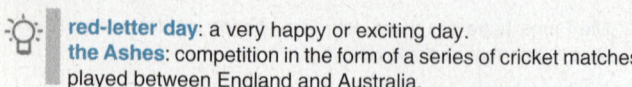

Tony was the **black sheep** of the family, the only one of the three children that did not go to university. 6

sheep [*schi:p*]; **family** [*fä-mö-li*].

black sheep: s.o. who is not approved of by the other members of their family or the group they belong to because they are thought to behave badly.

„Tony war das schwarze Schaf der Familie, das einzige der drei Kinder, das nicht auf die Universität ging."

the black sheep taucht häufig in Verbindung mit **of the family** auf. Hintergrund dieses Ausdrucks ist, daß in einer Herde weißer Schafe ein schwarzes Schaf einem alten Aberglauben zufolge aufgrund seiner Farbe immer als Ausdruck des Bösen galt; seine Wolle war außerdem minderwertig, da man sie nicht färben konnte. Auch wenn von mehreren „schwarzen Schafen" die Rede ist, bleibt **sheep** immer unverändert.

> You can either pay the fine or go to jail.
> You're **between the devil and the deep blue sea**. 7

 jail [*dſeil*].

 go to jail: go to prison.
between the devil and the deep blue sea: in a difficult situation where you have to choose between two equally bad things.

 „Sie können entweder die Strafe bezahlen oder ins Gefängnis gehen. Beides ist schlecht, egal, wie sie sich entscheiden (Sie sind zwischen dem Teufel und der tiefen blauen See)."

 (**to be caught**) **between the devil and the deep blue sea** „in der Zwickmühle sein" beschreibt eine schwierige oder gar aussichtslose Situation, in der man die Wahl zwischen zwei gleich schlechten Alternativen hat und – egal, wie man sich entscheidet – Unannehmlichkeiten bekommt [➡ Kapitel 14, 4].

Die Wendung kommt aus der Seemannssprache: Mit **devil** bezeichnet man die Nähte zwischen zwei Schiffsplanken. Das Abdichten dieser Stelle von außen wurde für die Matrosen zu einem mitunter lebensgefährlichen Unterfangen, da sie sich buchstäblich zwischen **the devil**, der Naht, und **the sea**, dem Meer, befanden; **deep** wurde aus Gründen des Wohlklangs (**devil** – **deep**) hinzugefügt.

= **to be on the horns of a dilemma** [➡ Kapitel 34, 13].

≈ **to jump out of the frying pan** [*frai-ing pän*] (**and**) **into the fire** „vom Regen in die Traufe kommen" (aus der Bratpfanne ins Feuer springen), d.h. von einer schlimmen Lage in eine andere, ebenso schlimme Lage geraten.

> When I heard that he'd been chosen instead of me, I was **green with envy**. 8

 heard [*hÖ:(r)d*]; **chosen** [*tschou-sön*]; **instead** [*in-ßtäd*]; **envy** [*än-wi*].

💡 **I was green with envy**: I had the unhappy feeling you have when you want very much to do s.th. that s.o. else does or have s.th. that they have.

Ⓓ „Als ich hörte, daß er anstelle von mir ausgewählt worden war, war ich grün vor Neid."

📖 Neid wird im Englischen mit der gleichen Wendung wie im Deutschen ausgedrückt. Auch die Eifersucht ist bei den Briten grün; sie nennen sie **the green-eyed monster**: **He's been bitten by the green-eyed monster.** „Er ist eifersüchtig." Diese Wendung stammt aus Shakespeares „Othello".

! Nicht zu verwechseln mit **to be green** „[jung und] unerfahren sein". Das entsprechende Nomen ist **greenhorn** „Grünschnabel" in Anspielung auf ein junges Rind, dessen Hörner noch nicht ausgebildet sind.

He'll **scream blue murder** if he gets back and finds you still here.   9

🔔 **scream** [ßkri:m].

💡 **He'll scream blue murder**: He'll shout or protest very loudly because he will be very angry.

Ⓓ „Er wird Zeter und Mordio (blauen Mord) schreien, wenn er zurückkommt und dich noch hier findet."

📖 **to scream** (oder **yell** oder **cry**) **blue murder** kann „Zeter und Mordio schreien, lauthals protestieren", aber auch einfach nur „laut schreien" bedeuten [➡ Kapitel 17, Serendipity und Kapitel 31, 12].

≈ **to raise Cain** „Krach schlagen, eine Szene machen" [➡ Kapitel 31, 11].

You'll come back from holiday rested and **in the pink of condition**.   10

🔔 **rested** [räß-tid].

pink: between red and white in colour.
in the pink of condition: healthy and happy.

 „Ihr werdet ausgeruht und in Hochform (im Rosarot des Zustandes) aus dem Urlaub zurückkommen."

 in the pink of condition wird oft zu **in the pink** abgekürzt; es bedeutet „in Hochform, gesund und munter". **Pink** bedeutet „Gartennelke"; sie ist in Shakespeares ‚Romeo and Juliet' die Methapher für die Verkörperung idealer Eigenschaften. Beachten Sie, daß das englische **pink** „blaßrosa" meint, während „pinkfarben", also das kräftige, ins Rot spielende Rosa, **magenta** [*mö-djän-tö*] heißt.

= **in the pink of perfection**.

Von jemandem, der stark betrunken ist, sagt man: **He sees pink elephants.** „Er sieht weiße Mäuse (rosa Elefanten)."

THEY GAVE HIM A GOLDEN HANDSHAKE WHEN HE RETIRED.

He bought the bungalow with **the golden handshake** they gave him when he retired. 11

 bought [*bO:t*]; **bungalow** [*bang-gö-lou*]; **handshake** [*händ-scheik*], **retired** [*ri-tai-öd*].

 bungalow: a house that is all on one level.
golden handshake: a large amount of money given to a senior manager in a company when they leave their job.
when he retired: when he stopped working because he had reached the age when he was officially too old to work.

Ⓓ „Er kaufte sich den Bungalow von (mit) der Abfindung, die sie ihm zahlten (gaben), als er sich zur Ruhe setzte."

📖 **to get**/**give s.o. a golden handshake**: Der Hintergrund von **golden handshake** ist zum einen der Handschlag, mit dem man jemanden verabschiedet, zum anderen das Geld (**golden**), das man ihm als Abfindung zahlt.

= a golden goodbye.

Während der Blütezeit im Finanzsektor in den 80er Jahren versuchten viele Unternehmen, besonders talentierte Mitarbeiter durch finanzielle Anreize anzulocken und zu halten. Dabei stellte man ihnen die unterschiedlichsten finanziellen Vergünstigungen in Aussicht, u.a. **a golden hello**, eine „Einstellungsprämie" oder **golden handcuffs**, „goldene Handschellen", um zu erreichen, daß sie der Firma treu blieben, oder auch **a golden parachute** [*pä-rö-schu:f*] „ein goldener Fallschirm", eine Geldsumme, mit der die Angestellten im Falle einer Kündigung großzügig entschädigt werden sollten. Fiel die Abfindung beim Übergang in den Ruhestand nicht so großzügig aus, nannte man sie **a bronze** [*brOns*] **handshake**.

> The Chancellor has at last **nailed his colours to the mast** and declared that the UK will not re-join the European Monetary System this year. 12

 Chancellor [*tscha:n-ßö-lö(r)*]; **nailed** [*neild*]; **mast** [*maßt*]; **declared** [*di-klärd*]; **UK** [*ju-kei*]; **rejoin** [*ri-djoin*]; **European** [*ju-rö-pi-ön*]; **Monetary** [*mO-nö-tä-ri*].

 Chancellor: (**Chancellor of the Exchequer**) the member of the British government who is responsible for taxes and for deciding how the government spends its money.
has ... nailed his colours to the mast: has said clearly and publicly who you support and what you think about s.th.
declared: officially announced.
rejoin: to become part of a club or organization again after you have left it.
European Monetary System: an arrangement organized in 1979 by which most nations of the European Union linked their currencies to prevent large fluctuations relative to one another.

„Der Finanzminister hat schließlich Farbe bekannt (seine Farben an den Mast genagelt) und erklärt, daß Großbritannien dieses Jahr dem Europäischen Währungssystem nicht beitreten wird."

Auch **to nail one's colours to the mast** „sich klar zu seiner Überzeugung bekennen" entstammt der Seemannssprache. **colours** meint hier „Fahne". Sie wurde früher bei Seeschlachten an den Mast genagelt, damit man sie nicht herunternehmen konnte, was einer Kapitulation gleichgekommen wäre.

colours im Sinne von „Fahne" findet sich auch z.B. in **to sail under false colours** „unter falscher Flagge segeln", was darauf zurückgeht, daß Schiffe früher oft zu Täuschungszwecken eine falsche Nationalflagge aufzogen. **To show one's/see s.o. in his true colours** heißt, daß jemand, statt sich zu verstellen, sein „wahres Gesicht" zeigt, sich also so zeigt, wie er wirklich ist. **With flying colours** „glänzend, überdurchschnittlich gut" geht darauf zurück, daß ein siegreiches Schiff nach einer Seeschlacht mit hoch gehißten Fahnen (**flying colours**) in den Hafen einlief [➡ Kapitel 25, 8].

* In Großbritannien ist der **Chancellor of the Exchequer** [*ikß-tschä-kö(r)*] (oft abgekürzt zu **the Chancellor**) der „Finanzminister" und der **Lord Chancellor** der „Lordkanzler". In den USA dagegen heißt der „Finanzminister" **Secretary of the Treasury**. In GB ist der **Attorney General** der „Generalstaatsanwalt/ Kronanwalt", in den USA ist es der „Justizminister" (der auch gleichzeitig Generalstaatsanwalt ist).

* Das Europäische Währungssystem (EWS) war eine Form der währungspolitischen Zusammenarbeit zwischen den Ländern der Europäischen Gemeinschaft in den Jahren 1979-1998, initiiert vom damaligen Bundeskanzler Helmut Schmidt und dem französischen Staatspräsidenten Valéry Giscard d'Estaing.

I'm **feeling a little off-colour**. It must have been those oysters we ate last night.   13

 off-colour [*Of-ka-lö(r)*]; **oysters** [*oiß-tö(r)s*]; **ate** [*eit*].

 I'm feeling a little off-colour: I'm feeling a little ill.
oyster: a type of shell-fish that has a rough shell and is eaten as food, often raw. Some types of oyster contain pearls.

(D) „Ich fühle mich heute ein bißchen angeschlagen. Es müssen diese Austern gewesen sein, die wir gestern abend gegessen haben."

(book) **to be/feel off-colour** ist ein Hinweis darauf, daß einer Person die Farbe aus dem Gesicht gewichen ist, was meistens der Fall ist, wenn man ein bißchen krank ist. Man kann dann auch sagen: **to be as white as chalk** [*tschO:k*] oder **as white as a sheet** (**sheet** [*schi:t*] „Blatt") „kreidebleich sein".

to be off-colour hat noch die Bedeutung „unangebracht, fehl am Platze, unpassend": **That remark was decidedly off-colour.** „Diese Bemerkung war entschieden fehl am Platze."

≈ **to feel under the weather** „nicht ganz auf dem Posten sein" [➡ Kapitel 42, 1].

Applying for a new passport involves an inordinate amount of **red tape**.   14

(bell) **Applying** [*ä-plai-ing*]; **inordinate** [*in-O:(r)-di-nöt*]; **tape** [*teip*].

(lamp) **Applying for**: Making an official request for.
involves: is included as a necessary part of an activity.
inordinate: much more than you would usually expect.
red tape: bureaucracy.

(D) „Einen neuen Paß zu beantragen, bringt unmäßig viel Papierkrieg mit sich."

(book) **red tape** ist die Umschreibung für „Bürokratie, Papierkrieg" und die damit verbundene Haltung von Amtspersonen und behördliche Umständlichkeit. Es stammt aus einer Zeit, als Beamte ihre Papierstapel mit rotem Band zusammenbanden. Dies erklärt auch den Ausdruck **to cut through the red tape** „die Bürokratie umgehen, den informellen Weg gehen" (wörtlich „das rote Band durchschneiden").

SERENDIPITY

Wir möchten dieses ohnehin schon bunte Kapitel noch durch einige zusätzliche Wendungen etwas bunter machen. Und obwohl Schwarz und Weiß klassischerweise nicht als Farben gelten, sollen sie in unserer kleinen Aufzählung nicht fehlen:

To blackball a candidate „gegen einen Kandidaten stimmen" hat seinen Ursprung in den vornehmen englischen Clubs um die Mitte des 18. Jhs. Wollte man dort Mitglied werden, so stimmten die Clubmitglieder mit schwarzen (Ablehnung) bzw. weißen (Aufnahme) Kugeln über die Bewerbung ab.

A blackleg ist heute ein Begriff für einen „Streikbrecher"; in früheren Zeiten bezeichnete es einen „Betrüger; Falschspieler" bei Pferderennen. (Diese Personen trugen oft hohe schwarze Stiefel.)

Wird ein Gefangener an einen anderen Ort transportiert, so benutzen die Briten die sog. **Black Maria**, was bei uns die „Grüne Minna" ist.

Und **black pudding** ist keinesfalls ein schwarzer Pudding, sondern schlicht und einfach „Blutwurst".

Was die Farbe Weiß angeht, so sprechen die Briten bei einer „schlaflosen Nacht" von einer **white night**. Sie unterscheiden weiterhin zwischen den **white collar** [*kO-lö(r)*] **workers** (**collar** „Kragen") „Angestellten" (die in weißen Hemden ihrer Arbeit nachgehen) und den **blue collar workers** „Arbeitern" (die oft eine blaue Arbeitsmontur tragen).

Da in Großbritannien die Farbe Blau für eine konservative und ein wenig elitäre Lebenseinstellung steht, ist Blau auch die Farbe der angesehen Universitäten des Landes, und **to be a blue** beschreibt Studenten aus Cambridge (hellblau) oder Oxford (dunkelblau), die ihre Universität bei Sportwettkämpfen vertreten haben.

Kommen wir zur Farbe Rot: Dort begegnet uns der **red herring**, in der Grundbedeutung ein „geräucherter (roter) Hering", in der übertragenen Bedeutung ein „Ablenkungsmanöver". Wahrscheinlich stammt die Wendung aus der Zeit um das Ende des 17. Jhs., als Flüchtlinge versuchten, mit Hilfe eines Räucherherings die sie verfolgenden Bluthunde auf eine falsche Spur zu locken.

In den USA gibt es den **redneck**, einen „Proleten, reaktionären Hinterwäldler", was darauf zurückgeht, daß der „einfache Amerikaner" meistens ein Bauer ist, dem bei der Feldarbeit den ganzen Tag die Sonne auf den Nacken brennt und dort einen Sonnenbrand auslöst.

Schließen wir dieses Kapitel mit der Farbe Grün, die auch in Großbritannien und den USA das Sinnbild für Umweltbewußtsein, Öko-Produkte u.ä. ist, was sich in **green electricity** „Biostrom", **greenie** „Liebhaber von Ökoprodukten" und **greenhouse** „Treibhaus-" niederschlägt. Und während der Brite **green fingers** hat, d.h. gut mit Pflanzen umgehen kann, hat der Amerikaner den **green thumb** [*fßum*], den „grünen Daumen".

39 THE SEVEN AGES OF MEN...

Unser Titel stammt aus Shakespeares „Wie es euch gefällt". In diesem Stück spricht Jacques, einer der Edelleute, die den Herzog in die Verbannung begleiten, über die sieben Lebensabschnitte des Mannes. Und so geht es in diesem Kapitel um das Thema „Alter".

> Mr Harding must be **as old as the hills**. He can remember the first steam engines!   1

steam [*ßti:m*]; **engines** [*än-dʃins*].

as old as the hills: extremely old.
steam: the hot wet substance like a thin cloud that is produced when water is heated.
steam engine: an engine that gets its power from steam, especially a railway engine.

„Herr Harding muß schon steinalt (so alt wie die Berge) sein. Er kann sich an die ersten Dampflokomotiven erinnern!"

In **to be a old as the hills** wird mit **hills** auf das Alter der Berge angespielt, die sich vor Jahrmillionen gebildet haben. Der Ausdruck kann sowohl für Personen als auch für Sachen benutzt werden: **That joke is as old as the hills.** „Dieser Witz ist schon uralt."

= **to be as old as Methuselah** [*mö-fßju:-sö-lö*] „so alt wie Methusalem". Methusalem geht auf den biblischen Urvater zurück; er wurde angeblich 969 Jahre alt.

≈ **at/to a ripe old age**: **My grandfather lived to a ripe old age.** „Mein Großvater erreichte ein hohes Alter (lebte bis zu einem reifen alten Alter)." Man kann das erreichte Alter nennen: ... **lived to the ripe old age of 98**, und man kann noch hinzusetzen: **He had a good innings.** „Er hatte ein langes ausgefülltes Leben." (**innings** [➡ Kapitel 40, Serendipity]).

> He went to a public school, so he was able to get his job through the **old boy network**.   2

 public [*pab-lik*].

public school: an expensive private school where students usually live as well as study.
old boy network: a system by which men who went to the same school or college, who are members of the same club, or who know the same people, use their influence to help each other.

„Er ist auf eine Privatschule gegangen, daher konnte er seine Stelle durch Vetternwirtschaft bekommen."

the old boy network bezeichnet die unter den Absolventen derselben englischen Privatschulen gängige Praxis, sich gegenseitig bei der Vergabe von Ämtern und Stellen, beim Verleihen von Würden o.ä. zu bevorzugen, ähnlich wie wir dies unter „Vetternwirtschaft" oder „Klüngelei" kennen. Diejenigen, die nicht zu der Gruppe der Auserwählten gehören, benutzen diesen Begriff abwertend.

≈ **the old school tie system**, wobei **tie** nicht nur die Krawatte bezeichnet, die Teil der Schuluniform ist, sondern auch die Bedeutung „Band, Verbindung" hat.

> She'll have no problem hitching to Turkey, she's **an old hand** at travelling rough.   3

 Turkey [*tÖ:(r)-ki*]; **rough** [*raf*].

hitching: travelling by asking other people to take her in their car.
she's an old hand: she has been doing it for a long time and is very good at it.
travelling rough: travelling the uncomfortable way.

 „Sie wird keine Probleme damit haben, per Anhalter in die Türkei zu fahren, sie ist sehr erfahren, was das unbequeme Reisen (hart reisend) angeht."

 Auf **to be an old hand at s.th.** „sehr erfahren/ein alter Hase in etw. sein" kann ein Gerundium oder eine Wendung wie z.B. **at this sort/type of** + Nomen folgen: **They're old hands at this sort/type of work.** „Sie sind, was diese Art der Arbeit angeht, alte Hasen." **He's an old China hand.** „Er ist sehr erfahren, was China betrifft."

= **old stager** [*ßtei-dʃö(r)*] „alter Hase".

Erläuterungen zu **to hitch** bzw. **to hitch-hike**: [➡ Kapitel 26, 10 und Kapitel 35, 10].

You can't cure a cold with an onion! That's an **old wives' tale**.

4

 cure [*kju:(r)*]; **cold** [*kould*], **onion** [***On**-jön*]; **wives'** [*uaiws*]; **tale** [*teil*].

 cure: stop s.o. from being affected by an illness.
cold: a minor illness that blocks your nose and makes you cough.
an old wives' tale: a traditional belief that many people think is wrong or silly because there is no scientific proof of it.

 „Du kannst eine Erkältung nicht mit einer Zwiebel heilen! Das ist ein Ammenmärchen (Alte-Frauen-Märchen)."

 an old wives' tale „Ammenmärchen" ist eine unglaubwürdige Geschichte, die ihren Ursprung irgendwann in der Vergangenheit hatte, heute aber nur noch als Aberglaube betrachtet wird. Im Altenglischen und heute noch in bestimmten Dialekten bezeichnet **wife** nicht die Ehefrau, sondern ist einfach die „Frau".

Eine Person, die zu viele unnötige Sorgen mit sich herumschleppt, überempfindlich und kompliziert und aus diesem Grunde auch ein bißchen verwirrt ist, wird als **old woman** bezeichnet.

! Nicht zu verwechseln mit **old maid** [*meid*] „alte Jungfer" (ebenfalls gebräuchlich: **spinster**), ein abwertender Begriff für eine ältere, unverheiratet gebliebene Frau. Das männliche Pendant ist **a bachelor** [*bä-tschö-lö(r)*] „Junggeselle", was jedoch nicht abwertend gemeint ist.

HE GOT HIS JOB THROUGH THE OLD BOY NETWORK.

> No one listens to techno any more. **It's old hat**!
>
> 5

listens [*li-ßöns*]; **techno** [*täk-nou*].

techno: a type of dance music that developed in the 1980s, consisting of hard repeated beats and heavy drum sounds.
It's old hat: It's not interesting because people have known it for a long time.

„Kein Mensch hört mehr Techno[-Musik]. Das ist (ein) alter Hut!"

to be an old hat „ein alter Hut sein, aus der Mode sein" spielt auf die Zeit an, in der noch regelmäßig Hüte getragen wurden, die meistens schneller unmodern wurden als andere Kleidungsstücke.

≈ **behind the times** „unzeitgemäß", aber auch „hinter dem Mond", was bedeutet, daß jemand die neuesten Entwicklungen nicht mitbekommen hat.

≈ **out of date**.

KAPITEL 39

> In the computer industry, things move so fast
> that **you're past it** at twenty-five nowadays. **6**

🔔 **industry** [*in-döß-tri*].

💡 **you're past it**: you're no longer posted about new developments.

💬 „In der Computerbranche entwickeln sich die Dinge so schnell, daß man heutzutage mit 25 schon alt (dahinter) ist."

📖 **to be past it** „zu alt, um noch auf dem laufenden zu sein".

≈ Etwas moderner und ein wenig humoristisch ist der Ausdruck **to be past the sell-by date** „das Mindesthaltbarkeitsdatum überschritten haben". Auf den Verpackungen steht dann **Sell by** + Datum oder **Best before** + Datum.

≈ **to be over the hills**.

> We'd better change the carpet. It's beginning
> to **show its age**. **7**

🔔 **carpet** [*ka(r)-pöt*]; **age** [*eidj*].

💡 **carpet**: a thick soft cover for a floor.
to show its age: to look old.

💬 „Wir sollten besser den Teppich auswechseln. Er wird langsam alt (beginnt sein Alter zu zeigen)."

📖 **to show one's age** „alt werden/aussehen" kann sowohl für Personen als auch für Gegenstände verwendet werden. Es bezieht sich nicht nur auf das Äußere, sondern auch auf das „mentale Altwerden".

Macht sich das Altwerden körperlich bemerkbar, benutzt man **to feel one's age**.

! Nicht zu verwechseln mit **not to look one's age** „jünger aussehen als man ist, sich gut gehalten haben": **She's already 65? She really doesn't look her age!** „Sie ist schon 65? So alt sieht sie wirklich nicht aus!"

> **The Young Turks** of the Labour Party are rapidly replacing **the old guard**.   8

🔔 Turks [*tÖ:(r)kß*]; guard [*ga(r)d*].

💡 **The Young Turks**: the members of a reformist organization in the Ottoman Empire at the end of the 19th century.
the old guard: the people in an organization who have been there for a long time and do not like changes or new ideas.

💬 „Die jungen ehrgeizigen Leute (jungen Türken) aus der Labour Party ersetzen schnell die alte Garde."

📖 Hier finden wir zwei Ausdrücke mit historischem Ursprung: **The Young Turks** „Jungtürken" war eine politische Bewegung im Osmanischen Reich, die seit 1876 im Untergrund auf liberale Reformen und eine konstitutionelle Staatsform hinarbeitete. Ziel war die Stärkung des außenpolitisch gefährdeten und innenpolitisch vom Zerfall bedrohten Reiches durch systematische politische, militärische und wirtschaftliche Modernisierung. Der Begriff wird heute noch für junge, aufstrebende Personen benutzt. **The old guard** ist die Bezeichnung für die in Frankreich 1804 von Napoleon aufgebaute Kaiserliche Garde. Über seine zahlreichen Feldzüge und Schlachten hinweg entwickelte Napoleon ein sehr persönliches Verhältnis zur Garde, die nicht nur im Krieg für seine Sicherheit garantierte, sondern auch in Friedenszeiten zu Repräsentationszwecken eingesetzt wurde. Heute bezeichnet man mit **the old guard** Angehörige von Gruppen oder Organisationen, die eine konservative Grundeinstellung haben und neue Ideen und Veränderungen ablehnen.

> Don't you think you're **a bit long in the tooth** for flashy sports cars?   9

🔔 tooth [*tu:fß*]; flashy [*flä-schi*].

💡 **a bit long in the tooth**: rather old.
flashy: very fashionable or expensive.

💬 „Findest du nicht, daß du ein bißchen zu alt (lang im Zahn) bist für protzige Sportwagen?"

(a bit) **long in the tooth** ist eine Anspielung auf Pferde, bei denen im Alter das Zahnfleisch zurückgeht und die Zähne dadurch „lang" werden. So kann ein Pferdekenner beim Blick in das Pferdemaul auf relativ einfache Weise feststellen, ob das Pferd jung oder schon älter ist. Übertragen auf den Menschen bedeutet die Wendung „schon ein bißchen zu alt/nicht mehr der/die Jüngste" [➡ Kapitel 21, Serendipity].

≈ **to be getting on** (**a bit**) ist eine Variante von **to be getting on in years** „relativ alt": **Don't you think you're getting on a bit?**

* **flashy** „auffällig, protzig" kann auf Gegenstände oder auf Personen angewendet werden; es impliziert oft auch den Versuch, durch übertriebenes Verhalten oder sehr auffälliges Aussehen Aufmerksamkeit zu erregen und zu beeindrucken.

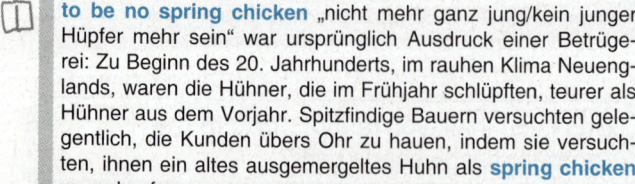

I don't know exactly when he was born, but he's no **spring chicken**. 10

 exactly [*ig-säkt-li*]; **chicken** [*tschi-kön*].

 he's no spring chicken: he's rather old.

 „Ich weiß nicht genau, wann er geboren ist, aber er ist nicht mehr ganz jung (kein Frühlingsküken)."

to be no spring chicken „nicht mehr ganz jung/kein junger Hüpfer mehr sein" war ursprünglich Ausdruck einer Betrügerei: Zu Beginn des 20. Jahrhunderts, im rauhen Klima Neuenglands, waren die Hühner, die im Frühjahr schlüpften, teurer als Hühner aus dem Vorjahr. Spitzfindige Bauern versuchten gelegentlich, die Kunden übers Ohr zu hauen, indem sie versuchten, ihnen ein altes ausgemergeltes Huhn als **spring chicken** zu verkaufen.

Normalerweise ist **chicken** ein Ausdruck für einen „Angsthasen, Feigling": **The two boys played chicken at the edge of the cliff.** „Die beiden Jungen machten Mutproben (spielten Angsthasen) am Rand der Klippe." Es bildet auch ein Adjektiv: **He's a chicken-hearted traitor** [*trei-tö(r)*]. „Er ist ein feiger Verräter": Das Verb lautet **to chicken out of s.th.** „vor etw. kneifen".

> Although Charlie Chaplin died at the age of
> 88, he remained **young at heart** all his life. 11

🔔 **Although** [*O:l-fsou*]; **died** [*daid*].

💡 **young at heart**: having a lively positive attitude to life that is
more typical of a younger person.

💬 „Obwohl Charlie Chaplin im Alter von 88 Jahren starb, blieb er
sein Leben lang jung im Herzen."

📖 **to be/remain young at heart** bildet auch ein Substantiv: **the
young-at-heart** „die im Herzen Junggebliebenen". Grundlage
dieses Ausdrucks ist **at heart** „im Innersten": **He may be ninety-
five, but at heart he's still a kid.** „Er mag 95 Jahre alt sein,
aber in seinem Innersten ist er immer noch ein Kind."

≠ Der Ausdruck für jemanden, der in seinen Ansichten und Verhaltensweisen älter ist als es seinem Alter entspricht, lautet **to
be old before one's time**.

> – A man is **in the prime of life** at forty.
> – How old are you? – Forty. 12

🔔 **prime** [*praim*].

💡 **the prime of life**: the stage in your life when you are most active
or most successful.

💬 – „Ein Mann ist mit 40 in der Blüte seines Lebens. – Wie alt bist
du? – 40."

📖 **to be in the prime of one's life** „in der Blüte des Lebens/der
Jahre sein": **prime** bedeutet „Höhepunkt, Krönung", heißt aber
auch „Haupt-, höchster/-e/-es; bester/-e/-es": **to be of prime importance** „von höchster Wichtigkeit sein", **in prime condition**
„in bester Verfassung", wofür **in the pink of condition** ein Synonym ist [➡ Kapitel 38, 10].

to be past one's prime sagt man, wenn man „die besten Jahre überschritten" hat.

> They computerized the entire administrative
> department and **put** my uncle **out to grass**
> at the relatively young age of fifty. **13**

 computerized [*kOm-pju:-tö-raisd*]; **entire** [*än-tai-ö(r)*]; **ad-ministrative** [*äd-mi-ni-ßtrö-tif*]; **relatively** [*rä-lö-tif-li*].

 put out to grass: gave ... his notice.

 „Sie haben die gesamte Verwaltungsabteilung auf Computer umgestellt und meinen Onkel in dem relativ jungen Alter von 50 in den Ruhestand geschickt (raus aufs Gras gesetzt)."

📖 **to put/turn s.b. out to grass** kommt aus der Viehwirtschaft. Tiere, die zu alt zum Arbeiten sind, werden auf die Weide getrieben. Heute wird es im übertragenen Sinne für „in den Ruhestand schicken" benutzt.

= **to put out to pasture** (**pasture** [*pa:ß-tschö(r)*] „Viehfutter; Weideland"): **Harry was put out to pasture at fifty-five.** „Harry wurde mit 55 in den Ruhestand geschickt."

* Die Wendung hat nichts mit dem Ausdruck **grass widow** „Strohwitwe" zu tun, mit dem wir heute Frauen bezeichnen, die vorübergehend von ihrem Partner getrennt sind. Ursprünglich bezeichnete **grass widow** eine Frau, die von einem Mann – meistens irgendwo im Grünen (**grass**) – verführt und dann sitzengelassen wurde. Hierfür existiert ein etwas veraltetes Synonym: **to give a girl a green robe**, wobei das „grüne Kleid" auf die Spuren anspielt, die durch das Herumtollen im Gras an der Kleidung der Liebenden zurückgeblieben sind.

YOU'RE A BIT LONG IN THE TOOTH FOR FLASHY SPORTS CARS.

> He's just like his father – a real **chip off the old block**. 14

 chip [*tschip*].

 chip: a very small piece of s.th. like wood or glass especially when it has broken off s.th.
a real chip of the old block: used for saying that s.o. looks or behaves like one of his parents.

 „Er ist genau wie sein Vater – der Apfel fällt nicht weit vom Stamm (ein echter Splitter vom alten Klotz)."

📖 **to be a chip off the old block** „ganz der Vater/die Mutter". Mit **block** ist ein „Holz-/Steinklotz" gemeint, **chip** ist ein „Splitter, Span", der sich von diesem Klotz löst: **off**. Die Wendung spielt auf eine Ähnlichkeit im Verhalten an. Möchte man ausdrücken, daß jemand einem Elternteil äußerlich sehr ähnlich sieht, so sagt man: **He's the spitting image of his father/mother.** „Er ist seinem Vater/seiner Mutter wie aus dem Gesicht geschnitten/ sieht ihm/ihr gespuckt ähnlich."

! Nicht zu verwechseln mit **to have a chip on one's shoulder**. In den USA und Kanada gab es einen Brauch, nach dem jemand, der einen Kampf ausfechten wollte, sich einen Holzspan auf die Schulter legte und andere Personen aufforderte, diese herunterzuschnippen. Kam die Person der Aufforderung nach, erklärte sie damit ihr Einverständnis zum Kampf.

SERENDIPITY

Wir wollen uns hier das Adverb **off** näher ansehen, das auch in einigen unserer Beispielsätze vorkam und das in den meisten Fällen in den Bedeutungen „weg, ab, von" auftaucht und immer impliziert, daß jemand oder etwas weit von etwas anderem entfernt ist oder sich von etwas anderem entfernt oder löst bzw. außerhalb von etwas anderem existiert. Ein paar Beispiele machen dies klarer:
The lake is far off. „Der See ist weit entfernt."
Already seven o'clock! I must be off! „Schon sieben Uhr! Ich muß los!"
The meat is off. „Das Fleisch ist schlecht geworden."
He is badly off. „Es geht ihm [finanziell] schlecht."

You're getting completely off the subject. „Du schweifst völlig vom Thema ab."

He has been off drugs for six months now. „Er ist jetzt seit sechs Monaten von den Drogen los/clean."

Walk up to the traffic lights, and take a turning off the main road. „Geh bis zur Ampel, und bieg dann von der Hauptstraße ab."

Zwei Wendungen mit **off**, die Sie schon kennen und die Sie auf keinen Fall verwechseln sollten, sind **to have an off day** „einen schlechten Tag haben" und **to have a day off** „einen freien Tag haben" [➡ Kapitel 8, 10].

Natürlich gibt es auch Zusammensetzungen mit **off**, darunter:

Fares are cheaper off-season. „Die Tarife sind außerhalb der Saison billiger."

I'm afraid you will not reach him on the phone. He's off-duty today. „Ich fürchte, Sie können ihn telefonisch nicht erreichen. Er hat heute dienstfrei."

What a brilliant speaker! He spoke off the cuff for twenty minutes without a single note! „Was für ein brillanter Sprecher! Er hat 20 Minuten lang aus dem Stegreif [und] ohne eine einzige Notiz gesprochen!" (**cuff** „Ärmelmanschette").

I don't like these off-the-peg clothes; they all look the same. „Ich mag diese Kleidungsstücke von der Stange nicht. Sie sehen alle gleich aus."

In vielen Branchen spricht man, wenn man vorgefertigte oder standardisierte Produkte meint, von **off-the-shelf**, wörtlich „aus dem Regalfach": **The company is specialized in computer peripherals and off-the-shelf software.** „Das Unternehmen ist spezialisiert auf Computerperipheriegeräte und standardisierte Software." Sind Produkte hingegen so konzipiert, daß sie an die individuellen Ansprüche des jeweiligen Kunden angepaßt sind, so bezeichnet man sie als **customized** [*kaß-tö-maisd*].

40 OUT TO LUNCH

In vielen Idiomen bezeichnet **out** einen Mangel an etwas oder eine Sache, die nicht mehr an ihrem Platz ist. Daß dies jedoch nicht immer der Fall ist, zeigt zum einen der Titel, der jemanden beschreibt, der auf etwas merkwürdige Weise denkt oder handelt, zum anderen die Beispiele in diesem Kapitel. Außerdem beschäftigen wir uns noch mit einem typisch englischen Sport.

> He's been **out of work** ever since the mine
> was closed five years ago.   1

🔔 since [*ßinß*]; mine [*main*].

💡 **out of work**: unemployed.
mine: a large hole or tunnel in the ground from which people take coal, gold etc.

Ⓓ „Er ist arbeitslos, seit das Bergwerk vor fünf Jahren geschlossen wurde."

📖 **to be out of work/out of a job** „arbeitslos sein, keine Arbeit mehr haben". **Out of** wird oft benutzt, wenn etwas Bestimmtes nicht (mehr) vorhanden ist: **We're out of coffee.** „Wir haben keinen Kaffee mehr." **I'm afraid you're out of luck; he's just left.** „Ich fürchte, Sie haben kein Glück; er ist gerade gegangen."

= jobless: **He's been jobless since the mine closed.**

> Michael has taken a job in the Middle East.
> **He's out to** make as much money as
> possible in five years.   2

🔔 Middle [*mi-döl*]; East [*i:ßt*].

💡 **Middle East**: the region of the world that consists of the countries east of the Mediterranean Sea and west of India, including Egypt, Jordan, Israel, Lebanon, Syria, Turkey, Iran, and Iraq.
He's out to make: He has decided to make.

Ⓓ „Michael hat eine Stelle im Nahen (mittleren) Osten angenommen. Er ist entschlossen, in fünf Jahren so viel Geld wie möglich zu verdienen (machen)."

📖 **to be out to/for** „entschlossen sein zu, den Plan haben zu" drückt Ehrgeiz und Zielstrebigkeit aus. Wir haben im Deutschen einen ähnlichen Ausdruck: „auf etw. aus sein, es auf etw. abgesehen haben": **Are you out for trouble?** „Bist du auf Streit aus?". **He's out for your money.** „Er hat es auf dein Geld abgesehen."

> I really **feel out of it**. I haven't seen a
> newspaper in a week.   3

 I ... feel out of it: I'm lacking important information; thus I am not informed about what is happening.

„Ich fühle mich total außen vor. Ich habe seit einer Woche keine Zeitung mehr gelesen."

to feel out of it/**things** kann man vielleicht am besten mit „außen vor" wiedergeben, d.h. es fehlen einem die Informationen, die man benötigt, um auf dem laufenden und nicht von der aktuellen Entwicklung ausgeschlossen zu sein: **Look after Damian, will you? I want to make sure he doesn't feel left out** (**of things**). „Kümmer dich um Damian, ja? Ich möchte sichergehen, daß er sich nicht ausgeschlossen fühlt."

= Die gleiche Bedeutung hat **out of the loop** (**loop** „Schleife, Schlaufe").

> You're not taking a boat out in weather like
> this. You must **be out of your mind**!   4

 weather [*uä-fsö(r)*].

 You must be out of your mind!: You must be crazy!

„Du wirst nicht bei so einem Wetter mit dem Boot rausfahren. Du hast wohl den Verstand verloren!"

to be out of one's (**tiny**) **mind** „verrückt werden, den Verstand verlieren" wird auch häufig mit **with** in Verbindung mit einem Gefühl benutzt: **She was out of her mind with worry.** „Sie war verrückt vor Sorgen." Es kann auch vorkommen, daß man buchstäblich „neben sich" steht: **She was beside herself with worry**.

! Nicht zu verwechseln mit **It went out of my mind.** „Ich habe es vergessen/es ist mir entfallen".

! Nicht zu verwechseln mit **to be out of one's brains**, das eine Umschreibung für „betrunken" ist: **He was out of his brains after three drinks**.

– Do you think she'll miss him while he's away? – You know what they say: **Out of sight, out of mind**.   5

 sight [ßait].

Out of sight, out of mind: Used for saying that when you do not see or hear about s.th., you do not think about it.

– „Denkst du, sie wird ihn vermissen, während er weg ist? – Du weißt ja, was man sagt: Aus den Augen (aus der Sicht), aus dem Sinn."

! Nicht zu verwechseln mit **to be out of one's mind** [➡ Satz 4].

≠ **Absence makes the heart grow fonder.** „Durch die Ferne wächst die Liebe."

OUT OF SIGHT, OUT OF MIND.

I wouldn't trust him as far as I could throw him. He's an **out-and-out** crook!   6

 trust [traßt]; **throw** [fßrou]; **crook** [kruk].

 I wouldn't trust him as far as I could throw him: I don't trust him at all.
out-and-out: showing all the qualities of a particular type of person that you do not approve of.
crook: s.o. who is dishonest or criminal.

(D) „Ich würde ihm kein Stück über den Weg trauen (ihm nicht so weit vertrauen wie ich ihn werfen könnte). Er ist ein ausgemachter Schurke!"

out-and-out „ausgemacht, durch und durch, Erz-" betont oft eine negative Eigenschaft einer Person.

I wouldn't trust him as far as I could throw him drückt aus, daß man zu einer Person überhaupt kein Vertrauen hat.

= **I don't trust him an inch** hat die gleiche Bedeutung.

* Die Grundbedeutung von **crook** ist „Krummstab, Hirtenstab; Haken"; **crooked** bezeichnet immer etwas Krummes. Hieraus hat sich im Laufe der Zeit die Bedeutung „Gauner, Schurke" entwickelt, also jemand, der in „krumme Geschäfte" verwickelt ist.

Ever since he moved away from the mainstream of the party, he's **been out on a limb**.

7

---

mainstream [*mein*-ßtri:m]; **limb** [*lim*].

mainstream: ideas, methods or people that are considered ordinary or normal and accepted by most people.
limb: 1. an arm or a leg. 2. a large branch on a tree.
he's been out on a limb: in a position where you have no support from other people.

„Seitdem er sich von der Hauptrichtung der Partei entfernt (bewegt) hat, steht er alleine (ist er draußen auf einem Ast)."

In **to be òut on a limb** hat **limb** die Bedeutung „Ast". Gemeint ist, daß jemand sich in einer delikaten Situation durch eine bestimmte Verhaltensweise oder Ansicht isoliert und ohne Unterstützung ist, sozusagen „auf einem Ast sitzt". In Verbindung mit **to go** kann es auch bedeuten, daß jemand ein Risiko eingeht bzw. etwas wagt: **I'm going out on a limb by criticising his health policy, but someone has to do it.** „Ich gehe ein Risiko ein, wenn ich seine Gesundheitspolitik kritisiere, aber jemand muß es machen."

≠ Das Gegenteil dieser Wendung ist ebenfalls im Beispielsatz zu finden: **to be in the mainstream** „der Hauptrichtung/Hauptströmung folgen".

> We'll split all the costs. I don't want anyone to end up **out of pocket**. **8**

costs [*kOßtß*]; **pocket** [*p**O**-köt*].

split: divide into smaller parts.
out of pocket: to have lost money as a result of a business deal.

„Wir werden alle Kosten aufteilen. Ich möchte nicht, daß jemand am Ende draufzahlt (aus der Tasche endet)."

out of pocket wird benutzt, wenn man bei einem Geschäft Geld verliert. In der Wirtschaftssprache bedeutet **out-of-pocket expenses** „Barauslagen".

! Nicht zu verwechseln mit **to pay for s.th. out of one's own pocket** „etw. aus der eigenen Tasche bezahlen".

> Stop avoiding Marcus. You two should **have it out** as soon as possible. **9**

avoiding [*ö-w**oi**-ding*]; **Marcus** [*ma:(r)-köß*]; **soon** [*ßu:n*].

avoiding: trying not to go near s.o.
have it out: talk to one another honestly and directly about a problem that is causing disagreement.

„Hör auf, Markus zu meiden. Ihr beide solltet so bald wie möglich offen miteinander sprechen."

to have it out with s.b. „mit jmdm. offen reden", um eine Meinungsverschiedenheit zu beseitigen.

≈ **to have a heart-to-heart** „über das sprechen, was man auf dem Herzen hat" [➡ Kapitel 3, 8].

> There is a definite rivalry between the two brothers. They're always trying to **outdo** one another. **10**

 definite [*dä-fi-nöt*]; **rivalry** [*rai-wöl-ri*].

 definite: certain.
rivalry: a situation in which people, teams, businesses compete with one another.
to outdo: to be better than s.o. else at doing s.th.

 „Es gibt eine entschiedene Rivalität zwischen den beiden Brüdern. Sie versuchen immer, sich gegenseitig zu übertreffen."

 to outdo s.o. „jmdn. übertreffen, jmdn. überbieten". Weitere Verben, die ebenfalls das Element **out** enthalten und ausdrükken, daß etwas oder jemand besser ist als etwas anderes oder jemand anders: **to outact** „an die Wand spielen", **to outfight** „besser kämpfen als", **to outnumber** „zahlenmäßig überlegen sein", **to outperform** „überbieten", **to outrun** „schneller laufen als", **to outsell** „sich besser verkaufen als".

≈ **to be/get/go one up on s.o.** „jmdm. eine Nasenlänge voraus sein, jmdn. übertrumpfen" oder **to go one better than s.o.** „jmdn. übertrumpfen" [➜ Kapitel 7, 10].

* Im gleichen Stil: **to out-herod s.o.**, spielt auf den biblischen König Herodes an, dessen Herrschaft von Grausamkeit und Kaltblütigkeit gekennzeichnet war. Herodes ordnete die Ermordung aller Knaben in und um Bethlehem im Alter von bis zu zwei Jahren an, da Sterndeuter ihm berichteten, in Bethlehem sei der neue „König der Juden" geboren, wodurch Herodes sich in seiner Macht bedroht sah. **To out-herod s.o.** bedeutet also „jmdn. an Grausamkeit und Kaltblütigkeit übertreffen".

> The council has refused him planning permission for a swimming pool. That'll **put his nose out of joint**. **11**

 council [*kaon-ßöl*]; **refused** [*ri-fju:sd*]; **permission** [*pö(r)-mischön*]; **joint** [*dƷoint*].

refused: not given the permission he asked for.
planning permission: official permission from local government to build a new building.
out of joint: not in the correct position.
That'll put his nose out of joint: That will annoy him.

 „Die Stadt (der Rat) hat ihm die Baugenehmigung (Planungs-genehmigung) für einen Swimming-Pool verweigert. Das wird ihn vor den Kopf stoßen (ihm die Nase ausrenken)."

to put s.o.'s nose out of joint „jmdn. vor den Kopf stoßen" wird in Situationen benutzt, in denen eine Person in ihrem Stolz ge-kränkt wird bzw. ihre Pläne durchkreuzt werden: **They gave the job to a woman. That'll put Dave's nose out of joint!** „Sie haben die Stelle einer Frau gegeben. Das wird Dave's Pläne durchkreuzen!"

THE COUNCIL HAS REFUSED HIM PLANNING PERMISSION.
THAT'LL PUT HIS NOSE OUT OF JOINT.

Once I've paid off my debts, I'll be **out of the woods**. 12

 paid [*peid*]; **debts** [*dätß*]; **woods** [*wuds*].

 debt: an amount of money that you owe.
I'll be out of the woods: I'll be no longer in a difficult situation.

„Sobald ich meine Schulden abbezahlt habe, bin ich aus der Patsche (aus dem Wald)."

In **to be out of the woods** wird **woods** im Plural benutzt, ansonsten kann für „Wald" **wood** oder **woods** verwendet werden. Die Wendung wird auch im Sinne von „über den Berg sein" benutzt, um auszudrücken, daß ein Kranker das schlimmste Stadium seiner Krankheit überwunden hat und auf dem Weg der Besserung ist: **The doctor says that she isn't out of the woods yet.** „Der Arzt sagt, daß sie noch nicht über den Berg ist."

After convalescing for three weeks, she was **out and about**. 13

---

 convalescing [*kOn-wö-lä-ßing*].

 convalescing: spending time resting after an illness or operation in order to become healthier or stronger.
she was out and about: she could be active again after her illness.

 „Nachdem sie drei Wochen lang auf dem Wege der Besserung war, war sie wieder aktiv und unternehmungslustig (aus und über)."

 In **to be out and about** „(nach einer Krankheit wieder) aktiv sein und etwas unternehmen" meint **out** „aus dem Haus gehen". Vorher muß man jedoch erst einmal wieder „auf den Beinen sein": **to be up and about**.

I'm new to the job, so I haven't yet mastered all **the ins and outs**. 14

---

 mastered [*maß-tö(r)d*].

 mastered: learned thoroughly so I know it or can do it very well.
all the ins and outs: all the details or facts that you need to know in order to deal with a complicated situation.

 „Ich bin noch neu in dem Job, daher beherrsche ich noch nicht alle Einzelheiten."

to know the ins and outs of „sich mit etw. gut auskennen, etw. in- und auswendig kennen": **I don't know the ins and outs of the British legal system.** „Ich kenne mich mit den Einzelheiten des britischen Rechtssystems nicht gut aus." Ursprünglich waren mit **ins and outs** die Ein- und Ausgänge bzw. die „Ecken und Winkel" eines Gebäudes gemeint. Heute verstehen wir darunter „Details, Einzelheiten". Ein anderer Ausdruck für „alle Ecken und Winkel" ist **every nook** [*nuk*] **and cranny** [*krä-ni*]: **I looked for it in every nook and cranny**.

Eine Vielzahl an Ausdrücken zum Thema Wissen und Kenntnisse finden Sie in Kapitel 37.

SERENDIPITY

the ins and outs führt uns zu einem überaus beliebten Nationalsport der Briten, dem **cricket**. Viele Begriffe aus dem Krikket sind als Redewendungen in die Umgangssprache eingegangen.

Die Spielregeln des Krickets können äußerst kompliziert sein; die Grundzüge des Spiels sind aber überschaubar. Es gibt zahlreiche Austragungsformen, von **Test Cricket** über **One-Day Cricket** bis hin zu **Twenty20-Cricket**.

Zunächst einmal muß man wissen, daß Kricket das Symbol des „Fair Play", des fairen Spiels, ist. So beschwert man sich mit **That's not cricket!**, daß etwas „nicht ehrlich" oder sozial ungerecht ist.

Bei einem Kricket-Match stehen sich auf einem großen ovalen Platz zwei Mannschaften von je elf Spielern gegenüber. Jede Mannschaft verteidigt ihr Tor (**wicket**) und ist abwechselnd Schlagmannschaft (**batting side**) oder Feldmannschaft (**fielding side**). Der Schlagmann (**batsman**) schlägt den Ball mit einem Schlagholz, **bat**, woraus der Ausdruck **to do s.th. off one's own bat** „etwas aus eigenem Antrieb tun" entstanden ist. Und **to play a straight bat**, wörtlich „einen geraden/direkten Schlag tun", bedeutet „ein ehrliches/offenes Spiel spielen".

Wicket bezeichnet zum einen das Tor, das aus drei Stäben (**stumps**) besteht, auf denen lose je zwei kleinere Querstäbe (**bails** [*beils*]) liegen, zum anderen das Spielfeld selbst. Hieraus hat sich ebenfalls eine Redewendung entwickelt: **We're batting**

on a sticky wicket kann zum einen bedeuten „Wir kämpfen auf schwerem Untergrund" (= das Spielfeld ist matschig und daher schwer zu bespielen), zum anderen „Wir haben es mit einer sehr komplizierten Situation zu tun".

Die Punkte werden beim Kricket in Form von sog. **runs** gezählt: Der Schlagmann versucht, den vom Werfer (**bowler** [*bou*-lö(r)]) geworfenen Ball so wegzuschlagen, daß er genügend Zeit hat, zum anderen **wicket** hinüberzulaufen. Je nachdem, wie weit der Ball geschlagen wird, gelingt dem Schlagmann eine unterschiedliche Anzahl von **runs**. Wird der Ball über die Begrenzung des Platzes hinaus geschlagen, so zählt dies sechs Punkte. Hieraus ist **to hit (knock) s.o. for a six** „jmdn. sprachlos/verblüfft/bestürzt machen" entstanden.

Aufgabe des Werfers ist es, den Ball abzufangen, bevor er den Boden berührt und dann mit diesem das gegnerische **wicket** zu zerschlagen. Gelingt ihm dies, spricht man von **to catch out**. Im übertragenen Sinne bedeutet **to catch out** „jmdn. erwischen" oder „an jmdm. etwas Tadelnswertes finden".

Die einzelnen Spielabschnitte beim Kricket werden **innings** genannt, wobei **innings** immer im Plural steht: **first innings**, **second innings**, ..., während die Amerikaner für ihre Variante des Kricket, **baseball**, das Wort im Singular verwenden. Auch zu **innings** gibt es eine Redewendung: **to have had a good innings** „ein erfülltes, erfolgreiches Leben geführt haben" [➡ Kapitel 39, 1].

---

41 IT TAKES TWO TO TANGO

It takes two to tango stammt aus einem Lied aus den 50er Jahren und besagt, daß man, um sich zu einigen, zusammenarbeiten und sich aufeinander einstellen muß – so, als würde man zusammen tanzen.

Sehen wir uns nun Wendungen an, in denen zum einen Alliterationen, also der Gleichklang von Anlauten, zum anderen Assonanzen, d.h. der Gleichklang bestimmter Wörter, der sich nur auf die Vokale beschränkt, vorkommen.

> When you've finished cooking, I want you to
> leave the kitchen **spick and span.** 1

🔔 **spick** [*ßpik*]; **span** [*ßpän*].

💡 **spick and span**: very clean and tidy.

💬 „Wenn du mit dem Kochen fertig bist, möchte ich, daß du die Küche blitzblank hinterläßt."

📖 **spick and span**, das häufig mit **to leave** verbunden wird, ist eine Verkürzung des veralteten **spick and span new** „brand-neu" aus der Seemannssprache. Möglicherweise geht es zurück auf **spic**, ein altes Wort für „Nagel", und **span** „Holzbrett". Aber Achtung: **spic** ist in den USA auch eine abwertende Bezeichnung für einen Lateinamerikaner.

> Their marriage is solid; they've been
> **through thick and thin** together. 2

🔔 **marriage** [*mä-ri-ödf*]; **solid** [*ßO-lid*].

💡 **solid**: having a good and trustworthy basis.
through thick and thin: in all situations, especially the most difficult ones.

💬 „Ihre Ehe ist solide, sie sind miteinander durch dick und dünn gegangen."

📖 Grundlage von **through thick and thin** „gemeinsam durch dick und dünn gehen" ist womöglich das Bild des Jägers, der das Wild durch dickes Unterholz wie auch über weite Felder verfolgt. **I'll stick to you through thick and thin.** „Ich gehe mit dir durch dick und dünn" (= halte zu dir, komme, was mag).

≈ **to be very thick with s.b.** oder **to be as thick as thieves** [*fßi:ws*] „mit jmdm. dick befreundet sein, dicke Freunde (so dick wie Diebe) sein". Hier muß man jedoch vorsichtig sein, denn **thick** wird auch als Schimpfwort gebraucht; es bedeutet „doof, dumm", und **to be as thick as two short planks** ist „so dumm wie Bohnenstroh (wie zwei kurze Planken) sein"!

! Nicht zu verwechseln mit **thick and fast** „in rauhen Mengen, im Überfluß": **Applications have been coming in thick and fast.** „Es kamen Anträge in rauhen Mengen."

> You really have to read the preface. **It's part and parcel** of the book. 3

preface [*prä-föß*]; **parcel** [*pa(r)-ßöl*].

preface: an introduction to a book or a speech.
It's part and parcel: It's an essential part.

„Du mußt wirklich das Vorwort lesen. Es ist ein wesentlicher Bestandteil (Teil und Päckchen) des Buches."

to be part and parcel of s.th. „ein wesentlicher Bestandteil von etw. sein".

= **It's a part of the job: Back-breaking work and low pay are all part of a miner's job.** „Knochenarbeit und schlechte Bezahlung gehören zur Arbeit eines Bergmanns."

≈ Eine weitere Variante lautet: **It comes with the territory** [*tä-ri-tO-ri*]: Wenn man Land erwirbt, dann erwirbt man gleichzeitig auch die Probleme, die dazugehören.

> When depreciating a fixed asset, you make an allowance for normal **wear and tear**. 4

depreciating [*di-pri:-schi-ei-ting*]; **asset** [*ä-ßöt*]; **allowance** [*ö-lao-önß*]; **wear** [*uä:(r)*], **tear** [*tä:(r)*].

depreciating: becoming less valuable than before.
fixed asset: s.th. a company owns and uses but does not sell, for example machines, buildings, or land.
allowance: an amount of money that you are officially allowed to earn without having to pay tax on it.
wear and tear: the changes or damage that normally happen to s.th. that has been used, causing it to be less useful or less valuable.

„Bei der Abschreibung von Anlagevermögen gilt (machen Sie) ein Freibetrag für normale Abnutzungserscheinungen."

wear and tear wird häufig in Verbindung mit **fair** oder **normal** benutzt, um eine „normale" bzw. „gebrauchsübliche" Abnutzung zu bezeichnen: **This food processor will stand up to normal wear and tear, but don't use it for more than ten minutes at a stretch.** „Diese Küchenmaschine hält eine normale Beanspruchung aus, aber benutzen Sie sie nicht länger als zehn Minuten am Stück."

* to wear kann neben seiner Hauptbedeutung „(Kleidung) tragen" noch Verbindungen mit zahlreichen Partikeln eingehen: **to wear out** „aufbrauchen, auftragen, ablaufen": **The battery will wear out if you leave the radio on.** „Die Batterie wird sich aufbrauchen, wenn du das Radio anläßt." **To wear down** „ausgetreten werden, ablaufen (Schuhe), abfahren (Reifen)", aber auch „fertigmachen, zermürben": **This work is wearing me down.** „Diese Arbeit macht mich fertig."

> They **fought tooth and nail** to stop the council from building a football stadium. 5

fought [fO:f]; **tooth** [tu:fß]; **nail** [neil]; **stadium** [ßtei-di-öm].

They fought tooth and nail: They fought with energy and determination.
stadium: a large building, usually with a roof, where people watch sports events such as football matches or races.

„Sie kämpften verbissen (Zahn und Nagel), um zu verhindern (zu stoppen), daß die Stadt (der Rat) ein Fußballstadium baut."

to fight tooth and nail wird benutzt, wenn zwei Seiten im übertragenen Sinne einen Kampf austragen; ein echter Kampf würde eher mit **to fight like tigers** („wie Tiger") oder **to fight like wildcats** („wie Wildkatzen") umschrieben. Gilt der Kampf schon im Vorfeld als verloren oder aussichtslos, so sagt man: **They're fighting a losing** [lu:-sing] **battle**.

Achtung: In diesem Beispiel treffen Sie auf einen „falschen Freund": **stadium** bedeutet „Stadion", für „Stadium" sagt man im Englischen **stage**.

KAPITEL 41

407

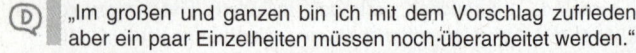

By and large, I'm satisfied with the proposal, but a couple of items need to be revised. **6**

 large [*la:(r)dʒ*]; **satisfied** [*ßä-tiß-faid*]; **couple** [*kapl*]; **items** [*ai-töms*]; **revised** [*ri-waisd*].

 By and large: On the whole.
satisfied: pleased with what has happened.
a couple of: some.
items: details.
revised: changed or improved.

Ⓓ „Im großen und ganzen bin ich mit dem Vorschlag zufrieden, aber ein paar Einzelheiten müssen noch überarbeitet werden."

📖 **by and large** „im großen und ganzen" stammt aus der Seemannssprache und basiert auf **to sail by** „gegen den Wind segeln" und **to sail large** „mit dem Wind segeln". Die Eignung eines Seemanns wurde also danach beurteilt, ob er das Schiff in beiden Situationen beherrscht. **Taking it by and large, they did a good job.** „Im großen und ganzen haben sie gute Arbeit geleistet."

= Als Synonyme können, ebenfalls als Satzeinleitung, **Overall, ...** oder auch **Broadly** [*brO:d-li*] **speaking, ...** verwendet werden.

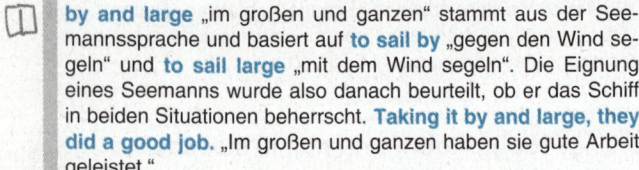

You can't cut your son out of your will!
I mean, he's your **own flesh and blood**. **7**

 will: a legal document that explains what you want to happen to your money and possessions after you die.
cut your son out of your will: not allow your son to get a part of your heritage.
flesh: the soft part of people's or animals' bodies that consists mostly of muscle and fat.
he's your own flesh and blood: he's your relative.

Ⓓ „Du kannst deinen Sohn [doch] nicht aus deinem Testament ausschließen (herausschneiden)! Ich meine, er ist dein eigen Fleisch und Blut."

📖 **to be s.o.'s own flesh and blood** bezieht sich auf die Mitglieder der Familie, die in direkter Blutsverwandtschaft zu einer bestimmten Person stehen.

≈ **kith** [*kifß*] **and kin: You can't disinherit him; he's your own kith and kin.** „Du kannst ihn nicht enterben; er ist dein eigen Fleisch und Blut." Ursprünglich meinte **kith** im Altenglischen Bekannte und Nachbarn und **kin** die Familie. Heute steht **kith and kin** nur noch für die engste Verwandtschaft; in offiziellen Dokumenten findet man gelegentlich **next of kin**, die „nächsten/ engsten Angehörigen".

≈ **Blood is thicker than water** „Blut ist dicker als Wasser" bedeutet, daß die Familie wichtiger ist als andere, außenstehende Personen.

! Nicht zu verwechseln mit **to be only flesh and blood** „auch nur ein Mensch sein", d.h. akzeptieren, daß jeder auch Fehler und Schwächen hat: **The temptation was too great: after all, he's only flesh and blood.** „Die Versuchung war zu groß: Aber er ist ja auch nur ein Mensch."

Are those two still arguing? They've **been at it hammer and tongs** for the past three hours! 8

🔔 **arguing** [*a(r)-gju-ing*]; **hammer** [*hä-mö(r)*]; **tongs** [*tangs*].

💡 **arguing**: speaking to one another in an angry way.
tongs: a metal or plastic object that consists of two connected arms that you push together in order to pick s.th. up.
They've been at it hammer and tongs: They've been arguing very fiercely.

Ⓓ „Zanken sich die beiden immer noch? Seit drei (vergangenen) Stunden streiten sie sich, daß die Fetzen fliegen (Hammer und Zange)!"

📖 Bei **to be/go at it hammer and tongs** „sich streiten, daß die Fetzen fliegen, sich lautstark streiten" wird auf die Arbeit eines Schmieds angespielt, der das Eisen mit der Zange hält, während er es mit dem Hammer bearbeitet. Während **tooth and nail** [➡ Satz 5] Verbissenheit und Hartnäckigkeit vermittelt, wird hier eher auf die Lautstärke eines Streits Bezug genommen.

> I've built a barbecue in the garden. It's a bit
> **rough and ready**, but it's the best I could do
> with the tools at hand.
> 9

 built [*bilt*]; **barbecue** [*ba(r)-bö-kju:*]; **rough** [*raf*].

 barbecue: a piece of equipment like a grill used for cooking food outside.
rough and ready: simple and prepared quickly, but effective.
at hand: close and easy to reach.

 „Ich habe im Garten einen Grill gebaut. Er ist ein bißchen provisorisch (grob und bereit), aber es ist das beste, was ich mit den Sachen (Werkzeug), die ich zur Hand hatte, machen konnte."

 rough and ready setzt sich zusammen aus **rough** „grob, ungeschliffen, primitiv" und **ready** „bereit". Es heißt nicht nur „provisorisch, notdürftig", sondern in Bezug auf eine Person auch „rauhbeinig, bärbeißig": **He's a little rough and ready when dealing with customers, but he's very efficient.** „Er ist ein bißchen bärbeißig, wenn er mit Kunden verhandelt, aber er ist sehr effizient." Ähnlich: **a rough diamond**: Es bezeichnet wörtlich einen „Rohdiamanten", im übertragenen Sinne einen etwas ungehobelten, aber herzlichen Menschen.

! Nicht zu verwechseln mit **over rough and smooth** „über Stock und Stein".

> I don't want to bore you, so I'll keep my
> speech **short and sweet**.
> 10

 bore [*bO:(r)*]; **speech** [*ßpi:tsch*].

 to bore: to make s.o. feel impatient or dissatisfied, especially by talking to them about things that are not very interesting.
short and sweet: not too long or complicated.

 „Ich möchte Sie nicht langweilen, daher werde ich meine Rede kurz und bündig (süß) halten."

Erklärt man etwas **short and sweet**, so handelt es sich in der Regel um eine positive Mitteilung. Ist der Inhalt der Erklärung eher unangenehm, so benutzt man **short and to the point: The message was short and to the point: Get lost!** „Die Nachricht war kurz und deutlich: Hau ab!".

Jemanden, der Ihnen mit langem und umständlichem Reden auf die Nerven geht, können Sie versuchen mit **Cut it short!** „Faß dich kurz!" zu stoppen.

The judge hasn't yet reached his decision.
He's still weighing up **the pros and cons**.   11

---

yet [*jät*]; **weighing** [*uei-ing*]; **pros** [*prous*]; **cons** [*kOns*].

He's still weighing up: He's still considering the good and bad aspects of s.th. in order to reach a decision about it.
pros and cons: the advantages and disadvantages of s.th.

„Der Richter hat seine Entscheidung noch nicht getroffen (erreicht). Er ist noch dabei, das Für und Wider (die Pros und Kontras) abzuwägen."

the pros and cons „das Für und Wider" steht immer im Plural; beide Nomen sind in diesem Kontext untrennbar.

Beide Begriffe haben auch eine andere Bedeutung: **pro** ist die Abkürzung für **professional** „Profi", und **con** „Schwindel" kommt von **to con s.b.** „jmdn. betrügen, beschwindeln, hereinlegen": **The crook conned the old woman out of her life savings.** „Der Gauner schwindelte der alten Frau ihre Lebensersparnisse ab."

The arrangements for the visit are **cut and dried**. Everything has been taken care of.   12

---

 arrangements [*ö-reinĵ-möntß*]; **dried** [*draid*].

 arrangements: preparations.
cut and dried: already clearly decided and settled.

„Die Vorbereitungen für den Besuch sind genau festgelegt (ausgeschnitten und getrocknet). Es wurde für alles gesorgt."

cut and dried „genau festgelegt/besprochen" (Projekt), „klar und deutlich" (Meinung) hat seinen Ursprung in der Kräuterernte: Diese werden auf dem Feld geschnitten und getrocknet und sind so zum Weiterverkauf bzw. zur sofortigen Verwendung bereit. Der Ausdruck kann auch „schablonenhaft, vorgefertigt" bedeuten und ist dann eher abwertend gemeint: **He has a cut-and-dried solution for everything.** „Er hat für alles eine vorgefertigte Lösung."

TOOTH AND NAIL — HAMMER AND TONGS

The climbers who had been missing a week were found by the mountain rescue team **safe and sound**.

13

climbers [*kl**ai**-mö(r)s*]; **mountain** [*m**ao**n-tön*]; **rescue** [*räß-kju*], **sound** [*ßaond*].

climber: s.o. who takes part in the activity of climbing.
rescue: an act of saving s.o. or s.th. from danger, failure or an unpleasant situation.
sound: healthy and in good condition.
safe and sound: not damaged or harmed at all.

„Die Kletterer, die eine Woche lang vermißt worden waren, wurden von der Bergrettungsmannschaft sicher und wohlbehalten wiedergefunden."

412

safe and sound, wörtlich „sicher und gesund". Die Bedeutungen von **sound** sind „gesund, intakt, solide": **A sound mind in a healthy body** „ein gesunder Geist in einem gesunden Körper". Ist etwas sehr sicher und birgt es kein Risiko, so sagt man: **to be as safe as houses**: **Don't worry, this savings scheme is as safe as houses**. „Keine Sorge, dieser Sparplan ist bombensicher (so sicher wie Häuser)."

You can't have your own way all the time. There has to be some **give and take** in every relationship.

14

relationship [ri-*lei*-schön-schip].

have your own way: be allowed to have or do what you want.
give and take: if there is give and take between people, each person allows the other to get s.th. that they want.

„Du kannst nicht immer deinen Willen (Weg) bekommen. In jeder Beziehung muß es ein wenig Kompromißbereitschaft (geben und nehmen) geben."

! Nicht zu verwechseln mit **to be on the take** „Bestechungsgelder annehmen".

SERENDIPITY

Wir möchten die Redewendungen, die Sie in diesem Kapitel kennengelernt haben, noch um einige weitere ergänzen. Da wäre zum einen: **Life isn't all beer and skittles** [*ßki-töls*]. „Das Leben besteht nicht nur aus Vergnügen (ist nicht alles Bier und Kegeln)." Die Erklärung: **skittles** „Kegeln" war in früheren Zeiten ein beliebter Zeitvertreib in den Pubs, über den man dann auch schon mal die ernsteren Dinge des Lebens vergaß.

Weiter gehts mit: **They've been married for fifty years, like Darby and Joan. Darby and Joan** sind die Inkarnation des alten, treuen Ehepaars. Sie kommen zum ersten Mal 1735 in einem Gedicht von Henry Woodfall vor. Heute meint man mit **Darby and Joan** alte Ehepaare mit eingefahrenen Gewohnheiten. In Großbritannien gibt es zahlreiche Seniorenclubs, die im Volksmund **Darby and Joan Clubs** genannt werden.

Agh! I've been sitting down too long. I've got pins and needles in my leg! Während wir im Deutschen nach langem Sitzen oder Verharren in einer ungewöhnlichen Position „Ameisen" in den Beinen spüren, spüren die Briten Nadeln (**pins/needles**).

„New Age Travellers, the Flotsam and Jetsam of Today's Britain," headlined the Daily Mail. "New Age Travellers*, das Strandgut des heutigen Großbritannien", lautete die Schlagzeile in der Daily Mail." **Flotsam** [*flOt-ßöm*] (von franz. *flotter* „treiben"), das bereits im 16. Jh. umhertreibendes Strandgut bezeichnete, geht mit **jetsam** [*dʒät-ßöm*] (von franz. *jetter* „werfen"), das von Menschen ins Meer geworfene Gegenstände bezeichnet, eine Verbindung ein, die nicht nur „Strandgut" im eigentlichen Sinne, sondern Menschen abwertend als „gestrandete Existenzen" beschreibt.

* New Age ist eine weltanschauliche Bewegung innerhalb der westlichen Kultur, die sich als Alternative zu der aus der Aufklärung gewachsenen Moderne und zur christlichen Religion versteht. Die Angehörigen dieser Bewegung, die meistens keinen festen Wohnsitz haben, umherreisen und in Autos und Bussen leben, werden **New Age Travellers** genannt.

Um zu zeigen, daß komplizierte Sachverhalte oft einen ganz einfachen Ursprung haben können, wollen wir hier noch ein Stadtviertel Londons erwähnen, das **Elephant and Castle** heißt. Geht man der Frage nach, welche Verbindung zwischen einem Elefanten und einem Schloß besteht, so stößt man darauf, daß dieser Name eigentlich eine Ableitung des französischen *à l'infante* ist, womit „L'infante de Castille" bzw. „Eleonore von Kastilien" gemeint ist, die erste Ehefrau von König Eduard I, die in diesem Stadtviertel beerdigt ist.

42 IN SICKNESS AND IN HEALTH

Diesen Satz haben Sie bestimmt schon bei einer Trauung gehört. Apropos Krankheit: Als Winston Churchill erfuhr, daß sein großer politischer Widersacher Aneurin Bevan krank war, sagte er den berühmten Satz: **I have heard of your illness. I hope it is nothing trivial.** „Ich hörte von Ihrer Krankheit. Ich hoffe, es ist nichts Leichtes."

Schwerpunkt dieses Kapitels sind Redewendungen, die sich mit den Themen Krankheit und Gesundheit beschäftigen. Na dann: **Your health!** „Auf deine Gesundheit!/Zum Wohl!"

> She's been feeling **under the weather** for the last two days. It must be a stomach bug.   1

🔔 **weather** [uä-fsö(r)]; **stomach** [ßt**O**-mök]; **bug** [bag].

💡 **She's been feeling under the weather**: She's not feeling very well.
stomach: the organ inside your body where food goes when you have eaten it.
bug: an infectious but usually minor illness.

💬 „Sie fühlt sich in den letzten beiden Tage nicht so gut (unter dem Wetter). Es muß ein Magen[-Darm]-Infekt sein."

📖 Der Ursprung von **to be/feel under the weather** „nicht ganz auf dem Posten sein, sich ein bißchen krank fühlen" könnte zum einen der alte Glauben sein, demzufolge das Wetter für viele gesundheitliche Probleme verantwortlich ist, zum anderen daher stammen, daß bei schwerer See auf einem Schiff seekranke Personen unter Deck (**under the weather**) gehen, da dort die Schaukelbewegungen des Schiffes geringer sind.

= **to be/feel off-colour** [➡ Kapitel 38, 13].

= **to be/feel poorly**.

= **not to feel o.s.: She hasn't been feeling herself recently**.

* **bug** hat unterschiedliche Bedeutungen; es kann „Wanze, Käfer" bedeuten, ist aber auch der „nicht-wissenschaftliche" Begriff für „Bazillus; Infekt". In der EDV wird damit ein „Softwarefehler" bezeichnet. Was die Namen von Krankheiten angeht, so benutzt der Brite oft neben **a sore throat** [ß**O**:(r) fßrout] „Halsentzündung", **a headache** [häd-eik] „Kopfschmerzen" und **dizziness** [di-si-nöß] „Schwindel" auch die lateinischen Fachausdrücke.

Beispiele für die Koexistenz von Wörtern lateinischen und germanischen Ursprungs im Englischen finden sich in [➡ Kapitel 13, Serendipity].

> Tired and **run down**? Take Vita-Herb and
> put the zing back into your life.   2

🔔 **Vita-Herb** [*wi:-ta-hÖ:(r)b*]; **zing** [*sing*].

💡 **run down**: so tired that you do not feel well.
zing: a lively and pleasant quality, taste, or feeling.

Ⓓ „Müde und erschöpft? Nehmen Sie Vita-Herb, und bringen Sie
wieder Schwung in Ihr Leben."

📖 **to be/feel run down** „erschöpft/ausgelaugt sein" benutzt man, wenn
man ausdrücken möchte, daß man eine Erholungsphase benötigt.

Run-down als Adjektiv bedeutet „heruntergekommen, schäbig":
They live in a run-down neighbourhood of Birmingham. „Sie
wohnen in einer schäbigen Gegend in Birmingham."

! Nicht zu verwechseln mit **to run s.o. down** „jmdn. herabsetzen,
erniedrigen, kritisieren": **She never misses an opportunity to
run her husband down.** „Sie nimmt jede Gelegenheit wahr,
ihren Ehemann zu erniedrigen."

> I WAS AS SICK AS A PARROT WHEN BRAZIL WON THE WORLD CUP.

> – Davis is **off sick** this week. – Again?
> That's the third time this month!   3

💡 **is off sick**: does not go to work because he is ill.

Ⓓ – „Davis ist diese Woche krankgeschrieben (weg krank). –
[Schon] wieder? Das ist das dritte Mal diesen Monat!"

to be off sick ist eine Variante von to be on sick leave. In dieser Formulierung deutet off die Abwesenheit von der Arbeitsstelle an, sick den Grund: Off sick? Off fishing, more like! „Krankgeschrieben? Wohl eher beim Angeln!" Weitere Anwendungsbeispiele mit off finden Sie in [➡ Kapitel 39, Serendipity].

The whole class **came down with** flu. It's
terribly contagious this year.   4

🔔 flu [*flu:*]; contagious [*kön-**tei**-djöß*].

💡 came down with: has got.
contagious: spreading easily from one person to another through touch or through the air.

💬 „Die gesamte Klasse hat die Grippe bekommen. Sie ist dieses Jahr schrecklich ansteckend."

📖 to come down with „(eine Krankheit) bekommen" wird nur für leichtere und vorübergehende Erkrankungen verwendet, nicht z.B. für Krebs. In der Vergangenheitsform kann man to come durch to go ersetzen: He went down with a cold. „Er hat eine Erkältung bekommen." Beide Verben ersetzen in dieser Formulierung das Verb to catch.

Put a jumper on before you go out or you'll
catch your death of cold.   5

🔔 jumper [*djam-pö(r)*]; death [*däfß*].

💡 jumper: a warm piece of clothing, usually made of wool, that you pull over your head.
you'll catch your death of cold: you will become very ill.

💬 „Zieh einen Pullover an, bevor du rausgehst, oder du holst dir den Tod (deinen Tod der Kälte)."

📖 to catch one's death of cold „sich den Tod holen", d.h. sich stark erkälten, wird auch ohne of cold verwendet: Cover up or you'll catch your death!

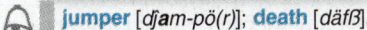

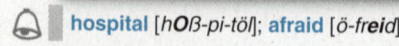

We've just been to see George in hospital.
I'm afraid he's **taken a turn for the worse**. 6

🔔 **hospital** [*hOß-pi-töl*]; **afraid** [*ö-freid*]; **worse** [*uÖ:(r)ß*].

💡 **he's taken a turn for the worse**: his condition has become worse.

💬 „Wir haben gerade George im Krankenhaus besucht. Ich fürchte, es geht ihm schlechter (er hat eine Wendung für das Schlechtere genommen)."

📖 **to take a turn for the worse** „sich verschlechtern, sich zum Schlechten wenden" [➡ Kapitel 32, 13].

≠ **to take a turn for the better** „sich verbessern".

You're **running a temperature**. We'd better
put you to bed. 7

🔔 **temperature** [*täm-prö-tschör*].

💡 **You're running a temperature**: Your body has a temperature that is higher than normal.

💬 „Du hast Fieber. Wir bringen dich besser ins Bett."

📖 **to run a temperature** (oder **to get a temperature**) „Fieber haben" wird fast immer in der Verlaufsform benutzt. Beachten Sie, daß die Briten die Temperatur in Grad Fahrenheit (F) messen, wobei 98,4° Fahrenheit ca. 37° Celsius entsprechen.

fever bedeutet ebenfalls „Fieber", wird aber im übertragenen Sinne auch mit etwas verbunden, das Schwärmerei und Begeisterung auslöst: So erlebten die Menschen in Kalifornien 1849 das **Gold Fever** „Goldfieber, Goldrausch". Heutzutage könnte man Sätze wie **Britain is in the grip of Lottery fever** „Großbritannien ist im Lottofieber" hören. Nicht zu vergessen der Kultfilm der 70er Jahre: **Saturday Night Fever**, ein Film über Jugendliche, die nur dafür leben, am Samstagabend auszugehen, zu feiern und zu tanzen.

> She had a final check-up yesterday and the doctor gave her **a clean bill of health**. 8

🔔 **check-up** [*tschäk-ap*]; **clean** [*kli:n*]; **health** [*hälfß*].

💡 **check-up**: an examination by a doctor to make sure that you are healthy.
a clean bill of health: a statement that s.o. is healthy.

💬 „Sie hatte gestern ihre Abschlußuntersuchung, und der Arzt schrieb sie gesund (gab ihr eine saubere Bescheinigung der Gesundheit)."

📖 **a clean bill of health** war in früheren Zeiten eine Bescheinigung für den Kapitän eines Schiffs, die dieser erhielt, wenn sein Schiff den Hafen einer Stadt verließ, in der eine Infektionskrankheit grassierte und an Bord keinerlei Hinweise auf diese Infektion zu finden waren. Heute ist es eine Bescheinigung, die belegt, daß eine Person von einer Krankheit genesen ist. Es kann auch für Gegenstände verwendet werden: **The mechanic checked the car and gave it a clean bill of health.** „Der Mechaniker überprüfte den Wagen und bescheinigte seinen einwandfreien Zustand." Ein Antonym zu diesem Ausdruck gibt es nicht.

> I was **as sick as a parrot** when France won the World Cup. I wanted Brazil to win. 9

🔔 **parrot** [*pä-röf*]; **Brazil** [*brö-sil*].

💡 **parrot**: a brightly coloured tropical bird.
as sick as a parrot: very unhappy or disappointed.
World Cup: an international football competition that takes place every four years.

💬 „Ich war völlig fertig (krank wie ein Papagei), als Frankreich den World Cup gewann. Ich wollte, daß Brasilien gewinnt."

📖 Der Ursprung von **to be as sick as a parrot** „fix und fertig sein" ist unklar. Es drückt auf humorvolle Weise Enttäuschung aus, die jedoch trotzdem nicht allzu ernst zu nehmen ist.

! Nicht zu verwechseln mit **to be as sick as a dog** „sich hunde-elend fühlen" (alle Krankheiten), „speiübel sein". Der Amerika-ner sagt hier **I was sick to my stomach** [➡ Kapitel 15, 4].

I'm **sick and tired** of the way this govern-ment is running the country.　　**10**

sick and tired: very unhappy about s.th.

„Ich habe die Art und Weise satt (bin krank und müde), in der diese Regierung das Land führt."

Anstelle von **to be sick and tired of s.th.** kann man auch nur **to be sick** sagen, wenn man ausdrücken möchte, daß man etwas satt hat bzw. etwas leid ist: **I'm sick of you** ist ebenso möglich wie **You make me sick**.

= **to be sick to death with s.th.** [➡ Kapitel 20, 4].

= **to be fed up to the back teeth** [➡ Kapitel 19, 14].

I can't believe he made a joke about AIDS. He really does have **a sick sense of humour**.　　**11**

joke [dʒouk]; **AIDS** [eidß]; **sense** [ßänß]; **humour** [hju:-mö(r)].

AIDS: (short for **A**cquired **I**mmune **D**eficiency **S**yndrome) a serious disease that destroys the body's immune system.
sick: so unpleasant that it would upset some people.
sense of humour: the ability to laugh at things or say funny things.

„Ich kann nicht glauben, daß er einen Witz über Aids gemacht hat. Er hat wirklich einen schlechten (kranken) Sinn für Humor."

In **to have a sick sense of humour** „einen schlechten (kran-ken) Sinn für Humor haben" drückt **sick** Geschmacklosigkeit aus: **a sick joke** „ein geschmackloser Witz". In dieser Bedeu-tung kann **sick** sich auch auf eine Person beziehen: **Can you believe he said that? He's really sick!** „Kannst du glauben, daß er das gesagt hat? Er ist wirklich geschmacklos!"

> If they shoot at us, we'll return fire. That will
> **give them a taste of their own medicine**. 12

 shoot [*schu:f*]; taste [*teißt*]; medicine [*mäd-ßön/mä-di-ßin*].

return fire: shoot at s.o. who has shot at you.
taste: the flavour that s.th. creates in your mouth when you eat or drink it.
medicine: a substance that you take to treat an illness, especially a liquid you drink.
That will give them a taste of their own medicine: We will treat them in the same bad way as they treat us.

„Wenn sie auf uns schießen, werden wir zurückfeuern. Wir werden es ihnen mit gleicher Münze heimzahlen (werden ihnen einen Geschmack ihrer eigenen Medizin geben)."

to give s.b. a taste/dose [*dous*] of their own medicine „jmdm. etwas mit gleicher Münze heimzahlen" benutzt man, wenn man sich an jemandem, der sich schlecht verhalten hat, durch ebenso schlechtes Verhalten „rächt".

Eine andere Wendung, **to take your medicine**, bedeutet „die bittere Pille schlucken." Diese ist im gleichen Wortlaut auch bei den Briten bekannt: **a bitter pill to swallow: When I found out that she'd been seeing another guy, it was a bitter pill to swallow.** „Als ich herausfand, daß sie sich mit einem anderen Mann traf, war das [für mich] eine bittere Pille (zu schlucken)."

> I doubt that he'll make it through the night.
> He's **on his last legs**. 13

 doubt [*daot*].

I doubt: I do not think it is likely.
he'll make it through the night: he will survive until tomorrow morning.
He's on his last legs: He's very ill and not likely to live much longer.

 „Ich bezweifle, daß er die Nacht überlebt (daß er es durch die Nacht macht). Er steht mit einem Bein im Grab (ist auf seinen letzten Beinen)."

to be on one's last legs „dem Tod nahe sein, mit einem Bein im Grab stehen". Mit **its** kann es im übertragenen Sinne angewendet werden: **to be on its last legs** „alt/in schlechtem Zustand sein; kaum noch funktionieren". **The regime can't survive much longer. It's on its last legs.** „Das Regime kann nicht mehr lange überleben. Es ist so gut wie tot."

= **to have one foot in the grave** „mit einem Fuß/Bein im Grab stehen" [➡ Serendipity].

= **to be at death's door** „an der Schwelle des Todes/zum Jenseits stehen" [➡ Kapitel 20, 3].

Thank heaven for that. She's **over the worst** and will soon be **on the mend**.   14

---

heaven [*hä-wön*]; **worst** [*uÖ:(r)ßt*]; **mend** [*mänd*].

Thank heaven: Used for saying that you are happy that s.th. unpleasant has stopped.
She will soon be on the mend: She will soon be in good health again.

„Dem Himmel sei Dank. Sie hat das Schlimmste überstanden (ist über dem Schlimmsten) und wird bald auf dem Wege der Besserung sein."

to get/be over the worst „das Schlimmste überstanden haben/über den Berg sein", z.B. nach einer Krankheit, einer Krise o.ä.: **Don't worry, you'll soon be over the worst.** „Machen Sie sich keine Sorgen, Sie werden bald das Schlimmste überstanden haben." Man kann den Ausdruck auch herumdrehen: **The worst will soon be over.**

Die Grundbedeutung von **to mend** ist „reparieren, ausbessern"; **to be on the mend** kann aber – wie Sie an dem Beispiel sehen – auch in Bezug auf eine Person benutzt werden: „gesund werden, genesen".

Wenden wir uns nun einigen weiteren Ausdrücken zu, die mit dem Thema Gesundheit in Verbindung stehen, bei denen jedoch eine leichte Sinnverschiebung stattgefunden hat.

Sagt man: **It's not to be sneezed at** „Das ist nicht zu verachten" (**to sneeze** „niesen"), so meint man, daß etwas gar nicht so schlecht ist, wie man auf den ersten Blick annehmen würde. **I know the salary's smaller than you were earning in London, but it's still not to be sneezed at!** „Ich weiß, daß das Gehalt niedriger ist als das, was du in London verdient hast, aber es ist trotzdem nicht zu verachten!" Dazu muß man wissen, daß die Briten generell zum berühmten **understatement** („Untertreibung") neigen.

I told her all about myself, warts and all. „Ich erzählte ihr alles über mich, ganz schonungslos (Warzen und alles)." **Warts and all** benutzt man, wenn man bei einer Erzählung auch die intimsten Details nicht verschweigt.

You look like death warmed up! ist das wenig schmeichelnde Kompliment an eine Person, die müde, ausgelaugt oder krank aussieht. Als Übersetzung bietet sich hier „aussehen wie der wandelnde Tod" an [➡ Kapitel 20, 6].

Ist jemand so krank, daß er nicht mehr genesen wird, sondern an der Krankheit zugrundegeht, kann man ein Äquivalent zu dem aus Satz 13 bekannten **to be on one's last legs** benutzen: **I don't think he'll make it through the winter. He's got one foot in the grave already.** „Ich denke nicht, daß er den Winter überlebt. Er steht schon mit einem Fuß im Grab."

Ein Ausdruck, der ebenfalls eine Sinnverschiebung erlebt hat, ist **post mortem** [*poußt mO(r)-töm*], das ursprünglich der lateinische Begriff für „nach dem Tod (eintretend)" ist. Eine **post mortem examination** ist eine „Leichenschau", d.h. die Obduktion eines toten Körpers durch einen Gerichtsmediziner. Heutzutage wird **post mortem** gerne in der Presse verwendet: **to hold/have a post mortem on s.th.** bedeutet dann „etw. einer nachträglichen Bewertung/Analyse unterziehen".

KAPITEL 42

Money talks besagt, daß man zur Lösung eines Problems mit Geld immer noch am meisten bewirken kann („Geld regiert die Welt"). Der Satz ist ein altes Sprichwort, das im Laufe der Zeit von einigen Prominenten verballhornt wurde. So sagte Bob Dylan: **Money doesn't talk, it swears.** „Geld spricht nicht, es flucht." Und Groucho Marx meinte: **Sure, money talks. It says "goodbye".** „Natürlich spricht Geld. Es sagt „Auf Wiedersehen"."

In diesem Kapitel geht es um Geld, Reichtum und ... Armut. Aus den vielen Wendungen haben wir eine Handvoll ausgewählt, die Sie am häufigsten antreffen werden.

David Bates **struck it rich** when he sold his operating system to the world's largest IT firm. **1**

---

 struck [ßtrak]; IT [*ai-ti:*]; firm [fÖ:(r)m].

 struck it rich: suddenly became rich.
operating system: the software that tells the parts of a computer how to work together and what to do.
IT: (short for **I**nformation **T**echnology) the use of computers and other electronic equipment to store, process, and send information.

 „David Bates machte das große Geld (schlug es reich), als er dem weltgrößten IT-Unternehmen sein Betriebssystem verkaufte."

 to strike it rich benutzt man, wenn jemand plötzlich zu Reichtum gelangt. Der Ausdruck kommt von **to strike gold** „auf Gold stoßen", und so können Sie statt dessen auch sagen: **He struck gold when...**

In einem etwas abstrakteren Zusammenhang können Sie auch **to strike it lucky** „sein Glück machen" verwenden, und ein **lucky strike** ist ein „Glückstreffer".

Im gleichen Kontext kann **strike** als Nomen verwendet werden: **to make a gold strike/an oil strike** „(Goldtreffer) auf Gold stoßen/(Öltreffer) auf Öl stoßen".

> His parents are both millionaires, so he's
> **rolling in it**. 2

🔔 **millionaires** [*mil-jö-nä:(r)s*].

💡 **he's rolling in it**: he has a lot of money.

💬 „Seine Eltern sind (beide) Millionäre, daher schwimmt er im Geld (er rollt darin)."

📖 In **to be rolling in it** „in Geld schwimmen, viel Geld haben" steht **it** für **money**. Man kann auch **to be rolling in money** sagen, aber dieser Ausdruck ist eher selten.

= Eine weitere Möglichkeit, um zu sagen, daß jemand reich ist, ist **He's loaded**. In den USA gibt es **to be loaded with money**, aber auch **to be loaded with alcohol**: „betrunken sein".

= **to be made of money.**

= **to be as rich as Croesus** [*kri:-ßöß*] „reich wie ein Krösus" nach Krösus, dem letzten König von Lydien (gest. 546 v. Chr.), bekannt für seinen sagenhaften Reichtum.

> Sarah has just been promoted to senior
> manager and she's **making a mint**. 3

🔔 **promoted** [*prö-**mou**-tid*]; **senior** [*ßi:-njö(r)*]; **mint** [*mint*].

💡 **promoted**: moved to a higher level in a company, institution or sport.
senior: with a rank or position that is higher than s.o. else's.
mint: the place where a country makes its coins and paper money.
she's making a mint: she's earning a large amount of money.

💬 „Sarah ist gerade zur Hauptgeschäftsführerin befördert worden, und sie verdient eine schöne Stange Geld (sie macht eine Münzanstalt)."

In **to make a mint** ist mit **mint** nicht die „Minze" gemeint, sondern **mint** bezeichnet zum einen eine „Münzanstalt", zum anderen „eine schöne Stange/einen Haufen Geld". Von jemandem, der „Geld wie Heu" hat, sagt man: **He has a mint of money**. **mint** als Adjektiv bedeutet „einwandfrei, tadellos".

≈ **to make a fortune** „ein Vermögen verdienen". Sagt jemand **She made a small fortune when she sold her memoirs**, so heißt dies keineswegs, daß sie nur wenig Geld mit ihren Memoiren verdiente, sondern **small** ist hier nur ein typisch britisches **understatement** „Untertreibung".

Wilson are the only firm operating in a niche market. It's like **having a licence to print money**.

4

 niche [*nitsch/ni:sch*]; licence [*lai-ßönß*].

 niche: a small hole or space in a wall where you can put small objects.
niche market: the part of an industry that sells a particular type of product or service to the small number of customers who want it.
a licence to print money: a way of making a very large amount of money easily.

 „Wilson ist das einzige Unternehmen, das in einem Nischenmarkt arbeitet. Es verdient sich daran eine goldene Nase (es ist, als hätten sie die Lizenz zum Gelddrucken)."

 * **Wilson are ...**: In Verbindung mit Firmennamen wird das Verb meistens im Plural benutzt.

With demand for multimedia products increasing daily, he's **making money hand over fist**.

5

 multimedia [*mal-ti-mi:-djö*]; increasingly [*in-kri:-sing-li*]; daily [*dei-li*].

multimedia: describing electronic devices which use video, sound, and other methods of communication.
fist: your hand when your fingers are closed tightly.
he's making money hand over fist: he's earning a lot of money.

"Bei der täglich steigenden Nachfrage nach Multimedia-Produkten macht er im Handumdrehen (Hand über Faust) [viel] Geld."

to make money hand over fist „im Handumdrehen viel Geld verdienen" kommt aus der Seemannssprache: Zieht man ein Tau ein, so greift man jeweils abwechselnd mit der einen Hand über die andere, die zur Faust um das Tau geschlossen ist.

≈ Ein ähnlicher Ausdruck, **to rake it in**, kommt aus dem Glücksspiel und basiert auf **rake** [*reik*], der „Geldharke" des Croupiers im Spielcasino: **They opened a restaurant on the beach and now they're raking it in.** „Sie haben ein Restaurant am Strand eröffnet, und jetzt scheffeln sie Geld".

Bei beiden Ausdrücken steht sowohl die Schnelligkeit, mit der das Geld eingenommen wird, als auch die Höhe des Gewinns im Mittelpunkt.

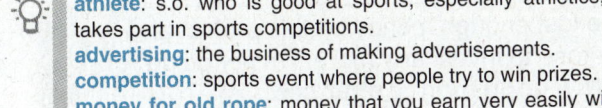

Nowadays, athletes earn more from advertising than from competitions. **It's money for old rope.**   6

athletes [*äfß-li:tß*]; **advertising** [*äd-wö(r)-tai-sing*]; **competitions** [*kOm-pö-ti-schöns*]; **rope** [*roup*].

athlete: s.o. who is good at sports, especially athletics, and takes part in sports competitions.
advertising: the business of making advertisements.
competition: sports event where people try to win prizes.
money for old rope: money that you earn very easily without much work or effort.

"Heutzutage verdienen Athleten mehr durch Werbung als durch Wettkämpfe. Es ist leicht verdientes Geld (Geld für altes Seil)."

Auch **money for old rope** „leicht verdientes Geld" kommt aus der Seemannssprache: Früher konnten die **ship's chandlers** [*tschänd-lö(r)s*] „Schiffsausrüster" die alten ausrangierten Schiffstaue im Hafen an sich nehmen und wieder verkaufen, d.h. sie erhielten Geld für etwas, das sie selbst nicht bezahlt hatten – leicht verdientes Geld.

= **easy money**.

= Der Ursprung des Synonyms **It's money for jam** ist nicht geklärt. Möglicherweise liegt ihm zugrunde, daß Marmelade aus reifem Obst gemacht wird, das man nur unter Bäumen und Sträuchern aufzulesen braucht.

If we build a new factory, we'll be **pouring money down the drain**.　　7

factory [*fäk-rö-ri*]; **pouring** [*pO:-ring*]; **drain** [*drein*].

drain: a pipe or passage through which water or waste liquid flows away.
we'll be pouring money down the drain: we'll waste money.

„Wenn wir eine neue Fabrik bauen, werfen wir Geld zum Fenster hinaus (schütten wir Geld das Abflußrohr hinunter)."

to pour (oder **to be**) **money down the drain** „Geld zum Fenster hinauswerfen": **It will be money down the drain.** „Das ist rausgeschmissenes Geld". **That's £5,000 down the drain.** „Damit sind 5.000 Pfund zum Fenster rausgeworfen."

I've lost enough money on this project and I refuse to invest any more. I'm not going **to throw good money after bad**.　　8

enough [*i-naf*]; **project** [*prO-djäkt/prou-djäkt*]; **refuse** [*ri-fju:s*].

to invest: to use money with the aim of making a profit from it, for example by buying property or shares in a company.
to throw good money after bad: to continue spending money on s.th. such as a business or project that is going to fail.

(D) „Ich habe genug Geld bei diesem Projekt verloren, und ich weigere mich, noch mehr [Geld] zu investieren. Ich werde nicht noch mehr draufzahlen (gutes Geld nach schlechtem werfen)."

Bei **to throw good money after bad** bezeichnet **bad money** das Geld, das man verloren hat, und das man durch weitere Investitionen (**good money**) nicht wieder zurückholen kann.

* Die Idee des „guten" und „schlechten" Geldes geht zurück auf den Finanzberater von Königin Elisabeth I. von England und Gründer der Londoner Börse, Sir Thomas Gresham (1519-1579). Er begründete das sog. „Greshamsche Gesetz", das besagt, daß schlechteres Geld stets das bessere Geld aus dem Umlauf verdrängt (**Bad money chases out good**). Vorausgesetzt, jemand hat die Wahl, zwei oder mehr Münzen mit gleichem Nominalwert in Umlauf zu setzen, so wird er in der Regel immer die Münze mit dem geringsten Metallwert zur Zahlung verwenden, die Münze mit dem höchsten Metallwert möglichst horten.

He'll never be able to save a penny. Money **burns a hole in his pocket**. 9

🔔 **save** [*ßeiw*]; **burns** [*bÖ:(r)ns*]; **hole** [*houl*]; **pocket** [*pO-köt*].

💡 **Money burns a hole in his pocket**: He. wants to spend his money immediately.

(D) „Er wird nie in der Lage sein, einen Cent (Pfennig) zu sparen. Das Geld rinnt ihm nur so durch die Finger (Geld brennt ihm ein Loch in die Tasche)."

Money burns a hole in s.o.'s pocket heißt, daß eine Person nicht in der Lage ist, sparsam mit Geld umzugehen, sondern dazu neigt, es zu in großen Mengen auszugeben.

≈ **He spends money like water**, abgeleitet von **... as if it were water**, kommt dem deutschen „Das Geld rinnt ihm durch die Finger" relativ nahe.

Und ein Rat an eine verschwenderisch lebende Person lautet: **Be careful! Money doesn't grow on trees!** „Sei vorsichtig! Das Geld wächst nicht auf den Bäumen!"

We may not beat them, but at least we'll
give them a run for their money.   10

🔔 **beat** [*bi:t*].

💡 **we'll give them a run for their money**: we'll compete very well
against them so that it is hard for them to defeat us.

💬 „Wir werden sie vielleicht nicht schlagen, aber wir werden es
ihnen wenigstens nicht leicht machen (wir werden ihnen einen
Lauf für ihr Geld geben)."

📖 **to give s.o. a run for his/her money** „es jmdm. nicht leicht
machen/jmdm. nichts schenken" suggeriert, daß die betreffende Person sich sehr anstrengen – buchstäblich schnell laufen –
muß, um an ihr Geld zu kommen.

! Nicht zu verwechseln mit **to have a (good) run for one's
money**, womit gemeint ist, daß jemand über eine längere Zeit
hinweg erfolgreich und zufrieden war. Es stammt aus dem Pferderennsport: **I didn't win, but at least I had a run for my
money**. „Ich habe zwar nicht gewonnen, aber wenigstens habe
ich für mein Geld das Rennen sehen können." Als Synonym
hierzu könnte man **to get one's money's worth** „auf seine Kosten kommen (den Wert seines Geldes bekommen)" anführen.

She's trying to live on a widow's pension and
she's **as poor as a church mouse**.   11

🔔 **widow's** [*ui-dous*]; **pension** [*pän-schön*]; **church**
[*tschÖ(r)tsch*].

💡 **widow**: a woman whose husband has died and who has not
married again.
widow's pension: an amount of money that a widow is paid
regularly by the government or by the company that her
husband worked for before he died.
she's as poor as a church mouse: she has very little money.

💬 „Sie versucht, von einer Witwenpension zu leben, und sie ist so
arm wie eine Kirchenmaus."

to be as poor as a church mouse: Man kann sich vorstellen, wie schwierig es für eine Maus in einer Kirche ist, Futter zu finden, wenn nicht gerade noch der Reis von der letzten Hochzeit auf dem Boden liegt ... [➡ Kapitel 11, Serendipity].

≈ Aus der Bibel ist uns **to be as poor as Job** [*dʒoub*] „so arm wie Hiob" bekannt. Hiob wird aber nicht nur mit Armut, sondern auch mit Geduld in Verbindung gebracht, was das Zitat **I'm as poor as Job, my lord, but not so patient** aus Shakespeares „Henry IV" belegt.

POURING MONEY DOWN THE DRAIN

I always slip him a few quid. Since he lost his job, he's really been **down on his uppers**. 12

quid [*kuid*]; uppers [*a-pö(r)s*].

slip: give s.th. to s.o. quickly and quietly so that other people do not see it.
quid: a pound in money.
he's really been down on the uppers: he has almost no money left.

„Ich stecke ihm immer ein paar Pfund zu. Seit er seine Arbeit verloren hat, nagt er wirklich am Hungertuch."

to be down on one's uppers „pleite/abgebrannt sein, kein Geld mehr haben, am Hungertuch nagen": **upper** ist das [Leder-]Oberteil des Schuhs, das übrigbleibt, wenn man so arm ist, daß man seine Sohlen abgelaufen hat. Eine andere, modernere Bedeutung von **upper** ist „Aufputschmittel", also eine Droge, die jemanden „hochpuscht" (**up**), der stimmungsmäßig ganz „unten" (**down**) ist.

KAPITEL 43

= **down at heel** „heruntergekommen/schäbig" (**heel** „Ferse").

= **down-and-out** „heruntergekommen, mittellos" existiert auch als Substantiv: **Sally Trench's work with the down-and-outs of London is an inspiration to us all.** „Sally Trenchs Arbeit mit den Armen von London ist eine Inspiration für uns alle."

* **quid**, ugs. für die Währung „Pfund", entstand vermutlich im 17. Jahrhundert. Es kommt in diversen Redewendungen vor, so z.B. in **to be quids in** „auf sein Geld kommen" oder **quid pro quo**, das einerseits einen Rechtsgrundsatz beschreibt, nach dem jemand, der etwas gibt, dafür eine angemessene Gegenleistung erhalten soll, zum anderen auch das versehentliche Vertauschen zweier Dinge.

He **hasn't got a penny to his name**, but he acts as though he were made of money.   13

---

acts [*äktß*]; **though** [*fsou*].

He hasn't got a penny to his name: He hasn't got any money.
as though he were made of money: as though he had large amounts of money.

„Er hat keinen Cent in der Tasche (Pfennig zu seinem Namen), aber er verhält sich, als sei er steinreich (aus Geld gemacht)."

In **not to have a penny to one's name** wird die kleinste Währungseinheit Großbritanniens verwendet, um Armut oder auch Wertlosigkeit auszudrücken: **It's not worth a penny.** „Das ist keinen roten Heller wert."

= **He hasn't got two pennies to rub together**, wörtlich „Er hat nicht mal zwei Pennies, die er aneinanderreiben könnte".

Der Plural von **penny** lautet in Großbritannien **pence**; gemeint ist hiermit sowohl der Münzwert als auch die Münze selbst. In den USA und in Kanada heißt der Plural von **penny** jedoch **pennies**.

Früher existierte noch der aus Messing geprägte **farthing**, ein Viertelpenny. Er verschwand 1960, und mit ihm die Redewendungen, in denen er vorkam. In der Literatur der 20er und 30er Jahre kann man aber durchaus noch den Ausdruck **It's not worth a brass farthing** „Das ist keinen Deut/roten Heller wert" lesen.

Zu **to be made of money** und seinen Synonymen siehe [➡ Satz 2].

> Can you lend me some money until the end of the month? I'm really **hard up** at the moment.
>
> 14

🔔 **month** [*manfß*].

💡 **I'm really hard up**: I really don't have very much money.

💬 „Kannst du mir bis zum Ende des Monats ein bißchen Geld leihen? Ich bin im Moment wirklich knapp bei Kasse."

📖 **to be hard up** „knapp bei Kasse sein, in Geldnöten sein" stammt aus der Seemannssprache des 17. Jhs: Bei schlechtem Wetter mußte man die Ruderpinne des Segelbootes bis zum Anschlag umlegen. Man sagte dann, man segelt **hard up**, mit anderen Worten: Man hat keinen Spielraum mehr.

= In **to be short of money** drückt **short** nicht nur einen Mangel aus, sondern kann auch mit der entsprechenden Summe verbunden werden, die fehlt: **I'm five pounds short.** „Mir fehlen fünf Pfund."

* Ist man vollkommen „pleite", so kann man sagen: **I'm broke** [*brouk*] oder – noch stärker – **I'm flat broke** oder **I'm stony broke**. Oder Sie sagen: **I'm skint** (von **skinned** „gehäutet, geschält; kahl").

SERENDIPITY

„Kies", „Knete", „Kohle", „Asche", „Moneten", „Piepen", „Pinke", „Zaster", ... Was die umgangssprachlichen Ausdrücke für „Geld" angeht, so steht das Englische dem Deutschen in nichts nach. Wie bei uns sind die einzelnen Ausdrücke in verschiedenen gesellschaftlichen und ökonomischen Milieus beheimatet und richten sich nach Alter und Bildung des Sprechers.

Man kann diese Ausdrücke in verschiedene „Familien" einteilen. So gibt es zum einen die, bei denen Geld mit Nahrungsmitteln gleichgesetzt wird: **bread** (wörtl. „Brot"), **dough** [*dou*] („Teig"), **cake** [*keik*] („Kuchen"), **beans** [*bi:ns*] („Bohnen"), **cabbage** [*käbödsch*] („Kohl"), ...

Auch Redewendungen, die Geld mit Bedarf gleichsetzen, findet man: **the needful** „das Nötige", **the wherewithal** [*uä:(r)-uifs-O:l*] „das nötige Kleingeld", ...

Oft repräsentieren auch Währungen den Begriff „Geld": **shekels** „Schekel", **dollars** „Dollar", **guineas** [*gi-nis*] (engl. Goldmünze; 1663-1816), ...

Bei **brass** („Messing") und **greenback** („Dollarschein") wird auf ein Material bzw. ein äußeres Merkmal angespielt.

Dann wiederum gibt es Ausdrücke, die ihren Ursprung im Gangstermilieu haben und eher veraltet sind: **loot** [*lu:t*] „Zaster", **boodle** [*bu:dl*] „Schmiergeld", **spondulicks** [*ßpOn-dju-likß*] (US) und **simoleons** [*ßi-mou-li-öns*] (US), beides ein Slangausdruck für „Dollar".

Dies sind nur wenige Beispiele; die Auswahl an Ausdrücken ist schier unüberschaubar. Um zwei Wörter kommt man jedoch nicht herum: **quid** für „Pfund Sterling" und **buck** für „Dollar". **Quid** ist lateinisch und bedeutet „das, was ist". Es bleibt immer im Singular: **a quid** „ein Pfund" – **ten quid** „10 Pfund".

Das amerikanische **buck** entstand im Westen der USA in den Saloons, in denen sich die Männer zum Pokerspielen trafen. Dort war es üblich, einen Gegenstand, meistens einen **buckshot**, d.h. ein Stück Schrot der gröbsten Sorte, mit dem man auf Damhirsche (**buck**) schoß, vor den Geber der Karten zu legen. Die Bedeutung „Dollar" erhielt **buck** vermutlich Mitte des 18. Jhs. als Ableitung von **buckskin** „Hirschhaut", das eine Art „Handelswährung" zwischen den Indianern und den Europäern war. Im Gegensatz zu **quid** bildet **buck** den Plural: **one buck** „ein Dollar" – **ten bucks** „zehn Dollar".

Der Satz von George Bernard Shaw geht weiter mit: **He who can, does; he who cannot, teaches.** „Wer etwas kann, tut es; wer etwas nicht kann, lehrt es."

In diesem Kapitel geht es um Redewendungen, in deren Mittelpunkt Fähigkeiten, Fertigkeiten und Kompetenz stehen.

> Jane **has a** good **head for** figures. She should be a maths teacher.   **1**

figures [*fi-gö(r)s*]; **maths** [*mäfß-ß*]; **teacher** [*ti:-schö(r)*].

Jane has a good head for figures: Jane is good at doing calculations with numbers.
figure: number.
maths: short form of mathematics.

Ⓓ „Jane kann gut rechnen (hat einen guten Kopf für Zahlen). Sie sollte Mathematiklehrerin werden (sein)."

In **to have a head for s.th.** „etw. gut können, für etw. begabt sein" ist **head** ein Synonym für **brain** „Gehirn". Das hinzugesetzte **good** verstärkt die Aussage nicht zwingend. Die Wendung kann auch negativ verwendet werden: **I have no head for figures.** „Ich kann nicht gut rechnen."

! Nicht zu verwechseln mit **to have a head (no head) for heights** [*haitß*] „(nicht) schwindelfrei sein": **I have no head for heights; I can't even stand on a ladder.** „Ich bin nicht schwindelfrei; ich kann noch nicht einmal auf eine Leiter steigen."

> I think Professor Doyle will be excellent as an ombudsman. He has **his head screwed on the right way**.   **2**

Doyle [*doil*]; **excellent** [*äk-ßö-lönf*]; **ombudsman** [*Om-budsmön*]; **screwed** [*ßkru:d*].

ombudsman: s.o. whose job is to deal with complaints that people make about an organization or particular type of business.
He has his head screwed on the right way: He is able to make sensible decisions.

„Ich denke, Professor Doyle wird ein ausgezeichneter Ombudsmann sein. Er ist ein vernünftiger Mensch (hat seinen Kopf in der richtigen Richtung aufgeschraubt)."

to have one's head screwed on straight/the right way/ properly: Hier drängt sich fast das Bild des Roboters auf, der aus Einzelteilen zusammengesetzt wird, und der nur gut funktioniert, wenn man den Kopf richtig herum aufschraubt. In vielen Fällen hat **screw**, als Verb und auch als Nomen, eine negative bzw. abwertende Bedeutung [➡ Kapitel 16, 8]. So sagt auch der Brite **He's got a screw loose** „Er hat eine Schraube locker" im Sinne von „Er ist ein bißchen verrückt".

* **ombudsman** kommt aus dem Schwedischen und bezeichnet eine unabhängige Vertrauensperson in Organisationen, Behörden o.ä. oder einen Beauftragten des Parlaments, an den sich jeder Bürger zum Schutz gegen behördliche Willkür wenden kann. Man spricht auch von einer „Schiedsperson".

What I admire about her is that she's so versatile. She can **turn her hand to anything**.

3

---

admire [öd-**mai**-ö(r)]; **versatile** [w**Ö:**(r)-ß ö-tail].

versatile: having a wide range of different skills or abilities.
She can turn her hand to anything: She has the skill to do anything without having learnt it.

„Was ich an ihr bewundere, ist, daß sie so vielseitig ist. Sie kann [einfach] alles (kann ihre Hand zu allem drehen)."

Das hier benutzte **to turn one's hand to anything** „alles können, für alles ein Händchen haben" wird häufig mit **can** kombiniert.

Das Englische liebt Metonymien, d.h. die Verwendung eines Begriffs für einen anderen. Im vorliegenden Fall steht **hand** für „Fertigkeit, Geschicklichkeit", woraus **handy** „geschickt" entstand, und **to be a dab** [*däb*] **hand at s.th.** heißt „ein As/Könner in etw. sein" (**dab** kommt von **adept** „geschickt, meisterhaft"): **She's a dab hand at photography** [*fO-tO-grö-fi*]. „Sie kann sehr gut photographieren."

! Nicht zu verwechseln mit **to turn one's hand to s.th.** „sich einer Sache zuwenden, mit etw. beginnen": **When he left the Navy** [*nei-wi*]**, he turned his hand to painting.** „Als er die Marine verließ, begann er mit dem Malen."

! Nicht zu verwechseln mit **to put/set one's hand to doing s.th.** „sich an eine Arbeit/Aufgabe machen, mit einer Arbeit beginnen, eine Aufgabe anpacken".

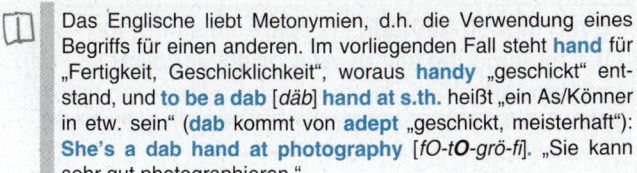

– I need someone to repair the clock. – Give it to Paddy, you know he'll **make a good job of it**. 4

 repair [*ri-pä:(r)*]; **Paddy** [*pä-di*].

 he'll make a good job of it: he can do it very well.

Ⓓ – „Ich brauche jemanden, der die Uhr repariert. – Gib sie Paddy, du weißt, er leistet da gute Arbeit."

to make a good job of s.th. „bei etw. gute Arbeit leisten, sich mit etw. gut auskennen". Das Gebiet, auf dem sich jemand gut auskennt, wird mit dem Gerundium angeschlossen: **He'll make a good job of repairing it**. Weitere Wendungen, in denen es um Können und Wissen geht, finden Sie in [➡ Kapitel 37].

≈ **to make a good fist of s.th.** hat etwa die gleiche Bedeutung, ist allerdings etwas veraltet. Auch hier finden wir wieder die Metonymie [➡ Satz 3], bei der **fist** „Faust" für „Geschicklichkeit, Können" steht.

≠ **to make a bad job of s.th.** oder **to botch s.th.** „etwas vermasseln/verpfuschen": **Don't give it to Tim; he'll botch it.** „Gib es nicht Tim; er wird es vermasseln."

> Even though he hadn't prepared his brief for
> the meeting, he still **gave a good account
> of himself**. 5

 brief [*bri:f*]; **gave** [*geiw*]; **account** [*ö-kou*nt].

 brief: short report.
he still gave a good account of himself: he behaved or
performed very well.

 „Obwohl er seinen Kurzbericht für die Besprechung nicht vorbereitet hatte, machte er seine Sache sehr gut (gab er eine gute
Abrechnung von sich)."

 to give a good account of o.s. „seinen Mann stehen, seine
Sache gut machen, sich bewähren" [➡ Kapitel 1, 7], aber auch
„sich gut präsentieren, sich gut verkaufen".

Die Übersetzungen von **account** sind zahlreich; in vielen hat
es die Bedeutung „Rechenschaft": **to give an account of** „Rechenschaft ablegen über, einen Bericht vorlegen über"; **to call
s.o. to account** „jmdn. zur Rechenschaft ziehen". In diesem Zusammenhang können Sie sich noch das veraltete **He has been
called to his last account** merken, das nichts anderes besagt,
als daß die Person verstorben ist.

≠ **to give a bad/poor account of o.s.** „sich nicht bewähren,
seine Sache nicht gut machen, scheitern".

MICHAEL IS CUT OUT TO BE A POLITICIAN.

> He only started the job last week, but he **found his feet** very quickly. **6**

 feet [*fi:t*]; **quickly** [*kuik-li*].

 he found his feet: he became confident and felt that he knew what to do in a new situation.

 „Er hat die Stelle erst letzte Woche angetreten (begonnen), aber er hat schnell Fuß gefaßt (fand schnell seine Füße)."

 Die Grundbedeutung von **to find one's feet** ist „laufen lernen" (bei Kindern), im übertragenen Sinne meint es „selbständig werden" bzw. „auf eigenen Füßen stehen". In unserem Beispiel würde man es eher mit „Fuß fassen, sich eingewöhnen, sich zurechtfinden" übersetzen.

! Nicht zu verwechseln mit **to land on one's feet** „wieder auf die Füße fallen". Es beschreibt jemanden, der nach einer Krise wieder „Fuß faßt", d.h. wieder Erfolg und Stabilität erfährt: **John's landed on his feet again: he found a new job straight away** „John ist wieder auf die Beine gekommen: Er hat sofort eine neue Stelle gefunden."

> I know he **has it in him** to be a pianist. All he has to do is practise more. **7**

 pianist [*pi-ö-nißt*]; **practise** [*präk-tiß*].

 he has it in him: he has a talent.
pianist: s.o. who plays the piano, especially as a profession.
practise: repeat an activity regularly so that you become better at it.

 „Ich weiß, er hat das Zeug (hat es in ihm) zum Pianisten. Alles, was er tun muß, ist, mehr zu üben."

 In **to have it in o.s.** „das Zeug zu etw. haben" steht **it** für **gift** „Gabe" oder **talent** „Talent". Es kann auch verneint benutzt werden: **He hasn't got it in him to become a scientist** [*ßai-ön-tißt*]. „Er hat nicht das Zeug/eignet sich nicht zum Wissenschaftler."

= **to have what it takes**: **She's got what it takes to become a pianist** oder **He hasn't got what it takes to become a scientist**.

! Nicht zu verwechseln mit **to have it in for s.o.** „jmdn. auf dem Kieker haben".

> After three terrible weeks, Andy realized that he was not **cut out to be** a social worker.   8

terrible [*tä-rö-bl*]; **realized** [*ri-ö-laisd*]; **social** [*ßou-schöl*].

realized: understood.
he was not cut out to be: he had not the right qualities or character to be.
social worker: s.o. who is trained to give help and advice to people who have severe social problems.

„Nach drei schrecklichen Wochen erkannte Andy, daß er nicht zum Sozialarbeiter taugte."

not to be cut out for s.th./to do s.th. „für etw. nicht geeignet sein, für etw. nicht geschaffen sein, zu etw. nicht taugen" lehnt sich wie **to have one's work cut out** [➡ Kapitel 14, 1] an das Bild des Schneiders an, der ein Stoffteil zuschneidet, um es zu einem Kleidungsstück verarbeiten zu können.

! Nicht zu verwechseln mit **to cut s.th. out** „aufhören mit": **Cut it out!** „Hör auf damit!/Laß das!"

> If you ever have to translate anything on the stockmarket, give it to me. That's **my strong suit**.   9

translate [*träns-leit*]; **stockmarket** [*ßtOk-ma(r)-köt*]; **suit** [*ßu:t*].

suit: one of four sets of playing cards that together make a pack. Clubs, diamonds, hearts, and spades are the four suits.
That's my strong suit: I can do it very well.

„Wenn du jemals etwas über die Börse zu übersetzen hast, gib es mir. Das ist meine Stärke (meine starke Spielkartenfarbe)."

Spontan würde man vermuten, **to be s.b.'s strong suit** habe etwas mit einem „Anzug, Kostüm" zu tun, denn das ist die geläufigste Übersetzung von **suit**. Hier ist jedoch die „Spielkartenfarbe" gemeint, und eigentlich heißt **long suit** „lange Farbe", d.h. die Farbe, von der man die meisten Karten auf der Hand hat. Benutzt man es im übertragenen Sinne, wird **long** durch **strong** ersetzt.

= **That's my forte** [*fO:(r)-tei/fO:(r)f*]. „Das ist meine Stärke/ starke Seite."

≈ **That's right/just up my street.** „Das ist ganz mein Fall/das Richtige für mich."

* Eine weitere Wendung mit **suit**, die aus dem Spielerjargon stammt, ist **to follow suit** („die angesagte Spielkarte bedienen") „einem Beispiel folgen": **When Britain vetoed** [*wi:-toud*] **the proposal, the other members of the Council followed suit.** „Als Großbritannien sein Veto gegen den Vorschlag einlegte, folgten die anderen Mitglieder des Rates seinem Beispiel."

Rudeness and sarcasm are a film critic's **stock-in-trade**.   10

rudeness [*ru:d-nöß*]; **sarcasm** [*ßa:(r)-käsm*]; **critic's** [*kri-tikß*]; **stock-in-trade** [*ßtOk-in-treid*].

rudeness: impolite behaviour.
sarcasm: the activity of saying or writing the opposite of what you mean, or speaking in a way intended to make s.o. else feel stupid or show them that you are angry.
film critic: s.o. whose job is to write or broadcast their opinions about films.
stock-in-trade: s.th. that s.o. very often says or does, especially as part of their job.

„Rüdes Benehmen und Sarkasmus gehören zum Handwerkszeug eines Filmkritikers."

to be s.b.'s stock-in-trade berührt das Thema unseres Kapitels nur am Rande; es wird oft im Sinne von „Spezialität" oder „individuelles Repertoire" benutzt. Mit **stock-in-trade** meint man den Warenbestand (**stock**) im Laden, mit dem Handel (**trade**) betrieben wird. Im übertragenen Sinne ist es das „Handwerks-/Rüstzeug", das man in einem bestimmten Beruf benötigt: **Friendliness is the stock-in-trade of the salesman.** „Freundlichkeit ist das Handwerkszeug des Vertreters." **Stock-in-trade** steht auch dann im Singular, wenn mehrere Subjekte genannt werden: **Friendliness and persistance** [*pö(r)-ßiß-tönß*] („Hartnäckigkeit") **is the stock-in-trade.**

Eine weitere Wendung mit **stock** ist uns aus der Waffenkunde überliefert: **lock, stock, and barrel** „ganz und gar, in Bausch und Bogen": **They bought the whole shop, lock, stock, and barrel.** „Sie kauften den ganzen Laden mit allem Drum und Dran." **Lock** meint hier das „Gewehrschloß", **stock** den „Gewehrkolben" und **barrel** den „Gewehrlauf".

> The problem with most actors is that they want **to measure up to** John Gielgud!　　11

 actors [*äk-tö(r)s*]; **measure** [*mä-jö(r)*]; **Gielgud** [*gi:l-gud*].

 to measure up to: to be as good as.

 „Das Problem mit den meisten Schauspielern ist, daß sie so gut sein wollen wie John Gielgud!"

 to measure up to s.o. bedeutet „so gut sein wie": **He measures up to his predecessor** [*pri-di-ßä-ßö(r)*]. „Er ist so gut wie sein Vorgänger/Er kann seinem Vorgänger das Wasser reichen." Es kann auch im Sinne von „etw./jmdm. gewachsen sein" verwendet werden: **Will he measure up to the challenges that lie ahead of him?** „Wird er den Herausforderungen gewachsen sein, die vor ihm liegen?"

Achtung: Die Übersetzung „sich mit jmdm. messen", die Ihnen vielleicht spontan in den Sinn kommt, trifft hier nicht zu, denn dies würde der Brite mit **to pit o.s. against s.b.** ausdrücken: **He was always pitting himself against the strongest opponent.** „Er hat sich immer an seinem stärksten Gegner gemessen."

≠ **to not hold a candle to** und **to be no match for** [➡ Kapitel 1, 14].

* Sir **John Gielgud** (1904-2000) war einer der bedeutendsten britischen Schauspieler des 20. Jhs. Er war Absolvent der **Royal Academy of Dramatic Art** in London und spielte bereits 1930 das erste Mal **Hamlet**. Er galt neben Sir **Laurence Olivier** als der bedeutendste zeitgenössische Interpret der großen Rollen von William Shakespeare.

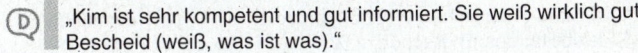

> Kim's extremely competent and well-informed. She really **knows what's what**. 12

competent [*kOm-pö-tönt*].

competent: capable of doing s.th. in a satisfactory and effective way.
well-informed: knowing a lot about a subject or a situation.
She ... knows what's what: She knows the important facts that you should understand about a situation.

„Kim ist sehr kompetent und gut informiert. Sie weiß wirklich gut Bescheid (weiß, was ist was)."

Von **to know what's what** „über eine Situation gut Bescheid wissen" gibt es zwei geläufige Varianten: **He'll show them what's what.** „Er wird ihnen zeigen, mit wem sie es zu tun haben/aus welchem Holz er geschnitzt ist" und – in der verneinten Form – **She has no idea what's what.** „Sie weiß überhaupt nicht Bescheid/hat von Tuten und Blasen keine Ahnung."

what ist sehr nützlich, wenn Ihnen bestimmte Namen oder Begriffe auf Englisch entfallen sind. Sie können mit Hilfe von **what** so wunderbare Konstruktionen bilden wie **How's what's-his-name?** „Wie geht es Wie-heißt-er-noch-gleich?"; **I'll never forget what's-it.** „Ich werde niemals dieses Dings-da vergessen."; **I bought one of those what-do-you-call-its.** „Ich habe eines von diesen Wie-nennt-man-das-noch-gleich gekauft."; **I got one of those whatchamacallits** (= **what-shall-we-call-it**). „Ich habe eines von diesen Dings-da." Das ist praktisch, aber nicht sehr elegant!

443

> Liverpool is famous for the **can-do attitude** of its people. **13**

🔔 **famous** [*fei*-möß]; **attitude** [*ä*-ti-tju:d].

💡 **can-do**: keen to do difficult jobs and confident of success.
attitude: s.o.'s opinions and feelings about s.th., especially as shown by their behaviour.

💬 „Liverpool ist berühmt für die Nichts-ist-unmöglich-Mentalität (Kann-tun Haltung) seiner Einwohner."

📖 **can-do attitude** ist eine Haltung bzw. eine Lebenseinstellung, die durch Optimismus und Dynamik geprägt ist und bei der man nach dem Motto „Geht nicht gibt's nicht" oder „Nichts ist unmöglich" lebt und handelt. Es entstand in den 20er Jahren in den USA und wurde es zunächst als Antwort auf Fragen oder Aufforderungen benutzt: **Are you free for lunch on Friday? – Can do.** „Hast du am Freitag Zeit, mit mir zu Mittag zu essen? – Natürlich." Die verneinte Form, die ebenfalls sehr verbreitet ist, lautet **No can do**.

Hier und in ähnlichen Wendungen zeigt sich wieder einmal die Flexibilität des Englischen, z.B.: **What I like about Pete is his get-up-and-go attitude.** „Was ich an Pete mag, ist sein anpackendes Wesen (seine Steh-auf-und-geh Haltung)." Oder: **Consumption was weak in the first half-year because of the wait-and-see attitude of British consumers.** „Der Konsum war im ersten Halbjahr wegen der abwartenden (warten-und-sehen) Haltung der britischen Verbraucher schwach."

> He was so-so as a player, but he really **came into his own** when he became the team's trainer. **14**

🔔 **so-so** [*ßou*-ßou].

💡 **so-so**: mediocre, average.
he ... came into his own: showed how effective or useful he could be.

„Als Spieler war er mittelmäßig, aber als er Mannschaftstrainer wurde, konnte er sein Potential voll zur Geltung bringen (er kam in sein eigenes)."

Die Hauptbedeutung von **to come into one's own** ist „seine Fähigkeiten/sein Potential voll zur Geltung bringen" (evtl. könnte man hier auch mit „voll in seinem Element sein" übersetzen): **In the wintry conditions the Norwegian** [nO(r)-ui:-ʤön] **team really came into their own.** „Unter den winterlichen Bedingungen konnte das norwegische Team seine Stärken wirklich voll ausspielen."

! Nicht zu verwechseln mit **to come into** „erben": **They came into a fortune when their mother died.** „Sie erbten ein Vermögen, als ihre Mutter starb."

SERENDIPITY

Das britische Parlament ist eines der ältesten Parlamente der westlichen Welt und nennt sich daher **the Mother of Parliaments**. Ihm verdanken wir eine Reihe von sehr bildhaften Redewendungen, die auch gerne von den Medien aufgegriffen werden:

Das britische Unterhaus, das **House of Commons**, das seit dem 14. Jh. besteht, ist so angelegt, daß sich die Abgeordneten der beiden großen Parteien in mehreren Sitzreihen gegenübersitzen, was den Vorteil hat, daß jeder seinem politischen Gegner direkt in die Augen sehen kann, wenn dieser das Wort hat, und wie bei uns ist es auch in Großbritannien so, daß der politische Gegner grundsätzlich Unrecht hat: **In Germany, they have „right" and „left" but in England, we have „right" and „wrong".** Der Plenarsaal wird im Englischen **the floor** genannt; wechselt ein Parlamentarier von einer Partei zur anderen, so heißt dies **to cross the floor**.

Welche Parlamentarier in den vorderen Sitzreihen und welche in den hinteren sitzen, richtet sich nach ihrer Bedeutung bzw. den Ämtern, die sie innehaben. Die Minister und andere wichtige Amtsträger nehmen in den vorderen Reihen Platz; sie sind **front-benchers** [➡ Kapitel 31, 1]. Der andere, zahlenmäßig größere Teil der Parlamentsmitglieder ohne Geschäftsbereich belegt als **back-benchers** die hinteren Bänke. So spricht man auch von einer **back-bench revolt**, wenn die Mehrheit der „Hinterbänkler" sich weigert, eine bestimmte Entscheidung der Partei mit zu tragen. Ein Abgeordneter, der keiner bestimmten Partei angehört und sich je nach Überzeugung mal der einen und mal der anderen anschließt, heißt **cross-bencher**.

Für jeden Minister der führenden Partei ernennt die Opposition einen ihrer Abgeordneten als „Schattenminister" für das entsprechende Ressort; so gibt es den **shadow home secretary** (**home secretary** „Innenminister") und den **shadow health minister** (**health minister** „Gesundheitsminister") usw.

Die allererste Rede eines Abgeordneten vor der Kammer ist die **maiden speech** „Antrittsrede" (**maiden** [*mei-dön*] „Jungfrau"). Sehr gängig sind Hinhalte- bzw. Verzögerungstaktiken in Form langatmiger und ausufernder Reden, um einen im Parlament vorgetragenen Gesetzesentwurf zum Scheitern zu bringen: **Many MPs seem unaware that filibusters** [*fi-li-baß-tö(r)s*] **are not permitted in the British parliament.** „Viele Abgeordnete scheinen nicht zu wissen, daß Verzögerungstaktiken im britischen Parlament nicht erlaubt sind." **filibuster** kommt vom franz. *flibustier* „Freibeuter", ein staatlich geduldeter Pirat, der ohne Rücksicht auf Sitte und Gesetz und mit teilweise recht unorthodoxen Methoden gegnerische Kriegsschiffe ausplünderte und versenkte.

Sinn und Zweck aller Reden im Parlament ist es, die **floating voters** oder **swing voters** „Wechselwähler" zu beeinflussen, die meist bis zur letzten Minute unentschlossen sind und dann noch mal das Lager wechseln. Erlangt keine Partei im Parlament die erforderliche Mehrheit, spricht man von einem **hung parliament**, einer „Patt-Situation". In diesem Fall bleibt nur noch eine Möglichkeit: **The Prime Minister announced today that he will go to the country.** Nein, der Premierminister fährt nicht aufs Land, sondern **to go** (oder **to appeal**) **to the country** bedeutet „(Neu-)Wahlen ausrufen".

Ein Parlamentarier kann seinen Parlamentssitz nicht kündigen. Er hat nur eine Möglichkeit, seinen Sitz abzugeben, und die lautet: **Mr Minor today applied for the Chiltern Hundreds** [*tschil-tö(r)n han-dröds*]. In **Chiltern Hundreds** bezeichnet **Hundred** einen traditionellen Verwaltungsbezirk einer englischen Grafschaft im 13. Jh. Die hügelige waldige Landschaft der **Chiltern Hills** in **Buckinghamshire** war früher einmal ein beliebtes Versteck für Räuber. Man setzte einen sog. **Crown Steward** ein, um Recht und Ordnung aufrechtzuerhalten, eine nicht gerade sehr reizvolle Aufgabe ... Ab dem 16. Jh. wurde der Posten jedoch zunehmend überflüssig; seitdem ist der Ausdruck zu einem Sinnbild für den Rückzug vom Parlamentarierposten geworden.

THE WISE MAKE PROVERBS...

Dieses letzte Kapitel haben wir den Sprichwörtern gewidmet. Der Titel ist der Beginn eines Sprichwortes von Disreali: **The wise make proverbs** [*prO-wÖ:(r)bs*] **for fools** [*fu:ls*] **to quote** [*kuout*]. „Die Weisen erfinden Sprichwörter, damit die Idioten sie zitieren können." Das erinnert uns an den jungen Mann, der aus einer Hamlet-Vorstellung kam und sagte: **I loved the play, but it was full of quotations.** „Mir gefiel das Stück, aber es war voll von Zitaten."

> **Talk of the devil!** I was just telling my wife about you.
>
> 1

 devil [*dä-wöl*].

 Talk of the devil: Used when s.o. you have been talking about arrives unexpectedly.

 „Wenn man vom Teufel spricht! Ich habe gerade meiner Frau von dir erzählt."

Das vollständige Sprichwort lautet **Talk/Speak of the devil and he will appear**, aber man zitiert meistens nur die erste Hälfte.

> – I don't dare ask him for an autograph.
> – Why not? **A cat can look at a king**, can't he?
>
> 2

 dare [*dä:(r)*]; **autograph** [*O:-tö-gra:f*].

 I don't dare: I'm afraid.
autograph: a famous person's name that they sign for s.o. else to keep.

447

A cat can look at a king: Used for saying that no one is so important that an ordinary person may not look at him.

 – „Ich wage es nicht, ihn um ein Autogramm zu bitten. – Warum nicht? Er ist doch auch nur ein ganz gewöhnlicher Mensch (eine Katze kann einen König ansehen), oder?"

 A cat can (oder **may**) **look at a king** drückt aus, daß die Person, auf die Bezug genommen wird, ein ganz normaler Mensch „wie du und ich" ist und keineswegs so wichtig oder außergewöhnlich, daß man nicht das Recht hätte, sie anzusehen.

Das Englische ist reich an „Katzen-Sprichwörtern". Hier ist eine kleine Sammlung, aus der Sie bereits einige Beispiele kennen:
When the cat's away, the mice will play. „Wenn die Katze aus dem Haus ist, tanzen die Mäuse."
You look like s.th. the cat brought in. „Du siehst aus wie unter die Räuber gefallen (wie etwas, das die Katze hereingebracht hat)".
Curiosity killed the cat! „Nun mal nicht so neugierig (Neugierde tötet die Katze)!"
It's enough to make a cat laugh. „Das ist zum Schreien komisch (genug, um eine Katze zum Lachen zu bringen)".
To put/set the cat among the pigeons „für Aufregung sorgen/Unruhe stiften" [➡ Kapitel 22, 8].
There isn't enough room to swing a cat in it. „Es ist so wenig Platz, daß man sich kaum darin umdrehen kann." [➡ Kapitel 23, 13].

Marsden und Wilcox are merging. You know what they say about **birds of a feather**. 3

 Marsden [*ma(r)ß-dön*]; **Wilcox** [*uil-kOkß*]; **merging** [*mÖ:(r)-djing*]; **feather** [*fä-fßö(r)*].

 are merging: they combine to form one bigger organization.
birds of a feather (**flock together**): Used for saying that people of a similar type tend to support and agree with each other.

 „Marsden und Wilcox fusionieren. Du weißt [ja], was man sagt: Gleich und gleich gesellt sich gern (über Vögel einer Feder)."

Hier wird auf das Sprichwort **Birds of a feather flock together.** „Gleich und gleich gesellt sich gern (Vögel einer Feder scharen sich zusammen)" angespielt, das meistens im negativen Sinne benutzt wird und ausdrückt, daß Personen, die zusammenpassen, sich auch zusammentun.

Auch der Vogel ist in zahlreichen Sprichwörtern verewigt:
The early bird catches the worm. „Morgenstund' hat Gold im Mund (der frühe Vogel fängt den Wurm)."
A bird in the hand is worth two in the bush. „Der Spatz in der Hand ist besser als die Taube auf dem Dach (als zwei im Busch)."
That's [strictly] for the birds. „Das ist total für die Katz/völlig umsonst."
To kill two birds with one stone. „Zwei Fliegen mit einer Klappe schlagen (zwei Vögel mit einem Stein töten)."

– They'd sold out of champagne, so I had to buy beer. – Never mind. **Half a loaf is better than none**.

4

champagne [*schäm-pein*]; **loaf** [*louf*].

They'd sold out of champagne: There was no more champagne available in the shop.
loaf: bread in a long, round, or square shape that you cut into slices.
Half a loaf is better than none: a little bit of s.th. is better than nothing at all.

– „Champagner war ausverkauft (Sie hatten ausverkauft von Champagner), daher mußte ich Bier kaufen. – Nicht schlimm. Besser als gar nichts (ein halber Laib ist besser als keiner)."

Half a loaf is better than none/than no bread drückt aus, daß man, wenn man nicht genau das bekommen kann, was man haben möchte, sich auch mit etwas anderem zufrieden gibt, Hauptsache, man geht nicht ganz leer aus.

≈ **A bird in the hand is worth two in the bush** „Der Spatz in der Hand ist besser als die Taube auf dem Dach" [⇒ Satz 3] ist nur bedingt als vergleichbares Sprichwort zu betrachten. Es besagt, daß eine kleine, aber sichere Sache besser ist als eine große, unsichere.

KAPITEL 45

> I'm pretty sure we've thought of everything,
> but **there's many a slip**... 5

 sure [*schu:(r)*]; **thought** [*fßo:f*]; **slip** [*ßlip*].

 I'm pretty sure: I'm rather sure.
there's many a slip: Used for saying that one can not be sure of something as long as it did not happen.

 „Ich bin ziemlich sicher, daß wir an alles gedacht haben, aber man soll den Tag nicht vor dem Abend loben ..."

 Sie haben bereits gesehen [➡ Satz 1 u. 3], daß Sprichwörter häufig verkürzt angewendet werden. Dies ist auch bei **There's many a slip** der Fall; die Fortsetzung lautet ... **'twixt cup and lip**. **'twixt** ist ein altes Wort für **between** „zwischen", und **slip** heißt in der Grundbedeutung „Ausrutscher; Versehen; Versprecher; Fehler". Ausgangsbasis für dieses Sprichwort war vermutlich ein Zitat von Aristoteles (384-322 v. Chr.): „Zwischen Kelch und Lippe kann sich vieles ereignen", sinngemäß „Man soll den Tag nicht vor dem Abend loben". Manche sagen auch: „Man soll den Pelz nicht verkaufen, bevor man den Bären erlegt hat."

= **Don't count your chickens before they're hatched** [*hätscht*].
„Zähl deine Hühner nicht, bevor sie ausgebrütet sind".

> When I heard the bad news, I immediately
> turned to Paul for help. **A friend in need is a
> friend indeed**. 6

 heard [*hÖ:(r)d*]; **immediately** [*i-mi:-djöt-li*]; **friend** [*fränd*]; **indeed** [*in-di:d*].

 immediately: at once.
A friend in need is a friend indeed: Used for saying that friends should stick together, especially when one of them needs help.

 „Als ich die schlechte Nachricht hörte, wandte ich mich sofort um Hilfe an Paul. In der Not erkennt man seine Freunde (ein Freund im Bedarf ist ein Freund in der Tat)."

Ursprünglich hieß das Sprichwort **A friend in need is a friend in deed** („in der Tat"). Da jedoch **in deed** und **indeed** gleich klingen und auch vom Sinn her fast identisch sind, wurde im Laufe der Zeit **indeed** daraus. Im Deutschen sagen wir auch „In der Not erkennt man seine Freunde."

= That's what friends are for.

IT NEVER RAINS BUT IT POURS.

> She's leaving the firm to go and work for Bates. **The grass is always greener on the other side of the fence!** 7

🔔 **firm** [fÖ:(r)m]; **Bates** [beitß]; **grass** [gra:ß]; **fence** [fänß].

💡 **The grass is always greener on the other side of the fence**: Life seems better somewhere else, or other people's situations seem better than your own.

💬 „Sie verläßt die Firma, um (zu gehen und) für Bates zu arbeiten. Die Kirschen in Nachbars Garten schmecken immer ein bißchen süßer (das Gras ist immer grüner auf der anderen Seite des Zauns)!"

📖 **The grass is always greener on the other side of the fence** (oder **hill**): Stellen Sie sich den Briten vor, der seinen Garten leidenschaftlich pflegt und trotzdem findet, daß das Gras bei seinem Nachbarn besser und gesünder aussieht als bei ihm ... In der Tat begehrt man oft das, was man nicht hat oder nicht haben kann; im Deutschen sprechen wir dann von „verbotenen Früchten": **Forbidden fruit** [fru:t] **is the sweetest.**

KAPITEL 45

451

> First a tax bill, then a parking fine, and now
> they've towed my car away. **It never rains
> but it pours**. 8

 fine [*fain*]; **towed** [*toud*]; **pours** [*pO:(r)s*].

 tax bill: a written statement showing how much money you
have to pay to the government that it uses to provide public
services and pay for government institutions.
parking fine: an official document telling you that you have
broken a rule about parking and must pay a certain sum of
money.
they've towed my car away: they've pulled my car away from
the place where I had parked it illegally.
It never rains but it pours: Used for saying that several
disasters happen at the same time.

Ⓓ „Zuerst ein Steuerbescheid, dann eine Strafe wegen Falsch-
parken, und jetzt haben sie [auch noch] meinen Wagen abge-
schleppt. Ein Unglück kommt selten allein (es regnet niemals,
aber es schüttet)."

📖 **It never rains but it pours**: Dieses Sprichwort ist ganz an britische Verhältnisse angepaßt, steht doch Großbritannien in dem
Ruf, ein verregnetes Land zu sein (**to pour** „schütten, gießen").
Daß der Brite offensichtlich ein relativ entspanntes Verhältnis
zum Regen hat, belegen Wendungen wie **as right as rain** „gesund wie ein Fisch im Wasser".

> **Home sweet home!** I never want to see
> another airport as long as I live. 9

 airport [*ä:(r)-pO:(r)t*]; **live** [*liw*].

 Home sweet home!: Used for saying that you are happy to be
back in your own house.

Ⓓ „Trautes Heim, Glück allein (Zuhause süßes Zuhause)! Ich
möchte nie mehr einen (weiteren) Flughafen sehen, solange
ich lebe."

Home sweet home! ist in Großbritannien so verbreitet, daß man es auf Kissen gestickt, auf Tafeln über dem Kamin und an zahlreichen anderen Stellen in englischen Häusern findet. Das Zuhause ist dem Briten heilig, was nicht zuletzt an der Vielzahl der Wendungen erkennbar ist, von denen wir nur einige nennen können:

= **An Englishman's home is his castle**, etwa „Für einen Engländer ist sein Haus [wie] ein Schloß."
= **There's no place like home**, etwa „Es geht doch nichts über das eigene Zuhause."
≈ **Home is where the heart lies**, etwa „Zu Hause ist dort, wo das Herz ist."

Und **He ate me out of house and home** [➡ Kapitel 19, 10] zeigt, wie empfindlich der Brite reagiert, wenn er sein Heim bedroht sieht.

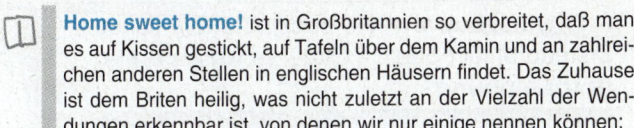

I let him use the phone – and now he's calling Australia. **Give him an inch and he'll take a mile**.
10

phone [*foun*]; **Australia** [*Oß-treil-jö*]; **inch** [*insch*].

inch: a unit for measuring length corresponding to 2.54 centimetres.
Give him an inch and he'll take a mile: Used for saying that if you agree to give s.o. s.th. they want they will then want to take more.

„Ich lasse ihn das Telefon benutzen – und jetzt ruft er [in] Australien an. Du reichst ihm den kleinen Finger, und er nimmt die ganze Hand (gib ihm einen Zoll, und er wird eine Meile nehmen)."

Give him an inch and he'll take a mile/yard: Zwar hat Großbritannien 1995 das metrische System übernommen, doch kommen noch heute in vielen Wendungen und Sprichwörtern die alten Maßeinheiten vor, so wie hier **mile** bzw. **yard**, die das alte **ell** (1,15 m) abgelöst haben. Merken Sie sich auch: **A miss is as good as a mile**. „Knapp vorbei ist auch daneben", das man hören kann, wenn z.B. jemand mit einem Ball nur knapp ein Tor verfehlt oder jemandem in einer Prüfung nur wenige Punkte fehlen, um zu bestehen.

– Why not buy a whole book of lottery tickets instead of just one? – Okay: **In for a penny, in for a pound**. 11

🔔 **whole** [*houl*]; **instead** [*in-ßtäd*].

💡 **In for a penny, in for a pound**: Used for saying that you intend to finish doing s.th. that you have started, or do it thoroughly.

Ⓓ – „Warum kaufen wir nicht ein ganzes Heft (Buch) mit Lotterielosen anstelle von nur einem Los? – OK: Wenn schon, denn schon (drin für einen Penny, drin für ein Pfund)."

📖 **In for a penny, in for a pound** „Wenn schon, denn schon" oder „Wer A sagt, muß auch B sagen" stammt aus dem Glücksspiel. Das Englische kennt eine ganze Reihe von Wendungen, in denen die kleinste Währungseinheit der größten gegenübergestellt wird, darunter: **He's penny wise and pound foolish.** „Er ist im Kleinen sparsam (weise) und im Großen verschwenderisch (töricht)". **Take care of the pennies, and the pounds will look after themselves.** „Spare im Kleinen, dann hast du im Großen".

– I can't come out for a beer. I have to finish this article. – That's typical of you: **all work and no play**. 12

🔔 **article** [*a(r)-ti-köl*]; **typical** [*ti-pi-köl*].

💡 **That's typical of you**: You are behaving in the way you usually do.
all work and no play: used about a situation in which s.o. spends a lot of time working and has no time for other activities.

Ⓓ – „Ich kann nicht auf ein Bier mitkommen. Ich muß diesen Artikel zu Ende schreiben. – Das ist typisch für dich: Arbeit allein macht nicht glücklich (nur Arbeit und kein Spiel)."

📖 Auch von diesem Sprichwort benutzt man nur die erste Hälfte: **All work and no play makes Jack a dull boy** (**dull** „beschränkt, stumpfsinnig") beschreibt eine Person, die nur arbeitet und nicht in der Lage ist, sich zu amüsieren.

Bei dieser Gelegenheit lernen wir auch **Jack** kennen, das nicht nur die Verkleinerungsform von **John** ist, sondern auch in zahlreichen Ausdrücken vorkommt und dort – in Groß- oder Kleinschreibung – eine fiktive oder allegorische (bildhafte) Persönlichkeit darstellt: **Jack Frost** „Väterchen Frost"; **jack-in-the-box** „Schachtelteufel"; **jack-knife** „Klappmesser"; **jack-of-all-trades** „Hansdampf in allen Gassen; Tausendsassa" (**to be a jack-of-all-trades and master of none** „von allem ein bißchen verstehen, aber von nichts sehr viel"); **before you can say Jack Robinson** „in Null Komma nichts"; **Jack-o-lantern** „Kürbislaterne" (an Halloween); **Every Jack has his Jill.** „Jeder Topf findet seinen Deckel".

Take the opportunity while it's there. **Time and tide wait for no man**.　　13

🔔 **opportunity** [*O-pö(r)-tju-ni-ti*]; **tide** [*taid*].

💡 **tide**: the way that the level of the sea regularly rises and falls during the day.
Time and tide wait for no man: Used for telling s.o. to do s.th. soon, while the time is available.

Ⓓ „Ergreif die Gelegenheit, so lange sie da ist. Das Rad der Zeit hält niemand auf (Zeit und Gezeiten warten auf keinen Mann)."

📖 Mit **Time and tide wait for no man** oder **Time waits for no one** drückt der Brite aus, daß man eine Gelegenheit beim Schopfe packen muß, da sie vielleicht nicht so schnell wiederkommt.

= **Take time by the forelock** (**forelock** [*fO:(r)-lOk*] „Stirnlocke") „die Gelegenheit beim Schopf ergreifen; die Zeit nutzen" drückt die gleiche Idee aus. Denn wir wissen alle: **Time flies!** „Die Zeit fliegt!"

I'm not going to buy him a book for a present. He's already got a huge library. **Why carry coals to Newcastle?**　　14

🔔 **buy** [*bai*]; **present** [*prä-sönt*]; **huge** [*hju:dj*]; **library** [*lai-brö-ri*]; **coals** [*kouls*]; **Newcastle** [*nju:-ka:-ßl*].

huge: very large.
library: a place in a house where you store all your books.
Why carry coals to Newcastle?: Why supply s.th. to a place or person when they do not need it because they have a lot of it already?

„Ich werde ihm kein Buch als Geschenk kaufen. Er hat schon eine riesige Bibliothek. Warum Eulen nach Athen (Kohlen nach Newcastle) tragen?"

Why carry coals to Newcastle? spielt auf das nordenglische Newcastle an, das für seinen Steinkohlebergbau bekannt ist, weshalb es überflüssig ist, Steinkohle nach Newcastle zu liefern. **It's like carrying coals to Newcastle** ist also eine Umschreibung für „Das ist vollkommen überflüssig".
Und warum sagen wir „Eulen nach Athen tragen"? Schon im 5. Jh. v. Chr. prägte man in Athen Silbermünzen mit dem Kopf der Athene auf der Vorder- und der Eule auf der Rückseite. Von diesen Münzen, in der Umgangssprache „Eule" genannt, waren im Staatsschatz so viele vorhanden, daß die Bürger keine Steuern zu zahlen brauchten und eine Zeitlang sogar jährlich die Überschüsse verteilt werden konnten.
Eine andere Stadt, ein anderes geflügeltes Wort: **Because he worked during the strike, his mates** [*meitß*] **sent him to Coventry** [*ka-wön-tri*]. „Weil er während des Streiks arbeitete, haben seine Kameraden ihn geschnitten (nach Coventry geschickt)." Während des Bürgerkriegs in England 1644 wurden die royalistischen Gefangenen im nordenglischen Coventry inhaftiert. Da die ansässige Bevölkerung die Kosten hierfür tragen mußte, war diese nicht gerade erfreut über die „Gäste" und strafte sie mit Nichtbeachtung. Hieraus entstand **to send s.b. to Coventry** „jmdn. schneiden, ignorieren, links liegen lassen".

SERENDIPITY

Was Sprichwörter betrifft, bietet die Bibel einen reichen Fundus, aus dem die Umgangssprache schöpft, angefangen von **Sufficient unto the day is the evil thereof** „Es ist genug, daß jeder Tag seine eigene Plage hat" über **A prophet** [*prO-föt*] **is not without honour** [*O-nö(r)*] **save in his own country** „Ein Prophet gilt nichts im eigenen Land" bis hin zu **An eye for an eye and a tooth for a tooth** „Auge um Auge, Zahn um Zahn".

Andere Sprichwörter wiederum lassen sich speziellen Herkunftsbereichen zuordnen, darunter:

Handwerk:
A bad workman always blames [*bleims*] **his tools.** „Ein schlechter Handwerker schimpft immer auf sein Werkzeug."
Strike while the iron is hot. „Man muß das Eisen schmieden, solange es heiß ist."

Küche:
Too many cooks spoil the broth [*brOfß*]. „Viele Köche verderben den Brei."
You can't make an omelette [*Om-löt*] **without breaking eggs.** „Wo gehobelt wird, da fallen Späne (man kann kein Omelett machen, ohne Eier zu zerschlagen)."
That's the way the cookie crumbles [*kram-böls*]. „Daher läuft der Hase (das ist die Art, wie der Keks krümelt)."

Landwirtschaft:
Do not put all your eggs in the same basket. „Setz nicht alles auf eine Karte (leg nicht all deine Eier in denselben Korb)."

Natur:
A rolling stone gathers no moss. „Wer rastet, der rostet (ein rollender Stein sammelt kein Moos an)."
Cast ne'er (= never) a clout till May is out. „Kleide dich nicht zu leicht (wirf niemals einen Lappen weg), bevor der Weißdorn blüht." (Hier meint **May** nicht den Monat Mai, sondern den Weißdorn!)

Tierwelt:
Did you ever see an oyster [*oiß-tö(r)*] **walk upstairs?** „Erzähl mir keine Märchen! (Hast du jemals eine Auster die Treppe hinaufgehen sehen?)"
That gives one a horse laugh! [*la:f*]! „Da lachen ja die Hühner (das gibt einem ein Pferdelachen)!"
Barking dogs seldom bite. „Hunde, die bellen, beißen nicht."

Und dann sind da noch die ganz alltäglichen Sprichwörter:
Better late than never. „Besser spät als nie."
No sooner said than done. „Gesagt, getan."

INDEX DER REDEWENDUNGEN

Im folgenden finden Sie einen umfangreichen Index, in dem nicht nur die 630 Redewendungen aus den Beispielsätzen dieses Buches, sondern sämtliche Redewendungen vorkommen, die im Buch enthalten sind, d.h. auch die Ausdrücke, die als Synonyme, verwandte Wendungen, Antonyme und ergänzende Wendungen aufgetaucht sind.

Um Ihnen das Auffinden einer bestimmten Wendung zu erleichtern, ist der größte Teil der Wendungen unter mehreren Stichwörtern (Verb, Nomen, Adjektiv) aufgef hrt.

Die Zahlen geben das Kapitel und den Satz an, in dem die Redewendung zu finden ist; „S" bedeutet, daß die Wendung im Absatz **Serendipity** des jeweiligen Kapitels auftaucht.

B

baby
- as weak as a baby 9/5
- to be left holding the baby 1/10

back
- back to the drawing board 16/10
- to be at the back of one's mind 35/4
- to get s.o.'s back up 5/14
- to get/be on s.o.'s back 5/14
- to know (a place) like the back of one's hand 37/3
- to know s.th. backwards/ inside out 37/4
- with (both) hands tied behind your back 26/1

bad
- A bad workman always blames his tools! 45/S
- to be in s.b.'s bad books 31/9
- to make a bad job of s.th. 44/4

ball
- to be on the ball 8/10

balloon
- to go down like a lead balloon 16/6

banana
- the top banana 18/S

bandwagon
- to jump on the bandwagon 23/1

bang
- to go with a bang 25/5

bat
- as blind as a bat 9/1
- like a bat out of hell 9/1
- to be bats 9/1
- to do s.th. off one's own bat 40/S
- to have bats in the belfry 9/1
- to play a straight bat 40/S

battle
- to fight a losing battle 16/1

bean
- full of beans 19/3
- to spill the beans 19/3

bear
- to be like a bear with a sore head 10/8

bed
- to get out of bed on the wrong side 5/7

Bedlam
- It's like Bedlam in there! 10/12

bee
- to make a beeline for 23/12
- to think s.o. is the bee's knees 12/6

beer
- Life isn't all beer and skittles! 41/S

bell
- as clear as a bell 9/14
- as sound as a bell 11/S

belly
- to hold one's belly 1/S

better
- Better late than never! 45/S
- Better the devil you know (than the devil you don't)! 37/12
- It's better than a poke in the eye with a sharp stick! 7/7
- Prevention is better than a cure! 11/S
- to have seen better days 8/9
- to think better of s.th. 35/10
- Two heads are better than one! 3/5

big
- a big cheese 18/S
- a big enchilada 18/S
- a big frog in a small pond 18/13
- a big noise 18/S

- to be in s.b.'s bad books 31/9
- to be in s.b.'s good books 31/9
- to cook the books 29/14
- to read s.o. like a book 37/7
- to throw the book at s.o. 24/10

boot
- to be too big for one's boots 18/12

bottom
- from the bottom of one's heart 3/9
- to bet one's bottom dollar 20/9
- to get to the bottom of s.th. 27/11

brain
- to be out of one's brains 40/4
- to be the brainchild of s.o. 4/12
- to cudgel one's brains 35/2
- to have a brainwave 4/12
- to pick s.o.'s brains 4/11
- to rack one's brains 35/2

brass
- as bold as brass 9/4
- brass hat 18/S
- the top brass 18/S; 19/2
- to get down to the brass tacks 27/S

bread
- bread-and-butter 19/4
- Half a loaf is better than none/than no bread! 45/4
- the best thing since sliced bread 12/2
- to know which side one's bread is buttered 19/4

breath
- to hold one's breath 1/S
- to take s.o.'s breath away 32/10

brick
- like a cat on hot bricks 17/4

bright
- as bright as a button 37/13

broke
- flat broke 43/14
- stony broke 43/14

bronze
- a bronze handshake 38/11

buck
- to pass the buck 1/10; 23/14

bucket
- to kick the bucket 20/S

bud
- to nip in the bud 23/4

bull
- It's like waving a red rag at a bull! 10/10
- like a bull in a china shop 10/10

burner
- to put s.th. on the back burner 22/2

bush
- to beat about/around the bush 34/9

butter
- bread-and-butter 19/4
- butterfingers 5/2
- to look like butter wouldn't melt in s.o.'s mouth 10/4

butterfly
- to get butterflies 17/3

button
- as bright as a button 37/13

by
- by and large 41/6

Cain
- to raise Cain 31/11

cake
- It's a piece of cake! 19/9; 26/2
- That was the icing on the cake! 19/9

462

INDEX

• to go like clockwork 26/11

close
• a closed book 37/7
• to be close to s.o.'s heart 12/5

coal
• to haul/call s.b. over the coals 31/5
• Why carry coals to Newcastle? 45/14

cock
• cock and bull story 11/6
• to be cocksure 11/10

cold
• to catch one's death of cold 42/5

colour
• to nail one's colours to the mast 38/12
• to sail under false colours 38/12
• to show one's/see s.o. in his true colours 38/12
• with flying colours 25/8

compliment
• to fish for compliments 23/8

condition
• in the pink of condition 38/10

cook
• Too many cooks spoil the broth! 45/S

cookie
• That's the way the cookie crumbles! 45/S
• to be caught with one's hand in the cookie jar 38/4

cool (Adj.)
• as cool as a cucumber 9/3
• to keep a cool head 3/6

cool (Nomen)
• to lose one's cool 9/3

corner
• to hold one's own corner 1/7

cow
• until the cows come home 11/8

craving
• to have a craving for s.th. 30/14

crazy
• working like crazy 10/14

creek
• to be up the creek (without a paddle) 23/7

cricket
• That's not cricket! 40/S

cue
• to take a cue from s.o. 37/S

cup
• That's not your cup of tea! 19/S
• That's another cup of tea! 19/S

cupboard
• cupboard love 12/S
• to have a skeleton in the cupboard 24/2

curiosity
• Curiosity killed the cat! 45/2

curtain
• to ring down the curtain 37/S

D

dab
• to be a dab hand at s.th. 44/3

dagger
• to be at daggers drawn with s.o. 21/9
• to look daggers at s.o. 21/9

dander
• to get my dander 33/3

Darby
• Darby and Joan 41/S

dark
• a leap in the dark 34/12
• to be a shot in the dark 34/12

INDEX

dollar
- to bet one's bottom dollar 20/9

donkey
- as stubborn as a donkey 9/2
- for donkey's years 11/1
- to talk the hind leg off a donkey 11/1

double
- to double-cross s.o. 29/3
- double-dealing 29/3

down
- down at heel 43/12
- down in the dumps 5/11
- to be down on one's uppers 43/12
- to be down-at-heel 5/11
- to go downhill 16/5
- to put s.th. down to 22/7

dozen
- It's six of one and half a dozen of the other! 34/10

drain
- to go down the drain 11/3; 16/5

dressing
- to give s.o. a dressing-down 31/14

drunk
- as drunk as a lord 9/6
- as drunk as a skunk 9/6

dry
- to be left high and dry 2/1

duck
- as easy as duck soup 26/2
- like water off a duck's back 10/6
- to be taken to it like a duck to water 10/6
- to take to s.th. like a duck to water 26/12

ear
- to grin from ear to ear 11/13
- to make a pig's ear of s.th. 16/S
- You can't make a silk purse out of a sow's ear! 16/S

earth
- to move heaven and earth 25/14
- to promise s.o. the moon/the earth 30/11

easy
- as easy as ABC 26/2
- as easy as duck soup 26/2
- as easy as falling off a log 26/2
- as easy as pie 26/2
- Easy come, easy go! 26/8
- easy money 43/6
- easy-going 14/8
- easy-peasy 26/2
- to be in Easy Street 26/8
- to go easy on s.o. 26/14
- to go easy on/with s.th. 26/14

ebb
- to be at a low ebb 2/6

egg
- as sure as eggs is eggs 23/S
- Do not put all your eggs in the same basket! 45/S
- to be left with egg on one's face 19/1
- You can't make an omelette without breaking eggs! 45/S

end
- to be at the end of one's tether 11/S
- to go off the deep end 33/7
- to jump in at the deep end 33/7
- to the bitter end 24/8

enemy
- not to wish s.th. on one's worst enemy 36/11

enough
- It's enough to make a cat laugh! 45/2

equal
- to be equal to the occasion 25/10
- to be on an equal footing 5/12

eye
- eye-opener 4/10
- It's better than a poke in the eye with a sharp stick! 7/7
- s.b.'s eyes pop out of his head 32/5
- That's one in the eye! 7/7
- to be the apple of s.o.'s eye 12/12
- to give one's eye teeth 30/1
- to have one's eye in s.th. 4/14
- to have one's eye on s.th. 30/4
- to pull the wool over s.o.'s eyes 24/6
- to raise/lift an eyebrow/one's eyebrows at s.th. 32/7
- to see eye-to-eye with s.o. 4/9

F

face
- to be left with egg on one's face 19/1

faith
- to pin one's faith on 36/3

farm
- to buy the farm 20/S

fast
- to pull a fast one 29/5

fat
- Fat chance! 13/3
- The fat's in the fire now! 19/5
- to chew the fat 19/5

favour
- to curry favour with s.o. 23/3

fear
- to put the fear of God into s.o. 17/8
- to sweat with fear 26/5

feather
- as light as a feather 9/7
- Birds of a feather flock together! 45/3
- You could have knocked me down with a feather! 32/12

fed up
- fed up to the back teeth 19/14

fence
- The grass is always greener on the other side of the fence! 45/7
- to mend one's fences 34/7
- to sit on a fence 34/7

fiddle
- as fit as a fiddle 9/10

finger
- to be all fingers and thumbs 5/2
- to give s.o. the finger 4/1
- to have a finger in every pie 5/1
- to have/keep one's finger on the pulse of s.th. 37/5
- to keep one's fingers crossed 4/2
- to lay a finger (on s.o.) 5/4
- to let it slip through one's fingers 16/4
- to lift a finger 5/4
- to twist s.o. around one's little finger 5/5
- to work one's fingers to the bone 5/3

fire
- The fat's in the fire now! 19/5

- to come under fire 31/2

fish
- a different/another kettle of fish 14/S
- to be a big fish in a small pond 18/13
- to feel like a fish out of water 10/7
- to have other fish to fry 24/S

fist
- to make a good fist of s.th. 44/4
- to make money hand over fist 43/5

fit
- as fit as a fiddle 9/10
- as fit as fleas 9/10

flack
- to come in for/run into flak 31/2

flame
- to shoot down in flames 31/2

flash
- a flash in the pan 24/12
- to go/be off like a flash 10/13

flea
- as fit as fleas 9/10

flesh
- to be s.o.'s own flesh and blood 41/7
- to be only flesh and blood 41/7

floor
- to cross the floor 44/S
- to hold the floor 1/4

Flotsam
- Flotsam and Jetsam 41/S

food
- to give s.o. food for reflection 19/13
- to give s.o. food for thought 19/13

fool
- A fool and his money are soon parted! 13/9

- Fools rush in (where angels fear to tread)! 13/9
- There's no fool like an old fool! 13/9
- to be fool enough to think 13/9

foot
- to be on an equal footing 5/12
- to catch s.o. on the wrong foot 5/7
- to find one's feet 44/6
- to have one foot in the grave 42/13
- to have/get cold feet 17/2
- to land on one's feet 44/6
- to put a foot wrong 5/7
- to put one's foot in it 5/8
- to shoot o.s. in the foot 5/9
- to start out/off on the wrong foot 5/7
- to sweep s.o. off their feet 12/8
- to think on your feet 35/11

forbidden
- Forbidden fruit is the sweetest! 45/7

fort
- to hold the fort 1/5

forte
- That's my forte! 44/9

fox
- to set a fox to keep the geese 22/8

friend
- A friend in need is a friend indeed! 45/6

frog
- a big frog in a small pond 18/13
- to have a frog in one's throat 24/S

fruit
- Forbidden fruit is the sweetest! 45/7

guard
- to catch s.o. off his guard 32/3

gun
- to hold a gun to s.o.'s head 1/13

gut
- I'll have his guts for garters! 15/3
- to have no guts in it 15/3
- to sweat one's guts out 15/3

hackle
- to make one's hackles rise 33/3

hair
- a hair of the dog that bit you 11/2
- to have a hair-trigger temper 23/5

half
- Half a loaf is better than none/ than no bread! 45/4
- too clever by half 37/14

hammer
- to be/go at it hammer and tongs 41/8

hand
- A bird in the hand is worth two in the bush! 45/3
- a bronze handshake 38/11
- out of hand 15/11
- to be a dab hand at s.th. 44/3
- to be an old hand at s.th. 39/3
- to be caught with one's hand in the cookie jar 38/4
- to be caught with one's hand in the till 38/4
- to be like putty in s.o.'s hands 5/5
- to be out of one's hands 4/13

- to be s.b.'s right-hand man 30/1
- to get out of hand 4/13
- to get/give s.o. a golden handshake 38/11
- to have a hand in s.th. 5/1
- to have one's hands tied 26/2
- to keep one's hand in 4/14
- to know (a place) like the back of one's hand 37/3
- to make money hand over fist 43/5
- to put/set one's hand to doing s.th. 44/3
- to take one's life in one's hands 20/13
- to turn one's hand to anything 44/3
- to win hands down 24/11
- with (both) hands tied behind your back 26/1

handle
- to fly off the handle 23/5

hang
- not to give/care a hang about s.th. 27/13

happy
- as happy as a lark 9/13
- as happy as a sandboy 9/13
- as happy as Punch 9/13
- as happy as the day is long 9/13

hard
- a hard nut to crack 14/9
- as hard as nails 9/12
- to be hard pressed to do s.th. 14/6
- to be hard put to do s.th. 14/6
- to be hard up 43/14
- to go hard on s.o. 26/14
- to learn the hard way 14/5
- to make hard work of 14/7

hat
- brass hat 18/S
- to be an old hat 39/5

hell
- a hell of a job 14/4
- all hell broke loose 22/8
- come hell or high water 2/14
- Go to hell! 33/S
- like a bat out of hell 9/1
- not to have a hope in hell 36/4
- to play merry hell 17/S
- to scare the hell out of s.o. 17/9
- until hell freezes over 11/8; 8/12

hello
- a golden hello 38/11

hiding
- to be on a hiding to nothing 16/2
- to give s.o. a good hiding 16/2

high
- all-time high 2/4
- high time 2/12
- high-flier 2/7
- to be as high as a kite 2/3
- to be for the high jump 2/13
- to be hunting high and low 2/9
- to be left high and dry 2/1
- to get/to be on one's high horse 2/2
- to play for high stakes 13/11

hill
- to be a old as the hills 39/1
- to be over the hills 39/6

hind
- to talk the hind leg off a donkey 11/1
- with hindsight 21/14

hit
- to make a big hit with s.o. 25/12

hitch
- to go (off) like a hitch 26/10

hog
- to go the whole hog 11/11

hold
- Get hold of yourself! 1/11
- no holds barred 1/12
- to get hold of s.o. 1/11
- to have a hold on s.o. 1/12

hole
- full of holes 1/3
- Money burns a hole in s.o.'s pocket 43/9
- to be like a square peg in a round hole 6/3

home
- Home is where the heart lies! 45/9
- Home sweet home! 45/9
- to bring home the bacon 19/2
- to bring s.th. home to s.o. 28/14

hoop
- to put s.o. through the hoops 22/1

hop
- to catch s.b. on the hop 32/3

hope
- a fond hope 36/8
- Don't get your hopes up! 36/6
- No hope! 36/5
- not to have a hope in hell 36/4
- Some hope! 36/5
- to dash s.o.'s hopes 36/7
- to hold out hope 36/13
- to hope against (all) hope 36/1
- to pin one's hopes on 36/3
- to raise s.o.'s hopes 36/6

hopeful
- hopeful 36/14

horn
- to be on the horns of a dilemma 34/13

horse
- Hold your horses! 1/2

- Never look a gift horse in the mouth! 21/S
- one-horse town 7/S
- straight from the horse's mouth 21/S
- That gives one a horse laugh! 45/S
- to eat like a horse 19/10
- to flog a dead horse 16/3
- to get/to be on one's high horse 2/2

house
- to bring the house down 25/6
- to eat s.o. out of house and home 19/10
- to get along (with s.o.) like a house on fire 10/2

household
- to become/be a household name/word 37/9

humour
- to have a sick sense of humour 42/11

I

ice
- to cut no ice with 28/4
- to put s.th. on ice 22/2

icing
- That was the icing on the cake! 19/9

idea
- to toy with an idea 35/1

if
- with no ifs and buts 34/11

ill
- to wish s.o. ill 36/10

image
- to be the spitting image of s.o. 39/14

in
- In for a penny, in for a pound! 45/11
- to come into one's own 44/14

- to know the ins and outs of 40/14

inch
- Give him an inch and he'll take a mile/yard! 45/10

innings
- to have a good innings 39/1

iron
- Strike while the iron is hot! 45/S

J

jack
- Every Jack has his Jill! 45/12
- to be a jack of all trades and master of none 45/12

jam
- It's money for jam! 43/6
- to want jam on s.th. 30/13

job
- a hell of a job 14/4
- It's a good job! 13/6
- It's a part of the job! 41/3
- to be out of work/out of a job 40/1
- to hold down a job 1/8
- to make a bad job of s.th. 44/4
- to make a good job of s.th. 44/4

joint
- to put s.o.'s nose out of joint 40/11

judge
- as sober/solemn/serious as a judge 9/6

jump
- to be for the high jump 2/13
- Go and take a running jump! 33/S

keen
- as keen as mustard 9/8
- kettle
- a different/another kettle of fish 14/S
- It's the pot calling the kettle black! 31/7

king
- A cat can look at a king! 45/2

kiss
- kiss-and-tell 8/1

kite
- to be as high as a kite 2/3

kith
- kith and kin 41/7

kitten
- as weak as a kitten 9/5

knack
- to get the knack of 27/13

knot
- to tie the knot 12/13

knuckle
- to rap s.b. on/over the knuckles 31/13

ladder
- to reach the top of the ladder 18/11

last
- to be on one's last legs 42/13

late
- Better late than never! 45/S

laurel
- to look to one's laurels 21/12
- to rest on one's laurels 21/12

leaf
- to turn over a new leaf 23/10

leap
- a leap in the dark 34/12

lease
- a new lease of life 20/10

leg
- It costs an arm and a leg! 23/11
- leg-pull 4/3
- to be on one's last legs 42/13
- to pull s.o.'s leg 4/3
- to talk the hind leg off a donkey 11/1

licence
- to have a licence to print money 43/4

life
- a new lease of life 20/10
- Life isn't all beer and skittles! 41/S
- not for the life of me 20/7
- Not on your life! 20/11
- to live the life of Riley 20/12
- to be in the prime of one's life 39/12
- to be the life and soul of the party 20/8
- to bet one's life 20/9
- to lead the high life 20/12
- to risk live and limb 13/7
- to risk your life 13/7
- to run for dear life 20/14
- to take one's life in one's hands 20/13
- to take one's own life 20/13

light (Adj.)
- as light as air 9/7
- as light as a feather 9/7
- as light as thistledown 9/7

light (Nomen)
- leading light 18/7
- to come to light 27/6

like
- like it or lump it 22/11

limb
- to be out on a limb 40/7
- to risk live and limb 13/7

line
- to draw the line 15/10
- to hold the line 1/6

lion
- in the lion's mouth 11/S

loaf
- Half a loaf is better than none/ than no bread! 45/4

lock
- lock, stock, and barrel 44/10

long
- (a bit) long in the tooth 39/9

look (Nomen)
- from the look of things 21/8
- to get/have a look-in 21/10

loop
- out of the loop 40/3

lord
- as drunk as a lord 9/6

loss
- to be at a loss to know 34/5

love
- (not) for love (n)or money 12/14
- cupboard love 12/S

low
- to be at a low ebb 2/6
- to be feeling low 2/10
- to be hunting high and low 2/9
- to give s.o. the low-down 2/8
- to lie low 2/11
- to run low on s.th. 2/5

luck
- Hard luck! 13/14
- It's the luck of the draw! 13/12
- to be down on one's luck 13/13
- to chance your luck 13/2
- to take pot luck 13/12
- Tough luck! 13/14

lucky
- lucky devil 13/14
- to strike it lucky 43/1

mad
- as mad as a hatter 9/S
- It's like a madhouse in there! 10/12
- to be hopping mad 33/2
- to be/fall madly in love 12/7

main
- to be in the mainstream 40/7

make
- not make head nor tail of s.th. 3/1

man
- the top man on the totem pole 18/S

many
- There's many a slip ('twixt cup and lip)! 45/5

mark
- to give s.o. full marks 12/9
- to leave one's mark on s.th. 28/8
- to stamp one's mark on s.th. 28/8

master
- to be a jack of all trades and master of none 45/12

match
- to be no match for 1/14
- to make a good match 12/S

meal
- to make a meal of s.th. 14/7

medicine
- to give s.b. a taste/dose of their own medicine 42/12

memory
- to have a memory like a sieve 10/9
- to have a memory like an elephant 10/9

mess
- to make a mess of things 16/8

mile
- A miss is as good as a mile! 45/10
- Give him an inch and he'll take a mile/yard! 45/10

mind
- Out of sight, out of mind! 40/5
- the mind boggles 32/4
- to be at the back of one's mind 35/4
- to be in two minds 34/3
- to be out of one's mind 40/4
- to blow one's mind 32/4
- to cross one's mind 35/3
- to give s.o. a piece of one's mind 31/4
- to know one's own mind 37/8
- to put s.o. in mind of 22/14
- to put s.th./s.o. out of one's mind 22/14

mint
- to make a mint 43/3

minute
- There's one born every minute! 7/12

miss
- A miss is as good as a mile! 45/10

money
- (not) for love (n)or money 12/14
- A fool and his money are soon parted! 13/9
- It's money for jam! 43/6
- Money burns a hole in s.o.'s pocket 43/9
- Money doesn't grow on trees! 43/9
- money for old rope 43/6
- to be made of money 43/2
- to get one's money's worth 18/4
- to give s.o. a run for his/her money 43/10
- to have a licence to print money 43/4
- to make money hand over fist 43/5
- to put money aside 22/3
- to put one's money where one's mouth is 22/13
- to spend money like water 43/9
- to throw good money after bad 43/8

monkey
- smart/clever as a barrel-full of monkeys 11/9
- to be up to one's monkey-tricks 11/9
- to make a monkey out of s.o. 11/9

month
- once in a month of Sundays 7/1

moon
- once in a blue moon 7/1
- to ask/wish for the moon 30/11
- to be over the moon 30/11
- to promise s.o. the moon/the earth 30/11

mothball
- to put s.th. in mothballs 22/2

motion
- to go through the motions 29/10

mouse
- When the cat's away, the mice will play! 45/2

mouth
- (with) your heart in your mouth 17/7
- in the lion's mouth 11/S
- to be/look down in the mouth 5/11
- to make one's mouth water 11/S

- to put one's money where one's mouth is 22/13

mule
- as stubborn as a mule 9/2

murder
- to cry/scream blue murder 31/12

mustard
- as keen as mustard 9/8

nail
- as hard as nails 9/12
- to hit the nail on the head 27/2

name
- not to have a penny to one's name 43/13
- to drag s.o.'s name through the mud 15/S

naught
- to come to naught 16/7

neck
- neck-and-neck 5/12
- to be/come down on s.b.'s neck 33/14
- to give s.o. a pain in the neck 33/14
- to have s.o. breathing down (the back of) one's neck 5/13
- to put one's neck on the line 13/8
- to risk your neck 13/7
- to save one's neck 13/7
- to stick one's neck out 13/8

need
- A friend in need is a friend indeed! 45/6

needle
- to be looking for a needle in a haystack 21/6

nerve
- to get on s.b.'s nerves 33/4

never
- Well I never! 32/S

night
- a night on the tiles 8/3
- Let's call it a night! 8/7
- night bird 8/2
- night owl 8/2
- nightcap/night cap 8/4
- overnight 8/1
- to be on nights 8/5
- to have/get an early night 8/6

noise
- a big noise 18/S

nose
- as plain as the nose on your face 9/11
- to get up one's nose 33/4
- to hold one's nose 1/S
- to keep one's nose to the grindstone 5/3
- to look down one's nose at s.b. 21/13
- to pay through the nose 23/11
- to put s.o.'s nose out of joint 40/11

nut
- a tough/hard nut to crack 14/9

occasion
- to be equal to the occasion 25/10
- to rise to the occasion 25/10

off
- on the off-chance 13/4
- to be off before you could say Jack Robinson 10/13
- to be off sick 42/3
- to have an off day 8/10
- to put s.th. off 22/12

old
- an old stager 39/8

INDEX

INDEX

pound
- In for a penny, in for a pound! 45/11
- penny wise and pound foolish 45/11
- Take care of the pennies, and the pounds will look after themselves! 45/11

prevention
- Prevention is better than a cure! 11/S

price
- rip-off price 8/13; 29/7

pride
- to have/give pride of place 18/8

pro
- the pros and cons 41/11

promise
- to palm s.b. off with promises 29/12

proof
- The proof of the pudding is in the eating! 19/8
- There's the proof of the pudding! 19/8

pudding
- The proof of the pudding is in the eating! 19/8

puke
- to make s.o. want to puke 15/4

punch
- not to pull any punches 31/3

putty
- to be like putty in s.o.'s hands 5/5

quandary
- to be in a quandary 34/13

queer
- as queer as a clockwork orange 26/11
- to be in Queer Street 26/8

rack
- to go to rack and ruin 16/9

rag
- It's like waving a red rag at a bull! 10/10

rain
- as right as rain 45/8
- come rain or shine 2/14

rat
- to smell the rat 27/7

ready
- rough and ready 41/9

red
- red herring 38/S
- red tape 38/14
- red-letter day 38/5
- to be caught red-handed 38/4
- to be in the red 38/3
- to bleed red ink 38/3
- to cut through the red tape 38/14

rich
- to strike it rich 43/1
- to be as rich as Croesus 43/2

ride
- to take s.o. for a ride 29/6

right
- as right as rain 45/8
- That's right/just up my street! 44/9
- to be s.b.'s right-hand man 30/1
- to give one's right arm (to do s.th.) 30/1
- to have one's head screwed on straight/the right way/ properly 44/2

- a shot in the arm 34/12
- to be a shot in the dark 34/12

shoulder
- to get/give s.o. the cold shoulder 15/12
- to rub shoulders/elbows 4/7

show
- to get the show on the road 37/S
- to steal s.b. the show 37/S

shred
- to tear to shreds 31/1

shy
- to fight shy of s.th./doing s.th. 7/2

sick
- to be as sick as a dog 42/9
- to be as sick as a parrot 42/9
- to be off sick 42/3
- to be on sick leave 42/3
- to be sick and tired of s.th. 42/10
- to be sick to death of s.th./s.o. 20/4
- to be sick with worry 17/1
- to have a sick sense of humour 42/11
- to worry o.s. sick 17/1

side
- on the safe side 13/1
- The grass is always greener on the other side of the fence! 45/7
- to get out of bed on the wrong side 5/7
- to know which side one's bread is buttered 19/4
- to look on the bright side 21/5
- to look on the gloomy side 21/5

sight
- Out of sight, out of mind! 40/5
- to set one's sights on/to have one's sights set on 30/3

silk
- You can't make a silk purse out of a sow's ear! 16/S

silver
- to be born with a silver spoon in one's mouth 5/10

simple
- as simple as ABC 26/2

six
- It's six of one and half a dozen of the other! 34/10
- to be at sixes and sevens 34/10
- to hit/knock s.o. for a six 40/S

skeleton
- to have a skeleton in the cupboard 24/2

skin
- to get under s.o.'s skin 33/12
- to jump out of one's skin 17/10

sky
- It's just pie in the sky! 19/11
- sleep
- not to lose sleep over s.o./ s.th. 17/5

slip
- There's many a slip ('twixt cup and lip)! 45/5

slippery
- as slippery as an eel 9/9

smart
- smart Alec 37/14
- smart arse 37/14
- smart as a barrel-full of monkeys 11/9

smell
- to stand the smell of s.th. 15/2

snow
- not to have a snowball's chance in hell 36/4

sober
- as sober as a judge 9/6

swallow (Nomen)
- One swallow doesn't make a summer! 24/S

swallow (Verb)
- a bitter pill to swallow 42/12

sway
- to have s.b. under one's sway 28/9

sweat
- No sweat! 26/5

sweet
- Home sweet home! 45/9
- short and sweet 41/10

swoop
- at a/one fell swoop 7/5

tail
- it's the tail wagging the dog 11/12
- to be like a dog with two tails 10/11

tale
- an old wives' tale 39/4

tall
- a tall order 14/3
- a tall story 11/6; 14/3; 29/9

taste
- to give s.b. a taste/dose of their own medicine 42/12

tea
- not for all the tea in China 19/S
- That's another cup of tea! 19/S
- That's not your cup of tea! 19/S

telephone
- to talk on the big white telephone 15/4

temperature
- to run a temperature 42/7

territory
- It comes with the territory! 41/3

thick
- Blood is thicker than water! 41/7
- thick and fast 41/2
- through thick and thin 41/2
- to be as thick as thieves 41/2
- to be as thick as two short planks 41/2
- to be very thick with s.b. 41/2

thief
- to be as thick as thieves 41/2

thin
- through thick and thin 41/2

thing
- from the look of things 21/8
- the best thing since sliced bread 12/2
- The chance would be a fine thing! 13/3
- Things are looking up! 21/1
- to feel out of it/things 40/3

think
- to have (got) another think coming 35/6

thistle
- as light as thistledown 9/7

thought
- Perish the thought! 35/9
- to have second thoughts 35/5

three
- to be like a three-ring circus 10/12

throat
- to jump down s.o.'s throat 33/8

through
- through thick and thin 41/2

thumb
- to be all fingers and thumbs 5/2
- to be under s.o.'s thumb 28/6

INDEX

- to be bats 9/1
- to be down at heel 43/12
- to be down on one's luck 13/13
- to be down on one's uppers 43/12
- to be down on s.b.'s neck 33/14
- to be down-at-heel 5/11
- to be for the high jump 2/13
- to be green with envy 38/8
- to be hard pressed to do s.th. 14/6
- to be hard put to do s.th. 14/6
- to be hard up 14/6; 43/14
- to be hopping mad 33/2
- to be in a (blue) funk 17/14
- to be in a quandary 34/13
- to be in Easy Street 26/8
- to be in hot water 14/11
- to be in low spirits 2/10
- to be in Queer Street 26/8
- to be in s.b.'s bad books 31/9
- to be in s.b.'s good books 31/9
- to be in the hot seat 14/10
- to be in the know 37/6
- to be in the mainstream 40/7
- to be in the prime of one's life 39/12
- to be in the red 38/3
- to be in the soup 14/11
- to be in two minds 34/3
- to be into s.th. 3/4
- to be like a dog with two tails 10/11
- to be like putty in s.o.'s hands 5/5
- to be loaded 43/2
- to be made of money 43/2
- to be madly in love 12/7
- to be no match for 1/14
- to be no spring chicken 39/10
- to be of the persuasion 28/7

- to be off before you could say Jack Robinson 10/13
- to be off like a flash/shot 10/13
- to be off sick 42/3
- to be off-colour 38/13
- to be old before one's time 39/11
- to be on a hiding to nothing 16/2
- to be on an equal footing 5/12
- to be on nights 8/5
- to be on one's last legs 42/13
- to be on sick leave 42/3
- to be on s.o.'s back 5/14
- to be on tenterhooks 17/6
- to be on the ball 8/10
- to be on the horns of a dilemma 34/13
- to be on the up-and-up 25/13
- to be on the warpath 33/13
- to be one for 7/8
- to be one up on s.o. 7/10
- to be only flesh and blood 41/7
- to be out and about 40/13
- to be out in the open 27/3
- to be out of one's hands 4/13
- to be out of one's mind 40/4
- to be out of the woods 40/12
- to be out of work/out of a job 40/1
- to be out on a limb 40/7
- to be out to/for 40/2
- to be over the hills 39/6
- to be over the moon 30/11
- to be over the worst 42/14
- to be part and parcel of s.th. 41/3
- to be past it 39/6
- to be past one's prime 39/12
- to be penny wise and pound foolish 45/11
- to be pissed off with s.b. 33/5

INDEX

- to blow one's mind 32/4
- to blow a fuse 33/9

to boggle
- the mind boggles 32/4

to boil
- to make s.o.'s blood boil 33/1

to bore
- bored to death 20/4

to bowl
- to bowl s.b. over 32/11

to break
- all hell broke loose 22/8
- That's the (last) straw (that breaks the camel's back)! 11/14
- to break s.o.'s heart 3/10

to breathe
- to have s.o. breathing down (the back of) one's neck 5/13

to bring
- to bring home the bacon 19/2
- to bring s.b. down a peg (or two) 6/3
- to bring s.b. to task for/over 31/8
- to bring s.o. round (to one's way of thinking) 28/12
- to bring s.th. home to s.o. 28/14
- to bring the house down 25/6

to bully
- to bully s.o. into/out of doing s.th. 28/13

to bundle
- all bundled into one 7/13

to burn
- Money burns a hole in s.o.'s pocket 43/9

to buy
- to buy a pig in a poke 11/5
- to buy the farm 20/S

to call
- Let's call it a day! 8/7
- Let's call it a night! 8/7

- to be called to one's last account 44/6
- to call s.b. over the coals 31/5
- to call s.o. to account 44/5

to care
- not to care a hang about s.th. 27/13

to carry
- to carry a torch for s.o. 12/10
- to carry the can 1/10
- Why carry coals to Newcastle? 45/14

to cash
- to cash in one's chips 20/S

to cast
- Cast ne'er (= never) a clout till May is out! 45/S
- to cast pearls before swine 24/S

to catch
- (to be caught) between the devil and the deep blue sea 38/7
- A bird in the hand is worth two in the bush! 45/3
- not be caught dead 15/7
- The early bird catches the worm 45/3
- to be caught red-handed 38/4
- to be caught with one's hand in the cookie jar 38/4
- to be caught with one's hand in the till 38/4
- to catch one's death (of cold) 42/5
- to catch s.b. on the hop 32/3
- to catch s.o. napping 32/2
- to catch s.o. off his guard 32/3
- to catch s.o. on the wrong foot 5/7
- to catch s.o.'s fancy 12/3
- to catch the drift on s.th. 27/10

INDEX

to drag
- to drag s.o.'s name through the mud 15/S

to draw
- to draw a blank 16/12
- to draw the line 15/10

to drive
- to drive s.b. nuts 6/11
- to drive s.b. up the wall 33/4

to drop
- the penny drops 27/8

to dye
- dyed-in-the-wool 16/3

to eat
- to eat crow 19/7
- to eat humble pie 19/7
- to eat like a horse 19/10
- to eat one's words 19/7
- to eat s.o. out of house and home 19/10

to egg
- to egg on 28/3

to fall
- as easy as falling off a log 26/2
- to fall between two stools 11/S
- to fall flat 16/6
- to fall head over heels (in love) 12/7
- to fall madly in love 12/7
- to fall short of 16/14

to feel
- not to feel o.s. 42/1
- to feel run down 42/2
- to feel under the weather 42/1
- to feel blue 2/10
- to feel down in the dumps 2/10
- to feel gutted 2/10
- to feel like a fish out of water 10/7
- to feel like death warmed up 20/6
- to feel low 2/10
- to feel off-colour 38/13
- to feel out of it/things 40/3
- to feel poorly 42/1
- to feel the pinch 14/13
- to feel totally out of place 10/7

to fight
- to fight a losing battle 16/1
- to fight like tigers 41/5
- to fight like wildcats 41/5
- to fight shy of s.th./doing s.th. 7/2
- to fight tooth and nail 41/5

to find
- to find one's feet 44/6

to fish
- to fish for compliments 23/8

to flog
- to flog a dead horse 16/3

to fly
- And pigs will fly! 8/12
- to fly off the handle 23/5
- with flying colours 25/8

to follow
- to follow suit 44/9

to foot
- to foot the bill 5/6

to freeze
- his/her blood froze 17/11
- until hell freezes over 11/8; 8/12

to fuck
- to fuck up 16/8

to gather
- A rolling stone gathers no moss! 45/S

to get
- Don't get your hopes up! 36/6
- Get knotted! 12/13; 33/S
- Get lost! 33/S
- Get stuffed! 33/S
- to get under s.o.'s skin 33/12
- to be getting on (a bit) 39/9
- to get a late night 8/6

INDEX

- to give s.o. a piece of one's mind 31/4
- to give s.o. a run for his/her money 43/10
- to give s.o. food for reflection 19/13
- to give s.o. food for thought 19/13
- to give s.o. full marks 12/9
- to give s.o. the bird 4/1; 15/12
- to give s.o. the brush-off 15/12
- to give s.o. the cold shoulder 15/12
- to give s.o. the finger 4/1
- to give s.o. the jitters 17/13
- to give s.o. what for 31/4
- to give s.o./s.th. the once-over 7/3
- to give the thumbs-down 4/1
- to give the thumbs-up 4/1

to go
- a dog in the manger 11/4
- Everything is going swimmingly! 26/12
- Go and take a running jump! 33/S
- Go to blazes! 33/S
- Go to hell! 33/S
- Go to the devil! 33/S
- It goes against the grain! 33/11
- My heart goes out to you! 3/12
- not go near s.b. with a bargepole 15/6
- to be going to the dogs 11/3
- to go (off) like a hitch 26/10
- to go at it hammer and tongs 41/8
- to go berserk 24/13
- to go down like a bomb 25/5
- to go down like a lead balloon 16/6

- to go down the drain 11/3; 16/5
- to go down the tubes 11/3
- to go downhill 16/5
- to go easy on s.o. 26/14
- to go easy on/with s.th. 26/14
- to go hard on s.o. 26/14
- to go haywire 24/13
- to go like clockwork 26/11
- to go off like a flash 10/13
- to go off like a shot 10/13
- to go off the deep end 33/7
- to go one up on s.o. 7/10
- to go over one's head ¾
- to go places 25/13
- to go round the bend 6/11
- to go the whole hog 11/11
- to go through the motions 29/10
- to go to pot 11/3; 16/9
- to go to rack and ruin 16/9
- to go up the aisle 12/13
- to go West 20/S
- to go with a bang 25/5

to grease
- to grease palms 29/12

to grin
- to grin from ear to ear 11/13

to grow
- Money doesn't grow on trees! 43/9

to gun
- to be gunning for s.o. 1/13

to hang
- to hang on s.th. like grim death 1/1

to hate
- to hate s.b.'s guts 15/3

to haul
- to haul s.b. on the carpet 31/5
- to haul s.b. over the coals 31/5

to have

- to have s.b. under one's sway 28/9
- to have s.o. at one's heels 5/13
- to have s.o. round 6/8
- to have s.th. handed on a plate 25/2
- to have the blues 2/10
- to have what it takes 44/7
- not to have a dog's chance 13/5
- you can't have you cake and eat it 19/9

to hear
- I can't hear myself think! 35/14
- to hear s.th. on the grapevine 27/4

to hit
- Hit the road! 2/S
- hit-and-miss system 34/6
- hit-and-run 34/6
- The shit will hit the fan! 19/5
- to hit rock bottom 27/11
- to hit s.o. for a six 40/S
- to hit the nail on the head 27/2
- to hit the roof/ceiling 17/10

to hold
- Hold on! 1/2
- Hold your horses! 1/2
- not to hold water 1/3
- to be left holding the baby 1/10
- to hold (the line) 1/6
- to hold a candle 1/14
- to hold a gun to s.o.'s head 1/13
- to hold a post mortem on s.th. 42/S
- to hold a whip-round for s.b. 6/14
- to hold down a job 1/8
- to hold forth 1/4
- to hold one's belly 1/S

- to hold one's breath 1/S
- to hold one's nose 1/S
- to hold one's own corner 1/7
- to hold one's tongue 1/S
- to hold onto s.th. like grim death 1/1
- to hold out hope 36/13
- to hold s.b. to task for/over 31/8
- to hold s.o.'s own 1/7
- to hold s.th./s.o. in check 1/9
- to hold sway over s.b. 28/9
- to hold the floor 1/4
- to hold the fort 1/5

to hope
- to hope against (all) hope 36/1
- to hope for the best 36/2

to hunt
- to be hunting all over for s.o./ s.th. 2/9
- to be hunting high and low 2/9

to invite
- to invite s.o. round 6/8

to jump
- to jump down s.o.'s throat 33/8
- to jump in at the deep end 33/7
- to jump on the bandwagon 23/1
- to jump out of one's skin 17/10
- to jump out of the frying pan (and) into the fire 38/7

to keep
- Keep your shirt on! 24/9
- to keep a cool head 3/6
- to keep in check 1/9
- to keep one's finger on the pulse of s.th. 37/5
- to keep one's fingers crossed 4/2
- to keep one's hand in 4/14

INDEX

- to look down in the mouth 5/11
- to look down one's nose at s.b. 21/13
- to look into s.th. 21/4
- to look like butter wouldn't melt in s.o.'s mouth 10/4
- to look on the bright side 21/5
- to look on the gloomy side 21/5
- to look one's age 39/7
- to look to one's laurels 21/12
- You look like s.th. the cat brought in! 45/2

to lose
- Get lost! 33/S
- not to lose sleep over s.o./s.th. 17/5
- to lose one's cool 9/3
- to play a losing game 16/1

to make
- to make s.o. want to puke 15/4
- One swallow doesn't make a summer! 24/S
- to make a bad job of s.th. 44/4
- to make a beeline for 23/12
- to make a big hit with 25/12
- to make a fortune 43/3
- to make a fuss about s.th./of/over s.o. 31/10
- to make a go of s.th. 25/3
- to make a good fist of s.th. 44/4
- to make a good job of s.th. 44/4
- to make a good match 12/S
- to make a meal of s.th. 14/7
- to make a mess of things 16/8
- to make a mint 43/3
- to make a pig's ear of s.th. 16/S
- to make good 25/4

- to make hard work of 14/7
- to make heavy weather of s.th. 14/7
- to make it worth s.o.'s while 18/3
- to make it 25/1
- to make money hand over fist 43/5
- to make no bones about s.th. 24/4
- to make one's hackles rise 33/3
- to make one's mouth water 11/S
- to make s.o.'s blood boil 33/1
- to make s.o.'s day 8/14
- to make the grade 25/7
- You can't make a silk purse out of a sow's ear! 16/S
- You can't make an omelette without breaking eggs! 45/S

to mean
- to mean s.th. to s.o. 18/1

to measure
- to measure up to s.o. 44/11

to mend
- to mend one's fences 34/7

to mince
- to mince one's words 23/2

to miss
- hit-and-miss system 34/6

to move
- to move heaven and earth 25/14

to mull
- to mull s.th. over 35/13

to nail
- to nail one's colours to the mast 38/12

to nap
- to catch s.o. napping 32/2

to nip
- to nip in the bud 23/4

INDEX

- to put money aside 22/3
- to put one over on s.o. 22/5
- to put one's foot in it 5/8
- to put one's hand to doing s.th. 44/3
- to put one's money where one's mouth is 22/13
- to put one's neck on the line 13/8
- to put out to pasture 39/13
- to put s.b. on the carpet 31/5
- to put s.b. out to grass 39/13
- to put s.o. in mind of 22/14
- to put s.o. straight 22/6
- to put s.o. through his/her paces 22/1
- to put s.o. through the hoops 22/1
- to put s.o. wise 22/6
- to put s.o./s.th. to shame 22/10
- to put s.o.'s nose out of joint 40/11
- to put s.th. down to 22/7
- to put s.th. in mothballs 22/2
- to put s.th. in the shade 22/10
- to put s.th. off 22/12
- to put s.th. on ice 22/2
- to put s.th. on the back burner 22/2
- to put the cat among the pigeons 22/8
- to put the fear of God into s.o. 17/8
- to put the wind up s.b. 17/12
- to put two and two together 22/4
- to put up with s.th. 22/11
- to put words in(to) s.o.'s mouth 22/9

to rack
- to rack one's brains 35/2

to rain
- It never rains but it pours! 45/8
- It's raining cats and dogs! 11/S

to raise
- to kick up/raise a fuss about/over 31/10
- to raise an eyebrow/one's eyebrows at s.th. 32/7
- to raise Cain 31/11
- to raise s.o.'s hopes 36/6
- to raise the roof 25/6

to rake
- to rake it in 43/5

to rap
- to rap s.b. on/over the knuckles 31/13

to rat
- to rat on s.o. 27/7

to reach
- to reach the top of the ladder 18/11
- to reach the top of the tree 18/11

to read
- to read s.o. like a book 37/7

to remain
- to remain young at heart 39/11

to rest
- to rest on one's laurels 21/12

to ride
- to ride roughshod over 24/14

to ring
- to ring down the curtain 37/S

to rip
- to rip off 29/7

to rise
- to make one's hackles rise 33/3
- to rise to the occasion 25/10

to risk
- to risk live and limb 13/7
- to risk your life/neck 13/7

INDEX

to show
- to show one's age 39/7
- to show one's true colours 38/12

to sit
- to sit on a fence 34/7

to sleep
- to sleep like a log 10/3
- to sleep like a top 10/3
- to sleep on s.th. 35/13

to slink
- to slink off like a whipped dog 11/S

to slip
- to let it slip through one's fingers 16/4
- to let s.th. slip 16/4

to smell
- to smell the rat 27/7

to smoke
- Put that in your pipe and smoke it! 33/S
- to smoke like a chimney 10/5

to sneeze
- It's not to be sneezed at! 42/S

to spend
- to spend a penny 27/8
- to spend money like water 43/9

to spill
- to spill the beans 19/3

to spin
- to spin a yarn 29/9

to spoil
- Too many cooks spoil the broth! 45/S

to spread
- to spread like wildfire 10/1

to spring
- to spring (a surprise/news) on s.o. 32/8

to square
- to square the circle 6/6
- to square up to s.o. 6/2

to stamp
- to stamp one's mark on s.th. 28/8

to stand
- to stand the smell of s.th. 15/2

to start
- to start out/off on the wrong foot 5/7

to steal
- to steal s.b. the show 37/S
- to steal s.o.'s thunder 24/1

to stick
- to stick one's neck out 13/8

to stomach
- to stomach s.o. 15/1

to stone
- Stone the crows! 32/S

to strike
- Strike while the iron is hot! 45/S
- to strike a death blow to 20/2
- to strike it lucky 43/1
- to strike it rich 43/1

to swear
- to swear like a trooper 10/4

to sweat
- to sweat one's guts out 15/3
- to sweat with fear 26/5

to sweep
- to sweep s.o. off their feet 12/8

to swim
- Everything is going swimmingly! 26/12

to swing
- There wasn't enough room to swing a cat in it! 23/13

to take
- give and take 41/14
- Give him an inch and he'll take a mile/yard! 45/10
- Take a long walk off a short pier! 33/S

INDEX

to top
- to top the bill 18/10

to touch
- touch and go 34/1
- Touch wood! 35/9

to toy
- to toy with an idea 35/1

to trump
- to trump up a charge 25/11

to turn
- his/her blood turned to water 17/11
- to turn one's hand to anything 44/3
- to turn over a new leaf 23/10
- to turn s.b. out to grass 39/13
- to turn s.o. off 12/11
- to turn s.o. on 12/11
- to turn up trumps 25/11

to twiddle
- to twiddle one's thumbs 4/4

to twist
- to twist s.o. around one's little finger 5/5
- to twist s.o.'s arm 5/5

to wait
- Time and tide wait for no man! 45/13
- Wait to see which way the cat jumps! 11/S; 17/4

to walk
- Did you ever see an oyster walk upstairs? 45/S
- to walk all over s.b. 26/9
- walkover 26/9

to want
- s.b. wants for nothing/doesn't want for anything 30/5
- to be wanting in s.th. 30/6
- to want jam on s.th. 30/13
- Waste not, want not! 30/8

to warm
- It warms the cockles of my heart! 3/S

to waste
- Waste not, want not! 30/8

to wear
- to wear one's heart on one's sleeve 3/14

to wheel
- wheeling und dealing 29/13

to win
- to win hands down 24/11

to wish
- not to wish s.th. on one's worst enemy 36/11
- to wish for the moon 30/11
- to wish s.o. ill 36/10
- to wish s.o. well 36/10
- to wish to goodness 36/9

to work
- to be working like Billy-o 10/14
- to work on s.o. 28/11
- to work one's fingers to the bone 5/3
- working like crazy 10/14

to worry
- to worry o.s. sick/to death 17/1

to yell
- to yell blue murder 38/9

ton
- to come down on s.o. like a ton of bricks 10/5

tongue
- the cat's got s.o.'s tongue 4/6
- to have one's tongue in one's cheek 4/5
- to hold one's tongue 1/S
- tongue twister 4/8
- tongue-tied 4/6

tooth
- (a bit) long in the tooth 39/9
- fed up to the back teeth 19/14
- to fight tooth and nail 41/5

top
- the top banana 18/S

INDEX

- to be taken to it like a duck to water 10/6
- to feel like a fish out of water 10/7
- to get into hot water 14/11
- to take to s.th. like a duck to water 26/12

way
- No way! 20/11
- not to know which way to turn 34/2
- That's the way the cookie crumbles! 45/S
- to know one's way around 37/3
- to rub s.b. up the wrong way 33/10
- to see which way the wind is blowing 27/12
- wait to see which way the cat jumps 11/S; 17/4

weak
- (as) weak as a baby 9/5
- as weak as a kitten 9/5

wear
- wear and tear 41/4

weather
- to be/feel under the weather 42/1
- to make heavy weather of s.th. 14/7

weight
- to throw one's weight around/about 35/6

West
- to go West 20/S

whale
- a whale of a time 24/3

wheel
- a big wheel 18/S

whip
- to have/hold a whip-round for s.b. 6/14

whole
- the whole shebang 18/14

wick
- to get on s.b.'s wick 33/4

wild
- to fight like wildcats 41/5

wind
- to get wind of s.th. 27/5
- to put the wind up s.b. 17/12
- to sail too close to/near the wind 29/1
- to see which way the wind is blowing 27/12
- to take the wind out of one's sails 29/1

windy
- to be/get windy 17/12

wise
- to put s.o. wise 22/6

wishful
- wishful thinking 36/12

wobbly/wobbler
- to throw a wobbly/wobbler 31/11

wood
- to be out of the woods 40/12
- Touch wood! 35/9

wool
- to pull the wool over s.o.'s eyes 24/6
- dyed-in-the-wool 16/3

word
- to eat one's words 19/7
- to mince one's words 23/2
- to put words in(to) s.o.'s mouth 22/9

work
- A bad workman always blames his tools! 45/S
- All work and no play (makes Jack a dull boy)! 45/12
- the works 18/14
- to be out of work/a job 40/1
- to have one's work cut out 14/1
- to make hard work of 14/7

INDEX

Assimil hat für Englisch noch mehr zu bieten:

● **Für Anfänger und Wiedereinsteiger**

„Englisch ohne Mühe" (110 Lektionen)
Zweisprachiges Lehrbuch mit 4 Audio-
CDs und/oder CD-ROM
Dieser Grundkurs des britischen Englisch
richtet sich an Anfänger und Wiederein-
steiger. Er führt Sie nach der bewährten
Assimil-Methode in die moderne engli-
sche Umgangssprache ein und umfasst
einen Vokabelschatz von knapp 3.000
Wörtern.

„Amerikanisch ohne Mühe" (105 Lektionen)
Zweisprachiges Lehrbuch mit 4 Audio-CDs und/oder CD-ROM
Dieser Grundkurs des amerikanischen Englisch vermittelt progres-
siv einen Wortschatz von ca. 2.000 Vokabeln und ermöglicht es
Ihnen, sich schon nach ungefähr sechs Monaten selbständig in
fließendem modernem Amerikanisch zu verständigen.

„Englisch? oder Amerikanisch?"
(80 Seiten)
Handlicher Sprachführer über die kleinen,
aber feinen Unterschiede zwischen „British English" und „American English" auf
den Gebieten Wortschatz, Redewendungen, Rechtschreibung, Aussprache, Zei-
chensetzung, Maßeinheiten u.v.m.

Verbrad mit Verbheft

Hier haben Sie den Dreh raus! Das originelle und praktische Nachschlagewerk für die englischen unregelmäßigen Verben. Über 200
Verben mit Hinweisen auf die Unterschiede Britisch/Amerikanisch
inkl. einer 24-seitigen Verbtabelle mit Lautschrift und Verwen-
dungsbeispielen.

„Spaß an Englisch" – Grammatik ohne Mühe (90 Kapitel)

Die amüsante Art, Englisch aufzufrischen und zu vertiefen
Zweisprachiges Lehrbuch mit 3 Audio-CDs
400 englische Witze, Anekdoten und humorvolle Zitate berühmter Persönlichkeiten, ergänzt durch Aussprachehilfen, Wortschatz-
und Grammatikerklärungen sowie zahlreiche Übungen. Für alle,
die unter dem Motto „Lachen ist die beste Didaktik" entweder gezielt oder systematisch verschüttete (Schul-)Englischkenntnisse
auffrischen möchten.

● **Für Könner und alle, die Englisch im Beruf brauchen**

„Englisch in der Praxis" (63 Lektionen)

Zweisprachiges Lehrbuch mit 4 Audio-CDs und/oder CD ROM

Fortgeschrittenenkurs
für alle, die bereits gut
Englisch sprechen und
über die fließende
Konversation hinaus mehr über
die sprachlichen Feinheiten des
britischen und amerikanischen Englisch
erfahren, ihr gesprochenes Englisch
verbessern, ihren Wortschatz
erweitern und nebenbei ihre
Grammatikkenntnisse vertiefen möchten.

„Wirtschaftsenglisch" – Englisch und Amerikanisch
(40 Kapitel)

Zweisprachiges Lehrbuch mit 4 Audio-CDs
Dieser Kurs für Personen mit guten allgemeinsprachlichen (Schul-)
Englischkenntnissen führt in einer durchgehenden Geschichte an-
hand von lebendigen Dialogen, Arbeitsdokumenten, Hintergrund-
informationen und vielseitigen Übungen in die britische und amerikanische Wirtschafts- und Handelsterminologie ein.

Raum für persönliche Notizen:

Raum für persönliche Notizen:

Raum für persönliche Notizen:

Raum für persönliche Notizen:

Aubin Imprimeur
LIGUGÉ, POITIERS

Achevé d'imprimer en juin 2006
N° d'édition 2435 / N° d'impression P 70069
Dépôt légal, juin 2006
Imprimé en France